이렇게
기막힌
적중률

# 경영정보시각화능력

**POWER BI** 실기

당신의 합격을 위한 이렇게 기막힌 적중률!

# 차례

출제빈도에 따라 분류하였습니다.
- 😀 : 반드시 보고 가야 하는 이론
- 😐 : 보편적으로 다루어지는 이론
- 😶 : 알고 가면 좋은 이론

▶️ 표시된 부분은 동영상 강의가 제공됩니다.
이기적 홈페이지(license.youngjin.com)에 접속하여 시청하세요.

▶ 제공하는 동영상과 PDF 자료는 1판 1쇄 기준 2년간 유효합니다.
  단, 출제기준안에 따라 동영상 내용은 변경될 수 있습니다.

**PART 02**

▶ 합격 강의

## 기출 유형 문제

# 더 알기 TIP 한눈에 보기

■ '더 알기 TIP 한눈에 보기' 활용법

• PART 01의 '더 알기 TIP'을 챕터별로 정리해 두었습니다.

• 색인처럼 나열해 두었으니 기출 유형 문제나 시행처 공개 문제를 풀 때, 시험 직전에 빠르게 찾아보는 용도로 사용하시면 매우
좋습니다.

• 책 본문에 포함된 것이 아니라 도서 앞쪽에 부록처럼 수록되어 있어서 따로 떼어서 보기에도 좋습니다.

# 이 책의 구성

## 학습 방향

- 시험이 처음인 분들께 드리는 저자 선생님만의 노하우입니다. 학습 방향을 참고해서 복습할 부분과 확인할 부분으로 구분해서 학습하실 수 있습니다.
- 시험을 다시 준비하시는 분들은 약점을 보완하는 팁이 될 수도 있습니다.

> **학습 방향**
>
> 다양한 유형의 데이터 파일을 가져오기 후 파워 쿼리 편집기에서 열 머리글 변환, 열 병합, 열 피벗 해제, 쿼리 추가와 병합 등 다양한 방법으로 편집하는 방법을 익혀 두어야 한다. 또한 테이블의 관계 설정과 CALCULATE, DATEADD, CALENDAR, FORMAT 등과 같은 다양한 DAX 함수를 활용한 수식 작성까지 학습해야 한다.

> **섹션 차례**
>
> **SECTION 01**  파일 관리
> **SECTION 02**  데이터 가공하기
> **SECTION 03**  관계 설정
> **SECTION 04**  DAX 수식
> **SECTION 05**  데이터 정렬과 그룹 설정

## 난이도

- 시험은 선택과 집중! 기출 · 빈출 · 중요도에 따라 난이도를 책정해 두었습니다.
- '난이도' 약물로 '고난도' 부분은 집중하고, 중 · 저난도 부분은 확인해서 학습의 효율을 꾀할 수 있습니다.

> **⊕ 더 알기 TIP**
>
> **데이터 가져오기**
> [홈]–[데이터 가져오기]그룹에서 [데이터 가져오기]를 클릭하여 EXCEL 통합 문서나 텍스트/CSV 파일의 데이터를 가져오거나 폴더

## 출제유형

- 저자 선생님이 손수 시험에 꼭 나오고, 또 나오는 것만 엄선했습니다.
- 시험장에서 만났을 때 새삼스럽지 않고, 친숙하게 느끼도록 자세하고 꼼꼼한 설명도 더불어서 실었습니다.

> **출제유형 ①  Excel 데이터 가져오기**
>
> '출제유형1.pbix' 파일을 열고 데이터 가져오기 후 파워 쿼리 편집기에서 데이터
> ▶ '도서주문현황.xlsx' 파일의 데이터를 가져오시오.
>   – 활용 테이블 : 고객, 날짜, 대리점, 주문내역
> ▶ 〈대리점〉 테이블의 1행을 열 머리글로 변환하시오.
>   – '첫 행을 머리글로 사용' 적용
> ▶ 〈주문내역〉 테이블의 [주문일] 필드의 데이터 형식은 '날짜' 형식으로 변경하시
> ▶ 〈주문내역〉 테이블의 [수량] 필드의 하이픈(-)은 모두 제거하고 데이터 형식은
> ▶ 〈날짜〉 테이블의 [연도], [월], [일] 필드의 데이터 형식을 모두 '텍스트'로 변경
>   – 데이터 형식 변환 작업은 새 단계로 추가
> ▶ 〈날짜〉 테이블의 [연도] 필드의 '2022' 값은 삭제하시오.
> ▶ 편집한 데이터를 Power BI Desktop에 로드하시오.
> ▶ 〈주문내역〉 테이블의 [주문일], [배송일] 필드는 '*2001–03–14(Short Date)' 형

## 기적의 TIP & 더 알기 TIP

- "책에서는 되는데, 저는 왜 안 되나요?" 이럴 때, 기적의 TIP이 여러분의 해결사가 되어 드립니다.
- "이것과 이것의 차이를 잘 모르겠어요..." 이럴 때, 더 알기 TIP이 여러분의 1:1 튜터가 되어 드립니다.

> **⊕ 더 알기 TIP**
>
> **변수를 사용하는 수식 작성**
>
> **🅟 기적의 TIP**
>
> **DAX 수식에서 주석(Comment)을 작성하는 방법**
> '//' 기호를 사용하여 작성하며 '//' 이후의 텍스트는 모두 주석 처리된다.
>
> - 변수에 계산식의 결과를 저장하여 다른 측정값에서 변수를 인수로 사용할 수 있다.

| VAR문 | VAR 〈name〉 = 〈expression〉 |
|---|---|
| VAR문의 구성 | • name<br> – 변수 이름<br> – 영문(a~z, A~Z), 숫자(0~9)로 구성되며 영문으로 시작<br> – 예약어는 사용 불가<br> – 공백은 '_' (underbar)로 연결 |

# 또기적 합격자료집 PDF

**분야별 POWER BI 실전 함수 모음.zip**
- POWER BI에서 자주 사용되는 함수를 수험과 실무 분야로 가려 뽑아 놓았습니다.
- 종이 한 쪽에 모아찍기로 인쇄해서 책상이나 책 속, 벽에 붙여 두고 틈날 때마다 공부하기 좋습니다.

**시행처 공개 문제 (A · B형) & 해답**
- 저자 선생님의 친절한 해설 강의와 도서 내의 풍부한 해설로 시행처 공개 문제의 뼛속까지 알려 드립니다.
- 시험 직전에 시험 출제 경향을 파악하고 최종점검까지 할 수 있습니다.

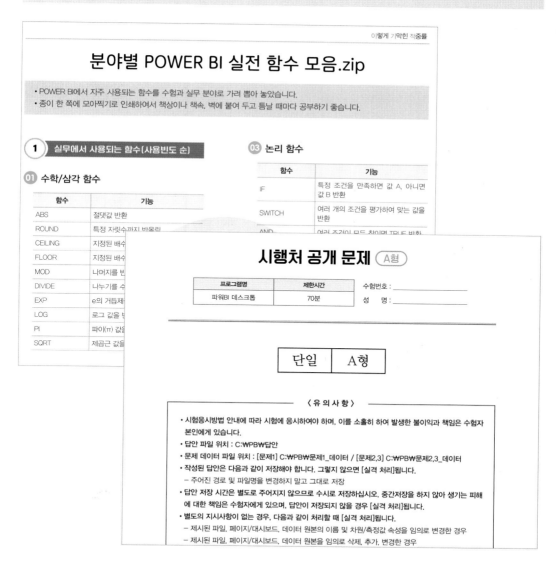

# 시험의 모든 것

## 01 '경영정보시각화능력'이란?

- **시행처 및 주무부처**
  - 시행처 : 대한상공회의소
  - 주무부처 : 고용노동부

- **자격개요**

  경영 관련 의사결정을 위해 기업·기관의 내·외부 정보를 시각적 요소를 사용하여 효과적으로 표현하고 전달하는 직무에 관한 국가기술자격

- **필요성**

  ICT 기술 발전, 디지털 전환 등으로 인해 데이터를 다루는 모든 직무에서 데이터에서 의미 있는 정보를 도출하는 능력이 필요한 역량으로 요구됨

- **업무범위**
  - 기업·기관의 경영과 관련된 정보를 시각화함
  - 영업, 재무, 생산 등의 분야에 대한 경영분석
  - 데이터 관리
  - 기업 내부정보 파악
  - 기업 외부정보 파악
  - 데이터 이해 및 해석
  - 데이터 활용
  - 데이터에서 비즈니스 인사이트 도출

**시행처의
자격 소개 영상**

## 02 시험 정보

- **검정방법 및 합격기준**

| 구분 | 필기 | 실기 |
|------|------|------|
| 등급 | 단일 등급 | |
| 시험과목(문항 수) | • 경영정보 일반(20문항)<br>• 데이터 해석 및 활용(20문항)<br>• 경영정보시각화 디자인(20문항) | 경영정보시각화 실무(3~5문항) |
| 검정방법(시간) | 객관식 4지택1형(60분) | 컴퓨터 작업형(70분) |
| 응시료 | 22,000원 | 45,000원 |
| 합격기준 | 매 과목 100점 만점에<br>과목당 40점 이상이면서 평균 60점 이상 | 100점 만점에 70점 이상 |

- **실기 프로그램**
  - 파워BI(POWER BI) : 버전 2.139.1678.0
  - 태블로(Tableau) : 버전 2024.3.0

◀ 상황에 따라 변경될 수 있으며, 변경 시 공식 홈페이지에 해당 사항을 게시하니 참고하여 주세요.

• 2025년 시험일정

| 회별 | 구분 | 인터넷접수 | 시험일자 | 발표일자 |
|---|---|---|---|---|
| 1회 | 필기 | 2025.04.03 ~ 2025.04.09 | 2025.04.26 | 2025.05.27 |
| | 실기 | 2025.06.05 ~ 2025.06.11 | 2025.06.28 | 2025.08.26 |
| 2회 | 필기 | 2025.08.21 ~ 2025.08.27 | 2025.09.13 | 2025.10.14 |
| | 실기 | 2025.10.09 ~ 2025.10.15 | 2025.11.01 | 2025.12.30 |

※ 더 자세한 사항은 대한상공회의소 자격평가사업단 홈페이지(https://license.korcham.net)를 참고하여 주세요.

• 출제 기준(2024.1.1~2026.12.31)

| 주요 항목 | 세부 항목 | 세세 항목 |
|---|---|---|
| 경영정보<br>시각화<br>작업 준비 | 프로그램 실행하기 | • 시각화 프로그램을 실행할 수 있다. |
| | 파일 관리하기 | • 작업에 필요한 데이터를 불러올 수 있다.<br>• 작업 문서를 저장할 수 있다. |
| | 데이터 가공하기 | • 여러 데이터를 결합할 수 있다.<br>• 데이터의 필드를 분할 또는 결합할 수 있다.<br>• 데이터 필드의 명칭, 형태, 데이터 유형을 변경할 수 있다. |
| | 데이터 계산하기 | • 데이터 계산을 위해 기본적인 계산식(함수)를 활용할 수 있다. |
| 경영정보<br>시각화 결과물<br>레이아웃 구성 | 레이아웃 구성하기 | • 결과물 레이아웃을 구성할 수 있다.<br>• 구현한 시각화요소를 레이아웃에 맞게 배치할 수 있다.<br>• 시각화요소 외에 도형, 이미지, 텍스트 등을 삽입할 수 있다. |
| | 대화식(Interactive)<br>화면 구성하기 | • 사용자가 선택한 필드의 데이터가 전체 시각화요소에 적용되도록 필터를 구성할 수 있다.<br>• 사용자가 선택한 항목만 강조되도록 표시할 수 있다.<br>• 사용자의 선택한 화면 또는 웹페이지로 이동할 수 있는 단추를 추가할 수 있다. |
| 경영정보<br>시각화<br>요소 구현 | 차트 구성하기 | • 기본적인 형태의 차트를 구성할 수 있다.<br>• 복잡한 형태의 차트를 구성할 수 있다.<br>• 이중 축을 활용한 차트를 구성할 수 있다.<br>• 차트에 레이블을 표현할 수 있다. |
| | 테이블 구성하기 | • 테이블을 응용한 시각적 요소를 구현할 수 있다. |
| | 시각화요소 디자인<br>변경하기 | • 시각화요소 및 레이블의 글꼴, 색상, 테두리, 도형 등의 디자인을 변경할 수 있다. |
| | 기능 활용하기 | • 시각화요소 구현을 위해 테이블에 빠른 계산을 적용할 수 있다.<br>• 특정 조건에 맞는 데이터만을 나타내도록 필터를 적용할 수 있다.<br>• 축 설정을 변경할 수 있다.<br>• 범례를 만들 수 있다.<br>• 간단한 요약값을 나타내기 위해 분석 기능을 활용할 수 있다.<br>• 데이터에 대한 설명 내용을 변경할 수 있다. |

# Q&A

※시험에 대해 가장 궁금해하시는 내용을 모았습니다.

**Q** 필기시험은 합격했는데 실기시험에서 떨어졌어요.

**A** 당해 필기시험일로부터 만 2년간 필기시험이 면제됩니다. 2년 안으로만 재응시하시면 됩니다.

**Q** 자격증을 취득하면 학점을 취득한 것으로 인정되나요?

**A** 학점인정 등에 관한 법률 제7조 제2항 제4호 및 제27차 자격 학점 인정기준 고시(2024.12.16)에 의거하여 학점으로 인정됩니다.

| 구분 | 인정학점 | 전공 |
|---|---|---|
| 전문학사 | 16학점 | 경영, 마케팅정보, 산업·정보시스템경영, 정보시스템개발, 정보처리 |
| 학사 | 16학점 | 경영학, 산업공학, 인공지능, 컴퓨터공학 |

**Q** 실기시험 문항별 배점은 어떻게 구성되어 있나요?

**A** • 경영정보시각화능력 실기시험의 배점을 실제시험에 적용되는 출제기준으로 구체적으로 분석하면 아래와 같이 100점으로 구성되어 있습니다.
• 세부문제별 점수에 따라 지시사항(①, ②, ③, ④)별로 점수가 부여되며, 지시사항별로 최소 4~5개 세부지시사항(▶ 또는 -)이 있으며 이를 모두 작업해야 정답으로 처리돼 점수가 부여되며, 지시사항별 부분점수는 없습니다.

| 문제1) | 작업준비(30점) → 세부문제(1~3, 각 10점) → 지시사항(①~③, 각 3~4점) |
|---|---|
| 문제2) | 단순요소 구현(30점) → 세부문제(1~4, 각 5~10점) → 지시사항(①~④, 각 2~4점) |
| 문제3) | 복합요소 구현(40점) → 세부문제(1~4, 각 10점) → 지시사항(①~④, 각 3~4점) |

※ 공개된 모의문제는 예시문제로 실제 시험문제와 다를 수 있습니다. 배점 정보 확인을 위해 참고하시고 시험문제에 관한 자세한 내용은 출제기준을 확인하시기 바랍니다.
※ 자세한 사항은 대한상공회의소 자격평가사업단 홈페이지 『종목소개 – 경영정보시각화능력 – 시험안내 또는 관련자료』에서 유의사항을 참고하시기 바랍니다.

# POWER BI DESKTOP 설치 및 시작하기

- Power BI Desktop은 데이터 분석과 시각화 도구로 Microsoft사에서 무료로 제공하며, 매월 새로운 기능이 업데이트되고 릴리스됩니다.
- 시험에 필요한 프로그램은 매년 1월에 출시한 Power BI Desktop을 사용하며 대한상공회의소자격평가단에서 제공되는 프로그램을 다운받아 사용할 수 있습니다.
- 올해(2025년) 시행되는 프로그램은 2025년에 출시된 버전[2.139.1678.0 64-bit (2025년 1월)]으로 시행됩니다.

설치 안내 영상

## Power BI Desktop 다운로드 및 설치

- 준비한 'C:₩2025경영정보시각화실기₩프로그램'에서 'PBIDesktopSetup_x64.exe' 파일을 더블클릭하여 실행한다.
- PC 환경에 따라 32비트(PBIDesktopSetup. exe)나 64비트(PBIDesktopSetup_x64.exe)로 설치할 수 있으며 Windows 10 이상이라면 x64(64비트)로 설치한다.

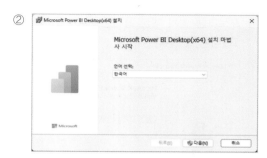

- 설치 창이 열리면 언어 선택을 '한국어'로 설정하고 [다음]을 클릭한다.
- 앱 허용 대화상자가 표시되면 '예'를 클릭하여 설치를 진행한다.

[다음]을 클릭하여 설치를 진행한다.

'동의함'을 선택한 후 [다음]을 클릭한다.

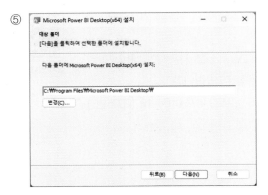

프로그램 설치 대상 폴더는 기본으로 설정하고 [다음]을 클릭한다.

[설치]를 클릭하여 설치를 시작한다.

설치가 완료되면 [마침]을 클릭한다.

## Power BI Desktop 시작하기

윈도우 시작 단추를 클릭하여 Power BI Desktop을 실행하고 [빈 보고서]를 클릭하여 Power BI를 시작한다.

Power BI Desktop 시작 화면에서 작업을 시작한다.

# 실습파일 사용법

## 다운로드 방법

① 이기적 영진닷컴(license.youngjin.com)에 접속한다.

② 상단 메인 메뉴에서 [자료실]-[기타]를 클릭한다.

③ '[7848] 이기적 경영정보시각화능력 실기 기본서 POWER BI' 게시글을 클릭하여 첨부파일을 다운로드한다.

## 사용 방법

① 다운로드한 [7848.zip] 압축 파일에서 마우스 오른쪽 버튼을 눌러 압축을 해제한다.

② 압축이 풀린 후 [7848]-[2025경영정보시각화실기] 폴더를 더블클릭하여 모든 파일이 들어 있는지 확인한다.

③ 압축이 풀린 [2025경영정보시각화실기] 폴더를 'C드라이브'로 복사 또는 이동하여 사용한다.

# 기본 따라하기

CHAPTER

# 01

# 경영정보시각화
# 작업준비

다양한 유형의 데이터 파일을 가져오기 후 파워 쿼리 편집기에서 열 머리글 변환, 열 병합, 열 추가, 열 피벗 해제, 쿼리 추가와 병합 등 다양한 방법으로 편집하는 방법을 익혀 두어야 한다. 또한 테이블의 관계 설정과 CALCULATE, DATEADD, CALENDAR, FORMAT 등과 같은 다양한 DAX 함수를 활용한 수식 작성까지 학습해야 한다.

# 파일 관리

▶합격강의

작업 파일 ▶ [C:₩2025경영정보시각화실기₩핵심이론₩Chapter01₩Section01] 폴더에서 작업하시오.

---

➕ 더 알기 TIP

### 데이터 가져오기

[홈]–[데이터 가져오기]그룹에서 [데이터 가져오기]를 클릭하여
EXCEL 통합 문서나 텍스트/CSV 파일의 데이터를 가져오거나 폴더
를 이용해 Excel 시트 결합, 폴더의 여러 파일을 결합하여 데이터를
가져올 수 있다.

---

➕ 더 알기 TIP

### 파워 쿼리 편집기에서 데이터 가공

Power BI로 가져온 데이터는 [Power Query 편집기]에서 편집한다. 파워 쿼리 편집기의 첫 행을 머리글로 사용, 열 병합,
열 분할, 사용자 지정 열, 그룹화 등의 편집 도구를 활용하여 데이터를 가공한다.

• [Power Query 편집기] 창으로 이동하려면 [홈]–[쿼리]그룹에
  서 [데이터 변환]을 선택한다.

• 또는 [데이터] 창의 테이블명에서 마우스 오른쪽 버튼을 클릭하여
  [쿼리 편집]을 클릭한다.

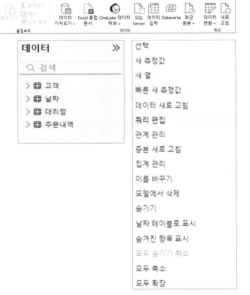

---

**➕ 더 알기 TIP**

## 파워 쿼리 편집기에서 데이터 원본 위치 변경하기

데이터 원본 위치나 파일 정보가 변경되어 [Power Query 편집기] 창에서 다음과 같이 오류 메시지가 표시되면 [홈]–[데이터 원본]그룹에서 [데이터 원본 설정]을 클릭하여 데이터 원본 위치를 변경한다.

---

**➕ 더 알기 TIP**

## 파워 쿼리 편집기에서 데이터 새로 고침

데이터 가져오기 후 [Power Query 편집기]에서 다음과 같이 미리 보기 새로 고침이 취소되었다는 메시지 창이 표시되면 [홈]–[쿼리]그룹–[미리 보기 새로 고침]을 클릭한다.

---

**➕ 더 알기 TIP**

## 데이터 원본 설정 변경하기

예제 파일의 경로가 교재에서 제공된 원본 경로와 다르면 [Power Query 편집기]에 데이터가 표시되지 않는다. 이런 경우 데이터 원본 설정에서 원본 경로를 변경한다.

① [홈]–[데이터]그룹에서 [데이터 변환]–[데이터 원본 설정]을 선택한다.

② [데이터 원본 설정] 대화상자에서 파일 목록을 선택한 후 [원본 변경]을 클릭하여 데이터 원본 위치를 변경한다.

**데이터 새로 고침**

[홈]−[쿼리]그룹에서 [새로 고침]을 클릭하여 데이터를 업데이트한다.

---

출제유형 ❶ **Excel 데이터 가져오기**

'**출제유형1.pbix**' 파일을 열고 데이터 가져오기 후 파워 쿼리 편집기에서 데이터를 편집하시오.

- ▶ '도서주문현황.xlsx' 파일의 데이터를 가져오시오.
  - 활용 테이블 : 고객, 날짜, 대리점, 주문내역
- ▶ 〈대리점〉 테이블의 1행을 열 머리글로 변환하시오.
  - '첫 행을 머리글로 사용' 적용
- ▶ 〈주문내역〉 테이블의 [주문일] 필드의 데이터 형식은 '날짜' 형식으로 변경하시오.
- ▶ 〈주문내역〉 테이블의 [수량] 필드의 하이픈(−)은 모두 제거하고 데이터 형식은 '정수' 형식으로 변경하시오.
- ▶ 〈날짜〉 테이블의 [연도], [월], [일] 필드의 데이터 형식을 모두 '텍스트'로 변경하시오.
  - 데이터 형식 변환 작업은 새 단계로 추가
- ▶ 〈날짜〉 테이블의 [연도] 필드의 '2022' 값은 삭제하시오.
- ▶ 편집한 데이터를 Power BI Desktop에 로드하시오.
- ▶ 〈주문내역〉 테이블의 [주문일], [배송일] 필드는 '*2001−03−14(Short Date)' 형식으로 변경하시오.

① [홈] − [데이터] 그룹에서 [Excel 통합 문서]를 클릭한다.

② [열기] 대화상자에서 '도서주문현황.xlsx'을 클릭하고 [열기]를 클릭한다.

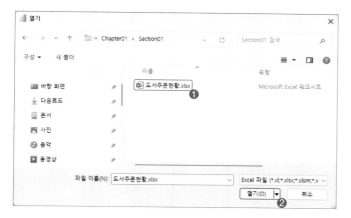

③ [탐색 창]에서 〈고객〉, 〈날짜〉, 〈대리점〉, 〈판매〉 테이블을 체크하고 [데이터 변환]을 클릭한다. 첫 번째 테이블 이름을 클릭하고 Shift 를 누른 상태에서 마지막 테이블 이름을 클릭하면 여러 테이블을 쉽게 선택할 수 있다.

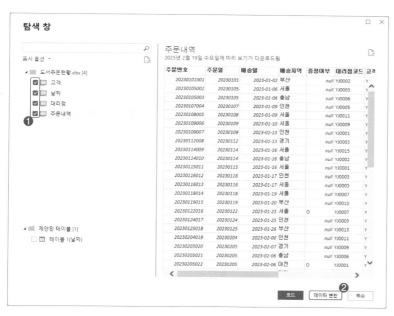

**로드와 데이터 변환**

• 로드 : 테이블을 선택하고 [로드]를 클릭하면 Power BI Desktop에서 바로 데이터를 사용할 수 있음
• 데이터 변환 : 파워 쿼리 편집기에서 행/열 제거, 값 바꾸기, 열 분할, 열 머리글 변경 등의 데이터 편집을 할 수 있음

④ [Power Query 편집기] 창에서 〈대리점〉 테이블을 선택한다. 열 머리글을 변경하기 위해 [홈]−[변환]그룹에서 [첫 행을 머리글로 사용]을 클릭한다.

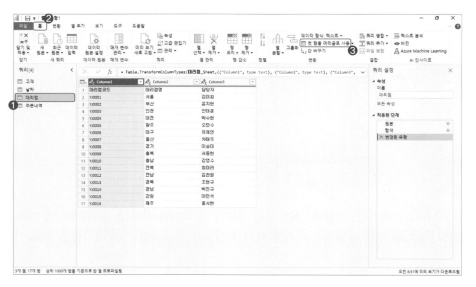

**열 머리글 변경**

[첫 행을 머리글로 사용]을 클릭하여 원하는 행의 데이터를 열 머리글로 변환할 수 있다.

⑤ 〈주문내역〉 테이블의 [주문일] 필드를 선택하고 [변환]−[열]그룹에서 [데이터 형식 : 정수]를 클릭하여 [날짜]로 변경한다.

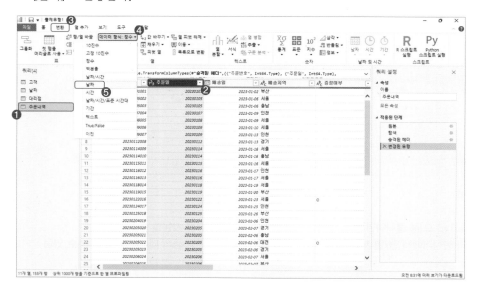

⑥ [열 형식 변경] 대화상자에서 [현재 전환 바꾸기]를 클릭한다.

**기적의 TIP**

**숫자형 날짜를 날짜 형식으로 바꾸기**

• [주문일] 필드는 숫자형 날짜로 데이터 형식을 날짜 형식으로 변경할 때, [열 형식 변경] 대화상자에서 [현재 전환 바꾸기]를 클릭하면 적용된 단계에 기록되지 않는다.

• [열 형식 변경] 대화상자에서 [새 단계 추가]를 클릭하면 숫자형 데이터가 날짜로 변환할 수 없는 범위이기 때문에 오류가 발생한다. 이런 경우 숫자형 데이터를 '텍스트'로 변환한 후 다시 '날짜'로 변경하고 [새 단계 추가]를 클릭하여 데이터 형식 변환 작업을 기록해야 한다.

⑦ 〈주문내역〉 테이블에서 [수량] 필드를 선택하고 [변환]−[열]그룹에서 [값 바꾸기]를 클릭한다.

⑧ [값 바꾸기] 대화상자에서 [찾을 값]에 하이픈(−)을 입력하고 [확인]을 클릭한다. [바꿀 항목]을 공백으로 두면 찾는 값을 모두 제거한다.

⑨ [변환]–[열]그룹에서 [데이터 형식: 임의]를 클릭하여 [정수]로 변경한다.

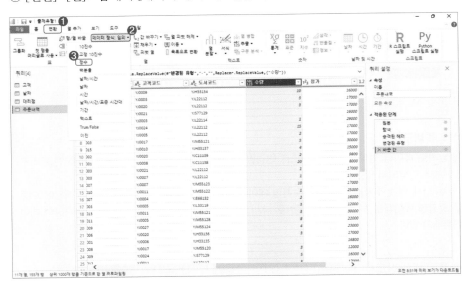

**기적의 TIP**

**빠르게 데이터 형식 변경하기**

열 머리글의 데이터 형식(🔲)을 클릭하여 빠르게 데이터 형식을 변경할 수 있다.

⑩ 〈날짜〉 테이블의 [연도] 필드를 선택한 후 Ctrl를 누른 상태에서 [월], [일] 필드를 차례로 선택한다. [변환]–[열]그룹에서 [데이터 형식: 정수]를 클릭하여 [텍스트]로 변경한다.

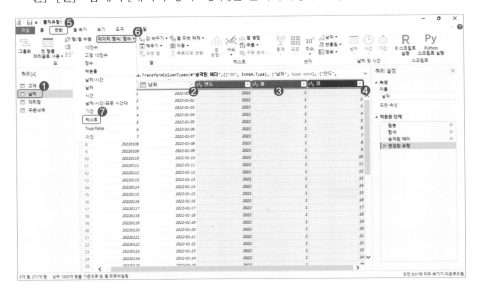

⑪ [열 형식 변경] 대화상자에서 [새 단계 추가]를 클릭하여 변경된 내용을 적용된 단계에 기록한다.

⑫ [연도] 필드의 필터 단추를 클릭해서 '2022' 값의 체크를 해제하고 [확인]을 클릭한다.

⑬ [홈]−[닫기]그룹의 [닫기 및 적용]을 클릭하여 Power BI Desktop에 로드한다.

⑭ 테이블 보기(🔲)를 클릭한다. 〈주문내역〉 테이블의 [주문일] 필드를 선택하고 [열 도구]–[서식]그룹에서 서식(🔧 서식)을 '*2001–03–14(Short Date)'로 적용한다. [배송일] 필드에도 동일한 날짜 서식(*2001– 03–14(Short Date))을 적용한다.

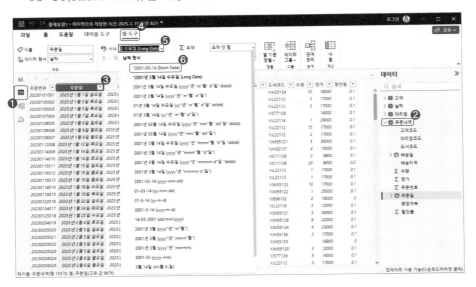

⑮ [파일]–[다른 이름으로 저장]을 클릭한다. 저장할 위치를 선택하고 파일명 '출제유형1_완성'을 입력하고 [저장]을 클릭한다.

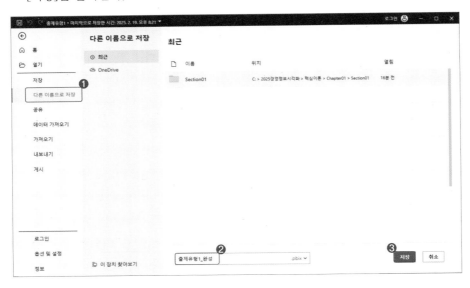

## 더 알기 TIP

**파워 쿼리 편집기에서 작업 삭제 및 편집하기**

[쿼리 설정] 창의 적용된 단계에서 목록의 삭제(✕)를 클릭하여 작업을 취소할 수 있다. 목록의 편집(⚙) 단추를 클릭하면 작업 단계를 편집할 수 있다.

---

**출제유형 ② CSV 데이터 가져오기**

'**출제유형2.pbix**' 파일을 열고 데이터 가져오기 후 파워 쿼리 편집기에서 데이터를 편집하시오.

- ▶ '도서목록.CSV' 파일의 데이터를 가져오시오.
- ▶ [파일 원본]은 '949: 한국어', [구분 기호]는 '쉼표'로 적용하시오.
- ▶ 파워 쿼리 편집기에서 [발행일] 필드를 기준으로 [연도] 필드를 추가하시오.
  - 계산 필드 이름 : 발행년도
- ▶ 편집한 데이터를 Power BI Desktop에 로드하시오.

① [홈] – [데이터] 그룹에서 [데이터 가져오기]–[텍스트/CSV]를 클릭한다.

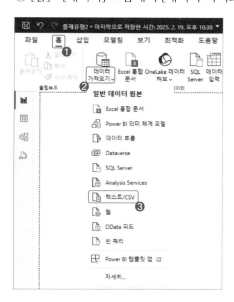

② [열기] 창에서 '도서목록.CSV' 파일을 선택한 후 [열기]를 클릭한다.

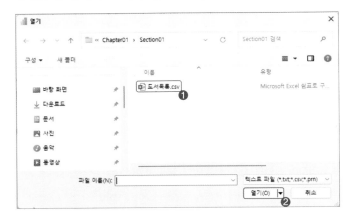

③ [파일 원본]은 '949: 한국어', [구분 기호]를 '쉼표'로 지정하고 [데이터 변환]을 클릭한다.

---

(B) 기적의 TIP

**CSV(Comma-Separated Values) 파일의 가져오기**

텍스트나 CSV 파일 형식의 데이터를 가져올 때 구분 기호를 콜론, 쉼표, 등호, 세미콜론, 공백, 탭, 사용자 지정, 고정 너비로 구분하여 가져오기를 할 수 있다.

---

④ [Power Query 편집기] 창에서 〈도서목록〉 테이블의 [발행일] 필드를 선택한다. 발행년도를 추가하기 위해 [열 추가]-[날짜 및 시간에서]그룹에서 [날짜]-[년]-[년]을 클릭한다.

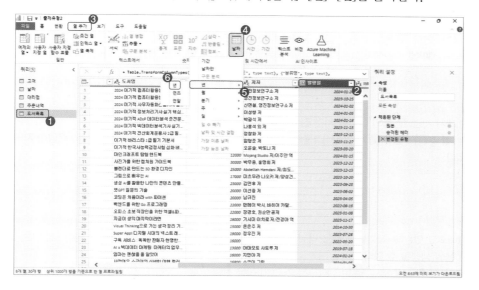

⑤ 추가된 필드의 열 머리글을 더블클릭하여 '발행년도'로 변경한다.

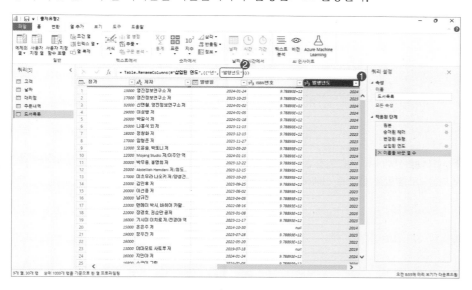

⑥ [홈]-[닫기]그룹에서 [닫기 및 적용]을 클릭한다.

🄑 기적의 TIP

### 날짜 정보와 시간 정보 추가

**날짜 정보 추가**
- [Power Query 편집기]에서 연도, 월 등의 다양한 날짜 정보를 추가할 수 있다.
- 날짜 필드에서 [열 추가]-[날짜 및 시간에서]그룹의 [날짜]를 클릭하여 '날짜만', '년', '월', '일' 등의 다양한 날짜 정보를 추가할 수 있다.

**시간 정보 추가**
- [Power Query 편집기]에서 시간, 분 등의 다양한 시간 정보를 추가할 수 있다.
- 날짜 및 시간 필드에서 [열 추가]-[날짜 및 시간에서]그룹의 [시간]을 클릭하여 '시간만', '시간', '분', '초' 등의 다양한 시간 정보를 추가할 수 있다.

➕ 더 알기 TIP

### 행으로 열 분할하기

제품이 여러 국가에서 판매되고 있는데, 국가별로 행을 나눠서 분석하려는 경우 [판매국가] 필드를 쉼표(,) 기준으로 행으로 분할하여 국가별로 한 행씩 생성할 수 있다.

(1) [판매국가] 필드에서 [홈]-[변환]그룹에서 [열 분할]-[구분 기호 기준]을 선택한다.

(2) [구분 기호에 따라 열 분할] 대화상자에서 구분 기호 선택 또는 입력은 '쉼표', 다음 위치에 분할은 '각 구분에서'로 선택한다. 고급 옵션에서 다음으로 분할을 '행'으로 선택하고 [확인]을 클릭한다.

(3) [판매국가] 필드의 데이터가 쉼표(,) 기준으로 분할되어 행으로 생성된다.

# 데이터 가공하기

▶ 합격 강의

작업 파일 ▶ [C:₩2025경영정보시각화실기₩핵심이론₩01작업준비₩Section02] 폴더에서 작업하시오.

➕ 더 알기 TIP

**파워 쿼리 편집기 활용**

Power BI의 파워 쿼리 편집기(Power Query)는 데이터를 가져오고 변환하는 ETL(Extract, Transform, Load) 도구이다. 파워 쿼리 편집기에서 다양한 원본에서 데이터를 가져와 변환 · 정리한 후 Power BI 데이터 모델에 로드한다.

| 주요 기능 | 설명 |
| --- | --- |
| 데이터 가져오기 | • 다양한 데이터 원본 가져오기(Excel, CSV, SQL Server, 웹 등)<br>• 여러 개의 데이터 원본 병합 및 연결 |
| 데이터 변환 | • 행/열 추가 및 삭제<br>• 첫 행을 머리글로 사용<br>• 데이터 형식 변경(텍스트, 숫자, 날짜 등)<br>• 중복 값 제거, 고유 값 필터링<br>• 값 바꾸기, 채우기, 나누기, 결합<br>• 열 분할, 열 병합, 추출<br>• 날짜, 시간 정보 추출<br>• 조건부 열 추가, 그룹화 |
| 쿼리 병합 및 추가 | • 쿼리 병합 : 두 테이블의 특정 기준 필드로 결합(열 추가)<br>• 쿼리 추가 : 여러 개의 테이블을 결합(행 추가) |
| M 코드 | • M 언어(M 코드)를 사용하여 복잡한 변환을 자동화<br>• 고급 편집기에서 M 코드 수정하여 변환 |
| 사용자 지정 열 추가 | • 기존 열을 기반으로 새로운 열 추가<br>• 예제의 열, 조건 열, 인덱스 열, 사용자 지정 열 |
| 데이터 필터링 및 정렬 | • 특정 조건을 만족하는 행만 표시<br>• 오름차순/내림차순 정렬 |
| 피벗 및 피벗 해제 | • 데이터를 원하는 형태로 변환하도록 피벗(Pivot) 지정 및 해제(Unpivot) |

'**출제유형1.pbix**' 파일을 열어 다음 지시사항에 따라 데이터를 편집하시오.

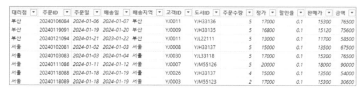

▶ '대리점실적' 폴더의 파일을 결합하여 데이터를 가져오기하시오.
  − Excel 파일의 '부산', '서울', '인천' 데이터만 결합
  − [Name], [Data] 필드를 제외한 다른 열은 모두 제거
▶ 〈대리점실적〉 테이블에 다음과 같이 데이터를 변환하시오.
  − '첫 행을 머리글로 사용'을 활용하여 1행을 열 머리글로 적용
  − [주문일] 필드에서 '주문일' 데이터 삭제
  − 데이터 형식 변경 : [주문일], [배송일] 필드 → 날짜 형식, [주문수량], [정가], [판매가], [금액] 필드 → 정수,
    [할인율] 필드 → 10진수
  − 첫 번째 필드 이름 '대리점'으로 변경
▶ 편집한 데이터를 Power BI Desktop에 로드하시오.
▶ [주문일]과 [배송일] 필드에 '*2001-03-14(Short Date)' 형식을 적용하시오.

① [홈] - [데이터] 그룹에서 [데이터 가져오기]를 클릭한다.

② [데이터 가져오기] 대화상자의 [모두]에서 [폴더]를 선택하고 [연결]을 클릭한다.

③ [폴더] 대화상자에서 [찾아보기]를 클릭하여 '대리점실적' 폴더를 선택하고 [확인]을 클릭한다.

④ 전체 파일을 결합하고 편집하기 위해 [결합] – [데이터 결합 및 변환]을 클릭한다.

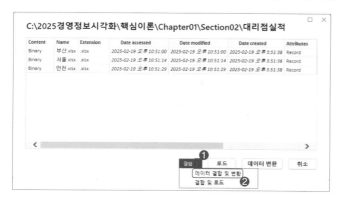

⑤ [파일 병합] 대화상자에 샘플 파일로 첫 번째 파일이 미리 보기 된다. [표시 옵션]에서 '매개 변수1[1]'을 선택하고 [확인]을 클릭한다.

📒 기적의 TIP

[파일 병합] 대화상자에서 '매개 변수' 목록을 선택하면 폴더의 이진 파일을 매개 변수로 받아 처리하는 함수 쿼리가 추가 되며 병합된 결과를 표시한다.

⑥ [Power Query 편집기] 창에서 〈대리점실적〉 테이블을 클릭한다. [Source.Name] 필드에 선택한 폴더의 파일 목록이 표시된다.

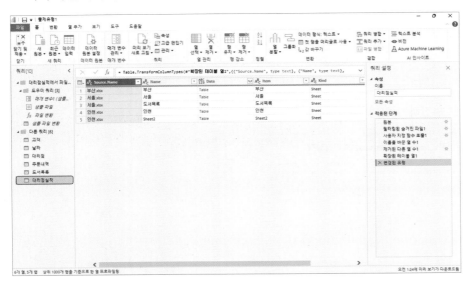

🔖 기적의 TIP

폴더로 가져오기하면 파워 쿼리 편집기 창이 화면에 바로 표시되지 않는다. 작업 표시줄에서 [Power Query 편집기] 창을 클릭하여 결과를 확인해야 한다.

⑦ [Name] 필드의 필터 단추(▾)를 클릭한다. 목록에서 'Sheet2', '도서목록'의 체크를 해제하고 [확인]을 클릭한다. 결합한 파일의 전체 시트 중에서 '부산', '서울', '인천' 목록만 가져온다.

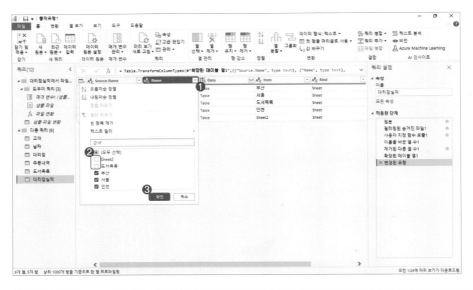

🔖 기적의 TIP

Excel 파일의 워크시트 중 분석에 사용할 워크시트만 가져올 수 있다.

⑧ [Name] 필드를 선택하고 **Ctrl**를 누른 상태에서 [Data] 필드를 선택한 후 [홈]-[열 관리]그룹에서 [열 제거]-[다른 열 제거]를 클릭한다.

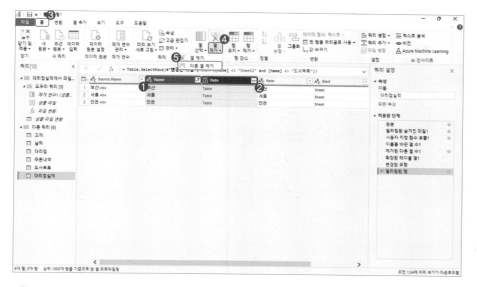

[열 제거]는 선택한 열을 제거하고 [다른 열 제거]는 선택한 열을 제외한 다른 열을 제거한다.

⑨ [Data] 필드의 확장 단추(⊞)를 클릭하고 [확인]을 클릭하여 결합된 행과 필드를 표시한다.

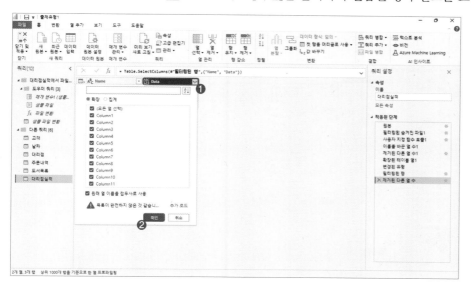

⑩ [홈]–[변환]그룹에서 [첫 행을 머리글로 사용]을 클릭하여 열 머리글을 변경한다.

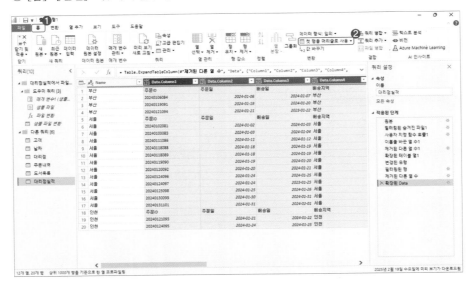

[Data] 필드를 확장하면 'Table'에 함축된 레코드를 표시하며 열 머리글이 Column1, Column2와 같이 표시되므로 첫 행을 머리글로 사용을 적용하여 열 머리글을 변경해야 한다.

⑪ [주문일] 필드의 필터 단추(⬛)를 클릭하여 '주문일'의 체크를 해제하고 [확인]을 클릭한다.

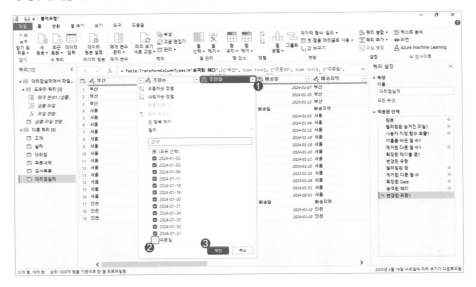

Excel 파일 병합 후 각 파일의 열 머리글이 행으로 포함되어 있으므로 삭제한다.

⑫ [주문일], [배송일] 필드를 [Ctrl]와 함께 선택하고, [변환]−[열]그룹에서 [데이터 형식: 임의]를 클릭하여
[날짜]로 변경한다.

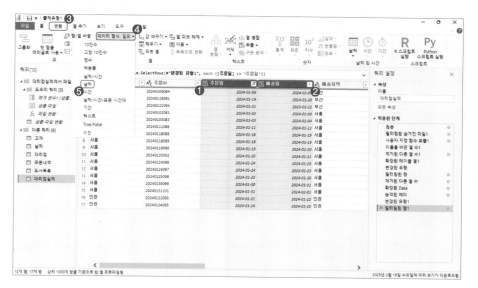

⑬ [주문수량], [정가], [판매가], [금액] 필드를 [Ctrl]와 함께 선택하고, [변환]−[열]그룹에서 [데이터 형식:
임의]를 클릭하여 [정수]로 변경한다.

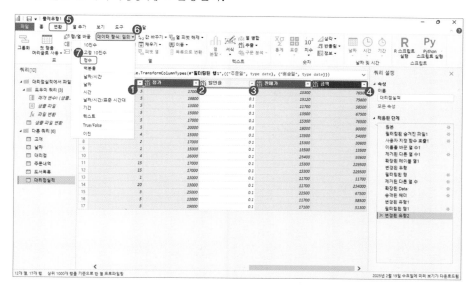

⑭ [할인율] 필드를 선택하고 [변환]–[열]그룹에서 [데이터 형식: 임의]를 클릭하여 [10진수]로 변경한다.

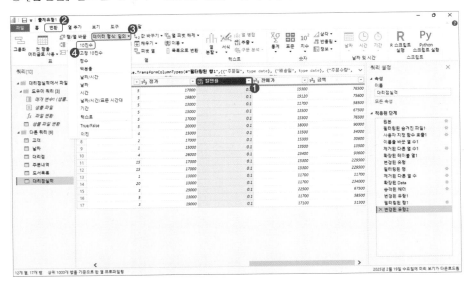

⑮ 첫 번째 필드의 열 머리글을 더블클릭하여 '대리점'으로 변경한다. [홈]–[닫기]그룹에서 [닫기 및 적용]을
클릭하여 Power BI Desktop에 로드한다.

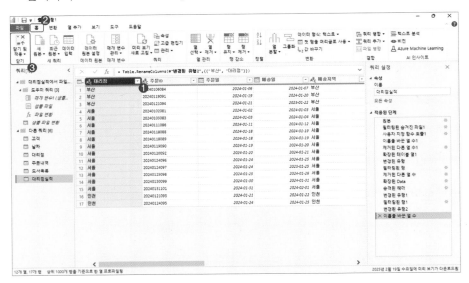

⑯ 테이블 보기(▦)에서 〈대리점실적〉 테이블을 선택한다. [주문일] 필드에 [열 도구]-[서식] 그룹에서 [서식]을 '*2001-03-14(Short Date)'로 변경한다. [배송일] 필드에 '*2001-03-14(Short Date)' 서식을 적용한다.

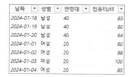
**출제유형 ❷ CSV 파일 결합하기**

**'출제유형2.pbix'** 파일을 열고 다음 지시사항에 따라 데이터를 편집하시오.

| 날짜 | 성별 | 연령대 | 컴퓨터/IT |
|---|---|---|---|
| 2024-01-18 | 남성 | 40 | 83 |
| 2024-01-19 | 남성 | 40 | 80 |
| 2024-01-20 | 남성 | 40 | 64 |
| 2024-01-01 | 여성 | 20 | 60 |
| 2024-01-02 | 여성 | 20 | 98 |
| 2024-01-03 | 여성 | 20 | 100 |
| 2024-01-04 | 여성 | 20 | 85 |

▶ '도서클릭수' 폴더의 파일을 결합하여 데이터를 가져오시오.

▶ [파일 원본]은 '65001: 유니코드(UTF-8)', [구분 기호]는 '쉼표'로 적용하시오.

▶ [Source.Name] 필드를 사용하여 [성별]과 [연령대] 필드를 추가하시오.
　– '열 분할' 사용, 구분 기호는 언더바(_)로 분할
　– [성별]은 '남성', '여성'으로 표시
　– [연령대]는 '값 바꾸기'를 사용하여 '20', '30', '40'과 같이 표시

▶ 필드 순서를 다음과 같이 나열하고 다른 필드는 삭제하시오.
　– '날짜', '성별', '연령대', '컴퓨터/IT'

▶ 편집한 데이터를 Power BI Desktop에 로드하시오.

① [홈] – [데이터] 그룹에서 [데이터 가져오기]를 클릭한다.

② [데이터 가져오기] 대화상자의 [모두]에서 [폴더]를 선택하고 [연결]을 클릭한다.

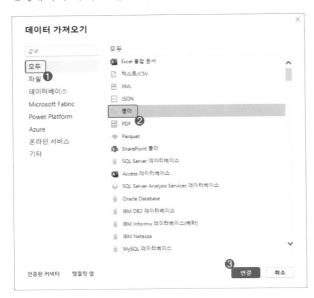

③ [폴더] 대화상자에서 [찾아보기]를 클릭하여 '도서클릭수' 폴더를 선택하고 [폴더] 대화상자에서 [확인]을 클릭한다.

④ 전체 파일을 결합하고 편집하기 위해 [결합] - [데이터 결합 및 변환]을 클릭한다.

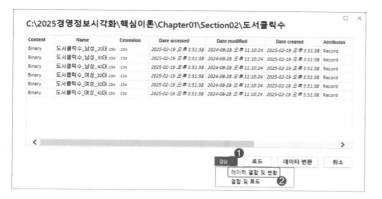

⑤ [파일 병합] 대화상자에 샘플 파일로 첫 번째 파일이 미리 보기 된다. [파일 원본]은 '65001: 유니코드 (UTF-8)', 구분 기호는 '쉼표'로 지정하고 [확인]을 클릭한다.

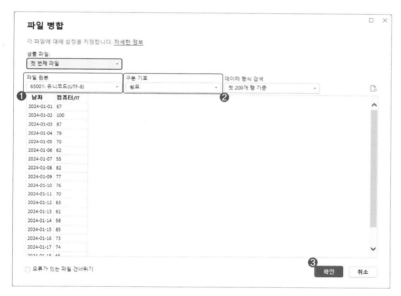

⑥ [Power Query 편집기]창에서 〈도서클릭수〉 테이블을 확인한다.

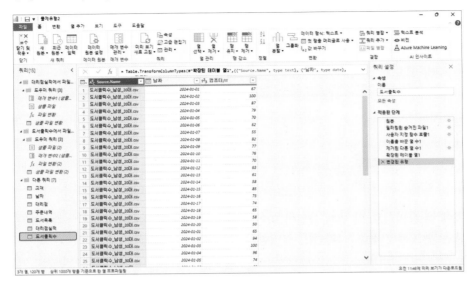

⑦ [Source.Name] 필드에서 [홈]−[변환]그룹에서 [열 분할]−[구분 기호 기준]을 클릭한다.

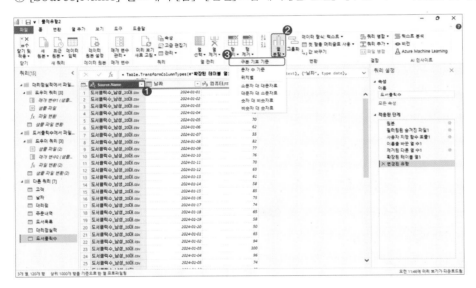

⑧ [구분 기호에 따라 열 분할] 대화상자의 '구분 기호 선택 또는 입력'에 '--사용자 지정--', 언더바(_)가 자동으로 표시된다. '다음 위치 분할'에서 '각 구분 기호에서'를 선택하고 [확인]을 클릭한다.

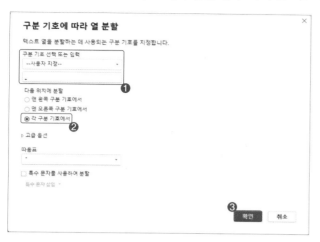

⑨ [Source.Name.3] 필드에서 [변환]–[열]그룹에서 [값 바꾸기]를 클릭한다.

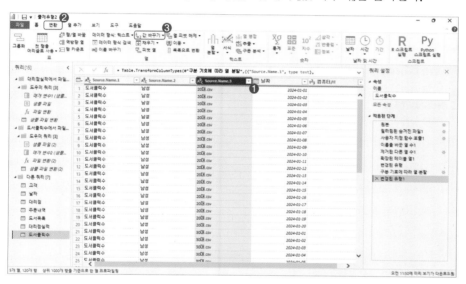

⑩ [값 바꾸기] 대화상자의 '찾을 값'에 '대.csv'를 입력하고 [확인]을 클릭한다.

🅑 기적의 TIP

[값 바꾸기]를 이용하여 필요 없는 문자열을 제거할 수 있다.

⑪ [Source.Name.1] 필드의 열 머리글에서 마우스 오른쪽 버튼을 클릭하여 [제거]를 클릭한다.

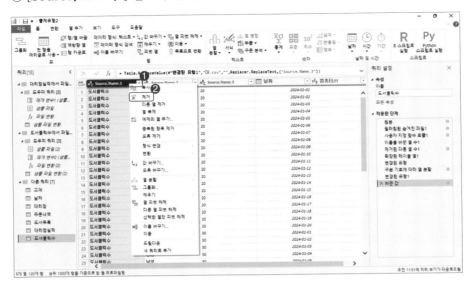

⑫ [Source.Name.2] 필드는 '성별', [Source.Name.3] 필드는 '연령대'로 열 머리글을 변경한다.

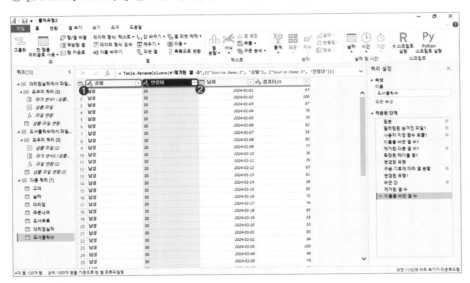

⑬ [날짜] 필드의 열 머리글을 드래그하여 첫 번째 위치로 이동하고 [홈]–[닫기]그룹에서 [닫기 및 적용]을 클릭한다.

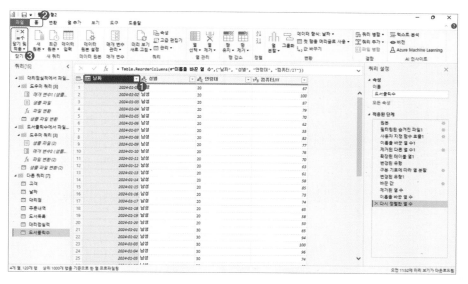

필드 순서는 Power BI 데이터 모델로 로드하기 전에 변경할 수 있다. 이미 로드된 후에는 필드 순서를 변경할 수 없으니 참고한다.

⑭ 테이블 보기(▦)에서 〈도서클릭수〉 테이블을 선택한다. [날짜] 필드에 [열 도구]–[서식] 그룹에서 [서식] 을 '*2001–03–14(Short Date)'로 변경한다.

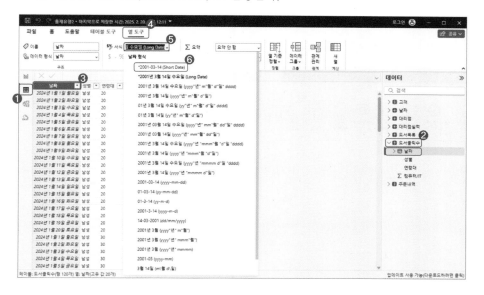

'**출제유형3.pbix**' 파일을 열어 파워 쿼리 편집기에서 다음 지시사항에 따라 데이터를 편집하시오.

〈쿼리1〉

▶ 〈쿼리1〉테이블에 [연도], [월], [일] 필드를 [날짜] 필드로 변환하시오.
　　- [열 병합] 사용, [구분 기호]는 '-'으로 연결
　　- 필드 이름 : 기준일
　　- 데이터 형식 : 날짜 형식

〈쿼리2〉

| | 123 연도 | 123 월 | 123 일 | 주문일 |
|---|---|---|---|---|
| 1 | 2024 | 1 | 1 | 2024-01-01 |
| 2 | 2024 | 1 | 2 | 2024-01-02 |
| 3 | 2024 | 1 | 3 | 2024-01-03 |
| 4 | 2024 | 1 | 4 | 2024-01-04 |
| 5 | 2024 | 1 | 5 | 2024-01-05 |
| 6 | 2024 | 1 | 6 | 2024-01-06 |
| 7 | 2024 | 1 | 7 | 2024-01-07 |
| 8 | 2024 | 1 | 8 | 2024-01-08 |
| 9 | 2024 | 1 | 9 | 2024-01-09 |
| 10 | 2024 | 1 | 10 | 2024-01-10 |

▶ 〈쿼리2〉테이블에 [연도], [월], [일] 필드를 이용하여 [날짜] 필드를 추가하시오.
　　- [열 병합]을 사용하고 [구분 기호]는 '-' 으로 연결
　　- 필드 이름 : 주문일
　　- 모든 작업은 하나의 단계로 기록되어야 함

〈쿼리3〉

| | A⁑C 연월 | 123 매출금액 | 1.2 금액(백만) |
|---|---|---|---|
| 1 | 2024-01 | 79700000 | 79.7 |
| 2 | 2024-02 | 89900000 | 89.9 |
| 3 | 2024-03 | 35600000 | 35.6 |
| 4 | 2024-04 | 97500000 | 97.5 |
| 5 | 2024-05 | 80900000 | 80.9 |
| 6 | 2024-06 | 85100000 | 85.1 |
| 7 | 2024-07 | 65400000 | 65.4 |
| 8 | 2024-08 | 30100000 | 30.1 |
| 9 | 2024-09 | 33000000 | 33 |
| 10 | 2024-10 | 18100000 | 18.1 |

▶ 〈쿼리3〉테이블에서 다음 조건으로 새 열을 추가하시오.
　　- [나누기]를 사용하여 [매출금액] 필드를 '1,000,000'으로 나눈 필드
　　- 필드 이름 : 금액(백만원)

▶ 편집한 데이터를 Power BI Desktop에 로드하시오.

① [홈]-[쿼리]그룹에서 [데이터 변환]을 클릭한다.

② [Power Query 편집기] 창의 〈쿼리1〉 테이블에서 Ctrl와 함께 [연도], [월], [일] 필드를 순서대로 선택한다. [변환]−[텍스트]그룹에서 [열 병합]을 클릭한다.

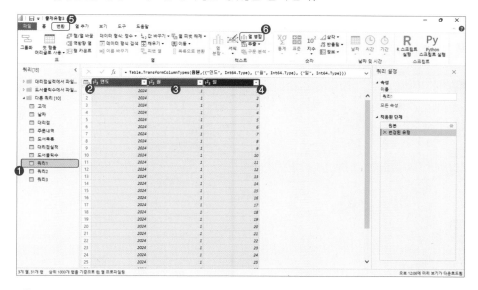

🅑 기적의 TIP

[변환] 탭의 도구 명령들은 선택한 열을 편집하여 변환한다.

③ [열 병합] 대화상자에서 구분 기호를 '사용자 지정'으로 변환하고 하이픈(−)을 입력한 다음, 새 열 이름에 '기준일'을 입력하고 [확인]을 클릭한다.

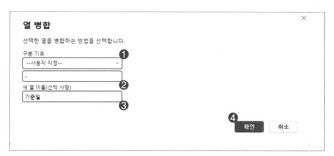

🅑 기적의 TIP

[열 병합] 대화상자에서 구분 기호와 새 열 이름을 모두 입력하여 하나의 단계로 기록한다.

④ 기존에 있던 [연도], [월], [일] 필드가 새로운 [기준일] 필드로 변환된다. [변환]−[열]그룹에서 [데이터 형식]을 [날짜]로 변경한다.

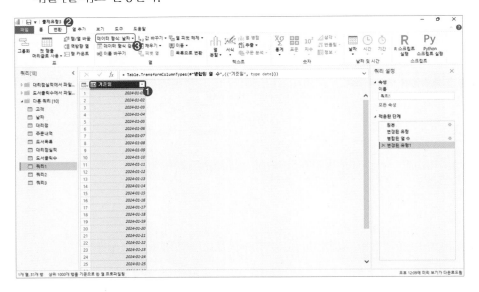

⑤ 〈쿼리2〉 테이블에서 [Ctrl]와 함께 [연도], [월], [일] 필드를 순서대로 선택한다. [열 추가]−[텍스트에서] 그룹에서 [열 병합]을 클릭한다.

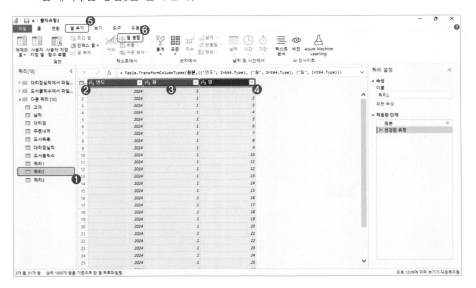

🎁 기적의 TIP

[열 추가] 탭의 명령 도구들은 편집한 결과를 새 열로 추가한다.

⑥ [열 병합] 대화상자에서 구분 기호를 '사용자 지정'으로 변환하고 하이픈(−)을 입력, 새 열 이름에 '주문
일'을 입력하고 [확인]을 클릭한다.

⑦ 새 열로 [주문일] 필드가 추가된다. [변환]−[열]그룹에서 [데이터 형식]을 [날짜]로 변경한다.

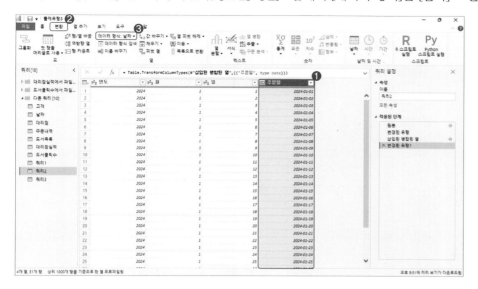

⑧ 〈쿼리3〉 테이블에서 [매출금액] 필드를 선택한다. [열 추가]−[숫자에서]그룹에서 [표준]−[나누기]를 클
릭한다.

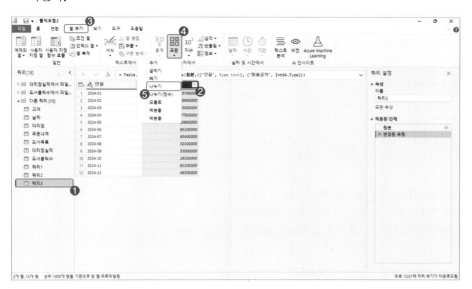

⑨ [나누기] 대화상자에서 값에 '1000000'을 입력하고 [확인]을 클릭한다.

⑩ 백만 단위로 나누기한 열이 추가된다. [나누기] 열 머리글을 더블클릭하여 "금액(백만)"으로 변경한다. [홈]-[닫기 및 적용]을 클릭하여 Power BI Desktop에 로드한다.

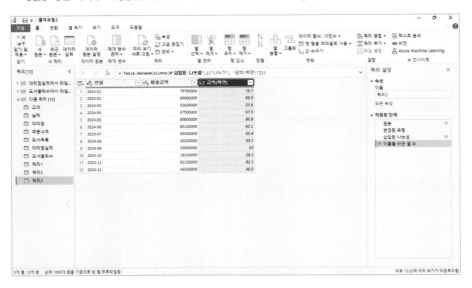

➕ 더 알기 TIP

**숫자에서 통계값 구하기**

[변환]탭이나 [열 추가]탭에서 숫자에서 다음과 같은 통계값을 계산할 수 있다.

| 통계 | 합계, 최소값, 최대값, 중앙값, 평균, 표준 편차, 값 개수, 고유값 개수 |
| --- | --- |
| 표준 | 추가, 곱하기, 빼기, 나누기, 나누기(정수), 모듈로, 백분율 |
| 지수 | 절대값, 거듭제곱, 제곱근, 지수, 로그, 계승값 |
| 삼각 | 사인, 코사인, 탄젠트, 아크사인, 아크코사인, 아크탄젠트 |
| 반올림 | 올림, 내림, 반올림 |
| 정보 | 짝수, 홀수, 부호 |

➕ 더 알기 TIP

**열 병합, 열 분할, 추출**

• 열 병합 : 선택한 여러 열을 하나의 열로 변환, 선택한 필드 순서대로 병합
• 열 분할 : 구분 기호 기준, 문자 수 기준, 소문자 대 대문자 등으로 데이터 분할
• 추출 : 길이, 처음 문자, 범위(0부터 시작), 구분 기호 앞 텍스트 등으로 데이터를 추출

**출제유형 ④** **파워 쿼리 편집기 활용(열 피벗 해제와 피벗 열, 값 채우기)**

'**출제유형4.pbix**' 파일을 열어 파워 쿼리 편집기에서 다음 지시사항에 따라 데이터를 편집하시오.

| | 성별 | 특성 | 20대 | 30대 | 40대 |
|---|---|---|---|---|---|
| 1 | 남성 | 기술 | 432 | 1254 | 2287 |
| 2 | 남성 | 기타 | 0 | 0 | 0 |
| 3 | 남성 | 문학 | 1307 | 3781 | 8404 |
| 4 | 남성 | 사회 | 1604 | 4640 | 7350 |
| 5 | 남성 | 순수 | 244 | 422 | 1519 |
| 6 | 남성 | 언어 | 128 | 295 | 662 |
| 7 | 남성 | 역사 | 358 | 1107 | 2173 |
| 8 | 남성 | 예술 | 440 | 889 | 1838 |
| 9 | 남성 | 종교 | 97 | 380 | 487 |
| 10 | 남성 | 철학 | 496 | 1518 | 1368 |
| 11 | 남성 | 총류 | 889 | 1549 | 2277 |
| 12 | 여성 | 기술 | 1250 | 3307 | 4587 |
| 13 | 여성 | 기타 | 0 | 0 | 0 |
| 14 | 여성 | 문학 | 8827 | 15493 | 22977 |
| 15 | 여성 | 사회 | 4220 | 8066 | 8951 |
| 16 | 여성 | 순수 | 545 | 980 | 2539 |
| 17 | 여성 | 언어 | 311 | 777 | 1167 |
| 18 | 여성 | 역사 | 801 | 1793 | 3855 |
| 19 | 여성 | 예술 | 1518 | 2150 | 2382 |
| 20 | 여성 | 종교 | 220 | 663 | 649 |
| 21 | 여성 | 철학 | 1599 | 3229 | 3491 |
| 22 | 여성 | 총류 | 1047 | 1619 | 1768 |

▶ 〈도서대출통계〉 테이블의 1행의 데이터를 열 머리글로 변환하시오.
  − '첫 행을 머리글로 사용' 적용

▶ [Column1] 필드를 다음과 같이 편집하시오.
  − 열 머리글을 '성별'로 변경
  − 필드에서 '(Null)', '남성', '여성' 값으로 필터
  − '아래로' 채우기로 null 값 채우기

▶ [연령대] 필드에 '20대', '30대', '40대'로 필터를 적용하시오.

▶ [합계] 필드는 삭제하고 [총류]부터 [기타] 필드를 대상으로 '열 피벗 해제'를 적용하시오.

▶ [연령대] 필드는 [값] 필드를 기준으로 '피벗 열'로 구성하시오.

▶ [특성] 필드의 열 머리글은 '분야'로 변경하시오.

▶ 편집한 데이터를 Power BI Desktop에 로드하시오.

① [홈]−[쿼리]그룹에서 [데이터 변환]을 클릭한다.

② [Power Query 편집기]의 〈도서대출통계〉 테이블에서 [홈]−[변환]그룹에서 [첫 행을 머리글로 사용]을 클릭한다.

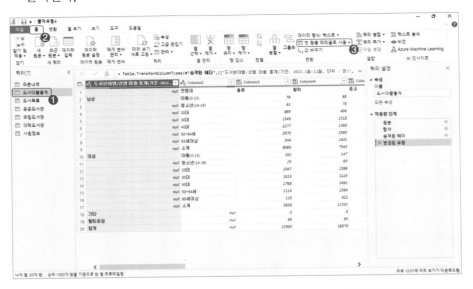

[홈]−[첫 행을 머리글로 사용]−[머리글을 첫 행으로 사용]을 클릭하면 열 머리글을 1행으로 변환할 수 있다.

③ [Column1] 필드명을 더블클릭하여 '성별'로 변경한다. 필터 단추(▾)를 클릭하여 '(Null)', '남성', '여성'만 체크하고 [확인]을 클릭한다.

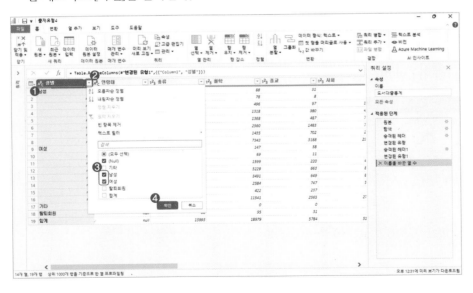

④ [성별] 필드에서 [변환]–[열]그룹에서 [채우기]–[아래로]를 클릭한다. 1행(남성), 9행(여성)의 데이터로 Null 값이 채우기된다.

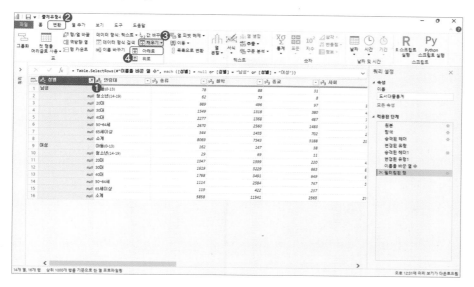

**기적의 TIP**

[채우기]–[아래로]를 클릭하면 위쪽부터 첫 번째로 찾은 값을 아래로 채우기하고 두 번째 값을 만나면 다시 두 번째 값으로 채우기한다.

⑤ [연령대] 필드의 필터 단추(▽)를 클릭하여 '20대', '30대', '40대'를 체크하고 [확인]을 클릭한다.

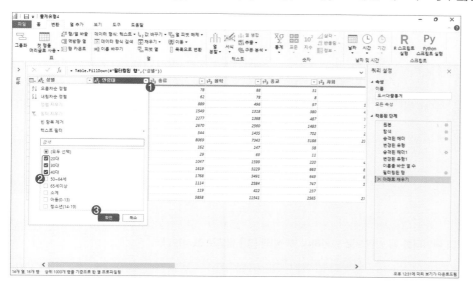

⑥ [합계] 필드에서 마우스 오른쪽 버튼을 클릭하여 [제거]를 클릭한다.

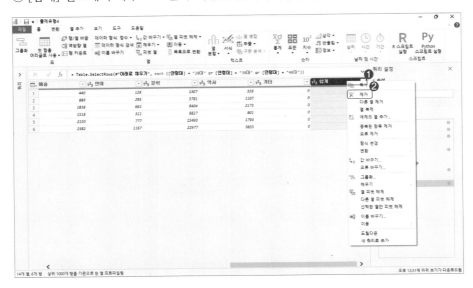

⑦ [총류] 필드를 선택하고 Shift 를 누른 상태에서 [기타] 필드를 선택한 다음 [변환]—[열]그룹에서 [열 피벗 해제]를 클릭한다.

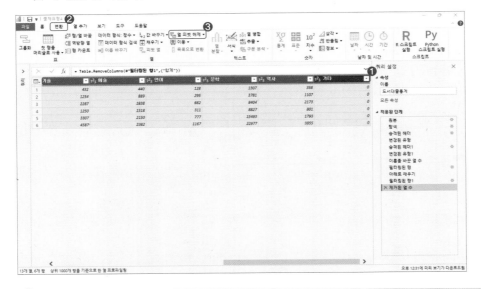

🅑 기적의 TIP

[열 피벗 해제]는 열 방향의 데이터를 행 방향으로 변환하며 [특성]과 [값] 필드로 표시한다.

⑧ [연령대] 필드를 선택하고 [변환]―[열]그룹에서 [피벗 열]을 클릭한다.

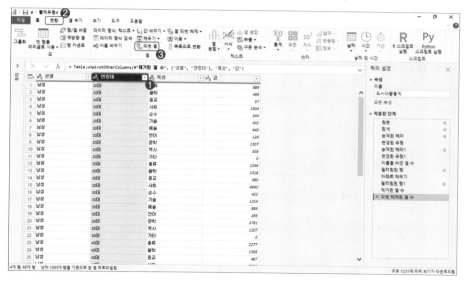

[피벗 열]은 선택한 열의 데이터를 사용하여 새 열을 작성한다.

⑨ [피벗 열] 대화상자에서 [값 열]에 '값'을 선택하고 [확인]을 클릭한다.

⑩ [특성] 필드의 열 머리글을 더블클릭하여 '분야'로 변경한다.

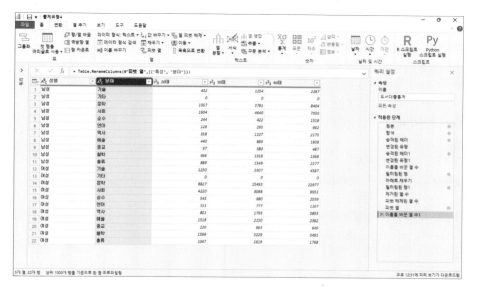

⑪ [홈]−[닫기]그룹에서 [닫기 및 적용]을 클릭한다.

**열 피벗과 피벗 해제**

• 피벗 해제(UNPIVOT) : 열을 행으로 변경해서 [특성]과 [값] 필드로 표현

• 피벗(PIVOT) : 선택한 열의 데이터(행)를 새 열로 변경

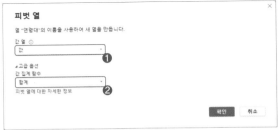

① 피벗 열 변환에 사용할 값 필드
② 집계 함수

---

**파워 쿼리 편집기 활용(사용자 지정 열, 조건 열, 예제의 열)**

'**출제유형5.pbix**' 파일을 열고 파워 쿼리 편집기에서 다음 지시사항에 따라 데이터를 편집하시오.

▶ 〈주문내역〉 테이블에 [주문금액] 필드를 추가하시오.
   − '사용자 지정 열' 사용
   − 계산 : 정가*수량*(1−할인율)
   − 데이터 형식은 '정수'로 적용
▶ 〈사원정보〉 테이블에 [성별] 필드를 추가하시오.
   − '조건 열' 사용
   − [성별구분] 필드의 값이 '1'이면 '남', '2'이면 '여' 반환
▶ 〈사원정보〉 테이블에 [영문이름] 필드를 추가하시오.
   − '예제의 열' 사용
   − [이름(영문)], [성(영문)] 필드 결합 (결과 → Somi Kim)
▶ 〈사원정보〉 테이블에 [시도] 필드를 추가하시오.
   − '예제의 열' 사용
   − [주소] 필드에서 왼쪽 두 글자 표시(결과 → 서울)
▶ 편집한 데이터를 Power BI Desktop에 로드하시오.

① [홈]-[쿼리]그룹에서 [데이터 변환]을 클릭한다.

② [Power Query 편집기] 창에서 〈주문내역〉 테이블을 선택하고, [열 추가]-[일반]그룹의 [사용자 지정 열]을 클릭한다.

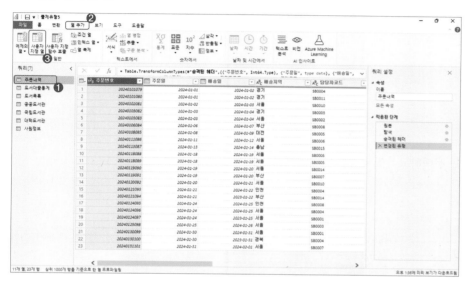

③ [사용자 지정 열] 대화상자의 [새 열 이름]에 '주문금액'을 입력한다. [사용자 지정 열 수식]에 '=[정가] * [수량] * (1-[할인율])'를 입력하고 [확인]을 클릭한다.

④ [주문금액] 필드의 데이터 형식(ABC 123)을 클릭하여 '정수'로 변경한다.

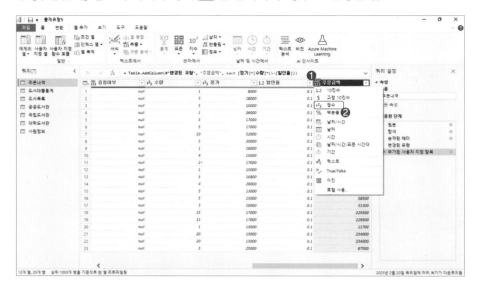

⑤ 〈사원정보〉 테이블을 선택하고, [열 추가]-[일반]그룹의 [조건 열]을 클릭한다.

⑥ [조건 열 추가] 대화상자의 [새 열 이름]에 '성별'을 입력한다. 조건에 [열 이름]은 '성별구분', [연산자]는 '같음', [값]은 '1', [출력]은 '남자'를 입력한다. [기타]에 '여자'를 입력하고 [확인]을 한다.

⑦ [성별] 필드의 데이터 형식(ABC 123)을 클릭하여 '텍스트'로 변경한다.

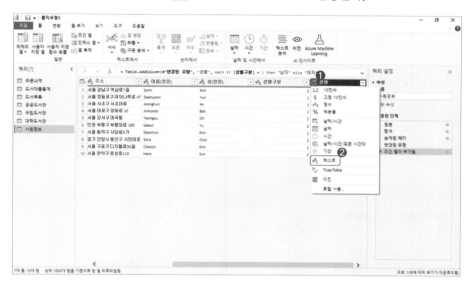

⑧ [이름(영문)], [성(영문)] 필드를 Ctrl 와 함께 순서대로 선택한다. [열 추가]-[일반]그룹에서 [예제의 열]-[선택 항목에서]를 클릭한다.

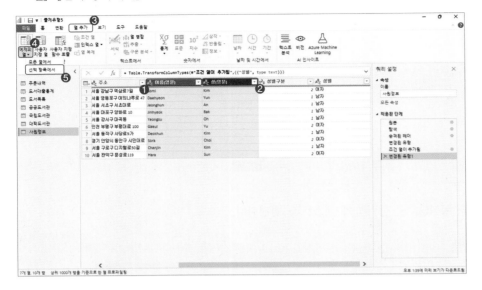

⑨ [예제의 열 추가] 창이 열리고 [열1] 필드가 표시되면 1행에 'Somi Kim'을 입력하고 Ctrl + Enter 를 누른다. [예제의 열 추가] 창의 [확인]을 클릭한다.

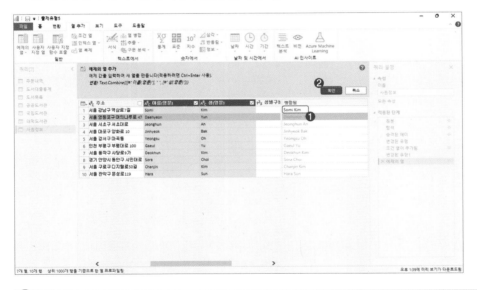

**기적의 TIP**

1행에 두 필드의 값을 입력하면 '병합됨' 예가 표시된다.

⑩ 병합된 필드의 열 머리글을 더블클릭하여 '영문이름'으로 변경한다.

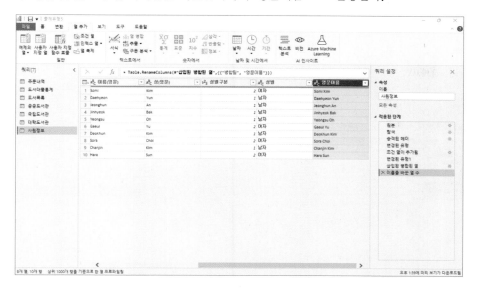

⑪ [주소] 필드를 선택하고 [열 추가]-[일반]그룹에서 [예제의 열]-[선택 항목에서]를 클릭한다.

⑫ [예제의 열 추가] 창이 열리고 [열1] 필드가 표시되면 1행에 '서울'을 입력하고 [Ctrl]+[Enter]를 누른다. [예제의 열 추가] 창의 [확인]을 클릭한다.

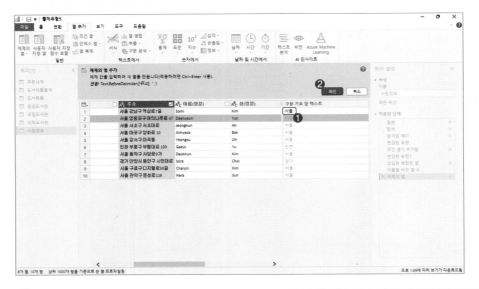

1행에 [주소] 필드의 데이터 중 왼쪽 2글자를 입력하면 '구분 기호 앞 텍스트'로 구분된 예가 표시된다.

⑬ 추가된 필드의 열 머리글을 더블클릭하여 '시도'로 변경한다.

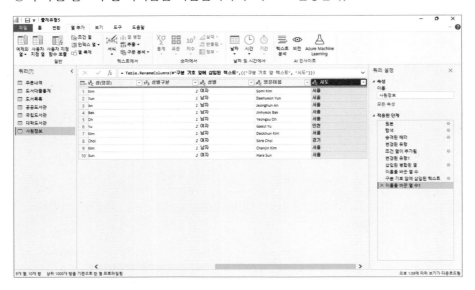

⑭ [홈]−[닫기]그룹에서 [닫기 및 적용]을 클릭한다.

**출제유형 ❻** **파워 쿼리 편집기 활용(쿼리 추가, 로드 사용 해제)**

'**출제유형6.pbix**' 파일을 열고 파워 쿼리 편집기에서 다음 지시사항에 따라 데이터를 편집하시오.

▶ '쿼리를 새 항목으로 추가'를 사용해 〈국립도서관〉, 〈공공도서관〉, 〈대학도서관〉 테이블을 결합
하시오.
- 테이블 결합 순서 : 국립도서관, 공공도서관, 대학도서관 순으로 결합
- 테이블 이름 : 전체도서관현황

▶ 〈전체도서관현황〉 테이블에 도서관을 구분하는 [구분] 필드를 추가하시오.
- '조건 열' 사용
- [도서관구분] 필드가 'LIBTYPE000001' → '국립도서관', 'LIBTYPE000003' → '대학도서관', 그 외는 '공공
도서관' 표시
- 데이터 형식 : 텍스트

▶ 국립도서관, 공공도서관, 대학도서관 테이블은 Power BI Destkop에 로드 사용을 해제하시오.

▶ 편집한 데이터를 Power BI Desktop에 로드하시오.

① [홈]─[쿼리]그룹에서 [데이터 변환]을 클릭한다.

② [Power Query 편집기] 창에서 〈국립도서관〉 테이블을 선택하고, [홈]─[결합]그룹에서 [쿼리 추
가]─[쿼리를 새 항목으로 추가]를 클릭한다.

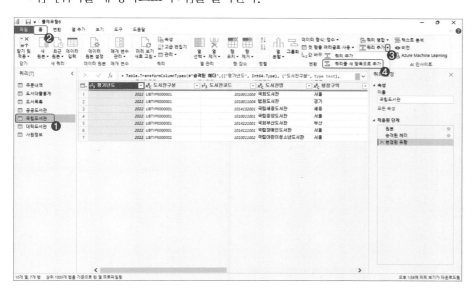

③ [추가] 대화상자에서 '3개 이상의 테이블'을 선택한다. [사용 가능한 테이블] 목록에서 '공공도서관'을 선택하고 [추가]를 클릭하여 [추가할 테이블] 목록에 추가한다. 동일한 방법으로 '대학도서관'도 추가하고 [확인]을 클릭한다.

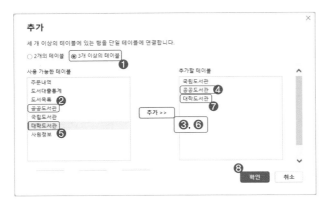

🅑 기적의 TIP

[추가할 테이블]에서 아래 스크롤을 이용하여 위로 이동(⌃), 아래로 이동(⌄)'을 사용해 목록순서를 변경할 수 있다.

④ 〈추가1〉 테이블을 선택하고 테이블 이름은 '전체도서관현황'으로 변경한다.

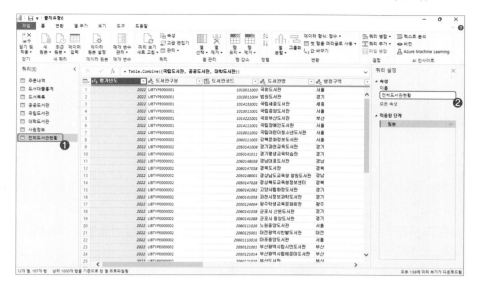

⑤ 〈전체도서관현황〉 테이블에서 [열 추가]−[일반]그룹의 [조건 열]을 클릭한다.

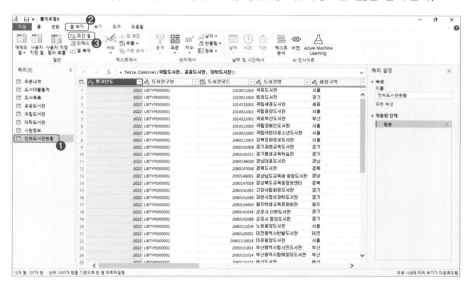

⑥ [조건 열 추가] 대화상자에서 [새 열 이름]에 '구분'을 입력한다. 조건에 [열 이름]은 '도서관구분', [연산자]는 '같음', [값]은 'LIBTYPE000001', [출력]은 '국립도서관'을 입력하고, [절 추가]를 클릭한다.

⑦ 다음 조건에 [열 이름]은 '도서관구분', [연산자]는 '같음', [값]은 'LIBTYPE000003', [출력]은 '대학도서관'을 입력한다. [기타]에 '공공도서관'을 입력하고 [확인]을 클릭한다.

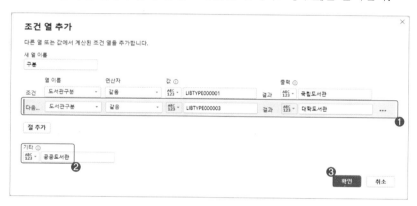

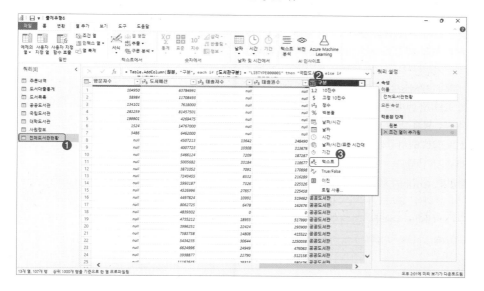

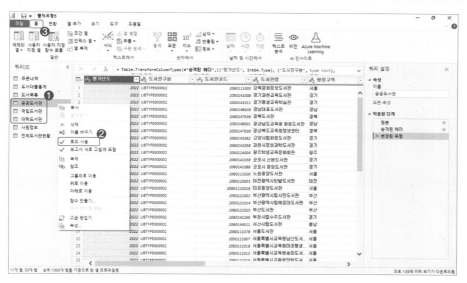

⑧ [구분] 필드의 데이터 형식을 '텍스트'로 변경한다.

⑨ 〈공공도서관〉 테이블에서 마우스 오른쪽 버튼을 클릭하고 [로드 사용]을 클릭하여 로드를 해제한다. 동일한 방법으로 〈국립도서관〉, 〈대학도서관〉 테이블도 로드를 해제한다. [홈]–[닫기 및 적용]을 클릭한다.

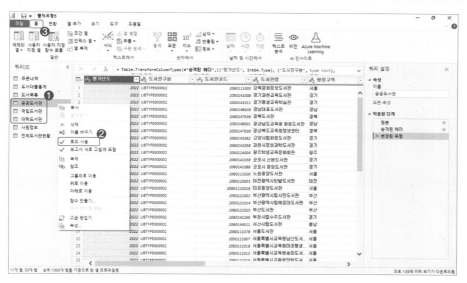

🅑 기적의 TIP

- [로드 사용]을 해제하면 데이터 손실 경고 대화상자에서 표시되는데 [계속]을 클릭한다.
- [로드 사용]을 해제하면 Power BI Desktop의 [데이터] 창에 테이블이 표시되지 않는다.

'**출제유형7.pbix**' 파일을 열어 파워 쿼리 편집기에서 다음 지시사항에 따라 데이터를 편집하시오.

▶ 〈주문내역〉 테이블에 '쿼리 병합'을 사용하여 〈도서목록〉 테이블의 [분류명], [도서명] 필드를
병합하시오.

　– 〈주문내역〉 테이블의 [도서코드] 필드와 〈도서목록〉 테이블의 [도서번호] 필드 사용

　– 조인 종류 : 왼쪽 외부(첫 번째의 모두, 두 번째의 일치하는 행)

　– 〈주문내역〉 테이블은 전체 행 표시, 〈도서목록〉 테이블은 일치하는 행만 표시

▶ 〈주문내역〉 테이블을 '참조'해서 〈배송지역별요약〉 테이블을 작성하시오.

　– 그룹화 필드 : [배송지역] 필드

　– 필드 추가 : 주문건수, 총주문수량

　– [주문건수] 필드는 행 개수 표시, [총주문수량] 필드는 수량의 합계 표시

　– [총주문수량] 필드의 데이터 형식은 '정수'로 변환

▶ 편집한 데이터를 Power BI Desktop에 로드하시오.

① [홈]–[쿼리]그룹에서 [데이터 변환]을 클릭한다.

② [Power Query 편집기] 창에서 〈주문내역〉 테이블을 선택하고, [홈]–[결합]그룹에서 [쿼리 병합]–[쿼
리 병합]을 클릭한다.

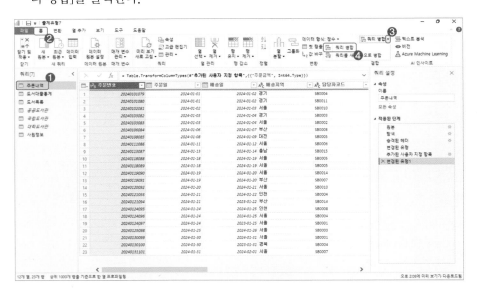

③ [병합] 대화상자에서 첫 번째 〈주문내역〉 테이블의 [도서코드] 필드를 선택한다. 두 번째 〈도서목록〉 테이블의 [도서번호]를 클릭한다. [조인종류]는 '왼쪽 외부(첫 번째의 모두, 두 번째의 일치하는 행)'을 선택하고 [확인]을 클릭한다.

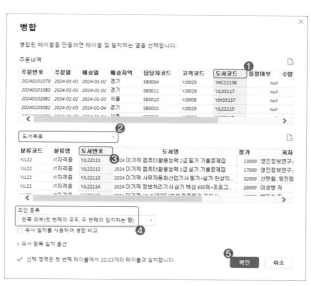

④ 〈주문내역〉 테이블에 추가된 [도서목록] 필드의 확장 단추(⬀)를 클릭한다. 목록에서 '모든 열 선택'을 클릭하여 체크 해제 후 '분류명', '도서명'에 체크한다. '원래 열 이름을 접두사로 사용'의 체크를 해제하고 [확인]을 클릭한다.

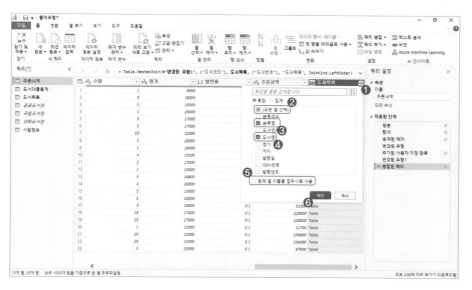

🎗 기적의 TIP

'원래 열 이름을 접두사로 사용'의 체크를 해제하면 가져올 대상의 동일한 열 이름을 사용한다.

⑤ 〈주문내역〉 테이블에서 마우스 오른쪽 버튼을 클릭하고 [참조]를 선택한다.

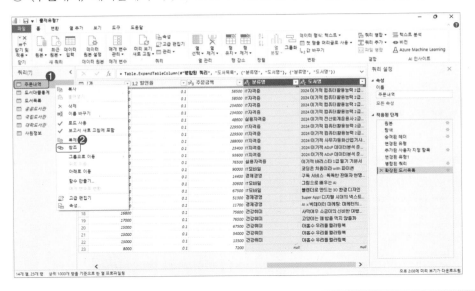

🅑 기적의 TIP

• 참조된 테이블은 원본 테이블과 연결된다.
• 쿼리 삭제나 참조, 복제 도구는 리본 메뉴 [홈]-[쿼리]그룹-[관리]에서 제공하나, 시간을 단축하기 위해 [쿼리] 창에서 마우스 오른쪽 버튼을 클릭하여 사용하는 것이 더욱 효율적이다.

⑥ 참조된 〈주문내역 (2)〉 테이블의 이름을 '배송지역별요약'으로 변경한다. [변환]-[표]그룹에서 [그룹화]를 클릭한다.

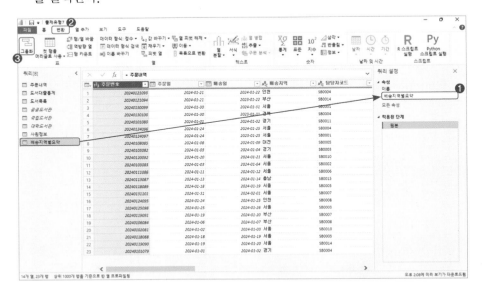

⑦ [그룹화] 대화상자에서 [고급]을 클릭하고 그룹필드는 '배송지역'으로 선택한다. [새 열 이름]에 '주문건
수'를 입력하고 [연산]은 '행 카운트'로 설정하고 [집계 추가]를 클릭한다.

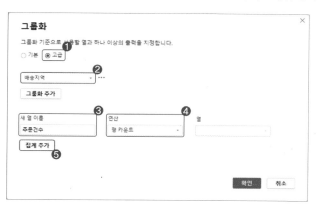

⑧ [새 열 이름]에 '총주문수량'을 입력하고 [연산]은 '합계', [열]은 '수량'으로 설정하고 [확인]을 클릭한다.

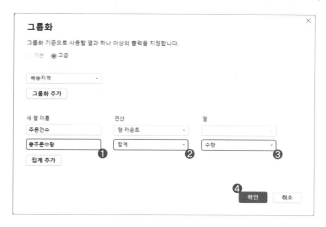

⑨ 배송지역별로 요약 결과가 표시된다. [총주문수량] 필드의 데이터 형식(1.2)을 '정수'로 변경한다.
[홈]–[닫기]그룹에서 [닫기 및 적용]을 클릭한다.

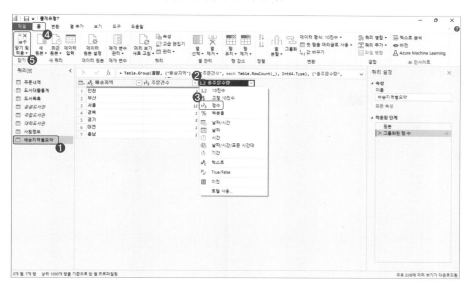

### 여러 필드로 쿼리 병합하기

여러 필드를 사용하여 쿼리를 병합할 수 있다. 〈판매〉 테이블과 〈반품〉 테이블의 [대리점코드]와 [도서코드] 필드의 두 데이터가 일치하는 행을 찾아 새 쿼리로 추가하기 위해서는 두 필드를 사용해 병합한다.

① [Power Query 편집기]에서 [홈]−[결합]그룹의 [쿼리 병합]−[쿼리를 새 항목으로 병합]을 클릭한다.

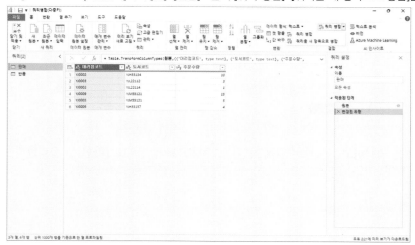

② [병합] 대화상자에서 첫 번째 목록에서 〈판매〉 테이블의 [대리점코드], [도서코드] 필드를 Ctrl 와 함께 선택한다. 두 번째 목록에서 〈반품〉 테이블의 [대리점코드], [도서코드]를 Ctrl 와 함께 클릭한다. 선택한 필드에 번호가 표시된다. [조인종류]는 '내부(일치하는 행만)'을 선택하고 [확인]을 클릭한다.

③ 〈병합1(주문내역)〉 테이블에 추가된 [반품] 필드의 확장 단추()를 클릭한다. 목록에서 '모든 열 선택'을 클릭하여 체크 해제 후 '반품수량'에 체크한다. '원래 열 이름을 접두사로 사용'의 체크를 해제하고 [확인]을 클릭한다.

④ [대리점코드]와 [도서코드]가 일치하는 반품수량 정보를 병합한다.

# 관계 설정

▶ 합격 강의

작업 파일 ▶ [C:₩2025경영정보시각화실기₩핵심이론₩Chapter01₩Section03] 폴더에서 작업하시오.

---

### ➕ 더 알기 TIP

## 관계 설정(Relationships)

### 개념과 기능

- 관계 설정은 여러 테이블 간의 연결을 정의해서 데이터를 효과적으로 분석하는 핵심 기능이다.
- 관계형 데이터 모델에서 차원(Dimension) 테이블과 팩트(Fact) 테이블 간 공통 필드를 기준으로 연결하여 시각화 및 분석한다.

### 테이블 구조

| 테이블 | 설명 |
|---|---|
| 고객(Dim) | 고객코드, 고객명, 생년월일, 성별, 연락처, 이메일, 주소, 회사명 |
| 날짜(Dim) | ID, 날짜, 연도, 월, 일 |
| 대리점(Dim) | 대리점코드, 대리점명, 담당자 |
| 도서목록(Dim) | 분류코드, 분류명, 도서번호, 도서명, 정가, 저자, 발행일, ISBN번호 |
| 주문내역(Fact) | 주문번호, 주문일, 배송일, 배송지역, 증정여부, 대리점코드, 고객코드, 도서코드, 수량, 정가, 할인율, 금액 |

---

### ➕ 더 알기 TIP

## 관계 설정 방법

① 모델 보기(📈)에서 필드를 드래그&드롭하여 관계 설정을 한다.

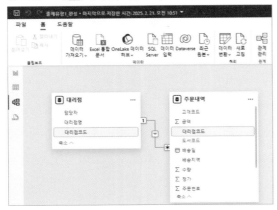

② 모델 보기(📈)에서 [홈]–[관계]그룹에서 [관계 관리]를 사용한다.

## ➕ 더 알기 TIP

### 관계 설정 속성

- 카디널리티(Cardinality) : 관계 유형을 나타내는 것으로 테이블 구조에 따라 다대일(*:1), 일대다(1:*), 일대일(1:1), 다대다 (*:*)로 표시됨
- 교차 필터 방향 : 필터의 흐름을 나타내는 것으로 '단일(Single)'이나 '모두'로 표시됨
- 이 관계를 활성으로 만들기 : 두 테이블 사이에 여러 관계가 있을 때 사용 가능한 관계를 나타냄

## ➕ 더 알기 TIP

### 관계 유형

- 일대다(1:*), 다대일(*:1) : 가장 일반적인 관계 유형으로, 한쪽 테이블의 값이 여러 값과 연결됨
- 다대다(*:*) : 양쪽 테이블의 값이 여러 값으로 연결됨
- 일대일(1:1) : 한쪽 테이블의 값이 하나의 값과 연결됨

**새 레이아웃 활용**

① 데이터 모델이 복잡한 경우 [새 레이아웃]를 추가하여 테이블의 관계를 설정하거나 기존 모델의 관계 설정을 확인할 수 있다. [데이터] 창에서 테이블을 캔버스에 드래그하여 레이아웃에 추가한다.

② 캔버스의 [자동 레이아웃]을 클릭하면 데이터 모델 간 작업된 관계 설정의 전체 모습이 표시된다.

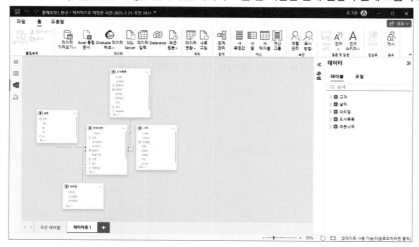

③ 레이아웃 창에서 테이블을 삭제할 때는 [다이어그램에서 제거]를 선택한다.

**출제유형 ❶ 수동으로 관계 설정하기**

'**출제유형1.pbix**' 파일을 열어 다음 지시사항에 따라 관계를 설정하시오.

〈주문내역〉 테이블의 [주문일] 필드는 〈날짜〉 테이블의 [날짜] 필드를 참조하며, 다대일(*:1)의 관계를 갖는다. 〈주문내역〉 테이블의 [도서코드] 필드는 〈도서목록〉 테이블의 [도서번호] 필드를 참조하며, 다대일(*:1)의 관계를 갖는다.

▶ 〈주문내역〉 테이블과 〈날짜〉 테이블을 관계 설정하시오.
  – 활용 필드 : 〈주문내역〉 테이블의 [주문일], 〈날짜〉 테이블의 [날짜] 필드
  – 카디널리티 : 다대일(*:1)
  – 교차 필터 방향 : 단일
▶ 〈주문내역〉 테이블과 〈도서목록〉 테이블을 관계 설정하시오.
  – 활용 필드 : 〈주문내역〉 테이블의 [도서코드], 〈도서목록〉 테이블의 [도서번호] 필드
  – 카디널리티 : 다대일(*:1)
  – 교차 필터 방향 : 모두

① 모델 보기(圖)를 클릭한다. 데이터를 로드할 때 테이블 간의 필드명이 동일하면 자동으로 관계가 설정되어 〈주문내역〉, 〈대리점〉, 〈고객〉 테이블 간에 관계가 설정되어 있다.

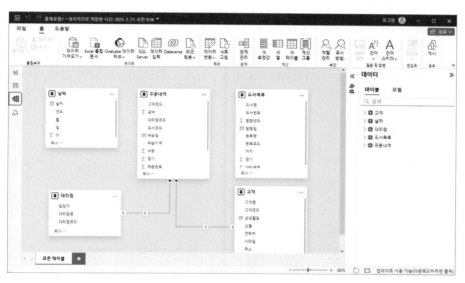

② 〈날짜〉 테이블의 [날짜] 필드를 〈주문내역〉 테이블의 [주문일] 필드로 드래그하여 놓는다.

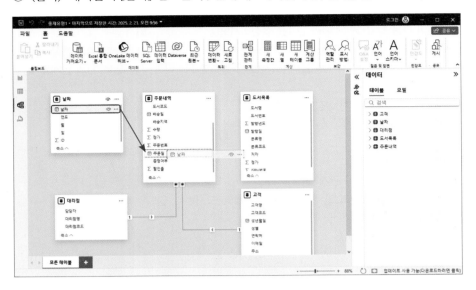

필드를 드래그하는 방향(왼쪽 → 오른쪽, 오른쪽 → 왼쪽)은 관계 설정에 영향을 주지 않는다.

③ [새 관계] 대화상자가 표시되고 첫 번째 테이블에 〈날짜〉 테이블의 [날짜] 필드, 두 번째 테이블에 〈주문내역〉 테이블의 [주문일] 필드가 선택된다. 카디널리티(Cardinality)는 '일대다(1:*)', 교차 필터 방향은 'Single(단일)', '이 관계를 활성으로 만들기'에 체크되어 있는지 확인하고 [저장] 단추를 클릭한다.

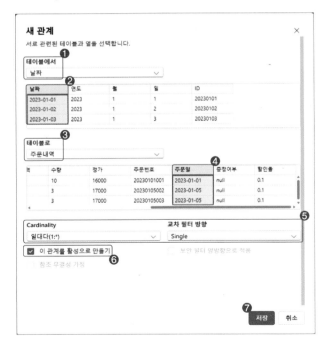

④ 〈주문내역〉 테이블의 [주문일] 필드와 〈날짜〉 테이블의 [날짜] 필드 사이에 관계선이 나타나고 '다대일 (*:1)'의 관계가 설정된다.

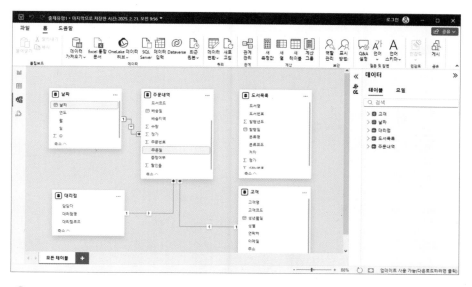

> **기적의 TIP**
>
> 관계 설정을 한 후 관계선에 마우스를 이동하여 올바르게 연결되었는지 확인한다.

⑤ 〈주문내역〉 테이블의 [도서코드] 필드를 〈도서목록〉 테이블의 [도서번호] 필드로 드래그하여 놓는다.

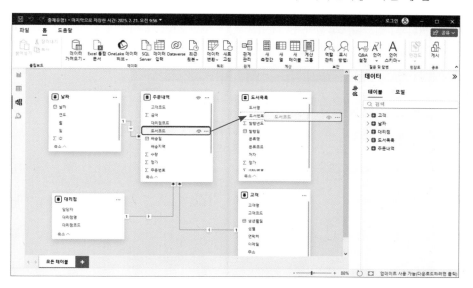

⑥ [새 관계] 대화상자가 표시되고 첫 번째 테이블에 〈주문내역〉 테이블의 [도서코드] 필드, 두 번째 테이블에 〈도서목록〉 테이블의 [도서번호] 필드가 선택된다. 카디널리티(Cardinality)는 '다대일(*:1)', 교차 필터 방향은 '모두'로 변경하고 '이 관계를 활성으로 만들기'에 체크되어 있는지 확인한 다음 [저장] 단추를 클릭한다.

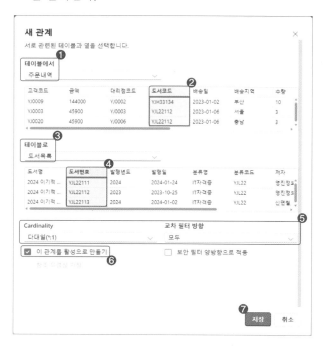

⑦ 〈주문내역〉 테이블의 [도서코드] 필드와 〈도서목록〉 테이블의 [도서번호] 필드 사이에 관계선이 나타나고 '다대일(*:1)'의 관계가 설정된다. 교차 필터 방향은 '모두'로 관계선의 화살표가 양방향으로 표시된다.

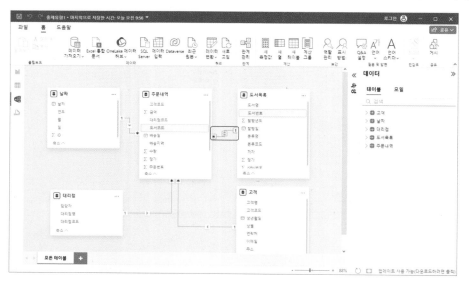

➕ **더 알기 TIP**

**관계를 삭제하거나 편집할 경우**

관계를 삭제할 때는 관계선(연결선)에서 마우스 오른쪽 버튼을 클릭하여 [삭제]를 클릭하거나 Delete 를 누른다.

⑧ 관계 설정을 편집할 때는 관계선에서 마우스 오른쪽 버튼을 클릭하여 [속성]을 클릭하거나 더블클릭하면 [관계 편집] 대화상자에서 관계 옵션을 변경할 수 있다.

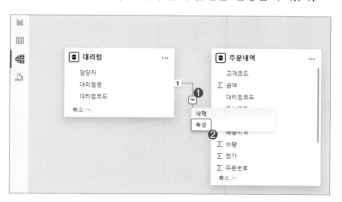

**새 레이아웃 추가하고 관계 설정하기**

'출제유형2.pbix' 파일을 열어 다음 지시사항에 따라 관계를 설정하시오.

▶ [모델 보기]에 새 레이아웃을 추가하시오.
- 레이아웃 이름 : 주문
▶ [주문] 레이아웃에서 다음과 같이 관계 설정하시오.
- 활용 필드 : 〈주문내역〉 테이블의 [주문일], 〈대리점〉 테이블의 [대리점코드] 필드
- 카디널리티 : 다대일(*:1)
- 교차 필터 방향 : 단일

① 모델 보기(▦)에서 새 레이아웃(＋)을 클릭한다.

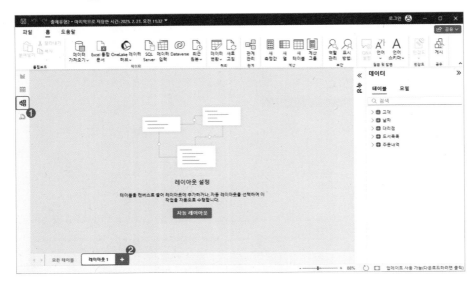

② 레이아웃 이름은 더블클릭하여 '주문'으로 변경한다. [데이터] 창에서 〈주문내역〉 테이블과 〈대리점〉 테이블을 캔버스로 드래그하여 레이아웃에 추가한다.

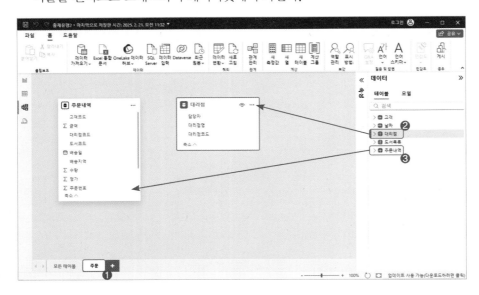

③ 〈주문내역〉 테이블의 [대리점코드] 필드를 〈대리점〉 테이블의 [대리점번호] 필드로 드래그하여 놓는다.

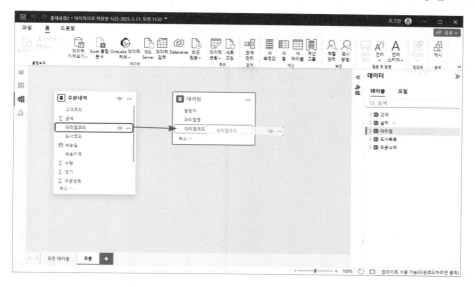

④ [새 관계] 대화상자가 표시되고 첫 번째 테이블에 〈주문내역〉 테이블의 [대리점코드] 필드, 두 번째 테이블에 〈대리점〉 테이블의 [대리점코드] 필드가 선택된다. 카디널리티(Cardinality)는 '다대일(*:1)', 교차 필터 방향은 'Single', '이 관계를 활성으로 만들기'에 체크되어 있는지 확인하고 [저장] 단추를 클릭한다.

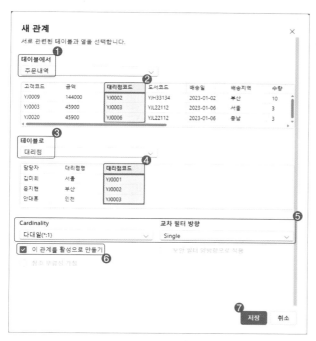

⑤ 두 테이블 사이에 관계선이 나타나고 '다대일(*:1)'의 관계가 설정된다. 새 레이아웃에서 적용한 관계는 [모든 테이블] 레이아웃에 적용된다.

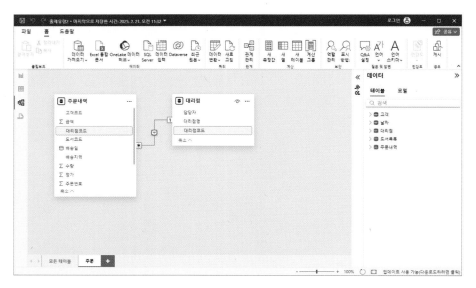

**레이아웃에서 테이블 제거하기**

레이아웃에서 관계 설정이 필요 없는 테이블을 제거할 때는 Delete를 누르고 다이어그램에서 제거해야 한다. [고객] 테이블을 선택하고 Delete를 누르면 [이 테이블을 제거 또는 삭제하시겠습니까?] 대화상자가 나타나는데 [다이어그램에서 제거]를 선택한다. [모델에서 삭제]를 하면 파일에서 테이블이 삭제되니 주의해야 한다.

**출제유형 ③** **여러 필드로 관계 설정하기**

'**출제유형3.pbix**' 파일을 열어 테이블에 대해 다음과 같이 관계를 설정하시오.
〈전체도서관현황〉 테이블의 [행정구역], [시군구] 필드는 〈서울주민등록인구〉 테이블의 [시도], [자치구] 필드를
참조하며, 다대일(*:1)의 관계를 갖는다. 〈전체도서관현황〉 테이블의 [시군구] 필드 중 '중구'는 [행정구역] 필드에
서 '서울'과 '대전'에도 포함되어 있어 '서울' 지역의 자치구 기준으로 도서대출자수와 인구를 분석하려면 행정구역
과 시군구를 기준으로 관계 설정이 필요하다.

▶ 〈전체도서관현황〉 테이블에 다음 조건으로 새 열을 추가하시오.
- 새 필드 이름 : 주소Key
- 계산 : [행정구역]와 [시군구] 필드를 공백 포함하여 연결(**예** 서울 중구)
- 연산자 '&' 사용

▶ 〈서울주민등록인구〉 테이블에 다음 조건으로 새 열을 추가하시오.
- 새 필드 이름 : 주소Key
- 계산 : [시도]와 [자치구] 필드를 공백 포함하여 연결(**예** 서울 중구)
- 연산자 '&' 사용

▶ 〈전체도서관현황〉 테이블과 〈서울주민등록인구〉 테이블을 관계 설정하시오.
- 활용 필드 : 〈전체도서관현황〉 테이블의 [주소Key] 필드, 〈서울주민등록인구〉 테이블의 [주소Key] 필드
- 카디널리티 : 다대일(*:1)
- 교차 필터 방향 : 단일

① 테이블 보기(▦)에서 〈전국도서관현황〉 테이블을 선택한다. [테이블 도구]-[계산]그룹에서 [새 열]을 클
릭한다.

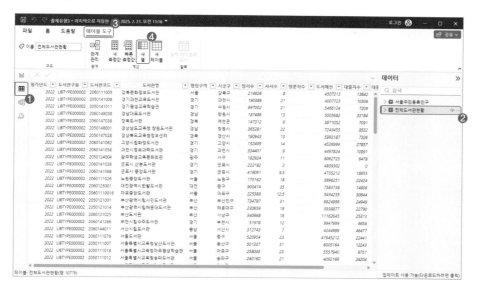

② 수식 입력줄에 '주소Key = [행정구역] & " " & [시군구]'를 입력한다.

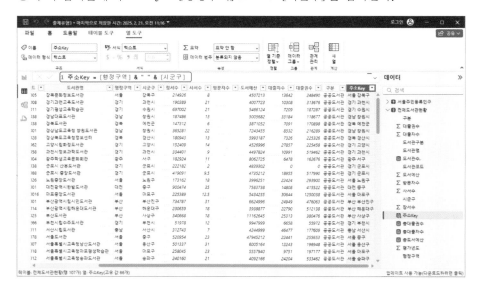

③ 〈서울주민등록인구〉 테이블을 선택하고 [테이블 도구]-[계산]그룹에서 [새 열]을 클릭한다.

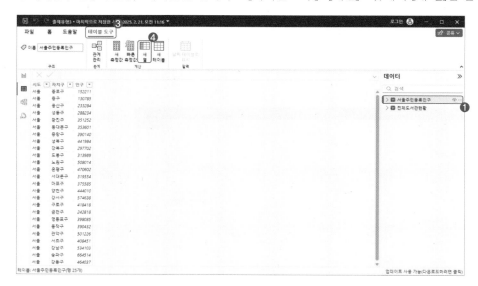

④ 수식 입력줄에 '주소Key = [시도] & " " & [자치구]'를 입력한다.

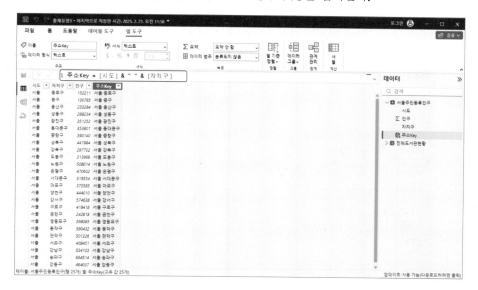

⑤ 모델 보기(▦)에서 〈전체도서관현황〉 테이블의 [주소Key] 필드를 〈서울주민등록인구〉 테이블의 [주소 Key] 필드로 드래그하여 놓는다.

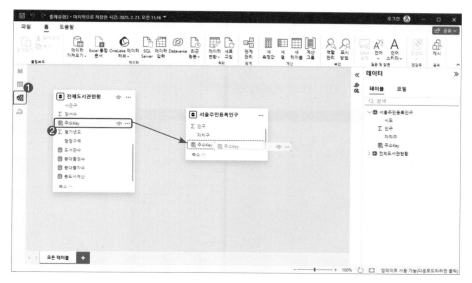

⑥ [새 관계] 대화상자가 표시되고 첫 번째 테이블에 〈전체도서관현황〉 테이블의 [주소Key] 필드, 두 번째 테이블에 〈서울주민등록인구〉 테이블의 [주소Key] 필드가 선택된다. 카디널리티(Cardinality)는 '다 대일(*:1)', 교차 필터 방향은 'Single', [이 관계를 활성으로 만들기]에 체크되어 있는지 확인하고 [저장] 단추를 클릭한다.

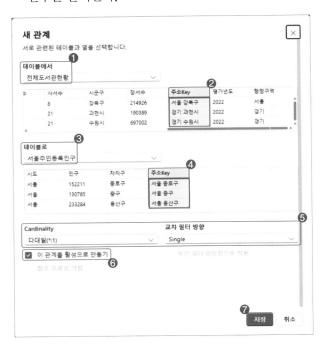

⑦ 두 테이블 사이에 관계선이 나타나고 '다대일(*:1)'의 관계가 설정된다.

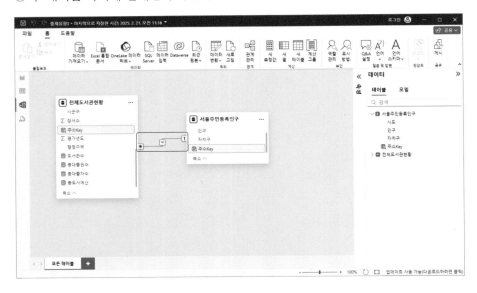

⑦ 보고서 보기(📊)에서 테이블(🎟) 시각적 개체를 추가하여 자치구별 대출자수와 인구합계를 시각화하면 서울 중구의 대출자수와 인구를 확인할 수 있다.

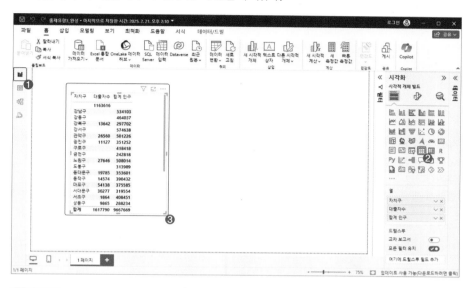

➕ 더 알기 TIP

**관계 속성 창**

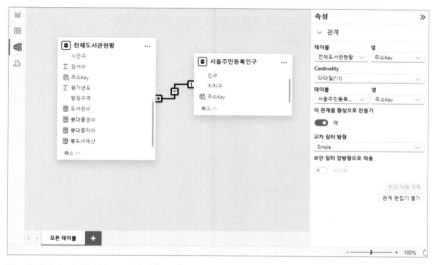

두 테이블의 관계선을 클릭하여 [속성] 창에서 관계 옵션을 확인하고 [카디널리티(Cardinalty)], [교차 필터 방향]의 옵션을 변경할 수 있다.

# DAX 수식

▶ 합격 강의

작업 파일 ▶ [C:₩2025경영정보시각화실기₩핵심이론₩Chapter01₩Section04] 폴더에서 작업하시오.

---

### ➕ 더 알기 TIP

### DAX(Data Analysis Expressions) 수식

- DAX는 Power BI, Power Pivot, SSAS에서 사용하는 데이터 분석 및 계산을 위한 함수 언어로 계산 열, 측정값, 빠른 측정값, 계산 테이블을 추가한다.
- [테이블 도구]–[계산]그룹에서 새 열, 새 측정값 등을 추가하여 수식을 작성한다.

| 계산식 | 설명 |
|---|---|
| 새 측정값 | 선택한 열에 대한 합계, 평균 등과 같은 집계 결과를 반환하며 컨텍스트에 따른 동적 계산식을 추가한다. |
| 빠른 측정값 | 전월대비 증감률, 전년대비 증감률, 상관 계수와 같은 복잡한 계산식을 빠르게 작성할 수 있다. |
| 새 열 | 선택한 테이블에 각 행의 값을 계산하거나 다른 열을 결합하는 계산된 열을 추가한다. |
| 새 테이블 | 수식을 이용하여 계산된 테이블을 추가한다. |

---

### ➕ 더 알기 TIP

### DAX 수식 구문

- 수식 이름(열/측정값/테이블) = 함수('테이블'[열])
- 총수량=SUM('주문내역'[수량])

| 항목 | 설명 |
|---|---|
| 수식 이름 | • 열, 측정값, 테이블명으로 고유한 명칭을 사용한다.<br>• 공백 포함하여 작성 가능하다. |
| 등호(=) | 수식은 등호(=)로 시작한다. |
| 테이블 | • 참조되는 테이블 이름, 다른 테이블을 참조할 때 테이블 이름이 필요하다.<br>• 공백, 기타 특수 문자 또는 영어가 아닌 경우 작은 따옴표('')로 묶어서 사용한다. |
| 열 | 참조되는 열로 대괄호( [ ] )로 묶어서 사용한다. |

## ➕ 더 알기 TIP

### DAX 수식 연산자

#### 산술연산자

| 연산자 | 설명 |
|---|---|
| +, −, *, /, ^ | 더하기, 빼기, 곱하기, 나누기, 지수 |
| & | 텍스트 연결<br>**예** [시도] & " " & [구군시] |

#### 논리/비교 연산자

| 연산자 | 설명 |
|---|---|
| >, >=, <, <=, =, <> | 크다, 크거나 같다, 작다, 작거나 같다, 같다, 같지 않다 |
| &&(더블 앰퍼샌드)<br>||(더블 파이프라인) | &&(AND), ||(OR)<br>**예** [지역]="서울" && [수량]>=20 → [지역] 필드가 '서울'이고 [수량] 필드가 20 이상이면 True<br>**예** [지역]="서울" || [지역]="부산" → [지역] 필드가 '서울' 또는 [지역] 필드가 '부산'인 경우 True |
| IN | 논리적 OR 조건으로 중괄호({})와 함께 사용한다.<br>**예** '지역'[시도] IN {"서울", "부산", "대전"} |

## 🏳 기적의 TIP

- `Ctrl` + `+`, `−` 또는 `Ctrl`+마우스 스크롤 위/아래 이동' : 수식 입력 줄의 글자 크기 확대/축소
- `Shift` + `Enter` : 수식 줄 바꿈

## ➕ 더 알기 TIP

### 측정값 관리 테이블

빈 테이블을 작성하여 측정값을 저장하면 효율적으로 측정값을 관리할 수 있다.

① [홈]–[데이터] 그룹에서 [데이터 입력]을 클릭한다.

② 이름에 '◎측정값'을 입력하고 [로드]를 클릭한다. [데이터] 창에 〈◎측정값〉이라는 빈 테이블이 추가된다.

③ 측정값을 선택 후 [측정 도구]–[구조]그룹에서 [홈 테이블]의 위치를 '◎측정값' 테이블로 선택하면 측정값의 위치를 변경할 수 있다.

➕ 더 알기 TIP

**주요 DAX 함수 정리**

1. 집계 함수

| 함수 | 설명 |
|---|---|
| SUM(〈column〉) | 열에 있는 모든 숫자의 합계를 구한다. |
| AVERAGE(〈column〉) | 열에 있는 모든 숫자의 평균을 구한다. |
| AVERAGEA(〈column〉) | • 열에 있는 값의 산술 평균을 구한다.<br>• 텍스트 → 0, True → 1, False → 0, 빈 텍스트 → 0 |
| COUNT(〈column〉) | 열에 있는 모든 숫자 개수를 구한다. |
| COUNTA(〈column〉) | 열에서 공백을 제외한 개수를 구한다. |
| COUNTBLANK(〈column〉) | 열에서 공백 개수를 구한다. |
| COUNTROWS(〈table〉) | 테이블의 전체 행 개수를 구한다. |
| DISTINCTCOUNT(〈column〉) | 열에서 고유값의 개수를 구한다. |
| DISTINCTCOUNTNOBLANK(〈column〉) | 공백을 제외한 열의 고유값의 개수를 구한다. |
| MAX(〈column〉) | 열에서 가장 큰 값을 구한다. |
| MAX(〈expression1〉, 〈expression2〉) | 두 식에서 가장 큰 값을 구한다.<br>예 =MAX([총매출금액], [총구매금액]) |
| MAXA(〈column〉) | • 숫자, 날짜 열에서 가장 큰 값을 구한다.<br>• True → 1, False → 0, 빈 텍스트 → 무시 |
| MIN(〈column〉) | 열에서 가장 작은 값을 구한다. |
| MIN(〈expression1〉, 〈expression2〉) | 두 식에서 가장 작은 값을 구한다.<br>예 =MIN([총매출금액], [총구매금액]) |
| MINA(〈column〉) | • 숫자, 날짜 열에서 가장 작은 값을 구한다.<br>• True → 1, False → 0, 빈 텍스트 → 무시 |
| SUMX(〈table〉, 〈expression〉) | 테이블의 행에 대해 계산된 식의 합계를 구한다.<br>예 =SUMX('주문내역', [정가]*[수량]) → 행마다 [정가]*[수량]을 계산한 후 전체 합계를 반환한다. |
| AVERAGEX(〈table〉, 〈expression〉) | 테이블의 행에 대해 계산된 식의 평균을 구한다.<br>예 =AVERAGEX('주문내역', [정가]*[수량]) → 행마다 [정가]*[수량]을 계산한 후 전체 평균을 반환한다. |
| MAXX(〈table〉, 〈expression〉) | 테이블의 행에 대해 계산식의 가장 큰 값을 구한다.<br>예 =MAXX(FILTER('주문내역', [대리점코드]="YJ0001"), [금액]) → 주문내역 테이블에서 대리점코드가 YJ0001인 행을 필터링해 가장 큰 금액을 반환한다. |

| MINX(〈table〉, 〈expression〉) | 테이블의 행에 대해 계산식의 가장 작은 값을 구한다.<br>예 =MINX(FILTER('주문내역', [대리점코드]="YJ0001"), [금액]) → 주문내역 테이블에서 대리점코드가 YJ0001인 행을 필터링해 가장 작은 금액을 반환한다. |
|---|---|
| COUNTX(〈table〉, 〈expression〉) | 테이블의 행에 대해 계산식의 결과가 공백이 아닌 행 개수를 구한다. |
| COUNTAX(〈table〉, 〈expression〉) | 테이블의 행에 대해 계산식의 결과가 공백이 아닌 행 개수를 구한다(논리값 포함). |
| PRODUCT(〈column〉) | 열에 있는 숫자의 곱을 반환한다. |
| PRODUCTX(〈table〉, 〈expression〉) | 테이블의 각 행에 대해 계산된 식의 곱을 반환한다. |

## 2. 수학과 삼각 함수

| 함수 | 설명 |
|---|---|
| ABS(〈number〉) | 숫자의 절대값을 구한다.<br>예 =ABS (50−100) → 50 |
| DIVIDE(〈numerator〉, 〈denominator〉) [,〈alternateresult〉]) | 나누기 결과를 반환하는 것으로, 0으로 나눈 결과에 대해 대체 결과 또는 BLANK를 반환한다.<br>예 =DIVIDE (10,2) → 5<br>예 =DIVIDE (10,0) → BLANK<br>예 =DIVIDE (10,0,1) → 1 |
| MOD(〈number〉, 〈divisor〉) | 숫자를 나눈 후 나머지를 반환한다.<br>예 = MOD (3,2) → 1 |
| QUOTIENT(〈numerator〉, 〈denominator〉) | 나누기한 결과의 정수를 반환한다.<br>예 =QUOTIENT (5,2) → 2 |
| INT(〈numerator〉) | 소수 부분을 제거하여 정수로 내린다.<br>예 =INT(3.6) → 3<br>예 =INT(−3.6) → −4 |
| TRUNC(〈numerator〉, 〈denominator〉) | 지정한 자릿수만큼 소수를 남기고 나머지 자리를 버린다.<br>예 =TRUNC(3.6) → 3<br>예 =TRUNC(−3.6) → −3 |

 기적의 TIP

INT와 TRUNC 함수는 양의 값은 같은 값을 반환하지만, 음의 값에서는 'TRUNC(숫자)−1'로 반환된다.

예 ROUND(반올림할 숫자, 반올림할 자릿수)

기적의 TIP

### ROUND함수와 자릿점

**ROUND함수의 구조** : ROUND(반올림할 숫자, 반올림할 자릿수)
**반올림할 자릿수**

- 양수 → 소수점 오른쪽 자리 기준
  (소수점 몇째 자리까지 반올림할지)
- 0 → 정수 기준(소수점 제거)
- 음수 → 소수점 왼쪽 자리 기준(일의 자리, 십의 자리 등)

0.123

소수점 자리를 줄임
(일, 십, 백, 천, 만…)

0

소수점 자리를 늘림
(0.1, 0.01, 0.001, 0.0001…)

| 반올림할 자릿수 | 의미 | 함수식 | 결과 |
|---|---|---|---|
| 2 | 소수 둘째 자리까지 표시 | =ROUND(3675.362,2) | 3675.36 |
| 1 | 소수 첫째 자리까지 표시 | =ROUND(3675.362,1) | 3675.4 |
| 0 | 정수로 표시 | =ROUND(3675.362,0) | 3675 |
| −1 | 일의 자리에서 반올림 | =ROUND(3675.362,−1) | 3680 |
| −2 | 십의 자리에서 반올림 | =ROUND(3675.362,−2) | 3700 |

## 3. 통계 함수

| 함수 | 설명 |
|---|---|
| RANKX(⟨table⟩, ⟨expression⟩[, ⟨value⟩[, ⟨order⟩[, ⟨ties⟩]]]]) | 숫자의 순위를 구한다.<br>예 =RANKX(ALL('제품'[제품명]),[총수량],,DESC,Dense) |
| MEDIAN (⟨column⟩) | 열의 숫자 중앙값을 반환한다.<br>예 =MEDIAN('고객'[나이]) |

## 4. 필터 함수

| 함수 | 설명 |
|---|---|
| CALCUALTE(⟨expression⟩, ⟨filter1⟩, ⟨filter2⟩…) | 필터링된 행의 합계나 평균과 같은 계산식의 결과를 반환한다.<br>예 =CALCULATE(SUM('주문내역'[금액]), '도서목록'[분류명]="자격증") |
| FILTER(⟨table⟩,⟨filter⟩) | 테이블의 각 행에 대해 계산식을 적용하여 필터링된 행을 반환한다.<br>예 =CALCULATE(SUM('주문내역'[금액]), FILTER('도서목록', [분류명]⟨⟩"자격증"))<br>예 =SUMX(FILTER('주문내역', [대리점코드]="YJ0001"), [금액]) |
| ALL([⟨table⟩ \| ⟨column⟩[, ⟨column⟩[, ⟨column⟩[,…]]]]) | 테이블이나 열에 적용된 필터를 해제한다.<br>예 =SUMX('주문내역', '주문내역'[금액]) / SUMX(ALL('주문내역'), '주문내역'[금액]) |
| ALLEXCEPT(⟨table⟩,⟨column⟩[,⟨column⟩[,…]]) | 열에 적용된 필터를 제외하고 테이블의 필터를 해제한다.<br>예 =CALCULATE(SUM('주문내역'[금액]), ALLEXCEPT('날짜', '날짜'[연도])) |
| ALLSELECTED([⟨tableName⟩ \| ⟨columnName⟩[, ⟨columnName⟩…]] | • 테이블이나 열에 적용된 필터를 해제하지만 보고서 페이지에서 적용한 필터는 유지한다.<br>• 필터링된 행을 대상으로 합계나 평균과 같은 계산식의 결과를 반환한다.<br>예 =CALCULATE(SUM('주문내역'[금액]), ALLSELECTED( '날짜'[연도])) |
| KEEPFILTERS(⟨expression⟩) | CALCULATE 함수 계산식을 수행하는 동안 필터가 적용되는 방식을 수정한다.<br>예 =CALCULATE(SUM('주문내역'[금액]), KEEPFILTERS('도서목록'[분류명]="IT자격증"))<br>→ 테이블 시각화에서 IT자격증인 경우에만 금액이 반환되고, IT자격증이 아닌 경우 비어 있다. |
| REMOVEFILTERS([⟨table⟩ \| ⟨column⟩[, ⟨column⟩[, ⟨column⟩[,…]]]]) | 지정된 테이블이나 열에서 필터를 지운다.<br>예 =DIVIDE([총매출금액], CALCULATE([총매출금액], REMOVEFILTERS()))<br>→ 총매출금액의 전체 비율을 반환한다. |
| SELECTEDVALUE(⟨columnName⟩[, ⟨alternateResult⟩]) | 지정된 열에서 고유값으로 필터링된 값을 반환하고, 그렇지 않은 경우 대체값(alternateResult)을 반환한다(생략하면 BLANK() 반환).<br>예 =SELECTEDVALUE('고객'[고객명]) |

## 5. 논리 함수

| 함수 | 설명 |
| --- | --- |
| IF(⟨logical_test⟩, ⟨value_if_true⟩[, ⟨value_if_false⟩]) | 조건식이 TRUE이면 TRUE_VALUE, FALSE이면 FALSE_VALUE를 반환한다.<br>예 =IF('주문내역'[금액]>500, "High", "Low")<br>→ 금액이 500초과이면 High, 그렇지 않으면 Low를 표시한다. |
| AND(⟨logical1⟩,⟨logical2⟩) | 두 인수가 모두 TRUE인지 확인하고 두 인수가 모두 TRUE이면 TRUE 반환하고, 그렇지 않은 경우 FALSE을 반환한다.<br>예 = AND(10>5, 5>3) → TRUE |
| OR(⟨logical1⟩,⟨logical2⟩): | TRUE를 반환하기 위해 인수 중 하나가 TRUE인지 확인하고, 두 인수가 모두 FALSE이면 FALSE을 반환한다.<br>예 = OR(10<5, 5<3) → FALSE |
| NOT(⟨logical⟩) | FALSE를 TRUE로, TRUE를 FALSE로 변경한다.<br>예 =NOT(30>=20) → FALSE |
| TRUE( ) , FALSE( ) | 논리값을 TRUE나 FALSE로 반환한다.<br>예 =IF([수량]>50, TRUE(), FALSE())<br>→ 수량이 50보다 크면 TRUE, 아니면 FALSE를 반환한다. |
| IFERROR(value, value_if_error) | 수식에서 오류가 발생할 경우 지정한 값을 반환하고 그렇지 않으면 수식 결과를 반환한다.<br>예 =IFERROR(30/0, "수식오류") → 수식오류 |
| SWITCH(⟨expression⟩, ⟨value⟩, ⟨result⟩[, ⟨value⟩, ⟨result⟩]…[, ⟨else⟩]) | 조건식의 값이 값과 같다면 반환값1, 값2와 같다면 반환값2…를 반환한다.<br>예 =SWITCH([직책NO], 1, "부장", 2, "차장", 3, "과장", 4, "대리", 5, "사원", BLANK()) → [직책NO] 필드의 값이 1이면 "부장", 2이면 "차장", 3이면 "과장", 4이면 "대리", 5이면 "사원", 그 외는 공백을 반환한다.<br>예 =SWITCH(TRUE(), [수량]<10, "10미만", [수량]>=10 && [수량]<20, "20미만", BLANK())<br>→ 수량이 10미만이면 "10미만", 수량이 10 이상 20미만이면 "20미만"을 표시하고 그 외는 공백을 반환한다. |

## 6. 텍스트 함수

| 함수 | 설명 |
| --- | --- |
| LEN(⟨text⟩) | 텍스트의 문자 수를 반환한다.<br>예 =LEN("영진닷컴") → 4 |
| LEFT(⟨text⟩, ⟨num_chars⟩) | 텍스트의 왼쪽에서 지정한 문자 수만큼 추출한다.<br>예 =LEFT("abcde", 2) → ab |
| MID(⟨text⟩, ⟨start_num⟩, ⟨num_chars⟩) | 텍스트의 시작 위치에서 지정한 문자 수만큼 추출한다.<br>예 =MID("abcde", 3, 2) → cd |
| RIGHT(⟨text⟩, ⟨num_chars⟩) | 텍스트의 오른쪽에서 지정한 문자 수만큼 추출한다.<br>예 =RIGHT("abcde", 2) → de |
| LOWER(⟨text⟩) | 텍스트를 모두 소문자로 변경한다.<br>예 =LOWER("WORLD") → world |
| UPPER (⟨text⟩) | 텍스트를 모두 대문자로 변경한다.<br>예 UPPER("world") → WORLD |
| TRIM(⟨text⟩) | 단어 사이의 단일 공백을 제외하고 텍스트의 모든 공백을 제거한다.<br>예 =TRIM("WORLD 2024   ") → WORLD 2024 |
| REPLACE(⟨old_text⟩, ⟨start_num⟩, ⟨num_chars⟩, ⟨new_text⟩) | 텍스트의 시작 위치로부터 지정한 문자수만큼 새 텍스트로 바꾼다.<br>예 =REPLACE("CP-001", 1, 2, "NB") → NB-001 |
| SUBSTITUTE(⟨text⟩, ⟨old_text⟩, ⟨new_text⟩, ⟨instance_num⟩) | 기존 텍스트의 문자열을 새 텍스트로 바꾼다.<br>예 =SUBSTITUTE("CP-001", "CP", "NB") → NB-001 |
| VALUE(⟨text⟩) | 숫자를 나타내는 텍스트를 숫자로 변환한다.<br>예 =VALUE("5") → 5 |
| FORMAT(⟨value⟩, ⟨format_string⟩[, ⟨locale_name⟩]) | 값을 서식코드를 지정하여 텍스트로 변환한다.<br>예 =FORMAT(12345.6, "#,##0") → 12,346<br>예 =FORMAT(45519, "YYYY-MM-DD") → 2024-08-15 |
| CONCATENATE(⟨text1⟩, ⟨text2⟩) | • 두 텍스트를 하나의 텍스트로 조인한다.<br>• 2개 이상의 텍스트를 연결할 때는 앰퍼샌드(&) 연산자를 사용한다.<br>예 =CONCATENATE("Hello ", "World") → Hello World |
| FIND(⟨find_text⟩, ⟨within_text⟩[, [⟨start_num⟩][, ⟨NotFoundValue⟩]]) | 텍스트 값에서 다른 텍스트 값을 찾아 시작 위치를 반환하되, 찾는 값이 없으면 0, -1 또는 BLANK()로 처리한다(대/소문자 구분).<br>예 =FIND("B", "Power BI") → 7<br>예 =FIND("BI", "Power BI", 1, BLANK()) → 7 |
| SEARCH(⟨find_text⟩, ⟨within_text⟩[, [⟨start_num⟩][, ⟨NotFoundValue⟩]]) | 텍스트 값에서 다른 텍스트 값을 찾아 시작 위치를 반환하되, 찾는 값이 없으면 0,-1 또는 BLANK()로 처리한다(대/소문자 구분 안 함).<br>예 =SEARCH ("B", "Power BI") → 7<br>예 =SEARCH ("BI", "Power BI", 1, BLANK()) → 7 |

🅱 **기적의 TIP**

FIND함수는 와일드 카드를 지원하지 않지만 SEARCH함수는 별표(*), 물음표(?)와 같은 와일드 카드를 사용할 수 있다.

## 7. 날짜 및 시간 함수

| 함수 | 설명 |
|---|---|
| YEAR(〈date〉) | 날짜의 연도를 4자리 정수로 반환한다.<br>**예** =YEAR("2025-3-21") → 2025 |
| MONTH(〈date〉) | 날짜의 월을 1에서 12의 정수로 반환한다.<br>**예** =MONTH("2025-3-21") → 3 |
| DAY(〈date〉) | 날짜의 일을 1에서 31의 정수로 반환한다.<br>**예** =DAY("2025-3-21") → 21 |
| HOUR(〈datetime〉) | 시간의 시를 0(오전 12:00)에서 23(오후11:00)의 정수로 반환한다.<br>**예** =HOUR("15:20:30") → 15 |
| MINUTE(〈datetime〉) | 시간의 분을 0에서 59까지의 정수로 반환한다.<br>**예** =MINUTE ("15:20:30") → 20 |
| SECOND(〈datetime〉) | 시간의 초를 0에서 59까지의 정수로 반환한다.<br>**예** =SECOND("15:20:30") → 30 |
| TODAY() | 컴퓨터 시스템의 현재 날짜를 반환한다.<br>**예** =TODAY() → 2025-01-01(현재 날짜 표시) |
| NOW() | 컴퓨터 시스템의 현재 날짜와 시간을 반환한다.<br>**예** =NOW() → 2025-01-01 13:30(현재 날짜와 시간 표시) |
| DATE(〈year〉, 〈month〉, 〈day〉) | 지정한 연, 월, 일을 날짜 형식으로 반환한다.<br>**예** =DATE(2025,01,01) → 2025-01-01 |
| TIME(〈hour〉, 〈minute〉, 〈second〉) | 지정한 시, 분, 초를 날짜/시간 형식의 시간으로 반환한다.<br>**예** =TIME(12,30,0) → 13:30 PM |
| WEEKDAY(〈date〉, 〈return_type〉) | • 날짜의 요일을 1에서 7까지의 숫자로 반환한다.<br>• 〈return_type〉 = 1 : 일요일을 1로 시작<br>　　　　　　　　　= 2 : 월요일을 1로 시작<br>　　　　　　　　　= 3 : 월요일을 0으로 시작하고 일요일을 6으로 반환<br>**예** =WEEKDAY("2025-01-01", 2) → 5 (5는 금요일을 의미) |
| EDATE(〈start_date〉, 〈months〉) | 날짜에 지정된 월을 더하거나 뺀 날짜를 반환한다.<br>**예** =EDATE("2025-01-01", 3) → 2025-04-01 |
| EOMONTH(〈start_date〉, 〈months〉) | 날짜에 월을 더하거나 뺀 날짜의 마지막 날짜를 반환한다.<br>**예** =EDATE("2025-01-01", 3) → 2025-04-30 |
| NETWORKDAYS(〈start_date〉, 〈end_date〉[, 〈weekend〉, 〈holidays〉]) | 휴일을 제외한 시작 날짜와 끝 날짜 사이의 업무일 수를 반환한다.<br>**예** =NETWORKDAYS("2025-05-01", "2025-05-05") → 3 |
| WEEKNUM(〈date〉[, 〈return_type〉]) | • 1월 1일을 포함하는 주를 해당 연도의 1주차로 지정한다.<br>• 지정된 날짜의 주 번호를 반환한다.<br>• 〈return_type〉 주가 시작될 요일을 결정할 숫자, 1 또는 생략 시 일요일부터 주를 시작한다.<br>**예** =WEEKNUM("2025-01-01") → 1 |
| CALENDAR(〈start_date〉, 〈end_date〉) | 지정된 두 날짜의 연속된 날짜가 포함된 DATE 열이 포함된 테이블을 반환한다.<br>**예** =CALENDAR(DATE(2025,1,1), DATE(2025,1,31))<br>　→ 2025년 1월 1일에서 2025년 1월 31일 사이의 날짜가 포함된 테이블을 반환한다. |
| CALENDARAUTO() | 데이터 모델의 날짜를 기준으로 12개월치 날짜를 반환한다.<br>**예** =CALENDARAUTO()<br>　→ 데이터 모델의 날짜 열을 기준으로 12개월치 날짜를 반환한다.<br>**예** =CALENDARAUTO(3)<br>　→ 1월에서 3개월 후인 4월부터 다음해 3월까지 12개월치 날짜를 반환한다. |

## 8. 시간 인텔리전스 함수

| 함수 | 설명 |
|---|---|
| DATEADD(〈dates〉, 〈number_of_intervals〉,〈interval〉) | • 날짜에서 지정된 간격 수만큼 이전 또는 이후로 이동한 날짜 열을 반환한다.<br>• 〈interval〉 year, quarter, month, day 중 하나이다.<br>**예** =CALCULATE(SUM('주문내역'[금액]),DATEADD('DimDate'[Date], −1, year))<br>→ 현재 컨텍스트(연도)에서 1년 전의 날짜를 반환하여 주문내역 테이블의 금액의 합계를 반환한다. |
| DATESBETWEEN(〈Dates〉, 〈StartDate〉, 〈EndDate〉) | 시작일과 종료일의 연속되는 날짜 열이 포함된 테이블을 반환한다.<br>**예** =CALCULATE(SUM('주문내역'[금액]),DATESBETWEEN('DimDate'[Date], Date(2025,01,01), DATE(2025,01,31))<br>→ 2025년 1월 1일부터 2025년 1월 31일까지의 Date열이 포함된 날짜 범위를 반환하여 주문내역 테이블의 금액의 합계를 반환한다. |
| DATESINPERIOD(〈dates〉, 〈start_date〉, 〈number_of_intervals〉, 〈interval〉) | • 날짜에서 지정된 간격 수만큼 이전 또는 이후로 이동한 시점부터 연속적인 날짜 열을 반환한다.<br>• 〈interval〉 year, quarter, month, day 중 하나이다.<br>**예** =DATESINPERIOD('DimDate'[Date], MAX('DimDate'[Date]), −1, year)<br>→ 보고서에서 2025년 5월로 필터링하면 2024년 6월 1일부터 2025년 5월 31일까지 날짜 범위를 반환한다. |
| DATESYTD(〈dates〉,[year_end_date])) | 현재 컨텍스트의 연도 기준으로 날짜 열이 포함된 테이블을 반환한다.<br>**예** =CALCULATE(SUM('주문내역'[금액]), DATESYTD('DimDate'[Date])<br>→ 1월 1일부터 금액 누계를 반환한다. |
| DATESQTD(〈dates〉) | 현재 컨텍스트의 분기 기준으로 날짜 열이 포함된 테이블을 반환한다.<br>**예** =CALCULATE(SUM('주문내역'[금액]), DATESQTD('DimDate'[Date])<br>→ 분기 금액 누계를 실행한다. |
| DATESMTD(〈dates〉) | 현재 컨텍스트의 월 기준으로 날짜 열이 포함된 테이블을 반환한다.<br>**예** =CALCULATE(SUM('주문내역'[금액]), DATESMTD('DimDate'[Date])<br>→ 월의 1일부터 금액 누계를 실행한다. |
| TOTALYTD(〈expression〉, 〈dates〉[,〈filter〉][,〈year_end_date〉]) | 1월 1일부터 현재 날짜까지 계산식을 수행한다.<br>**예** =TOTALYTD(SUM('주문내역'[금액]), 'DimDate'[Date])<br>→ 1월 1일부터 연도 단위로 금액 누계를 반환한다. |
| TOTALQTD(〈expression〉, 〈dates〉[,〈filter〉][,〈year_end_date〉]) | 현재 분기까지 계산식을 수행한다.<br>**예** =TOTALQTD (SUM('주문내역'[금액]), 'DimDate'[Date])<br>→ 분기 단위로 금액 누계를 반환한다. |
| TOTALMTD(〈expression〉, 〈dates〉[,〈filter〉][,〈year_end_date〉]) | 현재 월까지 계산식을 수행한다.<br>**예** =TOTALMTD(SUM('주문내역'[금액]), 'DimDate'[Date])<br>→ 1일부터 월 단위로 금액 누계를 반환한다. |
| SAMEPERIODLASTYEAR(〈dates〉) | 전년 동시점의 날짜 열을 반환한다.<br>**예** =CALCULATE('주문내역'[금액]), SAMEPERIODLASTYEAR('DimDate'[Date]))<br>→ 전년 동시점의 금액의 합계를 반환한다. |
| FIRSTDATE(〈dates〉) | 날짜 열에서 첫 번째 날짜를 반환한다.<br>**예** =FIRSTDATE('주문내역'[주문일]) → 첫 번째 주문일을 반환한다. |
| LASTDATE(〈dates〉) | 날짜 열에서 마지막 날짜를 반환한다.<br>**예** =LASTDATE ('주문내역'[주문일]) → 마지막 주문일을 반환한다. |

## 9. 테이블 조작 함수/관계 함수

| 함수 | 설명 |
|---|---|
| ADDCOLUMNS(⟨table⟩, ⟨name⟩, ⟨expression⟩[, ⟨name⟩, ⟨expression⟩]···) | 테이블에 계산 열을 추가한다.<br>◑ =ADDCOLUMNS('날짜', "연도", FORMAT([날짜], "YYYY"))<br>　→ ⟨날짜⟩ 테이블의 [날짜] 열에서 연도를 추가한 테이블을 반환한다. |
| DISTINCT(⟨column⟩ 또는 ⟨table⟩) | 중복 제거된 열이나 테이블을 반환한다.<br>◑ =DISTINCT('주문내역'[고객코드]) → [고객코드] 열의 중복 값을 제거한다.<br>◑ =DISTINCT('대리점') → ⟨대리점⟩ 테이블에서 중복 행을 제거한다. |
| GROUPBY(⟨table⟩ [, ⟨groupBy_columnName⟩ [, ⟨groupBy_columnName⟩ [, ···]]] [, ⟨name⟩, ⟨expression⟩ [, ⟨name⟩, ⟨expression⟩ [, ···]]]) : | 테이블의 지정된 열로 그룹화하고 계산식 결과와 필드명을 반환한다.<br>◑ =GROUPBY('주문내역', [배송지역], "매출", SUMX(CURRENTGROUP( ),[금액]))<br>　→ ⟨주문내역⟩ 테이블의 배송지역으로 그룹화하고 [금액] 열의 합계를 반환한다. |
| SUMMARIZE(⟨table⟩, ⟨groupBy_columnName⟩[, ⟨groupBy_columnName⟩]···[, ⟨name⟩, ⟨expression⟩]···) | 지정된 테이블에서 그룹 필드로 요청한 식의 요약 테이블을 반환한다.<br>◑ =SUMMARIZE('주문내역', '대리점'[대리점명], "매출", SUM('주문내역'[금액]))<br>　→ ⟨주문내역⟩ 테이블을 기준으로 ⟨대리점⟩ 테이블의 대리점별로 그룹화하여 [금액] 열의 합계를 반환한다. |
| SUMMARIZECOLUMNS (⟨groupBy_columnName⟩ [, ⟨ groupBy_columnName ⟩]···, [⟨filterTable⟩]···[, ⟨name⟩, ⟨expression⟩]···) | 테이블에서 특정 필드로 그룹화한 후 이름과 식의 결과를 반환한다.<br>◑ =SUMMARIZECOLUMNS('도서목록'[분류명], FILTER('대리점', [대리점명]="서울"), "매출", SUM('주문내역'[금액]))<br>　→ ⟨대리점⟩ 테이블에서 [대리점명]이 '서울'을 필터링하여 ⟨도서목록⟩ 테이블의 분류명별로 그룹화하여 [금액] 열의 합계를 반환한다. |
| TOPN(⟨N_Value⟩, ⟨Table⟩, ⟨OrderBy_Expression⟩, [⟨Order⟩[, ⟨OrderBy_Expression⟩, [⟨Order⟩]]···]) : | • 테이블의 상위 N개(TOPN)의 행을 반환한다.<br>• ⟨Order⟩ = 0 또는 False : 내림차순 정렬<br>　　　　　 = -1 또는 True : 오름차순 정렬, 정렬 옵션 생략된 경우 기본값<br>◑ =TOPN(5, '주문내역', [총금액], 0)<br>　→ ⟨주문내역⟩ 테이블에서 총금액순으로 5개 행을 반환한다. |
| RELATED(⟨column⟩) | 도서코드 열로 관계 설정된 테이블에서 현재 행과 관련된 값을 반환한다.<br>◑ =RELATED('도서목록'[정가])<br>　→ 도서코드와 일치하는 ⟨도서목록⟩ 테이블의 [정가] 열의 값을 반환한다. |
| ROW(⟨name⟩, ⟨expression⟩[[,⟨name⟩, ⟨expression⟩]···]) | 단일 행 테이블을 반환한다.<br>◑ = ROW("총수량", SUM('주문내역'[수량])) → 총수량이 있는 단일 행 테이블 |
| VALUES (⟨TableNameOrColumnName⟩) | 중복 값이 제거된 고유값(열 또는 테이블)이다.<br>◑ =VALUES('주문내역'[도서코드]) → 중복 제거된 [도서코드] 열을 반환한다.<br>◑ =VALUES('주문내역') → ⟨주문내역⟩ 테이블을 반환한다. |
| UNION(⟨table_expression1⟩, ⟨table_expression2⟩ [, ⟨table_expression⟩]···) | 테이블1과 테이블2를 결합한다.<br>◑ =UNION(Table1, Table2) |

| ⟨테이블1⟩ | | ⟨테이블2⟩ | | ⟨테이블3⟩ | |
|---|---|---|---|---|---|
| 거래처 | 수량 | 거래처 | 수량 | 거래처 | 수량 |
| A | 5 | B | 2 | A | 5 |
| A | 3 | C | 1 | A | 3 |
| | | | | B | 2 |
| | | | | C | 1 |

## 10. 기타 함수(정보, 재무)

| 함수 | 설명 |
|---|---|
| BLANK() | 공백을 반환한다.<br>**예** =IF([시도]="서울", "수도권", BLANK()) |
| ISBLANK(〈value〉) | 값이 공백이면 TRUE, 그렇지 않으면 FALSE를 반환한다.<br>**예** =ISBLANK([전년도매출])<br>　→ 전년도매출이 공백이라면 TRUE, 아니면 FALSE를 반환한다. |
| ISERROR(〈value〉) | 값이 오류이면 TRUE, 그렇지 않으면 FALSE를 반환한다.<br>**예** =ISERROR([매출금액]/[총매출금액])<br>　→ 나누기 결과가 오류이면 TRUE, 아니면 FALSE를 반환한다. |
| CONTAINS(〈table〉, 〈columnName〉, 〈value〉[, 〈columnName〉, 〈value〉]…) | 열에 찾는 값이 포함된 경우 TRUE, 그렇지 않으면 FALSE를 반환한다.<br>**예** =CONTAINS('주문내역', [도서코드], 10, [고객코드], 1)<br>　→ 〈주문내역〉 테이블에서 도서코드가 10 또는 고객코드가 1의 주문이 동시에 발생했는지 계산한다. |
| FV(〈rate〉, 〈nper〉, 〈pmt〉[, 〈pv〉[, 〈type〉]]) | • 이자율을 기준으로 일정 금액 납입 후의 미래 가치(FV)를 계산한다.<br>• type = 0 또는 생략 : 월말<br>　　　 = 1 : 월초<br>**예** =FV(0.06/12,36,−530000,0,1) → ₩20,952,376<br>　(매월 초 530,000원씩 납입하고, 연이율 6%로 계산했을 때 3년 뒤의 원리금) |
| PMT(〈rate〉, 〈nper〉, 〈pv〉[, 〈fv〉[, 〈type〉]]) | • 대출 상환금(투자총액)에서 정기적으로 납입되는 금액(PMT)을 계산한다.<br>• type = 0 또는 생략 : 월말<br>　　　 = 1 : 월초<br>**예** =PMT(0.04/12,36,0,−30000000,0) → ₩785,720<br>　(연이율 4%로 3년 동안 30,000,000원을 상환하기 위해 매달 입금해야 할 금액) |
| PV(〈rate〉, 〈nper〉, 〈pmt〉[, 〈fv〉[, 〈type〉]]) | • 대출 또는 투자액의 현재가치(PV)를 계산한다.<br>**예** = PV(0.04/12,30*12,−300000) → ₩62,838,372<br>　(연이율 4%로 매월말에 300,000원씩 30년 동안 지급하는 연금의 현재가치) |
| NPER(〈rate〉, 〈pmt〉, 〈pv〉[, 〈fv〉[, 〈type〉]]) | 투자 기간의 수(개월 등)를 반환한다.<br>**예** =NPER(0.04/12,−100000,0,10000000) → 86.45(개월)<br>　(대출금(투자총액) 10,000,000원을 상환하기 위해 연이자율 4%로 매월 100,000원씩 납입할 경우의 기간) |
| IPMT(〈rate〉, 〈per〉, 〈nper〉, 〈pv〉[, 〈fv〉[, 〈type〉]]) | 대출금(투자총액)에 대한 지정된 기간의 이자 지급액을 반환한다.<br>**예** =IPMT(0.06/12,1,3*12,10000000) → ₩−50,000<br>　(대출금 10,000,000원의 첫 번째 달에 만기된 월별 이자를 반환) |
| PPMT(〈rate〉, 〈per〉, 〈nper〉, 〈pv〉[, 〈fv〉[, 〈type〉]]) | 대출금(투자총액)에 대해 기간마다 상환해야 할 원금을 계산한다.<br>**예** PPMT(0.06/12,1,3*12,10000000) → ₩−254,219.37<br>　(10,000,000원을 연이율 6%로 3년간 상환하는 조건으로 첫 달에 이루어진 원금 상환액을 반환) |
| RATE(〈nper〉, 〈pmt〉, 〈pv〉[, 〈fv〉[, 〈type〉[, 〈guess〉]]]) | 투자 기간당 이자율을 반환한다.<br>**예** = RATE(3*12,−100000,10000000) → −0.05<br>　(총대출액[10,000,000원]에 대해 36개월 동안 100,000원씩 상환할 경우의 월별 이자율) |

※ DAX 함수 참조 : https://learn.microsoft.com/ko−kr/dax/dax−function−reference

**변수를 사용하는 수식 작성**

### DAX 수식에서 주석(Comment)을 작성하는 방법

'//' 기호를 사용하여 작성하며 '//' 이후의 텍스트는 모두 주석 처리된다.

---

• 변수에 계산식의 결과를 저장하여 다른 측정값에서 변수를 인수로 사용할 수 있다.

| VAR문 | VAR ⟨name⟩ = ⟨expression⟩ |
|---|---|
| VAR문의 구성 | • name<br>　– 변수 이름<br>　– 영문(a~z, A~Z), 숫자(0~9)로 구성되며 영문으로 시작<br>　– 예약어는 사용 불가<br>　– 공백은 '_' (underbar)로 연결　　　　• expression<br>　　　　　　　　　　　　　　　　　　　　　　– DAX 식 |

• RETURN문을 사용하여 구문 뒤에 오는 수식의 결과를 측정값에 반환한다.

| RETURN문 | RETURN 변수명 or DAX 식 |
|---|---|
| 예 | <br><br>전년대비증감률 =<br>// 주문내역 테이블의 금액의 합계를 Total_Price에 저장<br>VAR Total_Price = SUM('주문내역'[금액])<br><br>// 전년동시점의 주문내역 테이블의 금액의 합계를 Last_Price에 저장<br>VAR Last_Price = CALCULATE(Sum('주문내역'[금액]), SAMEPERIODLASTYEAR('날짜'[날짜]))<br><br>// Totla_Price와 Last_Price의 차이를 Last_Price로 나눈 값을 전년대비증감률 측정값에 전달<br>RETURN DIVIDE(Total_Price – Last_Price, Last_Price) |

`출제유형 ①` **집계 함수, 수학/삼각 함수 활용**

**'출제유형1.pbix'** 파일을 열고 〈◎측정값〉 테이블에서 다음 과정을 수행하시오.

▶ 〈주문내역〉 테이블의 [수량] 필드의 합계를 구하는 측정값을 추가하시오.
  – 측정값 이름 : 총수량
  – 함수 : SUM
  – 서식 : 천 단위 구분 기호()

▶ 〈주문내역〉 테이블의 [금액] 필드의 합계를 구하는 측정값을 추가하시오.
  – 측정값 이름 : 총금액
  – 함수 : SUM
  – 서식 : 천 단위 구분 기호(⑨)

▶ 〈주문내역〉 테이블의 [금액] 필드의 평균을 구하는 측정값을 추가하시오.
  – 측정값 이름 : 평균금액
  – 함수 : ROUND, AVERAGE, 평균금액은 백단위로 표현
  – 서식 : 천 단위 구분 기호(⑨), 소수 자릿수 '0'

▶ 〈주문내역〉 테이블의 전체 레코드 개수를 구하는 측정값을 추가하시오.
  – 측정값 이름 : 주문건수
  – 함수 : COUNTROWS
  – 서식 : 천 단위 구분 기호(⑨)

▶ 〈주문내역〉 테이블의 [대리점코드] 필드의 중복 제거된 행 개수를 구하는 측정값을 추가하시오.
  – 측정값 이름 : 대리점수
  – 함수 : DISTINCTCOUNT
  – 서식 : 천 단위 구분 기호(⑨)

① 테이블 보기(▦)에서 〈◎측정값〉 테이블을 선택한다. [테이블 도구]-[계산]그룹의 [새 측정값]을 클릭한다.

② 수식 입력줄에 '총수량=SUM('주문내역'[수량])'를 입력하고 [Enter]를 누른다. [측정 도구]-[서식]그룹에서 천 단위 구분 기호(🔢)를 클릭한다.

💬 **수식 설명**

=SUM('주문내역'[수량]) : 〈주문내역〉 테이블의 [수량] 필드의 합계를 반환

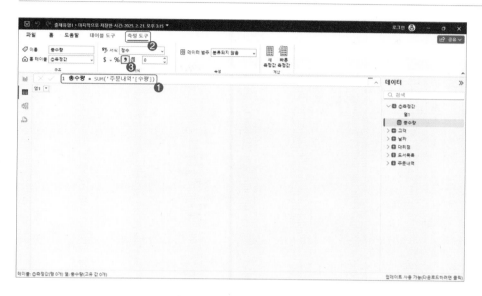

③ [측정 도구]-[계산]그룹의 [새 측정값]을 클릭한다. 수식 입력줄에 '총금액=SUM('주문내역'[금액])'를 입력하고 [Enter]를 누른다. [측정 도구]-[서식]그룹에서 천 단위 구분 기호(🔢)를 클릭한다.

💬 **수식 설명**

=SUM('주문내역'[금액]) : 〈주문내역〉 테이블의 [금액] 필드의 합계를 반환

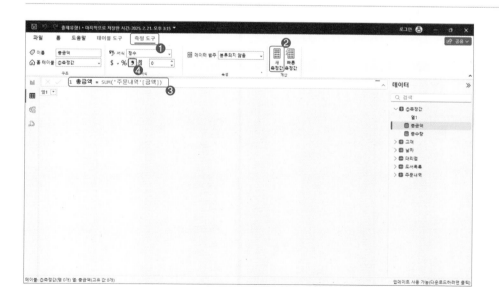

④ [측정 도구]-[계산]그룹의 [새 측정값]을 클릭한다. 수식 입력줄에 '평균금액=ROUND(AVERAGE('주문내역'[금액]),-2)'를 입력하고 Enter를 누른다. [측정 도구]-[서식]그룹에서 천 단위 구분 기호(⬚)를 클릭하고 소수 자릿수(⬚⬚)를 0으로 입력한다.

💬 수식 설명

(1) = AVERAGE('주문내역'[금액]) : 〈주문내역〉 테이블의 [금액] 필드의 평균을 반환
(2) =ROUND((1),-2) : (1)의 값을 십의 자리에서 반올림하여 백의 자리까지 표시

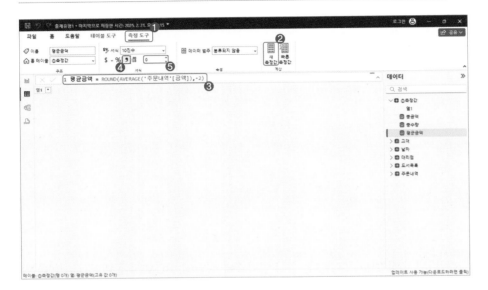

⑤ [측정 도구]-[계산]그룹의 [새 측정값]을 클릭한다. 수식 입력줄에 '주문건수=COUNTROWS('주문내역')'를 입력하고 Enter를 누른다. [측정 도구]-[서식]그룹에서 천 단위 구분 기호(⬚)를 클릭한다.

💬 수식 설명

=COUNTROWS('주문내역') : 〈주문내역〉 테이블의 전체 레코드 개수를 반환

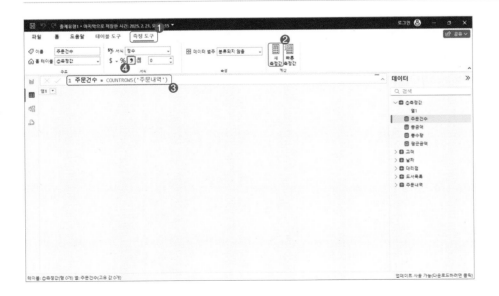

⑥ [측정 도구]-[계산]그룹의 [새 측정값]을 클릭한다. 수식 입력줄에 '대리점수=DISTINCTCOUNT('주문
내역'[대리점코드])'를 입력하고 Enter를 누른다. [측정 도구]-[서식]그룹에서 천 단위 구분 기호( , )를
클릭한다.

💬 수식 설명

=DISTINCTCOUNT('주문내역'[대리점코드]) : 〈주문내역〉 테이블의 [대리점코드] 필드의 고유 개수를 반환

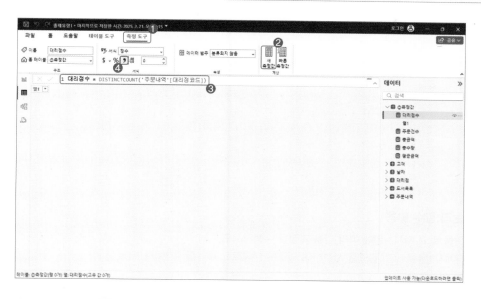

⑦ 보고서 보기(📊)의 1페이지에서 [시각화] 창의 테이블(⊞)을 추가한다. [시각적 개체 빌드]의 [열]에 〈날
짜〉 테이블의 [연도] 필드, 〈◎측정값〉 테이블의 [총수량], [총금액], [평균금액], [주문건수], [대리점수]
측정값을 추가한다.

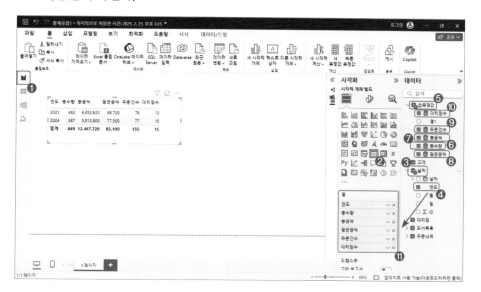

- 테이블에 숫자형 필드를 추가하면 합계로 요약된다.
- [열]의 필드에서 마우스 오른쪽 버튼을 클릭하여 '요약 안 함'을 적용하면 데이터를 나열하여 표시한다.

---

**출제유형 ②** **텍스트/논리 함수 활용**

'**출제유형2.pbix**' 파일을 열고 지시사항에 따라 다음 과정을 수행하시오.

▶ 〈도서목록〉 테이블에서 [분류코드] 필드를 사용하여 새로운 분류코드 필드를 추가하시오.
  - 계산 필드 이름 : 신분류코드
  - 계산 : [분류코드] 필드의 영문(3자리)과 숫자(2자리) 데이터 사이에 하이픈(-) 표시
  - 함수 : LEFT, RIGHT, & 연산자 사용

▶ 〈도서목록〉 테이블에서 [분류명] 필드를 사용하여 새로운 분류명 필드를 추가하시오.
  - 계산 필드 이름 : 신분류명
  - 계산 : [분류명] 필드의 'IT'를 '컴퓨터'로 변경
  - 함수 : SUBSTITUTE

▶ 〈도서목록〉 테이블에서 [분류명] 필드의 값을 수험서와 일반으로 구분하는 필드를 추가하시오.
  - 계산 필드 이름 : 종류
  - 계산 : [분류명] 필드에 '자격증'을 포함하면 '수험서', 나머지는 '일반'으로 표시
  - 함수 : IF, FIND, BLANK

▶ 〈고객〉 테이블에서 [이메일] 필드를 사용해 아이디를 표시하는 필드를 추가하시오.
  - 계산 필드 이름 : 아이디
  - 계산 : [이메일] 필드의 '@' 기호 앞의 아이디 추출
  - 함수 : LEFT, SEARCH

① 테이블 보기(▦)에서 〈도서목록〉 테이블을 선택한다. [테이블 도구]–[계산]그룹의 [새 열]을 클릭한다.

② 수식 입력줄에 '신분류코드=LEFT([분류코드],3) &"–"&RIGHT([분류코드],2)'를 입력하고 [Enter]를 누른다.

💬 수식 설명

(1) LEFT([분류코드],3) : [분류코드] 필드에서 왼쪽 3글자를 추출
(2) RIGHT([분류코드],2) : [분류코드] 필드에서 오른쪽 2글자를 추출
(3) =(1)&"–"&(2) : (1)–(2) 형식으로 데이터를 표시

③ [열 도구]–[계산]그룹의 [새 열]을 클릭한다. 수식 입력줄에 '신분류명=SUBSTITUTE([분류명],"IT",
"컴퓨터")'를 입력하고 Enter 를 누른다.

💬 수식 설명

=SUBSTITUTE([분류명],"IT","컴퓨터") : [분류명] 필드에서 'IT' 값을 찾아 '컴퓨터'로 바꿈

④ [열 도구]–[계산]그룹의 [새 열]을 클릭한다. 수식 입력줄에 '종류=IF(FIND("자격증",[분류명],1,
BLANK()),"수험서","일반")'를 입력하고 Enter 를 누른다.

💬 수식 설명

(1) FIND("자격증",[분류명],1,BLANK()) : [분류명] 필드의 첫 번째 자리부터 시작하여 '자격증'을 검색한 위치를 반환하고
   찾는 값이 없으면 BLANK를 반환
(2) =IF((1), "수험서", "일반") : (1)의 결과가 TRUE이면 "수험서"를 반환하고, FALSE이면 "일반"을 반환

⑤ 〈고객〉 테이블에서 [테이블 도구]-[계산]그룹의 [새 열]을 클릭한다.

⑥ 수식 입력줄에 '아이디=LEFT([이메일],SEARCH("@",[이메일],1)-1)'를 입력하고 Enter 를 누른다.

💬 수식 설명

(1) SEARCH("@",[이메일],1) : [이메일] 필드에서 왼쪽부터 검색하여 '@'가 처음으로 발견된 위치를 반환(대소문자 구분 안 함)

(2) =LEFT([이메일],(1)-1) : [이메일] 필드에서 첫 번째부터 시작하여 (1)-1을 한 문자수만큼 추출

'**출제유형3.pbix**' 파일을 열고 지시사항에 따라 다음 과정을 수행하시오.

▶ 〈대리점〉 테이블에 지역을 수도권과 지방권으로 구분하는 필드를 추가하시오.

   – 계산 필드 이름 : 권역명

   – 계산 : 〈대리점〉 테이블의 [대리점명] 필드 값이 '서울', '인천', '경기'이면 '수도권', 그 외는 '지방권'으로 표시

   – 함수 : IF, || 연산자

▶ 〈◎측정값〉 테이블에 [총수량] 측정값의 범위에 따라 구간을 반환하는 측정값을 추가하시오.

   – 계산 필드 이름 : 수량구간

   – 계산 : [총수량] 범위가 0이상이고 100미만이면 '100미만', 100이상이고 200미만이면 '200미만', 200이상이고 300미만이면 '300미만', 그 외는 '300이상'으로 반환

   – 함수 : SWITCH, TRUE, && 연산자

▶ 〈◎측정값〉 테이블에 〈주문내역〉 테이블의 데이터가 증정본이 아닌 금액의 합계를 반환하는 측정값을 추가하시오.

   – 계산 필드 이름 : 순금액

   – 계산 : 〈주문내역〉 테이블의 [증정여부] 필드 값이 "0"이 아닌 [금액] 필드의 합계 반환

   – 함수 : CALCULATE, SUM, ISBLANK

   – 서식 : 천 단위 구분 기호

▶ 〈◎측정값〉 테이블에 총금액과 순금액의 차액을 반환하는 측정값을 추가하시오.

   – 계산 필드 이름 : 금액차이

   – 계산 : 총금액과 순금액의 차이 반환

   – 서식 : 천 단위 구분 기호( 9 )

① 테이블 보기(▦)에서 〈대리점〉 테이블을 선택한다. [테이블 도구]-[계산]그룹의 [새 열]을 클릭한다.

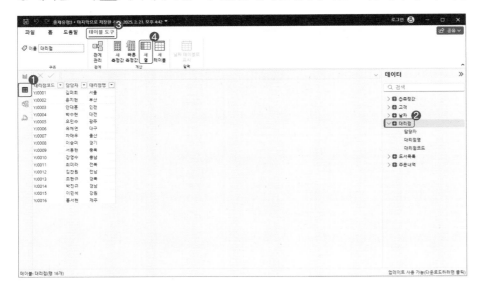

② 수식 입력줄에 '권역명=IF([대리점명]="서울" || [대리점명]="인천" || [대리점명]="경기", "수도권", "지방권")'를 입력하고 Enter 를 누른다.

💬 수식 설명

(1) [대리점명]="서울" || [대리점명]="인천" || [대리점명]="경기" : [대리점명] 필드 값이 '서울' 또는 '인천' 또는 '경기'인지 판단
(2) =IF((1), "수도권", "지방권") : 조건 (1)이 TRUE이면 "수도권", 그 외는 "지방권"으로 반환

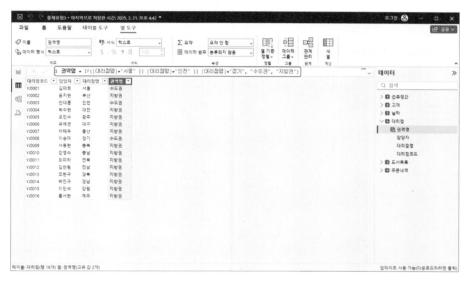

🅱 기적의 TIP

**IF, IN 연산자 활용**

권역명 = IF([대리점명] IN {"서울","인천","경기"},"수도권","지방권")

③ 〈◎측정값〉 테이블에서 [테이블 도구]-[계산]그룹의 [새 측정값]을 클릭한다.

④ 수식 입력줄에 '수량구간=SWITCH(TRUE(),[총수량]>=0&&[총수량]〈100, "100미만",[총수량]>=100 &&[총수량]〈200, "200미만",[총수량]>=200&&[총수량]〈300, "300미만", "300이상")'를 입력하고 Enter 를 누른다.

💬 수식 설명

(1) TRUE( ) : 조건식이 TRUE인지 판단
(2) =SWITCH((1),[총수량]>=0&&[총수량]〈100, "10미만",[총수량]>=100&&[총수량]〈200, "200미만",[총수량]>=200&&[총수량]〈300, "300미만", "300이상") : 총수량이 0이상 100미만은 '100미만', 총수량이 100이상 200미만은 '200미만', 총수량이 200이상 300미만은 '300미만', 그 외는 '300이상'을 반환

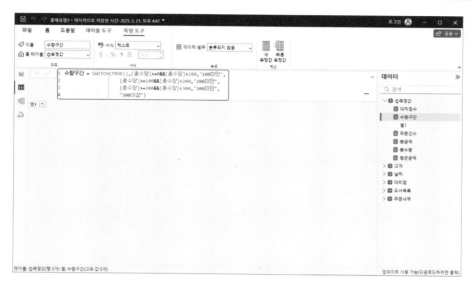

🅱 기적의 TIP

**수식의 편집**

Shift + Enter : 수식 줄 바꿈

⑤ [측정 도구]-[계산]그룹의 [새 측정값]을 클릭한다. 수식 입력줄에 '순금액=CALCULATE(SUM('주문
　내역'[금액]),ISBLANK('주문내역'[증정여부]))'를 입력하고 [Enter]를 누른다. [측정 도구]-[서식]그룹의
　천 단위 구분 기호([ ])를 클릭한다.

(1) SUM('주문내역'[금액]) : 〈주문내역〉 테이블의 [금액] 필드의 합계를 반환
(2) ISBLANK('주문내역'[증정여부]) : 〈주문내역〉 테이블의 [증정여부] 필드가 공백인지 판단
(3) =CALCULATE((1),(2)) : (2)를 필터링해서 (1)의 결과를 반환

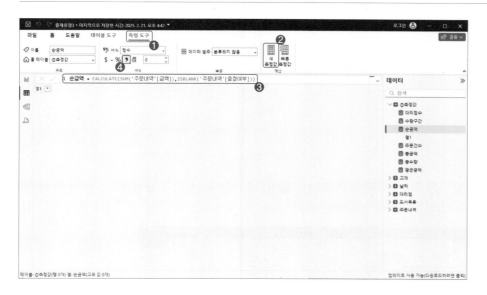

⑥ [측정 도구]-[계산]그룹의 [새 측정값]을 클릭한다. 수식 입력줄에 '금액차이=[총금액]-[순금액]'를 입력
　하고 [Enter]를 누른다. [측정 도구]-[서식]그룹의 천 단위 구분 기호([ ])를 클릭한다.

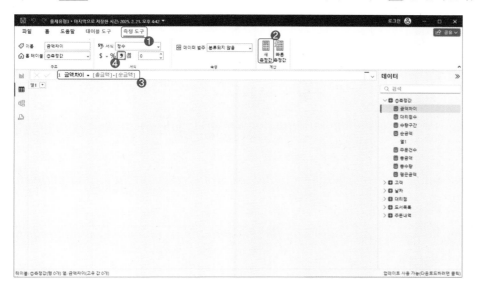

⑦ 보고서 보기(📊)의 1페이지에서 [시각화] 창의 테이블(⊞)을 추가한다. [시각적 개체 빌드]의 [열]에 〈도서목록〉 테이블의 [분류명] 필드, 〈◎측정값〉 테이블의 [총수량], [수량구간] 측정값을 추가한다.

⑧ 페이지의 빈 영역을 클릭한 후 [시각화] 창의 테이블(⊞)을 추가한다. [시각적 개체 빌드]의 [열]에 〈도서목록〉 테이블의 [분류명] 필드, 〈◎측정값〉 테이블의 [총금액], [순금액], [금액차이] 측정값을 추가한다.

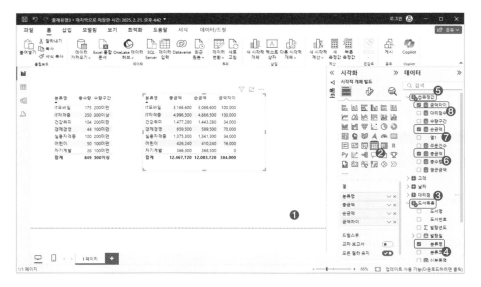

**출제유형 ④ 날짜 함수의 기본**

'출제유형4.pbix' 파일을 열고 〈날짜〉 테이블에서 다음 과정을 수행하시오.

- ▶ [날짜] 필드를 이용하여 연도를 표시하는 필드를 추가하시오.
  - − 계산 필드 이름 : 연도(int)
  - − 함수 : YEAR

- ▶ [날짜] 필드를 이용하여 월을 표시하는 필드를 추가하시오.
  - − 계산 필드 이름 : 월(int)
  - − 함수 : MONTH

- ▶ [날짜] 필드를 이용하여 일을 표시하는 필드를 추가하시오.
  - − 계산 필드 이름 : 일(int)
  - − 함수 : DAY 함수

- ▶ [날짜] 필드를 이용하여 연월을 표시하는 필드를 추가하시오.
  - − 계산 필드 이름 : 연월
  - − 함수 : FORMAT
  - − 서식 : 연도 4자리, 월 2자리(결과 → 2024−01)

- ▶ [날짜] 필드를 이용하여 한글요일을 표시하는 필드를 추가하시오.
  - − 계산 필드 이름 : 요일
  - − 함수 : FORMAT
  - − 서식 : 요일 표시(월, 화, 수, 목, 금, 토, 일)

- ▶ [날짜] 필드를 이용하여 요일을 숫자로 표시하는 필드를 추가하시오.
  - − 계산 필드 이름 : 요일NO
  - − 함수 : WEEKDAY
  - − 월요일을 1, 일요일을 7로 반환

- ▶ 〈공휴일〉 테이블을 이용하여 〈날짜〉 테이블에 휴일 정보를 표시하는 필드를 추가하시오.
  - − 계산 필드 이름 : 구분
  - − 계산 : 〈날짜〉 테이블의 [날짜] 필드에 〈공휴일〉 테이블의 데이터를 포함하면 '공휴일'로 표시하고 〈날짜〉 테이블의 [날짜] 필드의 데이터가 '토', '일'은 '주말', 그 외는 '평일'로 표시
  - − 함수 : IF, NOT, ISBLANK, RELATED, WEEKDAY, || 연산자
  - − WEEKDAY 함수는 일요일 1, 토요일 7로 반환

- ▶ [날짜] 필드를 사용하여 '1주차'와 같이 표현하는 필드를 추가하시오.
  - − 계산 필드 이름 : 주
  - − 계산 : 시스템의 주를 표시하는 열로 1월 1일이 포함된 주를 1로 표현
  - − 함수 : WEEKNUM, & 연산자

- ▶ [날짜] 필드를 이용하여 월의 시작 일자를 표시하는 필드를 추가하시오.
  - − 계산 필드 이름 : 월시작일
  - − 함수 : DATE, YEAR, MONTH
  - − 서식 : 간단한 날짜(*2001−03−14(Short Date))

- ▶ [날짜] 필드를 이용하여 월의 마지막 일자를 표시하는 필드를 추가하시오.
  - − 계산 필드 이름 : 월종료일
  - − 함수 : DATE, YEAR, MONTH
  - − 서식 : 간단한 날짜(*2001−03−14(Short Date))

① 테이블 보기(⊞)에서 〈날짜〉 테이블을 선택한다. [테이블 도구]−[계산]그룹의 [새 열]을 클릭한다.

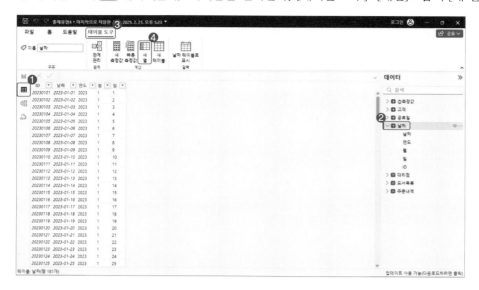

② 수식 입력줄에 '연도(int)=YEAR([날짜])'를 입력하고 [Enter]를 누른다.

💬 수식 설명

=YEAR([날짜]) : [날짜] 필드에서 연도를 반환

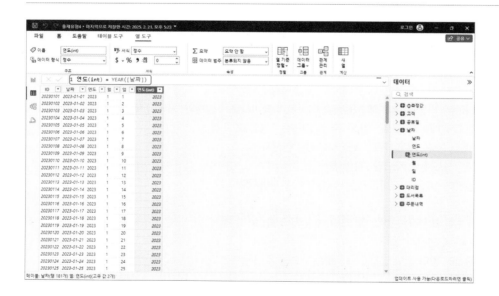

③ [열 도구]-[계산]그룹의 [새 열]을 클릭한다. 수식 입력줄에 '월(int)=MONTH([날짜])'를 입력하고 Enter 를 누른다.

💬 **수식 설명**

=MONTH([날짜]) : [날짜] 필드에서 월을 반환

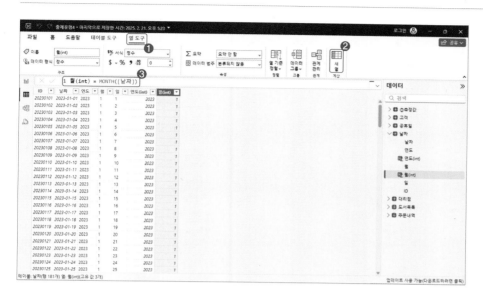

④ [열 도구]-[계산]그룹의 [새 열]을 클릭한다. 수식 입력줄에 '일(int)=DAY([날짜])'를 입력하고 Enter 를 누른다.

💬 **수식 설명**

=DAY([날짜]) : [날짜] 필드에서 일을 반환

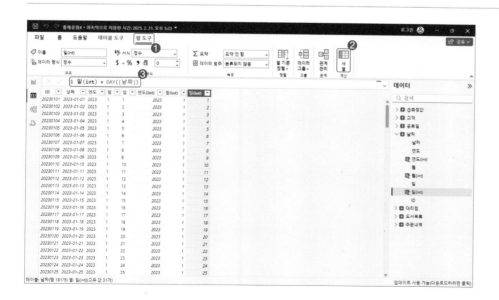

⑤ [열 도구]-[계산]그룹의 [새 열]을 클릭한다. 수식 입력줄에 '연월=FORMAT([날짜], "yyyy-mm")'를 입력하고 Enter 를 누른다.

=FORMAT([날짜], "yyyy-mm") : [날짜] 필드에서 연도(4자리)-월(2자리)를 반환

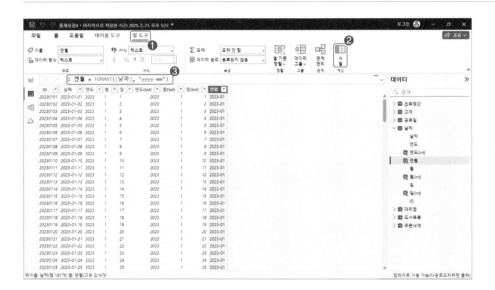

⑥ [열 도구]-[계산]그룹의 [새 열]을 클릭한다. 수식 입력줄에 '요일=FORMAT([날짜], "aaa")'를 입력하고 Enter 를 누른다.

=FORMAT([날짜], "aaa") : [날짜] 필드에서 한글요일을 '월', '화'…'일'로 반환

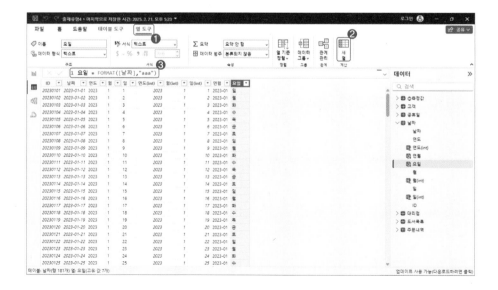

⑦ [열 도구]–[계산]그룹의 [새 열]을 클릭한다. 수식 입력줄에 '요일NO=WEEKDAY([날짜],2)'를 입력하고 Enter 를 누른다.

💬 수식 설명

=WEEKDAY([날짜],2) : [날짜] 필드 값이 월요일은 1, 화요일 2, 수요일 3, 목요일 4, 금요일 5, 토요일 6, 일요일은 7을 반환

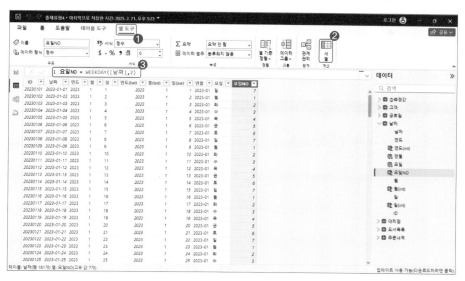

📘 기적의 TIP

**날짜 함수와 시간 함수 활용**

• [대여일시] 필드에서 날짜를 반환하려면 YEAR(연도), MONTH(월), DAY(일) 함수로 연도, 월, 일을 추출하고 DATE(연도,월,일) 함수로 날짜 형식으로 반환하고 서식은 '*2001-03-14(Short Date)'로 변경한다.

대여일 = DATE(YEAR([대여일시]), MONTH([대여일시]), DAY([대여일시]))

• [대여일시] 필드에서 시간을 표시하려면 HOUR(시), MINUTE(분), SECOND(초) 함수로 시, 분, 초를 추출하고 TIME(시, 분,초) 함수로 시간 형식으로 반환하고 서식은 '13:30:55(hh:nn:ss)'로 변경한다.

대여시 = TIME(HOUR([대여일시]), MINUTE([대여일시]), SECOND([대여일시]))

| 대여일시 | 대여일 | 대여시 |
| --- | --- | --- |
| 2025-01-10 오전 9:00:00 | 2025-01-10 | 09:00:00 |
| 2025-02-03 오전 10:30:23 | 2025-02-03 | 10:30:23 |
| 2025-03-12 오후 1:40:10 | 2025-03-12 | 13:40:10 |
| 2025-03-28 오후 4:20:00 | 2025-03-28 | 16:20:00 |
| 2025-04-05 오후 6:30:45 | 2025-04-05 | 18:30:45 |

⑧ [열 도구]-[계산]그룹의 [새 열]을 클릭한다. 수식 입력줄에 '구분=IF(NOT ISBLANK(RELATED('공휴일'[일자])), "공휴일", IF(WEEKDAY([날짜])=1 || WEEKDAY([날짜])=7, "주말", "평일"))'를 입력하고 Enter 를 누른다.

💬 수식 설명

(1) NOT ISBLANK(RELATED('공휴일'[일자])) : 관계 설정된 〈공휴일〉 테이블의 [일자] 필드 값을 가져와 공백이 아닌지 검사
(2) WEEKDAY([날짜])=1 || WEEKDAY([날짜])=7 : [날짜] 필드 값이 1(일요일) 또는 7(토요일)인지 검사
(3) =IF((1), "공휴일", IF((2), "주말", "평일")) : 조건(1)이 TRUE면 '공휴일' 표시, 조건(2)가 TRUE면 '주말', 그 외는 '평일'을 반환

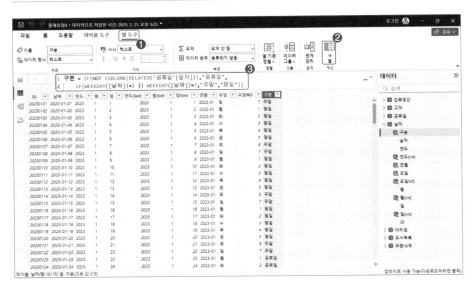

🔲 기적의 TIP

**WEEKDAY 함수**

• 구조 : WEEKDAY([날짜], 〈반환값〉)
  – 〈반환값〉을 생략(또는 1)하면 일요일(1)부터 시작해 토요일(7)로 끝
  – 〈반환값〉을 2로 사용하면 월요일(1)부터 시작해 일요일(7)로 끝

⑨ [열 도구]–[계산]그룹의 [새 열]을 클릭한다. 수식 입력줄에 '주=WEEKNUM([날짜])&"주차"'를 입력하고 Enter 를 누른다.

💬 수식 설명

(1) WEEKNUM([날짜]) : [날짜] 필드 값의 주를 반환
(2) =(1) &"주차" : 수식 결과에 "주차"를 연결하여 '1주차'와 같이 반환

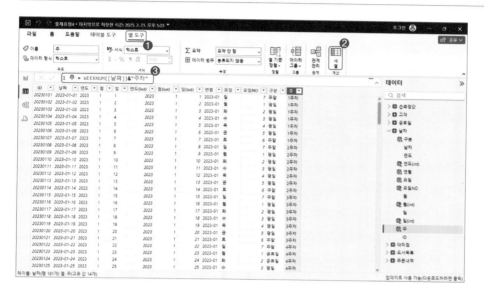

⑩ [열 도구]–[계산]그룹의 [새 열]을 클릭한다. 수식 입력줄에 '월시작일 = DATE(YEAR([날짜]), MONTH([날짜]),1)'를 입력하고 Enter 를 누른다. [열 도구]–[서식]그룹에서 [서식]을 '*2001-03-14 (Short Date)'로 적용한다.

💬 수식 설명

=DATE(YEAR([날짜]), MONTH([날짜]), 1) : [날짜] 필드에서 [연도], '월', '1'을 반환하고 날짜 형식으로 변환

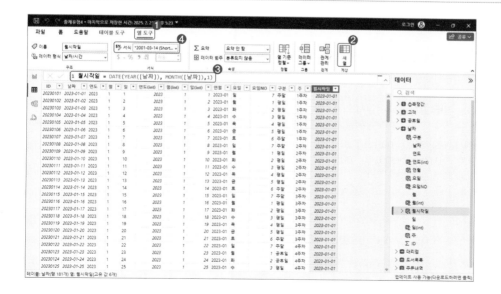

⑪ [열 도구]-[계산]그룹의 [새 열]을 클릭한다. 수식 입력줄에 '월종료일 = DATE(YEAR([날짜]), MONTH([날짜])+1,1)-1'을 입력하고 Enter 를 누른다. [열 도구]-[서식]그룹에서 [서식]을 '*2001-03-14(Short Date)'로 적용한다.

💬 수식 설명

=DATE(YEAR([날짜]), MONTH([날짜])+1,1)-1 : [날짜] 필드에서 [연도], '월'+1, '1'을 반환하고 날짜 형식으로 변환 후 -1을 하여 월종료일을 반환

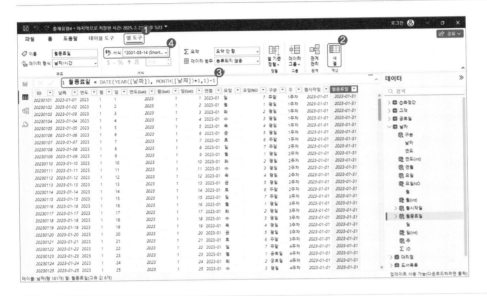

🎯 기적의 TIP

**총이용시간 계산**

• 대여일과 반납일을 포함하여 이용일수를 계산할 경우 '[반납일]-[대여일]+1'로 수식을 작성한다.

대여일수 = DATEDIFF([대여일시],[반납일시],DAY)+1

💬 수식 설명

DATEDIFF의 DAY는 두 날짜 사이의 전체일수 반환으로 [반납일시]-[대여일시]의 일수에 1을 더한 값을 반환한다.

대여시간(초) = DATEDIFF([대여일시], [반납일시], SECOND)

💬 수식 설명

DATEDIFF의 SECOND는 [반납일시]-[대여일시]의 전체시간을 초단위로 반환한다.

이용시간 = FORMAT([대여시간(초)]/3600, "00") & ":" &
         FORMAT(MOD([대여시간(초)],3600)/60, "00") & ":" &
         FORMAT(MOD([대여시간(초)],60), "00")

## 🗨 수식 설명

(1) FORMAT([대여시간(초)]/3600, "00") : [대여시간(초)] 필드의 값을 3600(초)로 나누기한 값(시)을 "00" 서식으로 반환

(2) FORMAT(MOD([대여시간(초)],3600)/60, "00") : [대여시간(초)] 필드의 값을 3600(초) 나누기하고 나머지(초)를 60(분)으로 나누기한 값(분)을 "00" 서식으로 반환

(3) FORMAT(MOD([대여시간(초)],60), "00") : [대여시간(초)] 필드의 값을 60(초)으로 나누기하고 나머지 값(초)을 "00" 서식으로 반환

(4) (1) & ":" & (2) & ":" & (3) : (1), (2), (3)을 결합하여 시:분:초로 반환

| 대여일시 | 반납일시 | 대여횟수 | 대여시간(초) | 이용시간 |
|---|---|---|---|---|
| 2025-01-10 오전 9:00:00 | 2025-01-10 오후 5:10:30 | 1 | 29430 | 08:11:30 |
| 2025-02-03 오전 10:30:23 | 2025-02-04 오후 1:25:10 | 2 | 96887 | 27:55:47 |
| 2025-03-12 오전 1:40:10 | 2025-03-12 오후 5:30:03 | 1 | 13793 | 04:50:53 |
| 2025-03-28 오후 4:20:00 | 2025-04-01 오후 5:40:50 | 5 | 350450 | 97:21:50 |
| 2025-04-05 오후 6:30:45 | 2025-04-07 오후 1:20:33 | 3 | 154188 | 43:50:48 |

## ➕ 더 알기 TIP

### FORMAT 함수

1. FORMAT(⟨value⟩, ⟨format-string⟩[, ⟨locale_name⟩])

| 인수 | 설명 |
|---|---|
| ⟨value⟩ | 단일 값으로 계산되는 값 또는 식 |
| ⟨format_string⟩ | 서식 지정 코드 |
| ⟨locale_name⟩ | (선택 사항) 함수에서 사용할 로컬 이름 |

2. 사용자 지정 날짜/시간 서식 문자

| 서식 문자 | 설명 |
|---|---|
| yy | 연도 2자리 표시(00~99) |
| yyyy | 연도 4자리 표시(0000~9999) |
| m | 월 표시(1~12) |
| mm | 월 2자리 표시(01~12) |
| mmm | 간단한 영문 월 표시(Jan~Dec) |
| mmmm | 전체 영문 월 표시(January~December) |
| q | 분기 표시(1~4) |
| d | 일 표시(1~31) |
| dd | 일 2자리 표시(01~31) |
| ddd | 간단한 영문 요일 표시(Sun~Sat) |
| dddd | 전체 영문 요일 표시(Sunday~Saturday) |
| aaa | 한글 요일 표시(일~토) |
| aaaa | 한글 요일 표시(일요일~토요일) |
| h | 시 (0~23) |
| hh | 시 (두 자리, 00~23) |
| n | 분 (0~59) |
| nn | 분 (두 자리, 00~59) |
| s | 초 (0~59) |
| ss | 초 (두 자리, 00~59) |
| AM/PM | 오전/오후 표시 (12시간제) |
| am/pm | 오전/오후 표시 (소문자) |

## 3. 사용자 지정 숫자 서식 문자

| 서식 문자 | 설명 |
|---|---|
| 0 | 숫자 서식 문자로 숫자나 0을 표시(000) |
| # | 숫자 서식 문자로 숫자나 공백으로 표시(#) |
| . | 소수 자리 표시(0.0) |
| % | 백분율 표시(0.0%) |
| , | 천 단위 구분 기호(#,##0) |
| "원" | 문자열을 큰따옴표(" ")로 묶어서 표시(#,##0"원") |

**날짜 함수의 활용**

**'출제유형5.pbix'** 파일을 열고 지시사항에 따라 다음 과정을 수행하시오.

▶ 〈사원〉 테이블의 [주민등록번호] 필드를 이용하여 생년월일 필드를 추가하시오.
- 계산 필드 이름 : 생년월일
- 계산 : 주민등록번호 앞 6자리를 날짜(1980–01–10) 형식으로 표시
- 주민등록번호 하이픈(–) 뒤의 첫 글자가 1 또는 2이면 1900년생, 3 또는 4이면 2000년생으로 표시
- MID로 반환된 값은 1을 곱하기하여 숫자로 처리
- 함수 : DATE, IF, LEFT, MID
- 서식 : 간단한 날짜(*2001–03–14(Short Date))

▶ 〈사원〉 테이블의 [입사일자] 필드를 이용하여 근속기간 필드를 추가하시오.
- 계산 필드 이름 : 근속기간
- 계산 : 입사일자부터 기준일(2025–02–03)까지의 경과된 연도와 개월 수 표현
- 함수 : DATEDIFF, DATE, MOD, & 연산자
- 결과 : '13년 1개월'과 같이 표시

▶ 날짜 테이블을 추가하고 〈사원〉 테이블과 관계 설정하시오.
- 계산 테이블 이름 : DimDate
- 시작일 '2000–01–01' 부터 종료일 '2025–12–31' 사이의 [Date], [연도], [월] 필드 반환
- 함수 : ADDCOLUMNS, CALENDAR, DATE, YEAR, MONTH
- [DATE] 필드 : 간단한 날짜(*2001–03–14(Short Date))
- 〈사원〉 테이블의 [입사일자] 필드와 〈DimDate〉 테이블의 [Date] 필드를 관계 설정하고, 관계 종류는 '일대일 (1:1)', 크로스 교차 필터는 '모두'로 설정하시오.

① 테이블 보기(▦)에서 〈사원〉 테이블을 선택한다. [테이블 도구]-[계산]그룹의 [새 열]을 클릭한다.

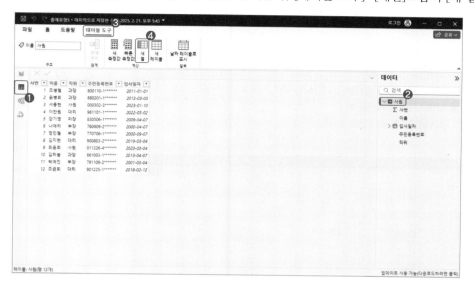

② 수식 입력줄에 다음 수식을 입력하고 [열 도구]-[서식]그룹에서 [서식]을 '*2001-03-14(Short Date)'
로 설정한다.

**생년월일 = DATE(IF(MID([주민등록번호],8,1)\*1〈=2, 1900+LEFT([주민등록번호],2), 2000+LEFT([주민등록번호],2)), MID([주민등록번호],3,2), MID([주민등록번호],5,2))**

💬 **수식 설명**

(1) MID([주민등록번호],8,1)*1〈=2 : 주민등록번호에서 8번째 위치에서 1글자를 추출하여 숫자로 변환하고 2 이하인지 판단

(2) 1900+LEFT([주민등록번호], 2) : 1900에 주민등록번호에서 1번째 위치에서 2글자를 추출하여 더함

(3) 2000+LEFT([주민등록번호], 2) : 2000에 주민등록번호에서 1번째 위치에서 2글자를 추출하여 더함

(4) MID([주민등록번호],3,2) : 주민등록번호에서 3번째 위치에서 2글자를 추출

(5) MID([주민등록번호],5,2) : 주민등록번호에서 5번째 위치에서 2글자를 추출.

(6) =DATE(IF((1), (2), (3)), (4), (5)) : IF함수에서 조건 (1)이 TRUE이면 (2)를 반환, 조건 (1)이 FALSE이면 (3)을 반환하고
DATE 함수에서 연도, 월, 일 형식으로 반환

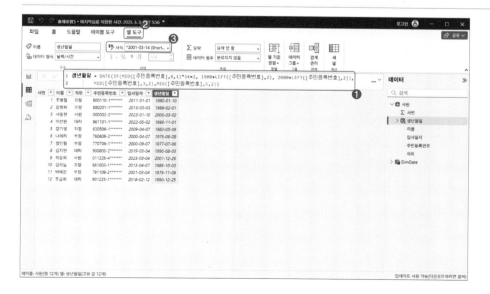

③ [열 도구]-[계산]그룹의 [새 열]을 클릭한다. 수식 입력줄에 '근속기간 = DATEDIFF([입사일자],DATE (2025,02,03),YEAR)&"년"&MOD(DATEDIFF([입사일자], DATE(2025,02,03),MONTH),12)&"개월"'을 입력하고 Enter 를 누른다.

(1) DATEDIFF([입사일자],DATE(2025,02,03),YEAR) : 입사일자와 기준일(2025-02-03) 사이의 경과된 년수를 반환
(2) MOD((1),12) : (1)의 값을 12로 나눈 나머지를 반환
(3) =(1)&"년"&(2)&"개월" : 결과를 (1)년 (2)개월로 표시

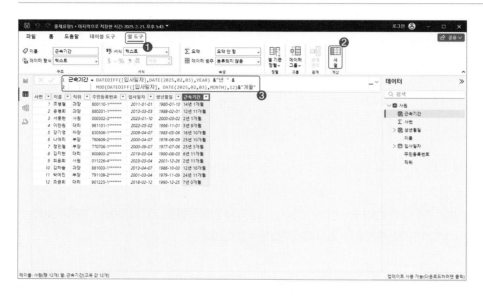

④ [테이블 도구]-[계산]그룹의 [새 테이블]을 클릭한다.

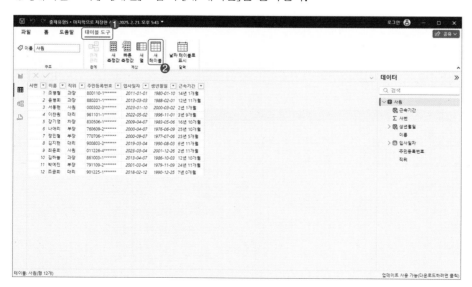

⑤ 수식 입력줄에 'DimDate=ADDCOLUMNS(CALENDAR(DATE(2000,01,01),DATE(2025,12,31)) ,"연도",YEAR([DATE]),"월",MONTH([DATE]))'를 입력하고 Enter 를 누른다. [DATE] 필드에 [열 도구]-[서식]그룹에서 [서식]의 '*2001-03-14 (Short Date)'를 설정한다.

### 💬 수식 설명

(1) CALENDAR(DATE(2000,01,01),DATE(2025,12,31)) : 2000-01-01~2025-12-31 사이의 [DATE] 필드를 반환
(2) YEAR([DATE]) : [DATE] 필드에서 연도를 추출
(3) MONTH([DATE]) : [DATE] 필드에서 월을 추출
(4) =ADDCOULMNS((1), "연도", (2), "월", (3)) : (1) 테이블에 열 머리글 '연도', (2)값, 열 머리글 '월', (3)값을 추가

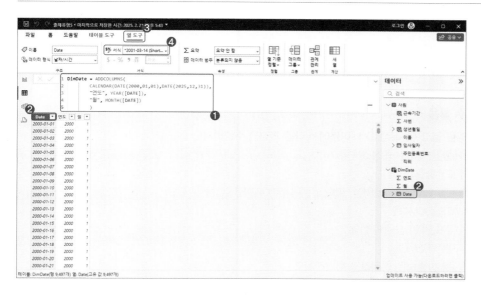

⑥ 모델 보기(🔲)에서 〈사원〉 테이블의 [입사일자] 필드와 〈DimDate〉 테이블의 [Date] 필드에 드래그& 드롭하여 관계 설정한다. 관계 종류는 '일대일(1:1)', 교차 필터 방향은 '모두'로 설정된다.

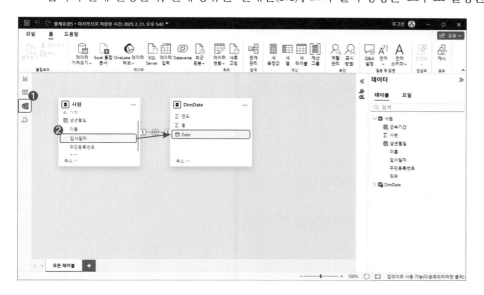

### 출제유형 ⑥ 필터 함수 활용

'**출제유형6.pbix**' 파일을 열고 〈◎측정값〉 테이블에서 다음 과정을 수행하시오.

▶ 수도권의 금액 합계를 반환하는 측정값을 추가하시오.
  – 측정값 이름 : 수도권매출
  – 활용 필드 : 〈대리점〉 테이블의 [권역명] 필드, 〈주문내역〉 테이블의 [금액] 필드
  – 함수 : CALCULATE, SUM
  – 계산 : 권역명이 '수도권'인 금액의 합계
  – 서식 : 천 단위 구분 기호(🔢)

▶ 지방권의 금액 합계를 반환하는 측정값을 추가하시오.
  – 측정값 이름 : 지방권매출
  – 활용 필드 : 〈대리점〉 테이블의 [권역명] 필드, 〈주문내역〉 테이블의 [금액] 필드
  – 함수 : CALCULATE, SUM
  – 계산 : 권역명이 '지방권'인 금액의 합계
  – 서식 : 천 단위 구분 기호(🔢)

▶ 수도권매출의 비율을 반환하는 측정값을 추가하시오.
  – 측정값 이름 : 수도권구성비
  – 활용 필드 : 〈◎측정값〉 테이블의 [수도권매출], [총금액] 측정값
  – 계산 : 수도권매출/총금액
  – 함수 : DIVIDE
  – 나누기 결과가 오류인 경우 0값 반환
  – 서식 : 백분율(%), 소수 자릿수 '2'

▶ 지방권매출의 비율을 반환하는 측정값을 추가하시오.
  – 측정값 이름 : 지방권구성비
  – 활용 필드 : 〈◎측정값〉 테이블의 [지방권매출], [총금액] 측정값
  – 계산 : 지방권매출/총금액
  – 함수 : DIVIDE
  – 나누기 결과가 오류인 경우 0값 반환
  – 서식 : 백분율(%), 소수 자릿수 '2'

▶ 전체금액 기준으로 금액의 비율을 반환하는 측정값을 추가하시오.

　－ 측정값 이름 : 비율

　－ 활용 필드 : 〈주문내역〉 테이블, 〈◎측정값〉 테이블의 [총금액] 측정값

　－ 계산 : 총금액/전체총금액

　－ 함수 : DIVIDE, CALCULATE, ALLSELECTED

　－ 나누기 결과가 오류인 경우 0값 반환

　－ 서식 : 백분율(%), 소수 자릿수 '2'

① 테이블 보기(⊞)에서 〈◎측정값〉 테이블을 선택한다. [테이블 도구]－[계산]그룹의 [새 측정값]을 클릭한다.

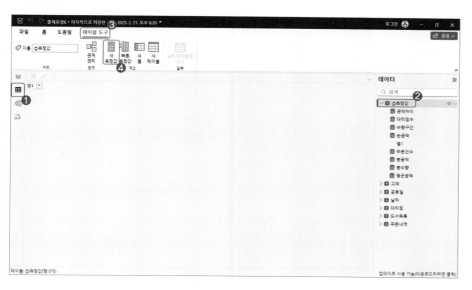

② 수식 입력줄에 '수도권매출=CALCULATE(SUM('주문내역'[금액]),'대리점'[권역명]="수도권")'를 입력하고 Enter 를 누른다. [측정 도구]−[서식]그룹에서 천 단위 구분 기호(⑨)를 클릭한다.

💬 수식 설명

(1) '대리점'[권역명]="수도권" : 〈대리점〉 테이블의 [권역명] 필드에서 '수도권'을 필터
(2) =CALCULATE(SUM('주문내역'[금액]),(1)) : (1)에서 필터한 행의 〈주문금액〉 테이블의 [금액] 필드의 합계를 반환

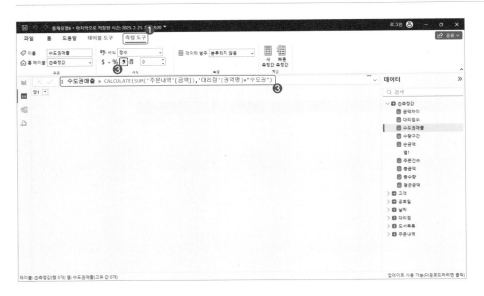

③ [측정 도구]−[계산]그룹의 [새 측정값]을 클릭한다. 수식 입력줄에 '지방권매출=CALCULATE(SUM('주문내역'[금액]), '대리점'[권역명]="지방권")'를 입력하고 Enter 를 누른다. [측정 도구]−[서식]그룹에서 천 단위 구분 기호(⑨)를 클릭한다.

💬 수식 설명

(1) '대리점'[권역명]="지방권" : 〈대리점〉 테이블의 [권역명] 필드에서 '지방권'을 필터
(2) =CALCULATE(SUM('주문내역'[금액]),(1)) : (1)에서 필터한 행의 〈주문금액〉 테이블의 [금액] 필드의 합계를 반환

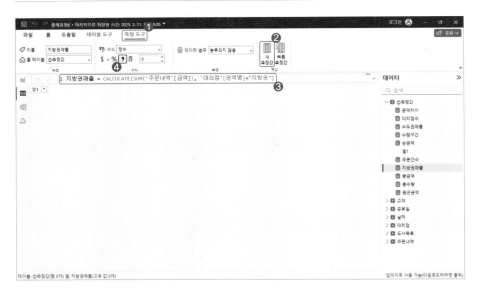

④ [측정 도구]—[계산]그룹의 [새 측정값]을 클릭한다. 수식 입력줄에 '수도권구성비=DIVIDE([수도권매출],[총금액],0)'를 입력하고 Enter 를 누른다. [측정 도구]—[서식]그룹에서 백분율(%)을 클릭한다.

💬 수식 설명

=DIVIDE([수도권매출],[총금액],0) : 수도권매출을 총금액으로 나눈 값을 반환

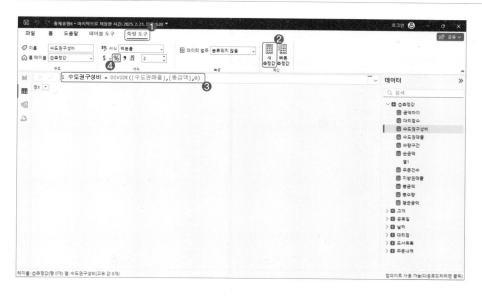

⑤ [측정 도구]—[계산]그룹의 [새 측정값]을 클릭한다. 수식 입력줄에 '지방권구성비=DIVIDE([지방권매출],[총금액],0)'를 입력하고 Enter 를 누른다. [측정 도구]—[서식]그룹에서 백분율(%)을 클릭한다.

💬 수식 설명

=DIVIDE([지방권매출],[총금액],0) : 지방권매출을 총금액으로 나눈 값을 반환

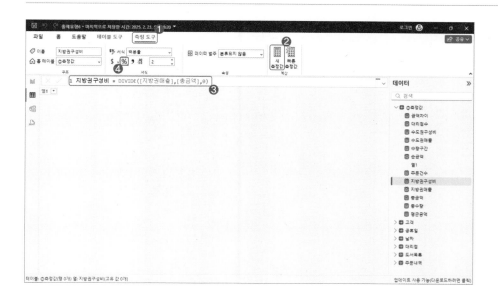

⑥ [측정 도구]–[계산]그룹의 [새 측정값]을 클릭하고 수식 입력줄에 '비율=DIVIDE([총금액], CALCULATE
([총금액],ALLSELECTED('주문내역')),0)'를 입력하고 **Enter**를 누른다. [측정 도구]–[서식]그룹에서
백분율 스타일(**%**)을 클릭한다.

(1) CALCULATE([총금액],ALLSELECTED('주문내역')) : 주문내역 테이블의 필터를 해제한 전체 총금액을 반환
(2) =DIVIDE([총금액],(1),0) : 총금액을 전체 총금액으로 나눈 값을 반환

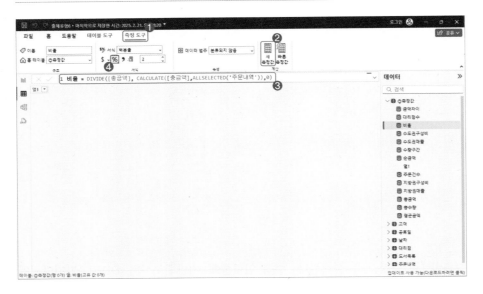

⑦ 보고서 보기(📊)의 1페이지에서 [시각화] 창의 '테이블(▦)'을 추가한다. [시각적 개체 빌드]의 [열]에
〈도서목록〉 테이블의 [분류명] 필드, 〈◎측정값〉 테이블의 [총금액], [수도권매출], [지방권매출], [수도
권구성비], [지방권구성비] 측정값을 추가한다.

⑧ 페이지의 빈 영역을 클릭한 후 '테이블(𝄧)'을 추가한다. [시각적 개체 빌드]의 [열]에 〈도서목록〉 테이블의 [분류명] 필드, 〈◎측정값〉 테이블의 [총금액], [비율] 측정값을 추가한다.

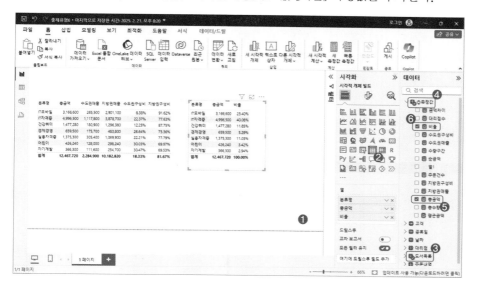

**출제유형 7** **시간 인텔리전스 함수 활용**

'**출제유형7.pbix**' 파일을 열고 〈◎측정값〉 테이블에서 다음 과정을 수행하시오.

▶ 전월의 매출을 반환하는 측정값을 추가하시오.
  - 측정값 이름 : 전월매출
  - 활용 필드 : 〈날짜〉 테이블의 [날짜] 필드, 〈◎측정값〉 테이블의 [총금액] 측정값
  - 계산 : 전월의 합계 반환
  - 함수 : CALCULATE, DATEADD
  - 서식 : 천 단위 구분 기호(𝄌)

▶ 전월 대비 현재 월의 증감률을 반환하는 측정값을 추가하시오.
  - 측정값 이름 : 전월대비증감률
  - 활용 필드 : 〈◎측정값〉 테이블의 [총금액], [전월매출] 측정값
  - 계산 : (현재 월 매출–전월 매출)/전월 매출, 전월 매출이 0인 경우 1로 표시
  - 함수 : DIVIDE
  - 서식 : 백분율(%), 소수 자릿수 '2'

▶ 연간 누적 금액을 반환하는 측정값을 추가하시오.
  - 측정값 이름 : 연누계
  - 활용 필드 : 〈날짜〉 테이블의 [날짜] 필드, 〈◎측정값〉 테이블의 [총금액] 측정값
  - 계산 : 연간 총금액의 누계 반환
  - 함수 : CALCULATE, DATESYTD 함수 사용
  - 서식 : 천 단위 구분 기호(𝄌)

▶ 전년동시점 대비 매출 증감률을 반환하는 측정값을 추가하시오.
    – 측정값 이름 : 전년대비증감률
    – 활용 필드 : 〈주문내역〉 테이블의 [금액] 필드, 〈날짜〉테이블의 [날짜] 필드
    – 함수 : CALCULATE, DIVIDE, SAMEPERIODLASTYEAR, SUM
    – 변수 정의 : 금액의 합계는 'Total_Price', 전년도매출은 'Last_Price'로 선언
    – 서식 : 백분율(%)

① 테이블 보기(▦)에서 〈◎측정값〉 테이블을 선택한다. [테이블 도구]-[계산]그룹의 [새 측정값]을 클릭한다.

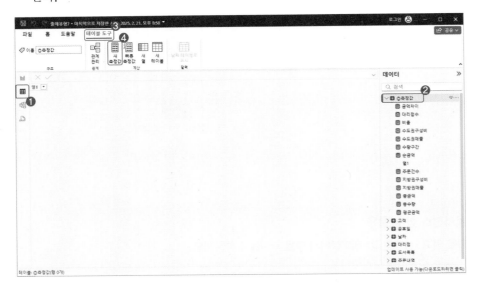

② 수식 입력줄에 '전월매출=CALCULATE([총금액],DATEADD('날짜'[날짜],-1,MONTH))'를 입력하고 Enter를 누른다. [측정 도구]-[서식]그룹에서 천 단위 구분 기호( , )를 클릭한다.

💬 **수식 설명**

(1) DATEADD('날짜'[날짜],-1,MONTH) : 〈날짜〉 테이블의 [날짜] 필드에서 1개월 전의 날짜를 반환
(2) =CALCULATE([총금액],(1)) : 필터링한 (1) 기간의 [총금액]을 반환

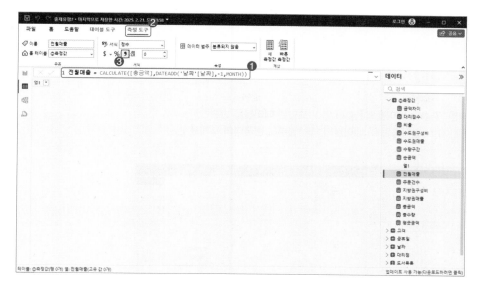

③ [측정 도구]–[계산]그룹의 [새 측정값]을 클릭한다. 수식 입력줄에 '전월대비증감률=DIVIDE([총금액]–[전월매출],[전월매출],1)'를 입력하고 Enter 를 누른다. [측정 도구]–[서식]그룹에서 백분율(%)을 클릭한다.

💬 수식 설명

=DIVIDE([총금액]–[전월매출],[전월매출],1) : 총금액과 전월매출 차이를 전월매출로 나누기한 값을 반환하고 전월매출이 0인 경우 1을 반환

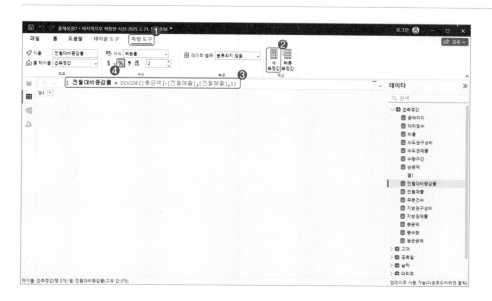

④ [측정 도구]-[계산]그룹의 [새 측정값]을 클릭한다. 수식 입력줄에 '연누계=CALCULATE([총금액], DATESYTD('날짜'[날짜]))'를 입력하고 Enter 를 누른다. [측정 도구]-[서식]그룹에서 천 단위 구분 기호(🔟)를 클릭한다.

💬 수식 설명

(1) DATESYTD('날짜'[날짜]) : 〈날짜〉 테이블의 [날짜] 열이 포함된 테이블을 반환
(2) =CALCULATE([총금액], (1)) : 필터링된 (1) 테이블의 1월 1일부터 총금액의 누계를 반환

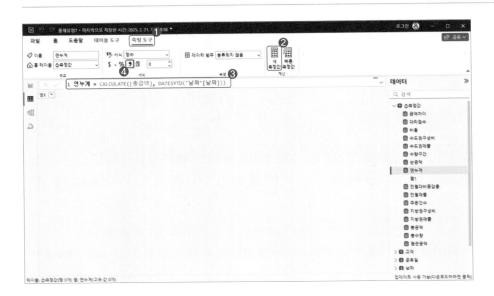

⑤ [측정 도구]-[계산]그룹의 [새 측정값]을 클릭한다. 수식 입력줄에 '전년대비증감률= VAR Total_Price=SUM('주문내역'[금액]) VAR Last_Price=CALCULATE(SUM('주문내역'[금액]), SAMEPERIODLASTYEAR('날짜'[날짜])) RETURN DIVIDE(Total_Price − Last_Price, Last_Price)'를 입력하고 [Enter]를 누른다. [측정 도구]-[서식]그룹에서 백분율(%)을 클릭한다.

### 🗨 수식 설명

(1) VAR Total_Price=SUM('주문내역'[금액]) : 〈주문내역〉 테이블의 [금액] 합계를 변수 Total_Price에 저장

(2) SAMEPERIODLASTYEAR('날짜'[날짜]) : 현재 연도(현재 컨텍스트)의 전년동시점의 〈날짜〉 테이블을 반환

(3) VAR Last_Price=CALCULATE(SUM('주문내역'[금액]),(1)) : (1) 기간의 〈주문내역〉 테이블의 [금액] 합계를 변수 Last_Price에 저장

(4) DIVIDE(Total_Price − Last_Price,Last_Price) : Total_Price와 Last_Price의 차이를 Last_Price로 나누기함

(5) RETURN (4) : (4) 결과를 '전년대비증감률' 측정값에 반환

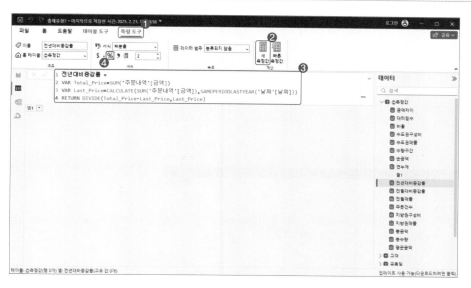

### 🅑 기적의 TIP

변수 이름은 영문으로 작성하며 중복되지 않는 이름으로 정의한다.

⑥ 보고서 보기(📊)의 1페이지에서 [시각화] 창의 '테이블(▦)'을 추가한다. [시각적 개체 빌드]의 [열]에 〈날짜〉 테이블의 [연월] 필드, 〈◎측정값〉 테이블의 [총금액], [전월매출], [전월대비증감률], [전년대비증감률], [연누계] 측정값을 추가한다.

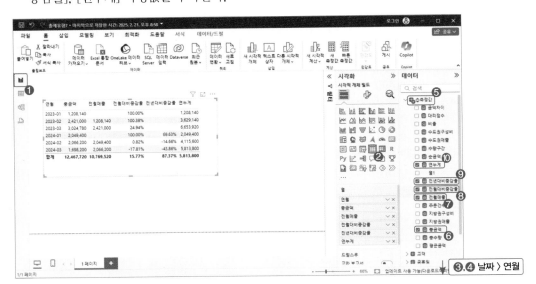

<table>
<tr><td colspan="6">➕ 더 알기 TIP</td></tr>
</table>

## 빠른 측정값 활용

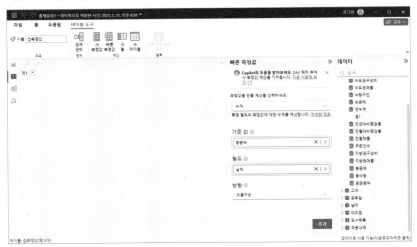

[테이블 도구]–[계산]그룹에서 [빠른 새 측정값]을 선택하여 범주별 합계, 누계, 상관 계수와 같은 수식을 빠르게 작성할 수 있다.

# 데이터 정렬과 그룹 설정

---

➕ 더 알기 TIP

### 데이터 정렬

- 데이터를 원하는 순서대로 정렬하여 시각화에 적용할 수 있다. 테이블이나 시각적 개체에서는 열 제목이나 추가 옵션을 클릭하여 오름차순(▲) 또는 내림차순(▼)으로 정렬한다.
- [열 도구]–[정렬]그룹–[열 기준 정렬] 기능을 사용하면 특정 열(날짜, 순서)을 기준으로 다른 열을 정렬할 수 있다. 예를 들어 요일을 '월,화,수,목,금,토,일' 순으로 정렬하려면 월요일을 1, 화요일을 2, 일요일은 7과 같이 순서대로 나오도록 요일번호를 기준으로 정렬한다.

---

➕ 더 알기 TIP

### 데이터 그룹

- 데이터 그룹을 이용해 개별 데이터를 범주화하여 분석할 수 있다.
- [열 도구]–[그룹]–[데이터 그룹]에서 데이터를 그룹화하거나 편집할 수 있다.
- 여러 지역을 수도권, 경상권 등으로 그룹화하거나 나이와 같은 연속적인 숫자를 10대, 20대와 같이 일정 범위로 구간을 나누어 표시할 수 있다.

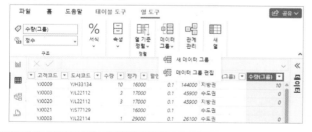

---

**'출제유형1.pbix'** 파일을 열어 다음 지시사항에 따라 작업을 수행하시오.

- ▶ 〈날짜〉 테이블의 [요일] 필드를 '월,화,수,목,금,토,일' 순서로 정렬하시오.
  - 정렬 기준 : [요일NO] 필드
- ▶ 〈분류명정렬〉 테이블의 [신분류명] 필드를 다음 순서로 정렬하시오.
  - 정렬 기준 : [순서] 필드
  - 1 컴퓨터자격증, 2 실용자격증, 3 컴퓨터모바일, 4 자기계발, 5 경제경영, 6 건강취미, 7 어린이 순서로 정렬

① 테이블 보기(▦)에서 〈날짜〉 테이블의 [요일] 필드를 선택한다.

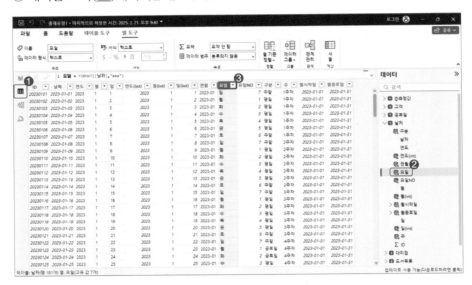

② [열 도구]–[정렬]그룹에서 [열 기준 정렬]의 [요일NO]를 클릭한다.

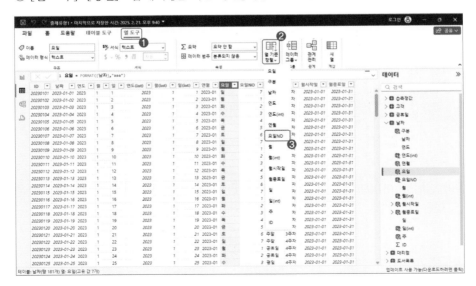

- [요일NO] 필드에는 WEEKDAY함수를 사용하여 월요일을 1, 일요일을 7로 반환한다.
- 요일을 월요일~일요일 순서로 정렬하기 위해 일련번호 형식의 열을 기준으로 정렬할 수 있다.

③ 보고서 보기(📊)에서 1페이지의 묶은 세로 막대형 차트를 선택한다. 추가 옵션(⋯)에서 [축 정렬]-[요일]을 클릭하고 다시 [축 정렬]-[오름차순 정렬]을 클릭한다.

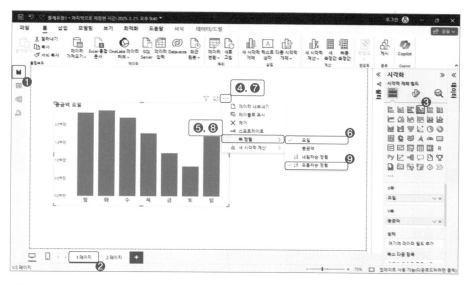

열 기준 정렬을 변경하고 시각적 개체에 자동으로 적용되어 있다면 다시 정렬 기준을 변경하지 않는다.

④ 테이블 보기(⊞)에서 〈분류명정렬〉 테이블의 [신분류명] 필드를 선택한다. [열 도구]-[정렬]그룹에서 [열 기준 정렬]의 [순서]를 클릭한다.

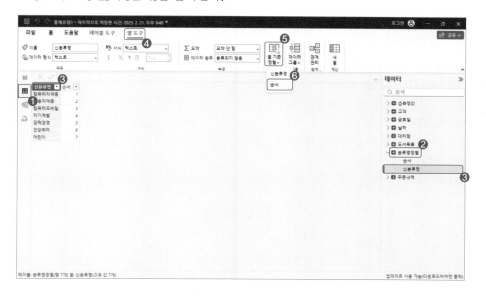

⑤ 보고서 보기(📊)에서 2페이지의 묶은 세로 막대형 차트를 선택한다. 추가 옵션(⋯)에서 [축 정렬]-[신분류명]을 클릭하고 다시 [축 정렬]-[오름차순 정렬]을 클릭한다.

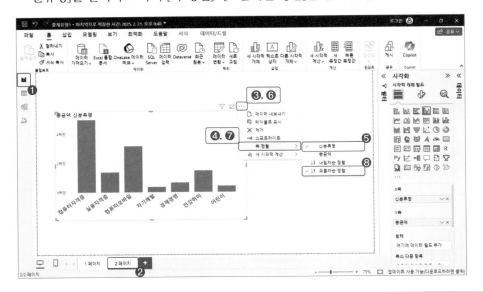

➕ 더 알기 TIP

**사용자 정의 정렬 테이블 만들기**

Power BI에서 정렬 대상 테이블인 〈분류명정렬〉 테이블을 직접 작성하려면

(1) [홈]-[데이터]그룹에서 [데이터 입력]을 클릭하고 필드(신분류명, 순서)와 데이터를 입력한다.

(2) 〈분류명정렬〉 테이블과 〈도서목록〉 테이블을 [신분류명] 필드로 관계 설정하고 [신분류명] 필드에 [순서] 필드로 열 기준 정렬을 적용한다.

(3) 〈분류명정렬〉 테이블 편집이 필요한 경우 파워 쿼리 편집기 창의 [원본] 단계에서 편집할 수 있다.

---

출제유형 ❷ **데이터 그룹 설정하기**

'출제유형2.pbix' 파일을 열어 다음 지시사항에 따라 작업을 수행하시오.

▶ 〈주문내역〉 테이블의 [배송지역] 필드를 사용하여 데이터 그룹을 설정하시오.
- 조건 : '서울', '경기', '인천' → '수도권', 그 외는 '지방권'
- 필드 이름: 배송지역(그룹)

▶ 〈주문내역〉 테이블의 [수량] 필드를 사용하여 데이터 그룹을 설정하시오.
- 필드 이름 : 수량(그룹)
- 그룹 유형은 'Bin', bin 크기 '10' 설정

① 테이블 보기(⊞)에서 〈주문내역〉 테이블을 선택한다. [배송지역] 필드에서 [열 도구]-[그룹]그룹에서
[데이터 그룹]-[새 데이터 그룹]을 선택한다.

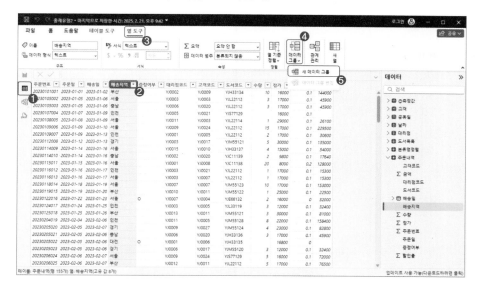

② [그룹] 대화상자에서 이름은 '배송지역(그룹)'으로 구성된다. [그룹화되지 않은 값] 목록에서 [Ctrl]와 함께
'경기', '서울', '인천'을 클릭하고 [그룹화]를 클릭한다.

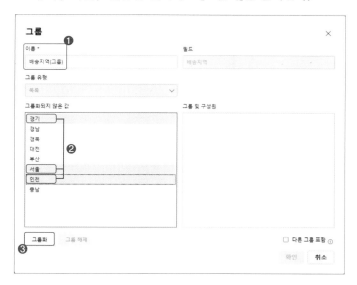

③ [그룹 및 구성원] 목록에서 '경기 & 서울 & 인천'을 더블클릭하여 '수도권'으로 변경한다.

④ [그룹화되지 않은 값] 목록에서 '경남'을 클릭하고 Shift를 누른 상태에서 '충남'을 클릭하고 [그룹화]를 클릭한다.

⑤ [그룹 및 구성원] 목록에서 '경남 & 경북 & ...'을 더블클릭하여 '지방권'으로 변경하고 [확인]을 클릭한다.

⑥ 〈주문내역〉 테이블의 [수량] 필드를 선택하고 [열 도구]-[그룹]그룹에서 [데이터 그룹]-[새 데이터 그룹]을 선택한다.

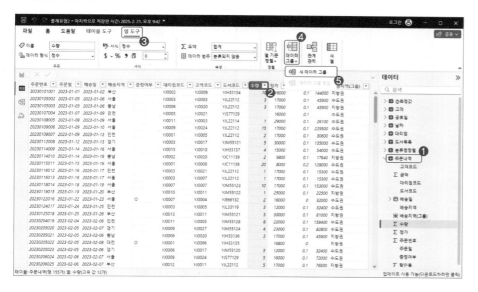

⑦ [그룹] 대화상자에서 이름은 '수량(그룹)'으로 변경한다. 그룹 유형은 'Bin', bin 크기 '10'을 입력하고 [확인]을 클릭한다.

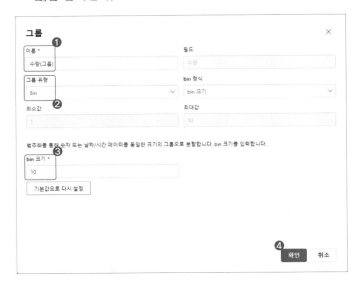

⑧ 테이블에 [배송지역(그룹)], [수량(그룹)] 필드를 확인한다.

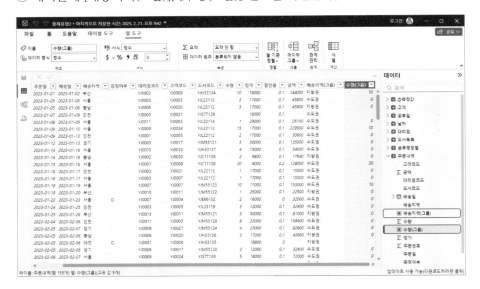

---

**B 기적의 TIP**

[열 도구]–[그룹]그룹에서 [데이터 그룹]–[데이터 그룹 편집]을 선택하여 데이터 그룹을 편집할 수 있다.

---

CHAPTER

# 02

# 디자인 시각화 요소 구현

학습 방향

보고서 작성을 위해 페이지 레이아웃과 시각적 개체를 작성하는 작업이다. 다양한 시각적 개체에 데이터를 추가하고 축 서식, 제목, 데이터 레이블, 색, 추세선 등의 서식을 변경해 디자인할 수 있어야 한다. 또한 시각적 개체에 배경색, 글꼴색, 데이터 막대나 아이콘 등의 조건부 서식을 적용해 데이터를 강조하는 부분도 필수로 학습해 두어야 하며 많은 시각적 개체를 다뤄 보고 어떤 속성들이 있는지 파악하는 것이 필요하다.

섹션 차례

# 보고서 레이아웃 구성하기

작업 파일 ▶ [C:₩2025경영정보시각화실기₩핵심이론₩Chapter02₩Section01] 폴더에서 작업하시오.

---

➕ 더 알기 TIP

### 테마 적용

- [보기]–[테마] 그룹에서 [테마]를 적용하여 보고서 페이지나 개체, 텍스트 등의 서식을 빠르게 변경할 수 있다.
- '이 보고서' 그룹에서는 현재 작업 중인 보고서에 적용된 테마를 확인할 수 있다.
- '접근성 높은 테마' 그룹에서는 시각장애인이나 저시력자들을 위해 대비도나 명료도가 높은 색상들로 구성된 테마들을 고를 수 있다.

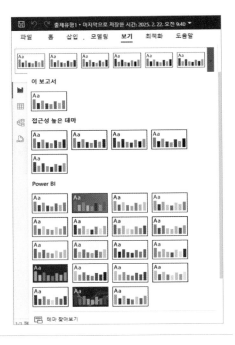

---

➕ 더 알기 TIP

### 테마 사용자 지정 옵션

[보기]–[테마] 그룹에서 [현재 테마 사용자 지정]을 클릭하여 테마 색, 글꼴 서식, 시각적 개체 서식 등을 일괄적으로 변경할 수 있다.

---

| 옵션 | 설명 |
|---|---|
| 이름 및 색 | 테마 색 8가지 색상과 부정, 긍정, 중립, 최대값, 중간, 최소값 색상을 정의한다. |
| 텍스트 | • 데이터 및 축 레이블 등의 글꼴 서식과 시각적 개체의 제목 서식을 지정한다.<br>• 카드와 KPI 시각적 개체의 값 서식을 지정한다. |
| 시각적 개체 | 시각적 개체 배경색, 테두리, 머리글, 도구 설명을 지정한다. |
| 페이지 | 보고서 페이지의 배경 화면, 페이지 배경 색상을 지정한다. |
| 필터 창 | 필터 창의 배경색, 글꼴, 아이콘 색을 변경하거나 필터 카드의 서식을 지정한다. |

➕ 더 알기 TIP

**개체 삽입**

[삽입]-[요소]그룹에서 텍스트 상자, 단추, 셰이프, 이미지를 추가한다.

➕ 더 알기 TIP

**텍스트 서식 변경**

(1) 텍스트 상자의 텍스트 범위를 선택 후 [텍스트 상자 서식] 도구 상자에서 글꼴 스타일(글꼴 종류, 색, 크기 등), 텍스트 맞춤 등의 서식을 지정할 수 있다.

(2) [텍스트 상자 서식 지정] 창에서 개체 속성(크기, 여백), 효과(배경색, 테두리) 등의 서식을 지정할 수 있다.

| 일반 옵션 | 설명 |
|---|---|
| 속성 | 시각화 요소의 크기, 위치, 안쪽 여백, 반응형 등의 옵션을 설정한다. |
| 제목 | 제목 서식, 제목 아래 간격을 조정한다. |
| 효과 | 배경, 테두리, 그림자 등의 효과를 적용한다. |
| 머리글 아이콘 | 시각화 헤더의 아이콘(필터, 포커스모드, 추가 옵션 등)의 배경, 테두리 등의 서식을 적용한다. |
| 대체 텍스트 | 시각적 개체를 선택할 때 화면 판독에서 읽을 설명을 입력한다. |

## 도형 추가

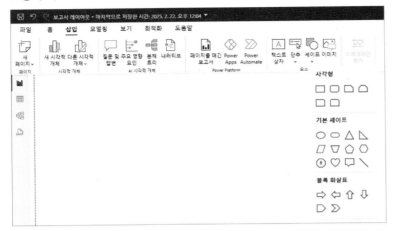

[삽입]–[요소]그룹에서 [셰이프]의 사각형, 타원형, 선, 화살표 등의 개체를 추가할 수 있다.

## 도형 서식 옵션

[도형 서식] 창에서 도형 종류, 회전, 스타일, 작업 등의 서식을 지정할 수 있다.

| 도형 옵션 | 설명 |
|---|---|
| 도형 | 도형 종류 변경, 둥근 모서리 설정 |
| 회전 | 도형이나 텍스트 회전 |
| 스타일 | 채우기 색, 테두리, 텍스트, 그림자 설정 |
| 작업 | 책갈피, 드릴스루, 페이지 탐색 등의 작업 연결, 도구 설명 표시 |

## 개체 정렬

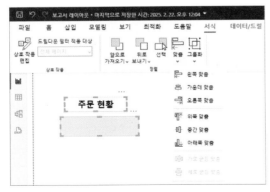

[서식]–[정렬]그룹–[맞춤]에서 왼쪽 맞춤, 위쪽 맞춤, 가로 균등 맞춤 등의 정렬 방식을 적용할 수 있다.

### 더 알기 TIP

#### 개체 순서 바꾸기

[서식]–[정렬]그룹에서 [앞으로 가져오기]나 [뒤로 보내기]를 이용해 겹쳐진 개체의 순서를 변경할 수 있다.

### 더 알기 TIP

#### 페이지 서식 옵션

[시각화] 창의 [보고서 페이지 서식 지정]에서 페이지 크기, 배경색 등의 서식을 지정할 수 있다.

| 서식 옵션 | 설명 |
| --- | --- |
| 페이지 정보 | 페이지 이름 변경, 도구 설명 사용 옵션 지정 |
| 캔버스 설정 | 캔버스 크기 조정, 맞춤 설정 지정 |
| 캔버스 배경 | 캔버스 배경 색 설정(투명도 설정), 배경 이미지 설정 |
| 배경 화면 | 전체 캔버스 배경 색 설정(투명도 설정), 배경 이미지 설정 |
| 필터 창 | 필터 창의 글꼴 서식, 입력 상자 색, 테두리, 배경 색상 등의 서식 변경 |
| 필터 카드 | 시각화 필터, 페이지 필터, 모든 페이지 필터에 추가된 카드의 서식 옵션 변경 |

'**출제유형1.pbix**' 파일을 열고 다음의 지시사항에 따라 보고서를 디자인하시오.

▶ '주문현황' 페이지에 보고서 제목을 표현하시오.

   – 도형 : 텍스트 상자

   – 텍스트 : 도서 주문 현황

   – 서식 : 글꼴 'Segoe UI', 크기 '20', '굵게', '가운데', 글꼴색 '#096600'

   – 텍스트 상자를 도형 ①에 배치

▶ '주문현황' 페이지에 이미지를 추가하시오.

   – 이미지 : Logo.png

   – 스타일 : 맞춤

   – 이미지를 도형 ②에 배치

▶ '주문현황' 페이지의 막대형 차트와 원형 차트 뒤에 도형을 추가하시오.

   – 도형 : 사각형

   – 서식 : 둥근 모서리 '10', 채우기 색 '#096660', 투명도 '90', 테두리 해제

   – 막대형 차트와 원형 차트 뒤로 이동

▶ 캔버스에 다음과 같이 서식을 적용하시오.

   – 배경색 : '흰색, 20% 더 어둡게', 투명도 '80'

   – 캔버스 세로 맞춤 : 중간

① 주문현황 페이지에서 [삽입]-[요소]그룹의 [텍스트 상자]를 클릭한다.

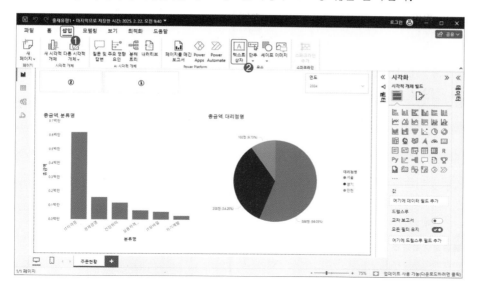

② 텍스트 상자에 '도서 주문 현황'이라고 입력한 후 도형 ①에 이동하고 크기를 조정한다.

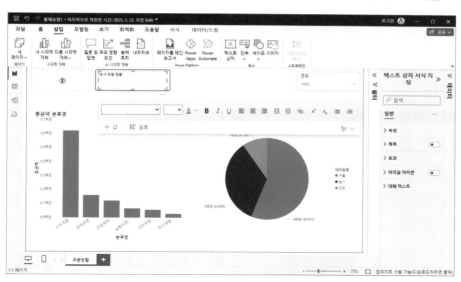

🅑 기적의 TIP

시각적 개체의 추가 옵션(⋯)을 클릭해서 이동하면 쉽게 이동할 수 있다.

③ 텍스트 범위를 선택하고 [텍스트 상자 서식]에서 글꼴 'Segoe UI', 크기 '20', '굵게', '가운데 맞춤'을 설정한다.

④ [글꼴 색상 메뉴]-[다른 색]-[헥스]에 '#096600'을 입력한다.

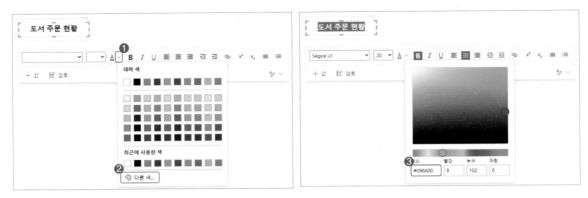

⑤ [삽입]-[요소]그룹에서 [이미지]를 클릭한다. 'Logo.png' 파일을 추가하고 도형 ② 안에 표시하도록 크기와 위치를 조정한다.

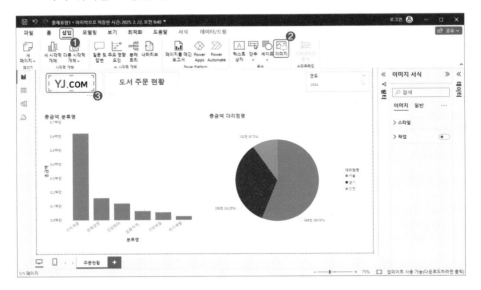

⑥ 이미지를 선택하고 [이미지 서식] 창의 [이미지]−[스타일]에서 크기 조정을 '맞춤'으로 설정한다.

⑦ [삽입]−[요소]그룹에서 [셰이프]의 '[사각형]−사각형'을 추가하고 그림과 같이 크기와 위치를 조정한다.

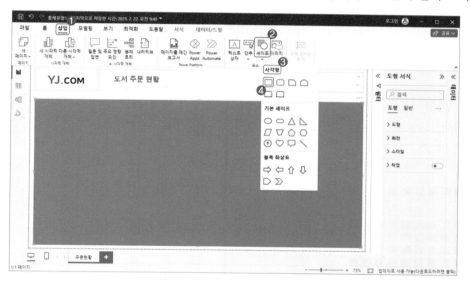

⑧ 사각형을 선택하고 [도형 서식] 창의 [도형]−[도형]에서 둥근 모서리를 '10', [스타일]−[채우기]에서
[색]−[다른 색]−[헥스]에 '#096660', 투명도 '90'을 입력하고 [테두리]는 해제한다.

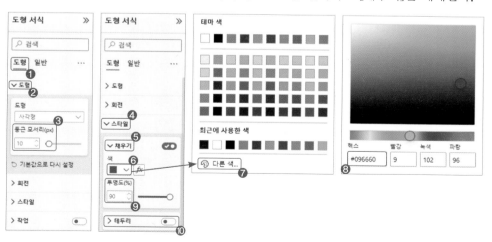

⑨ [서식]–[정렬]그룹에서 [뒤로 보내기]–[맨 뒤로 보내기]를 클릭한다.

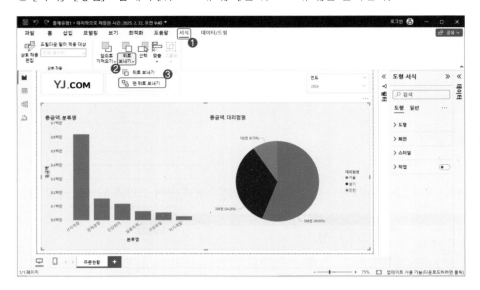

⑩ 주문현황 페이지의 빈 영역을 클릭하고 [시각화] 창의 [보고서 페이지 서식 지정]을 클릭한다. [캔버스 배경]에서 색 '흰색, 20% 더 어둡게', 투명도 '80'을 입력한다. [캔버스 설정]에서 세로 맞춤은 '중간'으로 설정한다.

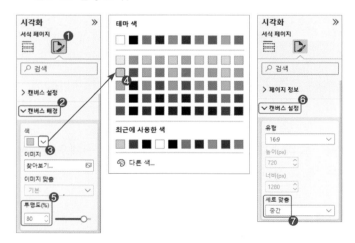

⑪ 페이지에 적용된 서식을 확인한다.

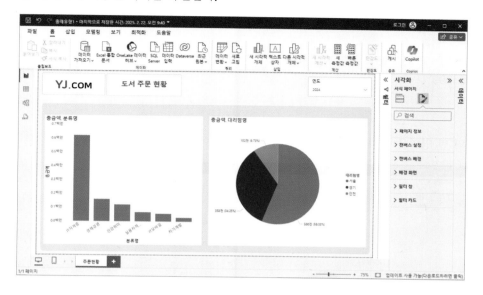

출제유형 ❷  **테마와 페이지 서식**

'출제유형2.pbix' 파일의 '도서관현황' 페이지에서 다음의 지시사항에 따라 보고서를 디자인하시오.

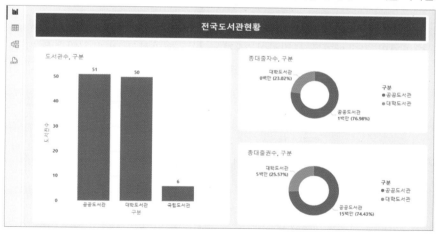

▶ 페이지 배경에 '배경.png' 이미지를 추가하고 이미지 맞춤을 '맞춤', 페이지의 세로 맞춤을 '중간'으로 설정하시오.

▶ 전체 보고서의 텍스트와 시각적 개체의 서식을 변경하는 테마를 작성하시오
  − 테마 종류 : 기본값
  − 테마 색 : 색1 '#6868AC', 색2 '#D67D70', 색3 '#6EA2D4'
  − 텍스트의 일반 글꼴 패밀리 'Segoe UI Bold', 제목 글꼴 패밀리 'Segoe UI Bold', 제목 글꼴 색 '#6868AC'

▶ 제목 상자를 추가하고 도형 ①에 배치하시오.

– 도형 : 사각형

– 텍스트 : 전국도서관현황

– 서식 : 글꼴 크기 '20', '굵게', '가운데 맞춤', '중간 맞춤'

– 채우기 색 : '#4B4B90'

– 테두리 해제

① 도서관현황 페이지의 빈 영역을 클릭 후 [시각화] 창의 [보고서 페이지 서식 지정]을 클릭한다.

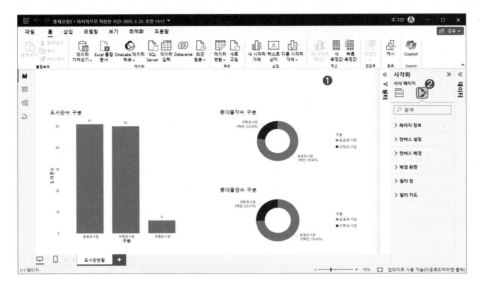

② [캔버스 배경]에서 이미지의 찾아보기를 클릭하여 '배경.png'를 추가하고 이미지 맞춤을 '맞춤'으로
설정한다. [캔버스 설정]에서 세로 맞춤을 '중간'으로 설정한다.

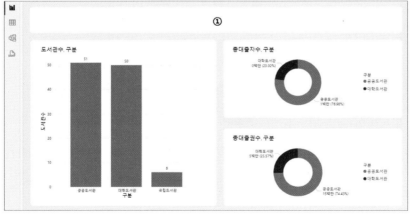

③ [보기]−[테마]그룹에서 [테마]의 '기본값'을 선택하고 다시 [현재 테마 사용자 지정]을 선택한다.

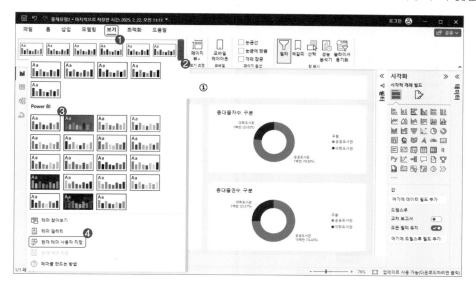

④ [테마 사용자 지정] 대화상자에서 [이름 및 색]−[이름 및 색]에서 [테마 색]의 색1 '#6868AC', 색2 '#D67D70', 색3 '#6EA2D4'로 헥스 코드를 변경한다.

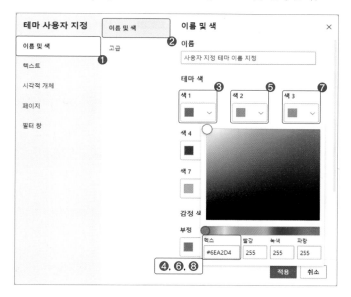

⑤ [텍스트]–[일반]에서 글꼴 패밀리 'Segoe UI Bold', 글꼴 크기 '12', [제목]에서 글꼴 패밀리 'Segoe UI Bold', 글꼴 색 '#6868AC'로 설정하고 [적용]을 클릭한다.

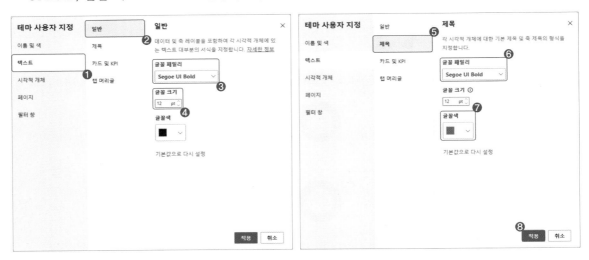

⑥ 보고서 페이지의 도형과 시각적 개체의 글꼴, 색상 등이 일괄적으로 변경된다. [삽입]–[요소]그룹에서 [셰이프]–[(사각형) 사각형]을 추가하고 크기와 위치를 조정하여 도형 ①에 배치한다.

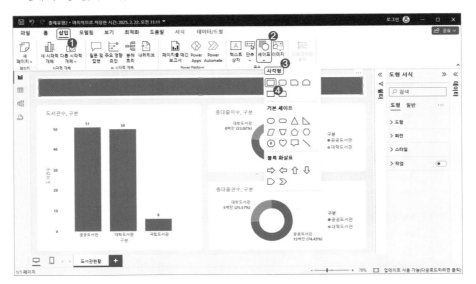

⑦ [도형 서식] 창의 [도형]–[스타일]–[텍스트]를 설정한다. 텍스트에 '전국도서관현황'을 입력하고 글꼴 크기는 '20', '굵게', 가로 맞춤은 '가운데', 세로 맞춤은 '중간'으로 설정한다. [스타일]–[채우기]에서 [색]–[다른 색]에서 헥스에 '#4B4B90'을 입력한다. [테두리] 설정은 해제한다.

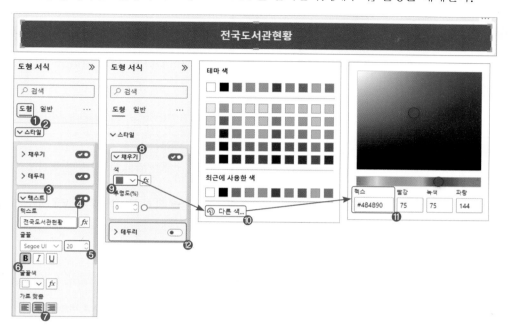

# 시각적 개체 작성 및 서식 활용

작업 파일 ▶ [C:₩2025경영정보시각화실기₩핵심이론₩Chapter02₩Section02] 폴더에서 작업하시오.

➕ 더 알기 TIP

**시각적 개체**

| 종류 | 아이콘 | 특징 |
|---|---|---|
| 누적 가로 막대형 차트 | | 여러 범주의 특정 값을 가로로 누적한 차트로, 범주별 기여도를 파악하기 쉽다. |
| 누적 세로 막대형 차트 | | 여러 범주의 특정 값을 세로로 누적한 차트로, 범주별 기여도를 파악하기 쉽다. |
| 묶은 가로 막대형 차트 | | 여러 범주의 특정 값을 가로 막대로 비교한다. |
| 묶은 세로 막대형 차트 | | 여러 범주의 특정 값을 세로 막대로 비교한다. |
| 100% 누적 가로 막대형 차트 | | 범주별 데이터의 합을 100%로 환산하여 데이터요소별 비중을 가로 막대로 비교한다. |
| 100% 누적 세로 막대형 차트 | | 범주별 데이터의 합을 100%로 환산하여 데이터요소별 비중을 세로 막대로 비교한다. |
| 꺾은선형 차트 | | 시간 흐름에 따른 데이터 추세를 파악한다. |
| 영역형 차트 | | 축과 선 사이의 영역이 채워진 차트로, 시간 흐름에 따른 데이터 변화의 크기를 강조한다. |
| 누적 영역형 차트 | | 데이터 요소 간의 추세와 기여도를 파악하기 쉽다. |
| 100% 누적형 영역 차트 | | 전체 값이 항상 100%로 고정되는 영역 차트로, 카테고리별 비율 변화를 강조한다. |
| 꺾은선형 및 누적 세로 막대형 차트 | | 꺾은선형과 누적 세로 막대형 차트가 결합된 차트로, 여러 값 범위와 여러 측정값을 비교한다. |
| 꺾은선형 및 묶은 세로 막대형 차트 | | 꺾은선형과 묶은 세로 막대형 차트가 결합된 차트로, 여러 값의 범위와 여러 측정값을 비교한다. |
| 리본 차트 | | • 연속된 시간에 걸쳐 범주 값을 연결하여 증가/감소를 표시한다.<br>• 가장 높은 순위에 있는 범주를 쉽게 검색하고, 기간에 따라 특정 범주의 순위를 확인할 수 있다. |
| 폭포 차트 | | 초기값에 값을 더하거나 뺐을 때, 누적값이 어떤 영향을 받는지 비교한다. |
| 깔때기형 차트 | | 순차적으로 연결된 단계가 있는 선형 프로세스로 시각화한다. |
| 분산형 차트 | | • X · Y축에 추가한 두 숫자 사이의 관계를 표시한다.<br>• 세 번째 데이터 차원(크기)을 이용하여 거품형 차트로 확장한다. |

| 원형 차트 | | 전체에서 데이터들이 차지하는 비중을 표시한다. |
|---|---|---|
| 도넛형 차트 | | 전체에 대한 부분의 관계를 표시하며, 가운데가 비어 있다. |
| 트리맵(Treemap) | | • 계층 구조 데이터를 사각형 집합으로 표시한다.<br>• 전체 중에서 범주들의 상대적 크기를 비교하는 데 편리하다. |
| 맵 | | 지리 정보 데이터를 지도에 연결하여 데이터 크기를 비교한다. |
| 등치 지역도 | | 지리 정보 데이터를 지도에 연결하여, 음영이나 색조로 구분하여 지역별로 상대적 차이를 비교한다. |
| 도형 맵 | | TOPOJSON 형식의 도형 맵으로 색을 다르게 지정하여 지역을 비교한다. |
| 계기 | | 목표 또는 KPI에 대한 진행률을 표시한다. |
| 카드 | | 카드에 하나의 데이터 요소를 강조한다. |
| 여러 행 카드 | | 카드에 여러 데이터 요소를 큰 숫자로 표시한다. |
| KPI | | 목표에 대한 진행률을 표시한다. |
| 슬라이서 | | 자주 사용되는 필터를 표시하며 세로 목록, 드롭다운, 타일 등의 유형을 제공한다. |
| 테이블 | | 데이터를 테이블에 항목별로 나열하여 표시한다. |
| 행렬 | | • 데이터를 행과 열을 교차하여 표시한다.<br>• 계단형 레이아웃을 지원하는 테이블 유형이다. |
| R 스크립트 시각적 개체 | R | R 스크립트를 사용하여 시각적 개체를 작성한다. |
| Python 스크립트 시각적 개체 | Py | Python 스크립트를 사용하여 시각적 개체를 작성한다. |
| 주요 영향 요인 | | 데이터를 분석해서 중요한 요소의 순위를 정하여 표시한다. |
| 분해 트리 | | 데이터 집계 결과를 임의의 순서로 차원을 드릴 다운하여 여러 차원에서 데이터를 탐색한다. |
| 질문 및 답변 | | 자연어 기능을 사용하여 데이터를 탐색하고 차트 형태로 답변을 받는다. |
| 내러티브 | | 시각적 개체나 보고서의 주요 내용을 요약 및 추세 파악하여 제공한다. |
| 카드(신규) | | 하나의 카드에 여러 데이터를 그룹화하여 표시한다. |
| 타일 슬라이서 | | 타일 슬라이서로 시각화하며 도형이나 이미지 추가, 레이아웃을 변경할 수 있다. |

### [시각화] 창 구성 요소

시각적 개체를 추가하고 다양한 서식 옵션과 분석 옵션을 적용할 수 있다.

| 서식 | 아이콘 | 설명 |
|---|---|---|
| 시각적 개체 빌드 | | 시각적 개체의 X축, Y축, 값, 범례, 축소 다중 항목, 도구 설명 등의 영역에 데이터 필드를 추가하여 시각화한다. |
| 시각적 개체에 서식 지정 | | • [시각적 개체]와 [일반] 탭으로 구성한다.<br>• [시각적 개체] 탭은 X축, Y축, 눈금선, 데이터 레이블 등의 서식을 설정한다.<br>• [일반] 탭은 개체 속성, 제목, 효과, 도구 설명 등의 서식을 설정한다. |
| 시각적 개체에 추가 분석 추가 | | 묶은 세로 막대형 차트, 꺾은선형 차트 등에 상수선, 평균선, 최소선, 최대선, 참조선, 추세선 등을 표시한다. |

### 시각적 개체 빌드 옵션

시각적 개체를 추가하면 [시각적 개체 빌드]의 각 영역에 필드나 측정값을 추가하여 시각화한다.

| 서식 | 설명 |
|---|---|
| X축 | • 가로 또는 세로 축에 필드를 추가하며 여러 필드를 추가하여 계층 구조로 데이터 탐색할 수 있다.<br>• 데이터 형식에 따라 '텍스트 데이터 → 범주별, 숫자 데이터 → 연속, 날짜 데이터 → 계층 구조'로 표시한다. |
| Y축(값) | 숫자 크기를 표현한다. |
| 범례 | 범주별 데이터를 추가하여 여러 계열을 비교한다. |
| 축소 다중 항목 | 시각적 개체를 여러 시각적 개체로 분할한다. |
| 도구 설명 | 시각적 개체에 마우스를 이동시켰을 때 자세한 정보를 확인할 수 있도록 도형을 표시한다. |

**➕ 더 알기 TIP**

## 시각적 개체 서식 옵션

| 서식 | 설명 |
|---|---|
| X축 | X축의 글꼴, 제목 서식 옵션을 설정하고 막대형 차트의 경우 '최대 높이'를 조정하여 X축에 표시되는 텍스트 비율을 조정할 수 있다. |
| Y축 | Y축 눈금의 최소값·최대값을 변경하거나, 값의 글꼴 서식·표시 단위·제목 표시 여부·제목 서식을 변경한다. |
| 범례 | 시각적 개체의 범례에 데이터를 추가한 경우 활성화되며 범례 위치를 변경하거나 제목을 설정한다. |
| 축소 다중 항목 | 시각적 개체의 '축소 다중 항목'에 데이터를 추가한 경우에 레이아웃(행 개수·열 개수·여백), 테두리, 제목, 배경 서식을 설정할 수 있다. |
| 눈금선 | 차트의 눈금선 스타일, 색, 너비를 설정한다. |
| 확대/축소 슬라이더 | Y축에 슬라이더와 레이블, 도구 설명 표시하여 Y축의 최대값을 조정한다. |
| 열(막대) | • 세로 막대형(열), 가로 막대형(막대)의 범주별 색상이나 테두리의 서식을 변경할 수 있다.<br>• '레이아웃'에서 '범주 사이의 간격'을 입력하여 막대의 간격을 조정할 수 있다.<br>• '범례'에 데이터를 추가한 경우 레이아웃의 '역순', '값 기준 정렬' 옵션을 적용할 수 있다.<br>• '역순' 기능으로는 범례 나열 순서를 역순(오름차순, 내림차순 정렬)으로 표시할 수 있다.<br>• '값 기준 정렬' 기능으로는 범례 나열 순서를 값을 기준으로 내림차순 정렬할 수 있다. |
| 데이터 레이블 | • 데이터 레이블 방향, 위치, 표시 단위 조정, 글꼴 서식 등을 변경할 수 있다.<br>• '세부정보'의 '데이터'에 필드를 추가하여 두 개의 레이블을 표시할 수 있다. |
| 그림 영역 배경 | 이미지를 추가하여 투명도를 설정한다. |

**➕ 더 알기 TIP**

## X축 유형 변경

• [X축]에 숫자 형식 필드 '일(int)'을 추가한 경우 유형이 '연속'으로 설정되어 그룹(0, 5, 10…)으로 표시된다.

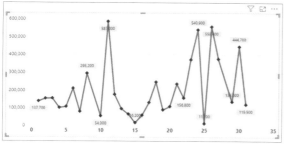

• [X축]의 유형을 '범주별'로 설정하면 모든 데이터 요소가 표시되며, X축 유형이 범주별인 경우 시각적 개체의 추가 옵션에서 축 정렬을 '일(int)' 기준으로 '오름차순 정렬'을 적용한다.

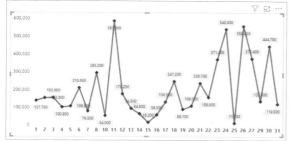

**데이터가 없는 항목 표시**

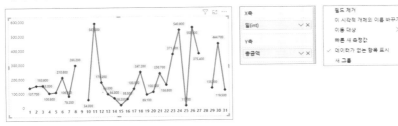

- 시각적 개체의 X축은 매칭되는 데이터 요소를 표시한다.
- 모든 데이터 요소를 표시할 경우 [X축] 영역의 필드에서 마우스 오른쪽 버튼을 클릭하고 [데이터가 없는 항목 표시]를 선택한다.

---

**출제유형 ❶ 묶은 세로 막대형 차트**

'출제유형1.pbix' 파일을 열고 다음 지시사항에 따라 차트를 구현하시오.

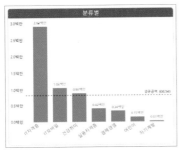

▶ '주문현황' 페이지에 분류별 금액을 '묶은 세로 막대형 차트'로 표현하시오.
  - 사용 필드 : 〈도서목록〉 테이블의 [분류명] 필드, 〈◎측정값〉 테이블의 [총수량], [총금액] 측정값
  - 도구 설명에 [총수량] 표시
▶ 차트에 다음과 같이 서식을 설정하시오.
  - X축 : 값의 글꼴 크기 '12', 제목 제거
  - Y축 : 값의 글꼴 크기 '10', 제목 제거
  - 열 색 '#099668', 범주 사이의 간격은 '25'
  - 데이터 레이블 : 위치 '바깥쪽 끝에', 표시 단위 '백만', 값 소수 자릿수 '2'
▶ 차트 제목을 다음과 같이 변경하시오.
  - 텍스트 : 분류별
  - 서식 : 글꼴 'Segoe UI Bold', 크기 '15', '굵게', 텍스트 색상 '흰색', 배경색 '#096660', 가로 맞춤 '가운데'
▶ 차트에 테두리를 설정하시오.
  - 테두리 : 색 '흰색, 30% 더 어둡게', 둥근 모서리 '10'
▶ 차트에 '평균 선'을 표시하고 서식을 변경하시오.
  - 평균선 이름 : 평균금액
  - 선 색 : 검정
  - 데이터 레이블 : 가로 위치 '오른쪽', 색 '검정', 표시 단위 '백만', 소수 자릿수 '2'
▶ 차트를 도형 ①에 배치하시오.

① 주문현황 페이지에서 [시각화] 창의 '묶은 세로 막대형 차트(📊)'를 추가한다. [시각화] 창의 [시각적 개체에 빌드]에서 [X축]에 〈도서목록〉 테이블의 [분류명] 필드, [Y축]에 〈◎측정값〉 테이블의 [총금액] 측정값, 도구 설명에 〈◎측정값〉 테이블의 [총수량] 측정값을 추가한다.

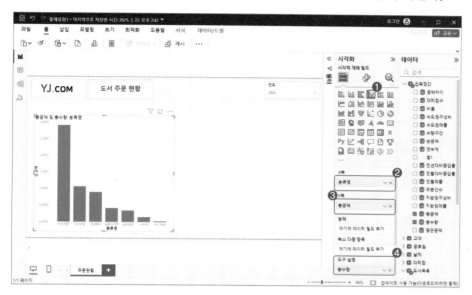

🅑 기적의 TIP

페이지의 연도 슬라이서에 '2024' 값으로 필터가 적용되어 있다.

② [시각화] 창의 [시각적 개체 서식 지정]을 클릭한다. [시각적 개체]에서 [X축]-[값]의 글꼴 크기는 '12', 제목은 해제, [Y축]-[값]의 글꼴 크기는 '10', 제목을 해제한다.

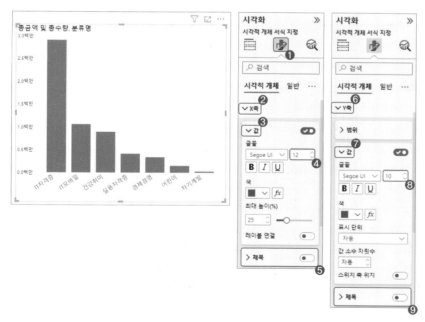

③ [열]의 [색]-[다른 색]-[헥스]에 '#099668'을 입력하고, [레이아웃]의 범주 사이의 간격에 '25'를 입력한다.

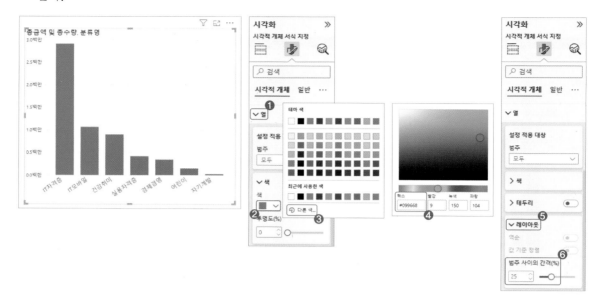

④ [데이터 레이블]을 설정하고 [옵션]에서 위치는 '바깥쪽 끝에', [값]에서 표시 단위는 '백만', 값 소수 자릿수는 '2'로 설정한다.

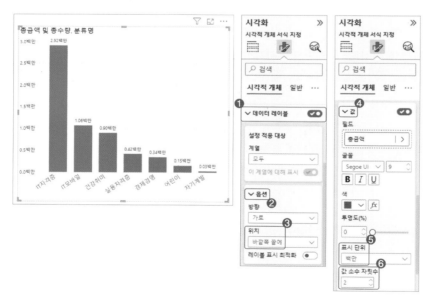

⑤ [일반]–[제목]–[제목]에서 텍스트에 '분류별'을 입력하고, 글꼴은 'Segoe UI Bold', 크기는 '15', '굵
게', 텍스트 색상은 '흰색'으로 설정한다. 배경색에서 [다른 색]–[헥스]에 '#096660'을 입력하고, 가
로 맞춤을 '가운데'로 설정한다.

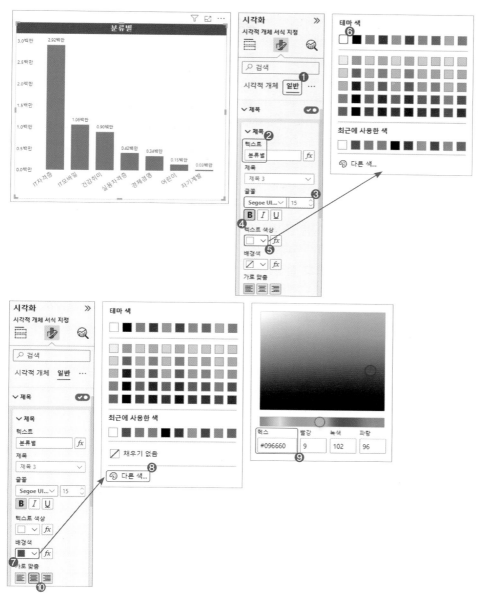

⑥ [효과]에서 [시각적 테두리]를 설정하고 색은 '흰색, 30% 더 어둡게', 둥근 모서리에 '10'을 입력한다.

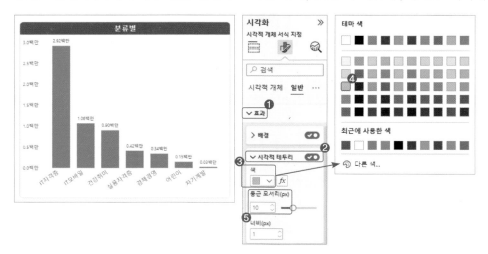

⑦ [시각화]창에서 [시각적 개체에 추가 분석 추가]를 클릭한다. [평균 선]에서 [선 추가]를 클릭하여 '평균금
   액'을 입력하고, [선]의 색을 '검정'으로 설정한다. [데이터 레이블]을 설정하고 가로 위치는 '오른쪽', 스
   타일은 '모두', 색은 '검정', 표시 단위는 '없음'으로 설정한다.

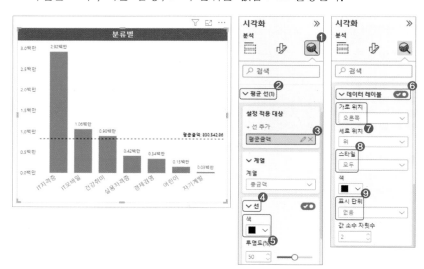

⑧ 차트의 크기와 위치를 조정하여 도형 ①에 배치한다.

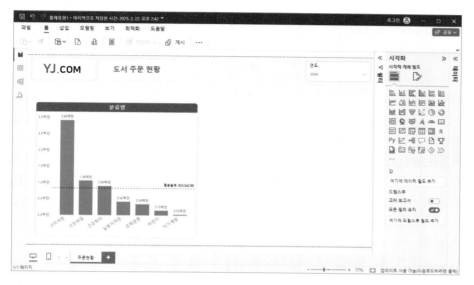

➕ 더 알기 TIP

**축소 다중 항목**

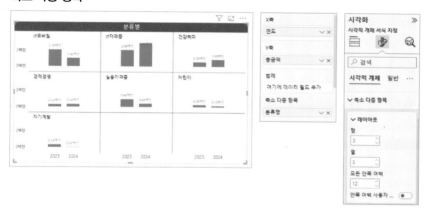

시각적 개체 빌드의 [축소 다중 항목]에 필드(분류명)를 추가하고 [시각화] 창의 [시각적 개체]−[축 다중 항목]−[레이아웃]
에서 행 개수, 열 개수를 변경할 수 있다.

## 세부 정보 레이블

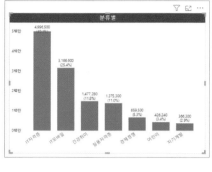

숫자 사용자 지정 코드는
본 도서 123쪽 참조

- 세부 정보 레이블을 이용하여 두 개의 레이블을 표시할 수 있다.
- [시각화] 창의 [시각적 개체]–[세부 정보]에서 데이터에 [비율] 측정값을 추가하고 표시 단위를 '사용자 지정'으로 변경한다.
- 형식 코드에 (0.0%)를 입력하면 총금액과 비율을 데이터 레이블로 표시할 수 있다.

## 도구 설명

- 시각적 개체의 [도구 설명]에 [총수량] 측정값, [주문건수] 필드를 추가 후, 시각적 개체의 데이터 요소에 마우스를 이동시키면 도구 설명에 표시된다.

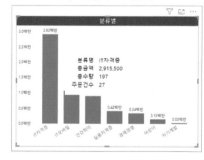

- 시각적 개체의 추가 옵션(⋯)–[축 정렬]에서 도구 설명에 추가된 값(총수량, 주문건수)에 오름차순이나 내림차순으로 정렬 기준을 설정할 수 있다.

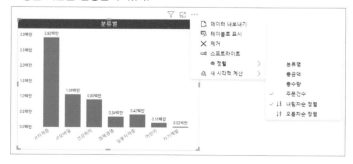

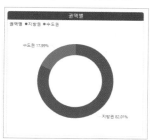

출제유형 ② **도넛형 차트**

'**출제유형2.pbix**' 파일을 열고 다음 지시사항에 따라 차트를 구현하시오.

▶ '주문현황' 페이지에 권역별 금액을 '도넛형 차트'로 표현하시오.
 - 활용 필드 : 〈대리점〉 테이블의 [권역명] 필드, 〈◎측정값〉 테이블의 [총금액] 측정값
▶ 차트에 다음과 같은 서식을 설정하시오.
 - 차트 범례 : 위치 '왼쪽 위', 텍스트 크기 '12'
 - 조각 색 : 수도권 '#099668', 지방권 '#4A588A', 내부 반경 '70'
 - 세부 정보 레이블 : 위치 '바깥쪽 우선', 레이블 내용 '범주, 총퍼센트', 글꼴 크기 '12'
▶ 차트 제목을 다음과 같이 변경하시오.
 - 텍스트 : 권역별
 - 서식 : 글꼴 'Segoe UI Bold', 크기 '15', '굵게', 텍스트 색상 '흰색', 배경색 '#096660', 가로 맞춤 '가운데'
▶ 차트에 테두리를 설정하시오.
 - 테두리 : 색 '흰색, 30% 더 어둡게', 둥근 모서리 '10'
▶ 차트를 도형 ①에 배치하시오.

① 주문현황 페이지에서 [시각화] 창의 '도넛형 차트(◉)'를 추가한다. [시각화] 창의 [시각적 개체에 빌드]에서 [범례]에 〈대리점〉 테이블의 [권역명] 필드, [값]에 〈◎측정값〉 테이블의 [총금액] 측정값을 추가한다.

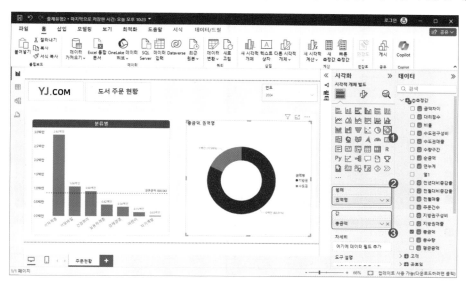

🅱 **기적의 TIP**

페이지의 연도 슬라이서에 '2024' 값으로 필터가 적용되어 있다.

② [시각화] 창의 [시각적 개체 서식 지정]을 클릭한다. [시각적 개체]에서 [범례]-[옵션]에서 위치를 '왼쪽 위', [텍스트]의 글꼴 크기를 '12'로 설정한다.

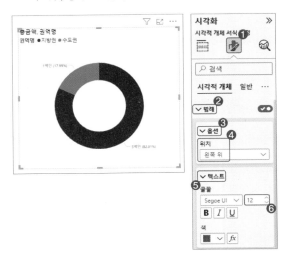

③ [조각]-[색]에서 지방권의 [다른 색]-[헥스]에 '#4A588A'를 입력하고 수도권의 [다른 색]-[헥스]에 '#099668'을 입력한다. [간격]의 내부 반경에 '70'을 입력한다.

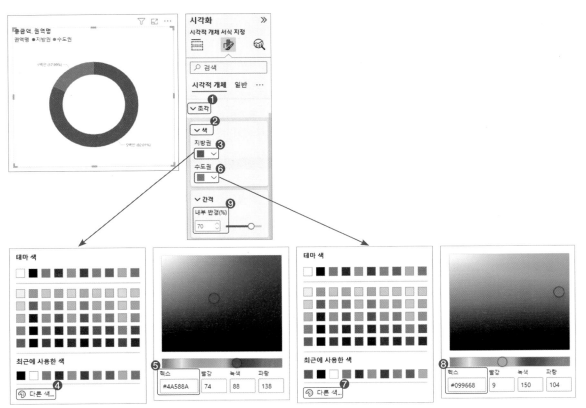

④ [세부 정보 레이블]-[옵션]에서 위치를 '바깥쪽 우선', 레이블 내용은 '범주, 총 퍼센트', [값]에서 글 꼴 크기를 '12'로 설정한다.

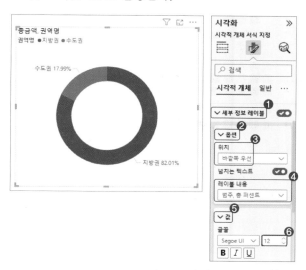

⑤ [일반]-[제목]에서 텍스트에 '권역별'을 입력하고, 글꼴은 'Segoe UI Bold', 크기는 '15', '굵게', 텍스트 색상은 '흰색'으로 설정한다. 배경색에서 [다른 색]-[헥스]에 '#096660'을 입력하고, 가로 맞춤은 '가운 데'로 설정한다.

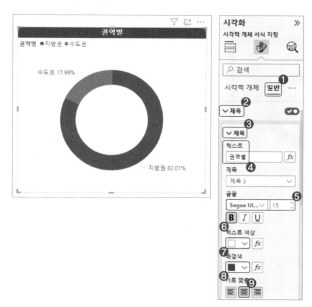

⑥ [효과]에서 [시각적 테두리]를 설정하고 색은 '흰색, 30% 더 어둡게', 둥근 모서리에 '10'을 입력한다.

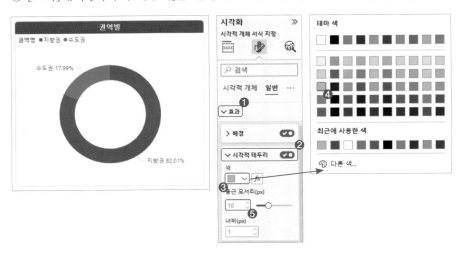

⑦ 차트의 크기와 위치를 조정하여 도형 ①에 배치한다.

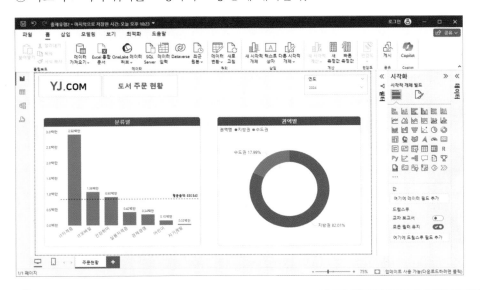

➕ 더 알기 TIP

**차트에서 데이터 정렬**

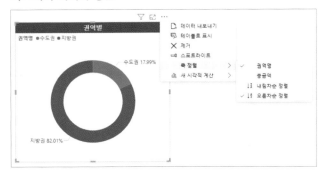

차트의 추가 옵션(⋯)에서 [축 정렬]의 범례나 값을 기준으로 정렬 기준을 변경할 수 있다.

**출제유형 ③ 꺾은선형 차트**

'**출제유형3.pbix**' 파일을 열고 다음 지시사항에 따라 차트를 구현하시오.

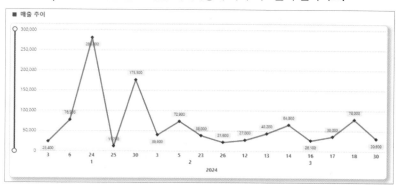

▶ '기간별' 페이지에 날짜별 금액을 '꺾은선형 차트'로 표현하시오.
 – 활용 필드 : 〈날짜〉테이블의 [연도(int)], [월(int)], [일(int)] 필드, 〈◎측정값〉 테이블의 [총금액] 측정값
 – 차트는 '연도(int) 월(int) 일(int)'로 오름차순 정렬을 적용하시오.
▶ 차트에 다음과 같이 서식을 설정하시오.
 – X축 : 값의 글꼴 크기 '12', 제목 해제, 굵게
 – Y축 : 값의 글꼴 크기 '11', 제목 해제, 표시 단위 '없음'
 – 눈금선 : 가로 선 너비 '3', 확대/축소 슬라이더 표시
 – 선 너비 '4', 선 색 '#099668', 표식 유형 '◆', 표식 크기 '7', 표식 색 '#80242B'
 – 데이터 레이블 : 표시 단위 '없음', 배경색 설정
▶ 차트 제목은 해제하시오.
▶ 차트에 테두리를 설정하시오.
 – 테두리 색 '흰색, 30% 더 어둡게', 둥근 모서리 '10', 그림자설정
▶ 차트를 도형 ①에 배치하시오.
▶ 기간별 페이지에 [권역명] 필드를 기준으로 '수도권'으로 필터를 적용하시오.

① 기간별 페이지에서 [시각화] 창의 '꺾은선형 차트(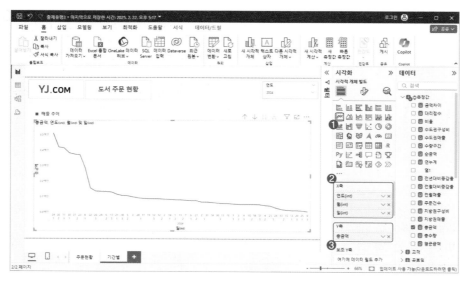)'를 추가한다. [시각화] 창의 [시각적 개체에 빌드]에서 [X축]에 〈날짜〉 테이블의 [연도(int)], [월(int)], [일(int)] 필드, [Y축]에 〈◎측정값〉 테이블의 [총금액] 측정값을 추가한다.

🅑 기적의 TIP

페이지의 연도 슬라이서에 '2024' 값으로 필터가 적용되어 있다.

② 꺾은선형 차트의 추가 옵션(⋯)을 클릭한다. [축 정렬]에서 '연도(int) 월(int) 일(int)를 클릭하고 다시 [축 정렬]에서 '오름차순 정렬'을 클릭한다.

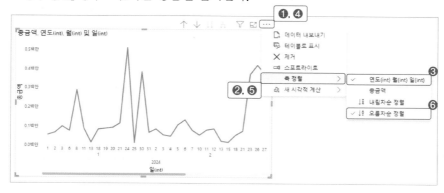

③ [시각화] 창의 [시각적 개체 서식 지정]을 클릭한다. [시각적 개체]에서 [X축]의 글꼴 크기는 '12', '굵 게' 설정하고, [제목]은 해제한다. [Y축]-[값]의 글꼴 크기는 '11', 표시 단위는 '없음'으로 설정하고, [제목]은 해제한다.

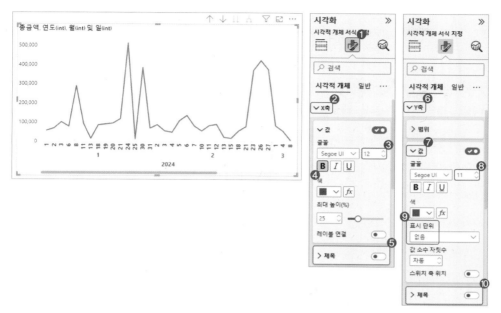

④ [눈금선]-[가로]의 너비를 '3'으로 변경하고 [확대/축소 슬라이더]를 설정한다.

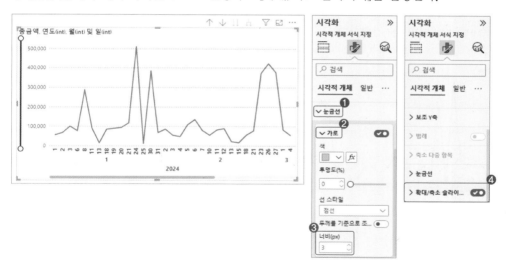

⑤ [선]−[선]의 너비는 '4', [색]의 색에서 [다른 색]−[헥스]에 '#099668'을 입력한다.

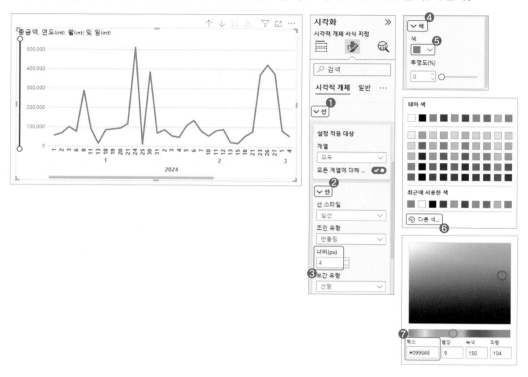

⑥ [표식]에서 '모든 범주 표시'를 설정으로 변경한다. [도형]의 유형을 '◆', 크기는 '7', [색]의 기본값에서 [다른 색]−[헥스]에 '#80242B'를 입력한다.

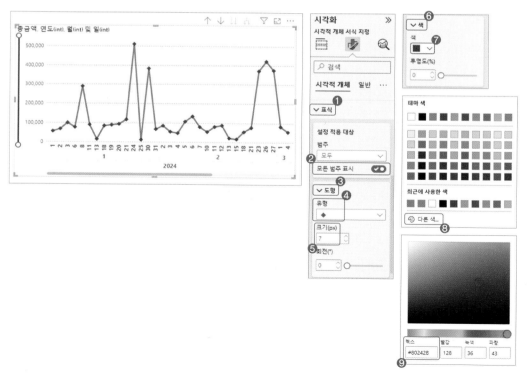

⑦ [데이터 레이블]을 설정하고 [값]에서 표시 단위는 '없음', [배경]을 설정한다.

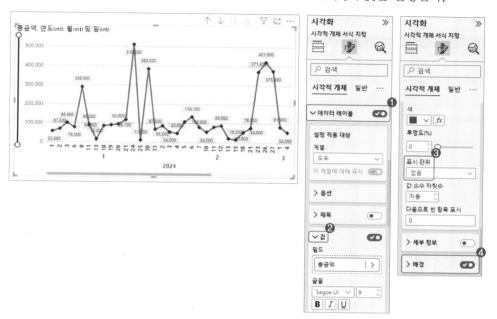

⑧ [일반]-[제목]을 해제한다. [효과]-[시각적 테두리]를 설정하고 색은 '흰색, 30% 더 어둡게', 둥근 모서리는 '10', 그림자를 설정한다.

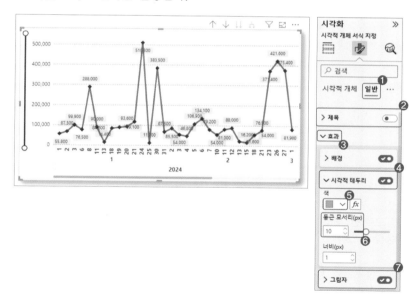

⑨ 차트의 크기와 위치를 조정하여 도형 ①에 배치한다.

⑩ [필터] 창의 [이 페이지의 필터]에서 '여기에 데이터 필드 추가'에 〈대리점〉 테이블의 [권역명] 필드를 추가한다. [필터 형식]–[기본 필터링]에서 '수도권'으로 필터를 적용한다.

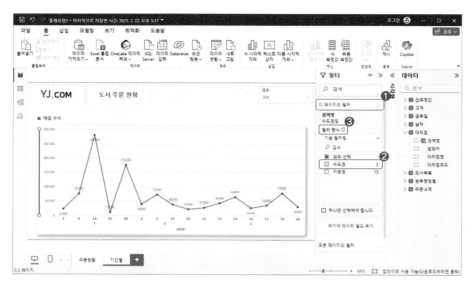

**🅑 기적의 TIP**

### 고급 필터링 적용하기

[필터] 창에서 필터 형식을 '고급 필터링'으로 변경하여 '포함', '포함하지 않음', '다음임', '다음이 아님', '공백임', '공백이 아님' 등과 같은 다양한 필터 형식을 적용할 수 있다.

**출제유형 ④** **꺾은선형 차트에 추세선 추가하기**

'**출제유형4.pbix**' 파일을 열고 다음 지시사항에 따라 차트를 구현하시오.

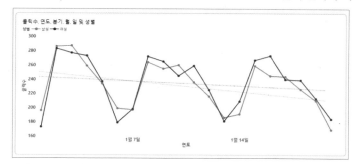

▶ '도서클릭량' 페이지에 기간별 도서클릭수를 '꺾은선형 차트' 로 표현하시오.
 – 활용 필드 : ⟨DimDate⟩ 테이블의 [Date] 필드, ⟨도서클릭수⟩ 테이블의 [성별] 필드, [클릭수] 측정값
 – [Date] 필드는 일 단위까지 계층 확장
▶ 차트에 다음과 같이 서식을 설정하시오.
 – X축 : 값 글꼴 크기 '12', '굵게'
 – Y축 : 값 글꼴 크기 '12', '굵게'
 – 범례 : 선 및 마커, 글꼴 크기 '12', 표식 설정
▶ 차트에 계열별로 추세선을 표시하고 선 스타일은 점선으로 설정하시오.
▶ 차트를 도형 ①에 배치하시오.

① 도서클릭량 페이지에서 [시각화] 창의 '꺾은선형 차트(📈)'를 추가한다. [시각화] 창의 [시각적 개체에 빌드]에서 [X축]에 ⟨DimDate⟩ 테이블의 [Date] 필드, [Y축]에 ⟨도서클릭수⟩ 테이블의 [클릭수] 측정값, [범례]에 ⟨도서클릭수⟩ 테이블의 [성별] 필드를 추가한다.

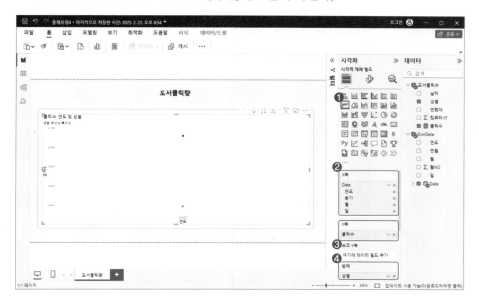

② 차트의 계층 구조에서 '한 수준 아래로 모두 확장(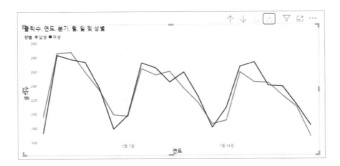)'을 세 번 클릭하여 일 단위까지 표시한다.

③ [시각화] 창의 [시각적 개체 서식 지정]을 클릭한다. [시각적 개체]에서 [X축]-[값]에서 글꼴 크기는 '12',
'굵게'로 설정한다. [Y축]-[값]에서 글꼴 크기는 '12', '굵게'로 설정한다.

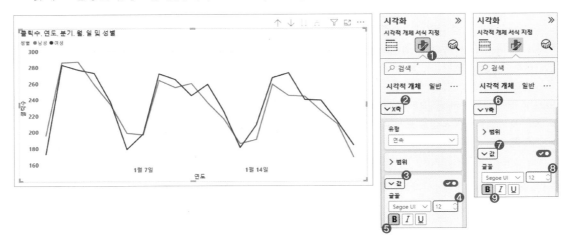

④ [범례]-[옵션]에서 스타일을 '선 및 마커'로 표시한다. [표식]에서 [설정 적용 대상]의 '모든 계열에 대해
표시'를 설정한다.

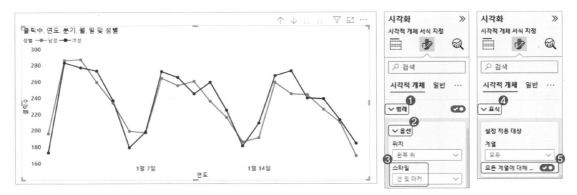

⑤ [시각화] 창의 [시각적 개체에 추가 분석 추가]을 클릭한다. [추세선]을 설정하고 선 스타일은 '파선', '계열 결합'을 해제한다.

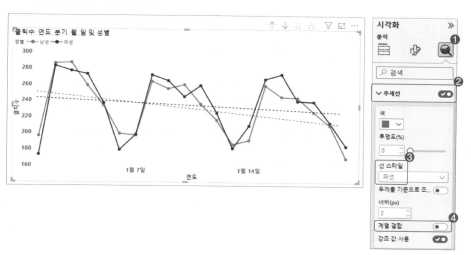

⑥ 차트의 크기와 위치를 조정하여 도형 ①에 배치한다.

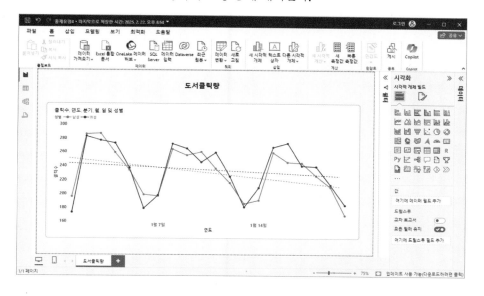

## [분석] 옵션에서 제공되는 참조 선 종류

| 차트 종류 | 상수선 | X축 상수선 | Y축 상수선 | 최소선 | 최대선 | 평균선 | 참조선 | 백분위 수 선 | 추세선 (X축 숫자형) |
|---|---|---|---|---|---|---|---|---|---|
| 묶은 세로 막대형 차트 | ○ | | | ○ | ○ | ○ | ○ | ○ | |
| 묶은 가로 막대형 차트 | ○ | | | ○ | ○ | ○ | ○ | ○ | |
| 꺾은선형 차트 | | ○ | ○ | ○ | ○ | ○ | ○ | ○ | ○ |
| 영역형 차트 | | ○ | ○ | ○ | ○ | ○ | ○ | ○ | |
| 누적 영역형 차트 | | ○ | ○ | | | | | | |
| 누적 세로 막대형 차트 | ○ | | | | | | | | |
| 누적 가로 막대형 차트 | ○ | | | | | | | | |
| 100% 누적 세로 막대형 차트 | ○ | | | | | | | | |
| 100% 누적 가로 막대형 차트 | ○ | | | | | | | | |

# 다양한 시각적 개체 다루기

작업 파일 ▶ [C:\2025경영정보시각화실기\핵심이론\Chapter02\Section03] 폴더에서 작업하시오.

---

## ➕ 더 알기 TIP

### 슬라이서 활용

- 슬라이서의 개념
  - 슬라이서(▦)는 보고서 페이지에 표시되는 필터링의 다른 방법으로, 특정 필터를 빠르게 적용할 수 있는 시각적 개체이다.
  - 세로 목록, 드롭다운, 타일 등 유형을 제공한다.

- 슬라이서의 유형

|  |  |  |
|---|---|---|
| 세로 목록 | 드롭다운 | 타일 |
| 사이(숫자) | 작거나 같음 | 크거나 같음 |
| 사이(날짜) | 이전 | 이후 |
| 상대 날짜 | 상대 시간 | 계층 구조 슬라이서 |

| 종류 | 설명 |
| --- | --- |
| 세로 목록 | 데이터를 목록으로 나열하여 표현한다. |
| 드롭다운 | 목록을 확장/축소하여 표현한다. |
| 타일 | 단추 모양으로 표현되며, 슬라이서 크기에 따라 데이터 배열이 달라진다. |
| 사이 | 날짜(숫자)의 시작일(값)부터 종료일(값) 사이를 표현한다. |
| 크거나 같음(이상) | 슬라이서에 입력한 값보다 크거나 같은(이상) 값을 필터한다. |
| 작거나 같음(이하) | 슬라이서에 입력한 값보다 작거나 같은(이하) 값을 필터한다. |
| 상대 날짜 | • 마지막 3개월, 이번 달, 다음 3개월 등으로 날짜를 검색한다.<br>• 마지막, 다음, 이번, 일, 주, 주(달력), 개월, 개월(달력), 년, 년(달력) 옵션이 있다.<br>📌 마지막 3개월 : 현재 시점(2024-04-05)부터 3개월 전의 날짜부터 조회(조회기간 2024-01-05 ~ 2024-04-05)<br>📌 마지막 3개월(달력) : 현재 시점(2024-04-05)에서 3개월 전의 1일부터 이전달 마지막날까지 조회(조회기간 2024-01-01 ~ 2024-03-31) |
| 상대 시간 | 지난 2시간, 지난 30분 등으로 시간을 검색한다.<br>📌 마지막 3시간 : 현재 시점(4:20:30)으로 지난 3시간 전의 시간부터 조회 |

- 타일 슬라이서(▦)는 단추 스타일로 제공되는 시각화 요소이다.
- 일반 슬라이서보다 더 큰 단추 형태로 제공되며, 도형 스타일, 레이아웃 등 다양한 서식을 제공한다.

---

### ➕ 더 알기 TIP

**카드 활용**

- 카드(▦)는 단일 값을 강조하는 시각적 개체로 총매출, 가입자 수 등의 단순한 숫자 또는 텍스트를 강조할 때 사용한다.

- 카드(신규)(▦)는 여러 개의 값을 추가해서 시각화할 수 있고 기존 카드보다 디자인이나 기능이 향상된 시각화 요소이다.

**출제유형 ①** **슬라이서 활용**

'**출제유형1.pbix**' 파일을 열고 다음 지시사항에 따라 슬라이서를 구현하시오.

▶ '주문현황' 페이지에 연도 슬라이서를 표현하시오.
  – 활용 필드 : 〈날짜〉 테이블의 [연도] 필드
▶ 연도 슬라이서에 다음과 같이 서식을 설정하시오.
  – 슬라이서 유형 : 드롭다운, '모두 선택' 표시
  – 슬라이서 머리글과 값의 글꼴 'Segoe UI', 크기 '14', '굵게'
▶ 연도 슬라이서에서 '2024'로 필터를 적용하고 '주문현황' 페이지의 도형 ①에 배치하시오.
▶ 연도 슬라이서를 '기간별' 페이지의 도형 ①에 배치하고 주문현황 페이지와 동기화하시오.
▶ 연도 슬라이서를 '주문실적' 페이지의 도형 ①에 배치하고 주문현황, 기간별 페이지와 동기화 해제하시오.
▶ '기간별' 페이지에 권역명 슬라이서를 표현하시오.
  – 활용 필드 : 〈대리점〉 테이블의 [권역명] 필드
▶ 권역명 슬라이서에 다음과 같이 서식을 설정하시오.
  – 슬라이서 유형 : 타일, '모두 선택' 표시
  – 슬라이서 머리글 해제
  – 슬라이서 값 : 글꼴 'Segoe UI', 크기 '14', '굵게'
  – 크기 : 높이 '80', 너비 '380' 설정
▶ 권역명 슬라이서에 '수도권'으로 필터를 적용하고 '기간별' 페이지의 도형 ②에 배치하시오.

① 주문현황 페이지에서 [시각화] 창의 '슬라이서(▤)'를 추가한다. [시각화] 창의 [시각적 개체에 빌드]
에서 [필드]에 〈날짜〉 테이블의 [연도] 필드를 추가한다.

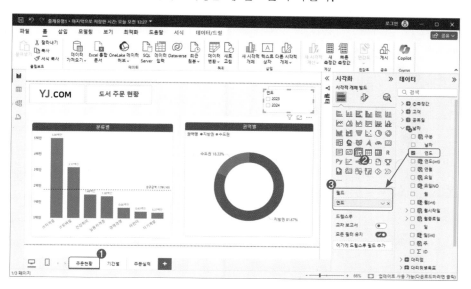

② [시각화] 창의 [시각적 개체 서식 지정]을 클릭한다. [시각적 개체]에서 [슬라이서 설정]−[옵션]의 스타일을 '드롭다운'으로 지정하고 [선택]에서 ["모두 선택" 옵션]을 적용한다.

**🅑 기적의 TIP**

슬라이서 선택에서 '단일 선택'을 적용하면 하나의 데이터를 필터한다.
'Ctrl를 통한 다중 선택'을 해제하면 Ctrl를 누르지 않아도 다중 선택을 할 수 있다.

③ [슬라이서 머리글]−[텍스트]에서 글꼴은 'Segoe UI', 크기는 '14', '굵게'를 설정한다. [값]−[값]에서 글꼴은 'Segoe UI', 크기는 '14', '굵게'를 설정한다. 슬라이서에 '2024'로 필터링하고 크기와 위치를 조정하여 도형 ①에 배치한다.

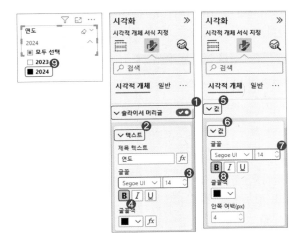

④ '연도' 슬라이서를 선택하고 [보기]−[창 표시]그룹에서 [슬라이서 동기화]를 클릭한다. [슬라이서 동기화] 창에서 주문현황 페이지의 '동기화(🔄)'에 체크한다. 이 작업은 다른 페이지의 연도 슬라이서에서 선택한 값이 주문현황 페이지에도 적용된다.

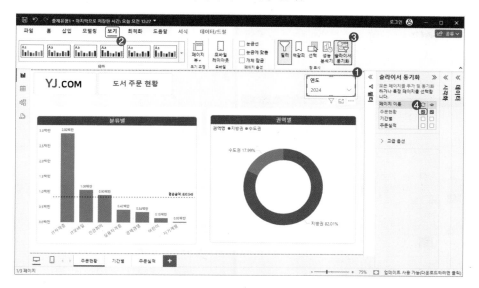

⑤ 기간별 페이지의 '동기화(🔄)'와 '표시(👁)'에 모두 체크한다. 이 작업으로 기간별 페이지에 연도 슬라이서가 표시되고 주문현황 페이지와 동기화된다.

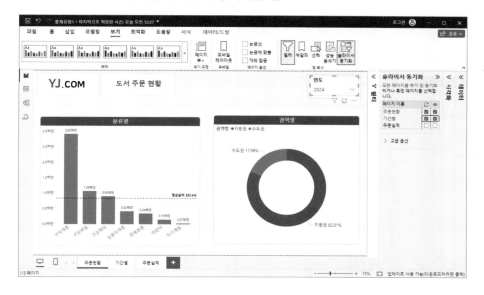

⑥ 주문실적 페이지의 '표시(⬤)'에 체크한다. 이 작업은 주문실적 페이지에 연도 슬라이서가 표시되지만 주문현황 페이지와는 동기화되지 않는다.

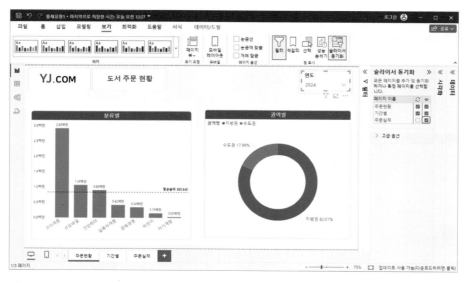

💡 기적의 TIP

슬라이서를 동기화할 때 슬라이서를 복사(Ctrl+C) 후 다른 페이지에 붙여넣기(Ctrl+V)하여 [시각적 개체 동기화] 대화 상자에서 [동기화]를 클릭해도 된다.

⑦ 기간별 페이지에서 [시각화] 창의 '슬라이서(📇)'를 추가한다. [시각화] 창의 [시각적 개체에 빌드]에서 [필드]에 〈대리점〉 테이블의 [권역명] 필드를 추가한다.

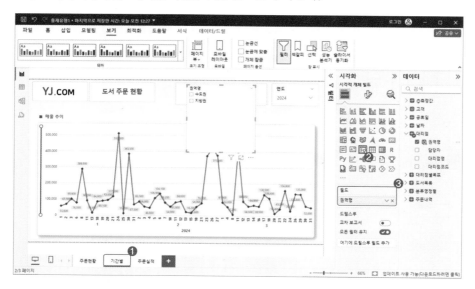

⑧ [시각화] 창의 [시각적 개체 서식 지정]을 클릭한다. [시각적 개체]에서 [슬라이서 설정]-[옵션]의 스타일을 '타일'로 지정하고 [선택]에서 ["모두 선택" 옵션]을 설정한다.

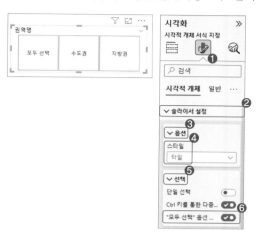

⑨ [슬라이서 머리글]의 설정을 해제하고 [값]-[값]에서 글꼴 'Segoe UI', 크기 '14', '굵게'로 설정한다. [일반]-[속성]에서 크기는 높이 '80', 너비 '380'으로 설정한다.

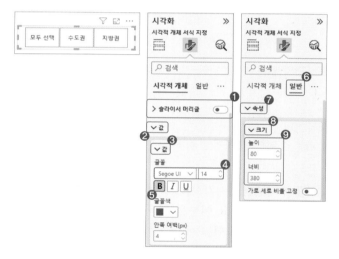

⑩ 슬라이서에서 '수도권'으로 필터링하고 크기와 위치를 조정하여 도형 ②에 배치한다.

'출제유형2.pbix' 파일을 열고 다음 지시사항에 따라 카드를 구현하시오.

▶ '주문실적' 페이지에 목표실적 카드를 표현하시오.
  – 사용 필드 : 〈◎측정값〉 테이블의 [목표수량] 측정값
  – 이름 : 목표실적
  – 도형 ①에 배치

▶ '주문실적' 페이지에 실적 카드를 표현하시오.
  – 사용 필드 : 〈◎측정값〉 테이블의 [총수량] 측정값
  – 이름 : 실적
  – 도형 ②에 배치

▶ '주문실적' 페이지에 달성률 카드를 표현하시오.
  – 활용 필드 : 〈◎측정값〉 테이블의 [목표달성률] 측정값

▶ 이름 : 달성률
  – 도형 ③에 배치

▶ 모든 카드에 다음 서식을 적용하시오.
  – 설명 값 : 글꼴 'Segoe UI Bold', 크기 '24', 표시 단위 '없음'
  – 범주 레이블 : 글꼴 크기 '14'
  – 카드 크기 : 높이 '120', 너비 '170'
  – 테두리 : 색 '흰색, 30% 더 어둡게', 둥근 모서리 '10'

▶ 모든 카드(목표수량, 실적, 달성률)에 위쪽 맞춤, 가로 간격을 동일하게 설정하시오.

① 주문실적 페이지에서 [시각화] 창의 '카드(⊡)'를 추가한다. [시각화] 창의 [시각적 개체에 빌드]에서 [필드]에 〈◎측정값〉 테이블의 [목표수량] 측정값을 추가하고 이름을 더블클릭하여 '목표실적'으로 입력하고 Enter를 누른다. 카드의 크기와 위치를 조정하여 도형 ①에 배치한다.

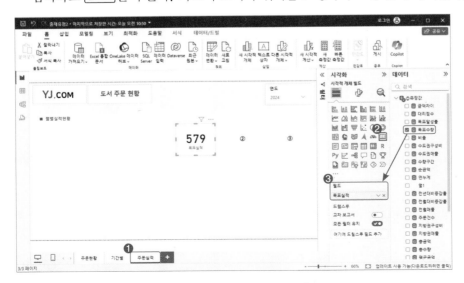

② 첫 번째 카드를 복사(Ctrl+C)하고 붙여넣기(Ctrl+V)한다. [필드]에 목표실적 측정값을 지우고 〈◎측정값〉 테이블의 [총수량] 측정값을 추가한 다음 이름을 더블클릭하여 '실적'으로 변경한다. 카드의 크기와 위치를 조정하여 도형 ②에 배치한다.

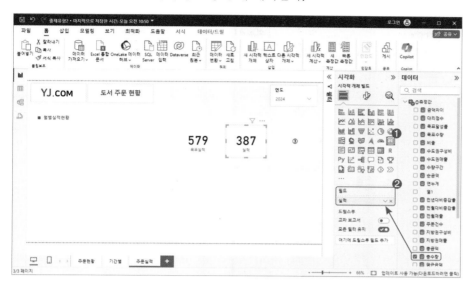

③ 두 번째 카드를 복사(Ctrl+C)하고 붙여넣기(Ctrl+V)한다. [필드]에 실적 측정값을 지우고 〈◎측정값〉 테이블의 [목표달성률] 측정값을 추가한 다음, 이름을 '달성률'로 변경한다. 카드의 크기와 위치를 조정하여 도형 ③에 배치한다.

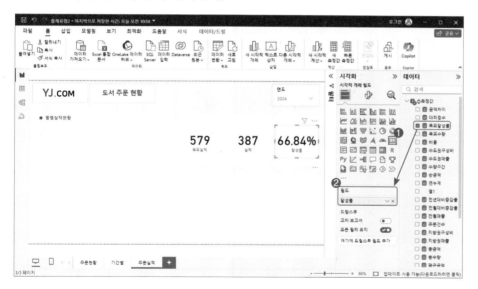

④ '목표실적' 카드를 선택한 후 [Ctrl]를 누른 상태에서 '실적', '달성률' 카드를 차례로 선택하고 [시각화] 창의 [시각적 개체 서식 지정]을 클릭한다. [시각적 개체]−[설명 값]에서 글꼴은 'Segoe UI Bold', 크기는 '24', 표시 단위는 '없음', [범주 레이블]의 글꼴 크기는 '14'로 설정한다.

⑤ [일반]−[속성]에서 크기의 높이는 '120', 너비는 '170'을 입력하여 크기를 조정한다. [효과]에서 시각적 테두리를 '설정'으로 변경한 후 색에서 '흰색, 30% 더 어둡게', 둥근 모서리는 '10'으로 설정한다.

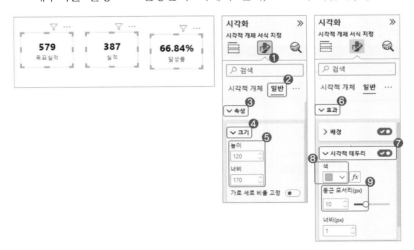

⑥ [서식]-[정렬]그룹에서 [맞춤]의 [위쪽 맞춤], [가로 균등 맞춤]을 차례로 선택하여 개체를 정렬한다.

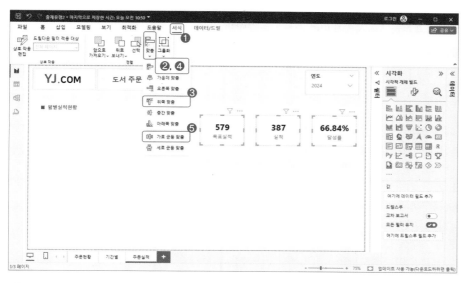

⑤ 기적의 TIP

3개 이상의 시각적 개체를 정렬할 때 첫 번째 개체와 마지막 개체의 위치를 조정한 후 [서식]-[맞춤]-[가로 균등 맞춤]
이나 [세로 균등 맞춤]을 적용한다.

⊕ 더 알기 TIP

**카드에서 텍스트 형식 필드의 값을 숫자로 시각화하기**

• 텍스트 형식의 필드를 '카드'로 시각화하면 처음 이름이 표시된다.

• 필드에서 마우스 오른쪽 버튼을 클릭하여 개수로 변경하면 숫자로 표현할 수 있다.

'**출제유형3.pbix**' 파일을 열고 다음 지시사항에 따라 계기 차트를 구현하시오.

▶ '주문실적' 페이지에 목표대비 실적을 계기 차트로 표현하시오.
　- 활용 필드 : 〈◎측정값〉 테이블의 [총수량], [목표수량] 측정값
▶ 계기 차트에 다음 서식을 적용하시오.
　- 게이지 축 : 최소값 '0', 최대값 '1000'
　- 채우기 색 '#099668', 대상 색 '#E66C37'
　- 목표 레이블 : 글꼴 종류 'Segoe UI Bold', 크기 '14', 색 '#E66C37', 표시 단위 '없음'
　- 설명 값 : 글꼴 종류 'Segoe UI', 색 '#099668', 표시 단위 '없음'
▶ 계기 차트 제목을 다음과 같이 변경하시오.
　- 텍스트 : 목표대비실적
　- 서식 : 글꼴 'Segoe UI Bold', 크기 '15', '굵게', 텍스트 색상 '흰색'
　- 배경색 '#096660', 가로 맞춤 '가운데'
▶ 계기 차트에 테두리를 설정하시오.
　- 테두리 색 '흰색, 30% 더 어둡게', 둥근 모서리 '10'
▶ 계기 차트를 도형 ①에 배치하시오.

① 주문실적 페이지에서 [시각화] 창의 '계기(⏱)'를 추가한다. [시각화] 창의 [시각적 개체에 빌드]에서 [값]에 〈◎측정값〉 테이블의 [총수량] 측정값, [대상 값]에 〈◎측정값〉 테이블의 [목표수량] 측정값을 추가한다.

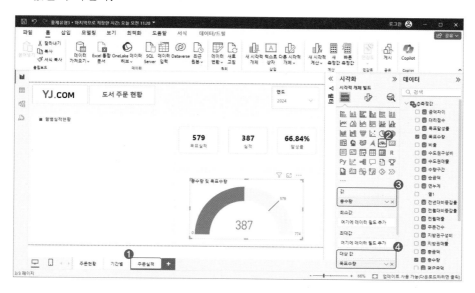

② [시각화] 창의 [시각적 개체 서식 지정]을 클릭하고 [시각적 개체]−[게이지 축]에서 최소값은 '0', 최 대값은 '1000'을 입력한다.

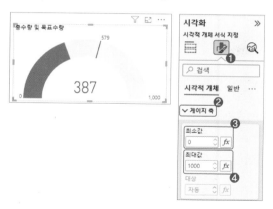

③ [색]에서 [채우기 색]−[다른 색]−[헥스]에 '#099668'을 입력하고, [대상 색상]−[다른 색]−[헥스]에 '#E66C37'을 입력한다.

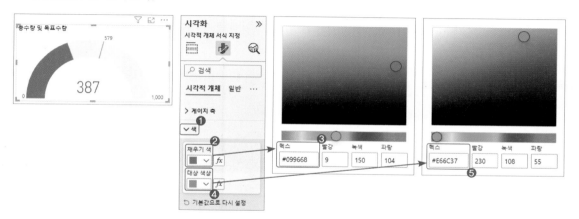

④ [목표 레이블]−[값]에서 글꼴은 'Segoe UI Bold', 크기는 '14', 색은 '#E66C37', 표시 단위는 '없음'으 로 설정한다.

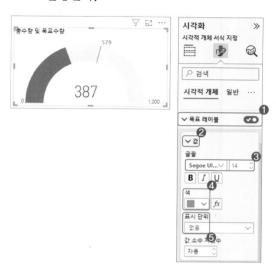

⑤ [설명 값]-[값]에서 글꼴은 'Segoe UI', 색은 '#099668', 표시 단위는 '없음'으로 설정한다.

⑥ [일반]-[제목]에서 텍스트에 '목표대비실적'을 입력하고, 글꼴은 'Segoe UI Bold', 글꼴 크기는 '15', '굵게', 텍스트 색상은 '흰색', 배경색에서 [다른 색]-[헥스]에 '#096660'을 입력하고 가로 맞춤을 '가운데'로 설정한다.

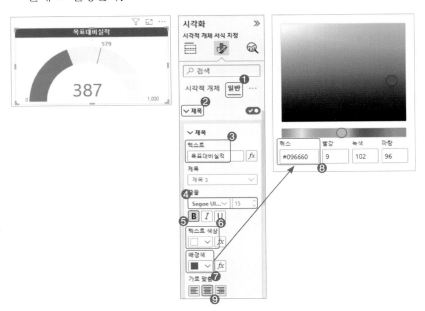

⑦ [효과]−[시각적 테두리]를 설정하고 색은 '흰색, 30% 더 어둡게', 둥근 모서리는 '10'을 입력한다.

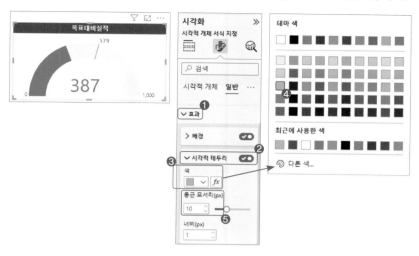

⑧ 차트의 크기와 위치를 조정하여 도형 ①에 배치한다.

출제유형 ④ **꺾은선형 및 묶은 세로 막대형 차트**

**'출제유형4.pbix'** 파일을 열고 다음 지시사항에 따라 꺾은선형 및 묶은 세로 막대형 차트를 구현하시오.

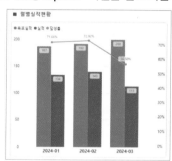

▶ '주문실적' 페이지에 기간별 목표대비 실적과 달성률을 차트로 표현하시오.
     – 활용 필드 : 〈날짜〉 테이블의 [연월] 필드, 〈◎측정값〉 테이블의 [목표수량], [총수량], [목표달성률] 측정값
     – 이름 : 목표수량 → 목표실적, 총수량 → 실적, 목표달성률 → 달성률
     – 날짜 순서로 오름차순 정렬
▶ 다음 서식을 적용하시오.
     – X축 : 값의 글꼴 'Segoe UI', 크기 '12', '굵게', 제목 해제
     – Y축 : 값의 글꼴 크기 '10', 제목 해제
     – 보조 Y축 : 0부터 시작, 글꼴 크기 '10', 제목 해제
     – 열 색 : 목표실적 '#099668', 실적 '#4A588A'
     – 표식 설정
     – 데이터 레이블 : 목표실적과 실적은 막대의 '안쪽 끝에', 달성률은 '위'에 표시
▶ 차트의 제목과 테두리를 다음과 같이 적용하시오.
     – 차트 제목 해제
     – 테두리 색 '흰색, 30% 더 어둡게', 둥근 모서리 '10'
▶ 차트를 도형 ①에 배치하시오.

① 주문실적 페이지에서 [시각화] 창의 '꺾은선형 및 묶은 세로 막대형 차트(📊)'를 추가한다. [시각화] 창의 [시각적 개체에 빌드]에서 [X축]에 〈날짜〉 테이블의 [연월] 필드, [열 Y축]에 〈◎측정값〉 테이블의 [목표수량] 및 [총수량] 측정값, [선 Y축]에 〈◎측정값〉 테이블의 [목표달성률] 측정값을 추가한다.

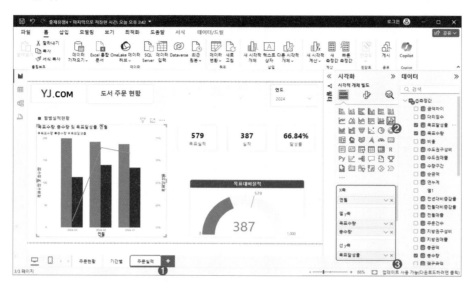

② [시각적 개체 빌드]의 [열 Y축]의 이름을 더블클릭하여 목표수량을 '목표실적', 총수량을 '실적', [선 Y축]의 이름을 더블클릭하여 목표달성률을 '달성률'로 변경한다.

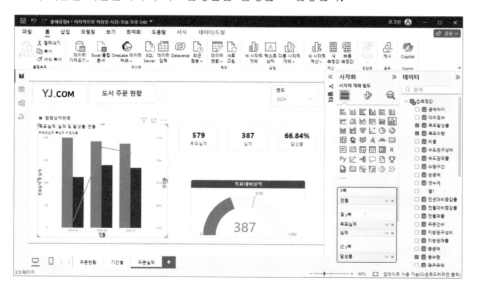

③ 시각적 개체의 추가 옵션(⋯)을 클릭하고 [축 정렬]에서 '연월', '오름차순 정렬'을 차례로 클릭한다.

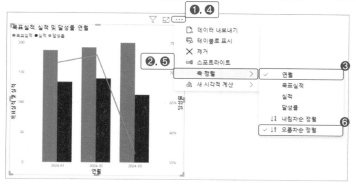

④ [시각화] 창의 [시각적 개체 서식 지정]을 클릭한다. [시각적 개체]-[X축]의 [값]에서 글꼴은 'Segoe UI', 크기는 '12', '굵게', [제목]을 해제한다. [Y축]의 [값]에서 글꼴 크기는 '10', [제목]을 해제한다. [보조Y축]의 [범위]에서 '0정렬'로 설정하고, [값]에서 글꼴 크기는 '10', [제목]을 해제한다.

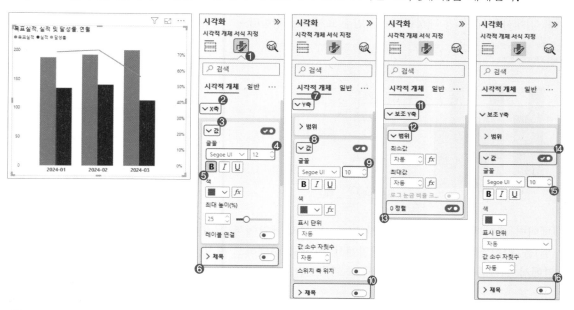

🄴 기적의 TIP

[보조 Y축]의 '0정렬'은 Y축, 보조 Y축 모두 0으로 시작한다.

⑤ [열]-[설정 적용 대상]의 계열을 '목표실적'으로 변경하고 [색]-[다른 색]-[헥스]에 '#099668'을 입력한다. 계열을 '실적'으로 변경하고 [색]-[다른 색]-[헥스]에 '#4A588A'를 입력한다.

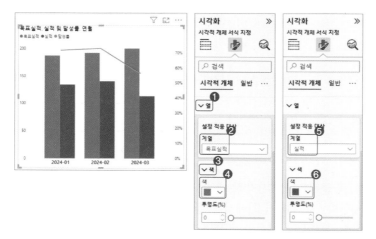

⑥ [표식]에서 [설정 적용 대상]의 '모든 범주 표시'를 설정한다.

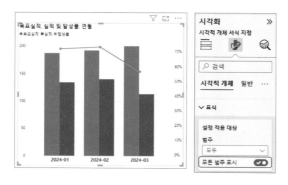

⑦ [데이터 레이블]을 설정하고 [설정 적용 대상]의 계열에서 '목표실적'을 선택한 다음 [옵션]의 위치(열)을 '안쪽 끝에'로 변경한다. 계열에서 '실적'을 선택하고 위치(열)을 '안쪽 끝에'로 변경한 다음 계열에서 '달성률'을 선택하고 위치(줄)을 '위'로 변경한다.

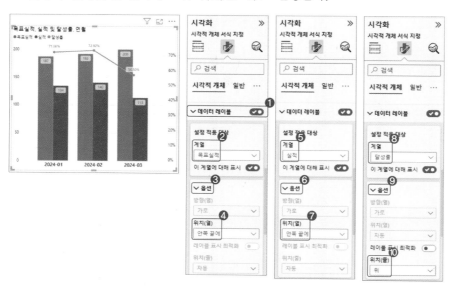

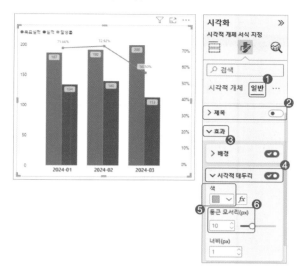

⑧ [일반]-[제목]을 해제한다. [효과]-[시각적 테두리]를 설정하고 색은 '흰색, 30% 더 어둡게', 둥근 모서리에 '10'을 입력한다.

⑨ 차트의 크기와 위치를 조정한 후 도형 ①에 배치한다.

출제유형 ⑤ **분산형 차트**

'출제유형5.pbix' 파일을 열고 다음 지시사항에 따라 분산형 차트를 구현하시오.

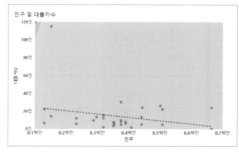

▶ 〈서울주민등록인구〉 테이블의 [자치구] 필드는 〈전체도서관현황〉 테이블의 [시군구] 필드와 관계 설정되어 있으며 자치구별 인구에 따라 도서 대출에 대한 관계를 파악하려고 한다. '도서관현황' 페이지에서 인구와 대출자수의 관계를 차트로 표현하시오.

　－ 활용 필드 : 〈서울주민등록인구〉 테이블의 [인구] 필드, 〈전체도서관현황〉 테이블의 [대출자수] 필드

　－ 차트에 추세선과 대칭음영을 표시하시오.

　－ 차트를 도형 ①에 배치하시오.

① 도서관현황 페이지에서 [시각화] 창의 '분산형 차트(📊)'를 추가한다. [시각화] 창의 [시각적 개체에 빌드]에서 [X축]에 〈서울주민등록인구〉 테이블의 [인구] 필드를 추가한다. X축 필드(합계 인구개)에서 마우스 오른쪽 버튼을 클릭하여 '요약 안 함'을 적용한다.

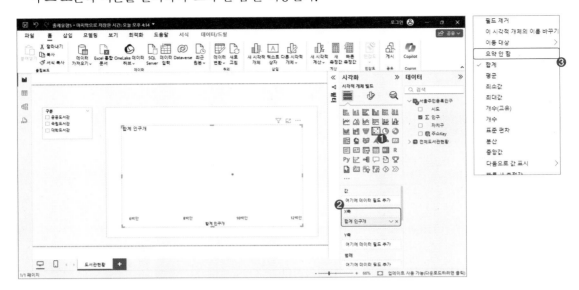

② [Y축]에 〈전체도서관현황〉 테이블의 [대출자수] 필드를 추가하고 Y축 필드(합계 대출자수)에서 마우스 오른쪽 버튼을 클릭하여 '요약 안 함'으로 적용한다.

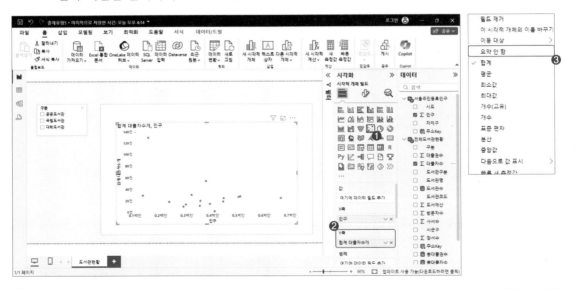

### 🅑 기적의 TIP

- 분산형 차트의 X축이나 Y축에 숫자형 필드를 추가하면 합계로 표시된다.
- 전체 데이터 분포로 비교하기 위해 필드에서 마우스 오른쪽 버튼을 클릭하여 '데이터 요약 안 함'을 설정한다.

③ 인구와 대출자수의 관계를 파악할 수 있다.

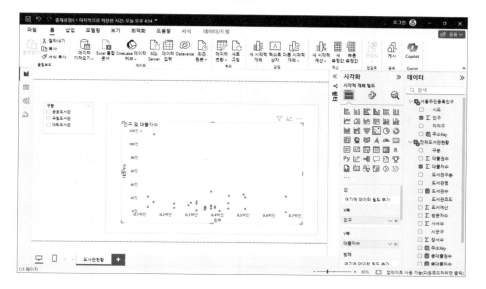

④ [시각화] 창의 [시각적 개체 추가 분석 추가]에서 [추세선]을 적용하고 [대칭 음영]을 설정한다.

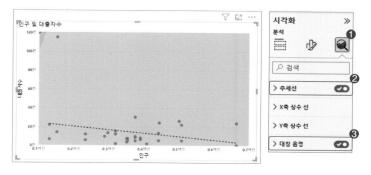

인구와 대출자수는 음의 관계를 나타낸다.

⑤ 차트의 크기와 위치를 조정한 후 도형 ①에 배치한다.

**거품형 차트**

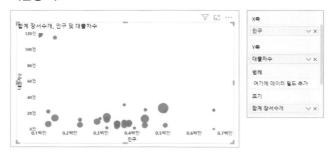

분산형 차트의 [X축], [Y축], [크기] 영역에 데이터를 추가하면 거품 크기로 3개의 데이터 계열에 대한 관계를 표시한다. 위의 차트는 인구와 대출자수, 장서수에 대한 관계를 시각화한 결과이다.

# SECTION 04

**난이도** 상 **중** 하

# 테이블 구성하기

작업 파일 ▶ [C:₩2025경영정보시각화실기₩핵심이론₩Chapter02₩Section04] 폴더에서 작업하시오.

## ➕ 더 알기 TIP

### 테이블(Table) 시각적 개체 활용

테이블(📊)은 행과 열로 구성된 데이터의 리스트 형태의 시각적 개체로, 단순한 데이터 나열 형태로 시각화한다.

## ➕ 더 알기 TIP

### 행렬(Matrix) 활용

행렬(▦)은 피벗 테이블과 유사한 형태로 데이터 요약 및 그룹화하는 시각적 개체로, 행과 열로 그룹화하고 계층 구조로 데이터 탐색이 가능하다.

## ➕ 더 알기 TIP

### 테이블(행렬) 기본 서식 옵션

| 속성 | 설명 |
| --- | --- |
| 스타일 사전 설정 | 테이블에 굵은 헤더, 대체 행, 스파스 등과 같은 스타일을 설정할 수 있다. |
| 눈금 | • 테이블에 가로와 세로 눈금선을 설정하고 테두리를 설정할 수 있다.<br>• 옵션에서 '행 안쪽 여백'을 조정하여 행 높이를 조정하고, '전역 글꼴 크기'에서 테이블의 전체 글꼴 크기를 설정한다. |
| 값 | 값의 글꼴 서식, 색상, 배경색 등 서식을 설정한다. |
| 열 머리글 | 열 머리글의 텍스트 서식을 설정하는 것으로, 옵션의 '자동 크기 너비'를 해제하면 고정된 열 너비를 사용하게 된다. |
| 합계 | 테이블의 합계 행에 값 표시 여부와 서식을 설정한다. |
| 특정 열 | 테이블에 추가된 계열을 선택하여 색상, 표시 단위 등의 서식을 설정한다. |
| 셀 요소 | 계열별로 배경색, 글꼴 색, 데이터 막대, 아이콘, 웹 URL의 서식을 적용하고 조건부 서식 설정을 변경한다. |
| URL 아이콘 | 웹 URL을 아이콘(🔗)으로 표시한다. |
| 이미지 크기 | 셀 안의 이미지 크기를 조정한다. |

### 행렬 주요 서식 옵션

| 속성 | 설명 |
| --- | --- |
| 레이아웃 및<br>스타일 사전 설정 | • 행렬에 굵은 헤더, 대체 행, 스파스 등과 같은 스타일을 설정한다.<br>• 레이아웃에서 압축, 윤곽선, 테이블 형식으로 변경, 테이블 형식을 적용하면 행 머리글을 분리하여 다른 열로 표시한다. |
| 행 머리글 | 행 머리글의 텍스트 서식이나 +/− 아이콘 서식을 설정한다. |
| 열 소계 | 열 수준별을 설정하여 부분합을 표시한다. |
| 행 소계 | 행 수준별을 설정하여 부분합을 표시하고, 위치를 설정한다. |
| 열 총합계 | 열 총합계의 텍스트에 서식을 적용한다. |
| 행 총합계 | 행 총합계의 텍스트에 서식을 적용한다. |

### 행렬 데이터 탐색

• 행렬의 행이나 열 영역에 여러 개의 필드를 추가하면 계층 구조(Drill-down)로 표시되며 시각화 드릴 모드를 이용하여 데이터를 탐색한다.
• 날짜(연도, 분기, 월, 일), 제품(분류명, 제품분류명, 제품명), 부서(본부, 팀, 사원) 등의 필드를 계층 구조로 사용할 수 있다.

| 속성 | 아이콘 | 설명 |
| --- | --- | --- |
| 드릴온 | 드릴온 ⬚˅<br>행<br>열 | • 행과 열 영역에 여러 개의 필드를 추가하면 표시된다.<br>• 계층 구조를 확장할 행/열을 선택 후 시각화 드릴 모드로 데이터를 탐색한다. |
| 드릴업 | ↑ | 낮은 수준에서 높은 수준으로 계층을 이동한다.<br>⬛ 일 → 월 → 분기 → 연도 순으로 한 수준씩 이전 수준으로 이동한다. |
| 드릴다운 | ↓ | 드릴다운을 켠 상태에서 테이블의 데이터 요소를 클릭하면 선택한 요소를 집중적으로 탐색한다.<br>⬛ 연도(2024)→ 연도, 분기(2024 Q1) → 연도, 분기, 월(2024 Q1 JAN) → 연도, 분기, 월, 일(2024 Q1 JAN 1) 순으로 한 수준씩 다음 수준으로 이동한다. |
| 계층 구조에서<br>다음 수준으로 이동 | ↓↓ | 계층별 수준으로 탐색한다.<br>⬛ 연도 → 분기 → 월 → 일 순으로 다음 수준으로 이동 |
| 계층 구조에서<br>한 수준 아래로 모두 확장 | ⹇ | 이전 계층 수준과 함께 다음 계층 수준으로 데이터를 탐색한다.<br>⬛ 연도 → 연도, 분기 → 연도, 분기, 월 → 연도, 분기, 월, 일 |

**출제유형 ①** **테이블**

'**출제유형1.pbix**' 파일을 열고 다음 지시사항에 따라 테이블을 구현하시오.

▶ '분류별' 페이지에 분류별 실적과 비율을 테이블로 표현하시오.
  – 활용 필드 : 〈도서목록〉 테이블의 [분류명] 필드, 〈◎측정값〉 테이블의 [총수량], [총금액] 측정값
  – 비율은 '총금액의 백분율'로 표현
▶ 테이블에 다음 서식을 적용하시오.
  – 스타일 '굵은 헤더',
  – 눈금 : 세로 눈금선 설정, 테두리의 위/아래 색 '#096660', 너비 '2', 행 안쪽 여백 '5', 전역 글꼴 크기 '14'
  – 글꼴 '굵게', 배경색 '#096660', 머리글 맞춤 '가운데', 열 너비의 '자동 크기 너비' 옵션 해제
  – [총수량] 필드의 값과 합계에 텍스트 색 '#096660', 맞춤 '가운데'
▶ 테이블에 조건부 서식을 설정하시오.
  – 계열 : 총금액
  – 조건부 서식 : 데이터 막대, 양수 막대 색상 '#F5C4AF'로 설정
▶ [총금액] 필드를 기준으로 내림차순 정렬을 적용하시오.
▶ 테이블을 도형 ①에 배치하시오.

① 분류별 페이지에서 [시각화] 창의 '테이블(▦)'을 추가한다. [시각화] 창의 [시각적 개체에 빌드]에서 [열]에 〈도서목록〉 테이블의 '분류명' 필드, 〈◎측정값〉 테이블의 [총수량], [총금액], [총금액]을 추가한다.

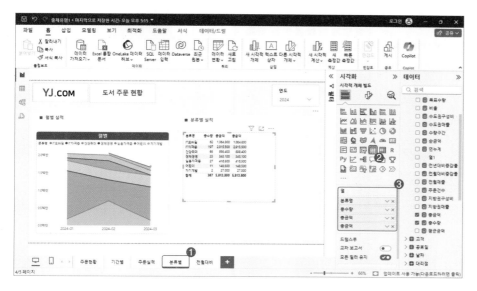

② [열] 영역의 두 번째 [총금액] 측정값에서 마우스 오른쪽 버튼을 클릭하여 [다음으로 값 표시]−[총합계의 백분율]을 클릭한다. '%GT 총금액'을 더블클릭하여 이름을 '비율'로 변경한다.

③ [시각화] 창의 [시각적 개체 서식 지정]을 클릭한다. [시각적 개체]의 [스타일 사전 설정]에서 '굵은 헤더'를 적용한다.

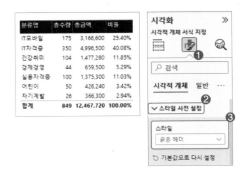

④ [눈금]에서 [세로 눈금선]을 설정한다. [테두리]에서 '위쪽', '아래쪽'에 체크하고, [색]−[다른 색]−[헥스]에 '#096660'을 입력한 다음 너비는 '2'로 설정한다. [옵션]에서 행 안쪽 여백은 '5', 전역 글꼴 크기를 '14'로 지정한다.

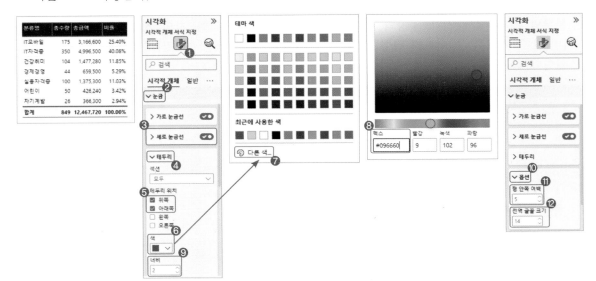

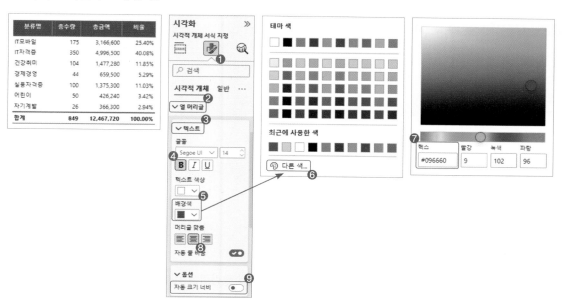 에서 글꼴을 '굵게' 지정하고 [배경색]−[다른 색]−[헥스]에 '#096660'을 입력한
다음 머리글 맞춤은 '가운데'로 설정한다. [옵션]에서 '자동 크기 너비'의 설정을 해제한다. 테이블의 열
너비를 적절히 조정한다.

⑤ [열 머리글]−[텍스트]에서 글꼴을 '굵게' 지정하고 [배경색]−[다른 색]−[헥스]에 '#096660'을 입력한
다음 머리글 맞춤은 '가운데'로 설정한다. [옵션]에서 '자동 크기 너비'의 설정을 해제한다. 테이블의 열
너비를 적절히 조정한다.

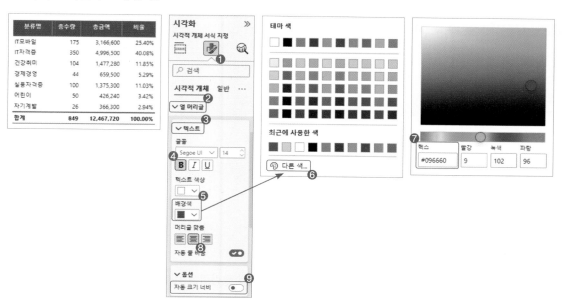

**기적의 TIP**

자동 크기 너비 옵션 설정을 해제하면 고정된 열 너비를 사용한다.

⑥ [특정 열]에서 [설정 적용 대상]의 계열을 [총수량]으로 변경하고 '합계에 적용'을 설정한다. [값]의 [텍스
트 색상]−[다른 색]−[헥스]에 '#096660'을 입력하고, 맞춤을 '가운데'로 설정한다.

**기적의 TIP**

[특정 열]에서 계열을 선택하면 '값에 적용'은 기본으로 설정되어 있다.

⑦ [셀 요소]에서 [설정 적용 대상]의 계열을 [총금액]으로 변경한다. 데이터 막대를 설정으로 변경하고 조건부 서식([fx])을 클릭한다. [데이터 막대] 대화상자에서 양수 막대의 [색]-[다른 색]-[헥스]에 '#F5C4AF'를 입력하고 [확인]을 클릭한다.

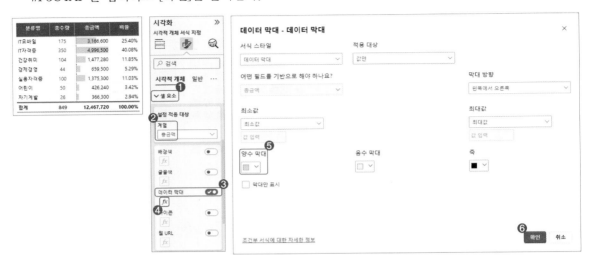

⑧ 테이블의 추가 옵션([…])을 클릭하여 [정렬 기준]-[총금액]을 클릭하고 내림차순 정렬로 설정한다.

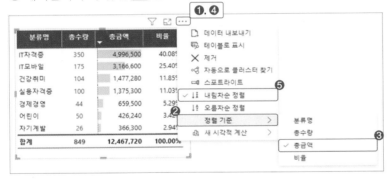

🎁 기적의 TIP

테이블 시각적 개체에 이미 내림차순 정렬이 적용되어 있다면 다시 설정할 필요가 없다.

⑨ 테이블의 크기와 위치를 조정하고 도형 ①에 배치한다.

**출제유형 ②** **행렬**

'**출제유형2.pbix**' 파일을 열고 다음 지시사항에 따라 행렬을 구현하시오.

전월대비 페이지의 연도 슬라이서에 '2024', 분류명 슬라이서에 'IT모바일'로 필터가 적용된 상태에서 작업하시오.

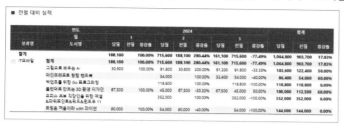

▶ '전월대비' 페이지에 제품별, 기간별 실적을 행렬 차트로 표현하시오.
  – 활용 필드 : 〈도서목록〉 테이블 [분류명], [도서명] 필드, 〈날짜〉 테이블의 [연도], [월] 필드, 〈◎측정값〉 테이블의 [총금액], [전월매출], [전월대비증감률]
  – 이름 : 총금액 → 당월, 전월매출 → 전월, 전월대비증감률 → 증감률로 변경
▶ 행렬 차트에 다음 서식을 적용하시오.
  – 행 머리글은 계층 구조를 모두 확장하여 도서명까지 표시
  – 열 머리글은 계층 구조를 모두 확장하여 월까지 표시
  – 테두리 : 위/아래 색 '#096660', 너비 '2', 행 안쪽 여백 '3', 전역 글꼴 크기 '11'
  – 열 머리글 : 글꼴 '굵게', 배경색 '#096660', 머리글 맞춤 '가운데', 열 너비의 '자동 크기 너비 옵션' 해제
  – 레이아웃 : 테이블 형식
  – 월의 부분합 표시 해제
▶ 차트를 도형 ①에 배치하시오.

① 전월대비 페이지에서 [시각화] 창의 '행렬(▦)'을 추가한다. [시각화] 창의 [시각적 개체에 빌드]에서 [행]에 〈도서목록〉 테이블의 [분류명], [도서명] 필드, [열]에 〈날짜〉 테이블의 [연도], [월] 필드, [값]에 〈◎측정값〉 테이블의 [총금액], [전월매출], [전월대비증감률] 측정값을 추가한다.

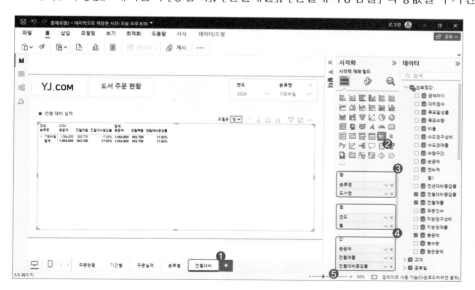

② [값]의 이름을 더블클릭하여 '총금액'은 '당월', '전월매출'은 '전월', '전월대비증감률'은 '증감률'로 이름을 변경한다.

③ 행렬의 [드릴온]이 '행'인 상태에서 계층 구조에서 한 수준 아래로 모두 확장( )을 클릭하여 도서명까지 표시한다.

④ [드릴온]을 '열'로 변경하고 계층 구조에서 한 수준 아래로 모두 확장( )을 클릭하여 월까지 표시한다.

⑤ [시각화] 창의 [시각적 개체 서식 지정]을 클릭한다. [시각적 개체]의 [눈금]–[테두리]에서 섹션이 '모두'인 상태에서 위쪽, 아래쪽을 체크 표시하고 [색]–[다른 색]–[헥스]에 '#096660'을 입력한 다음 너비는 '2'로 설정한다. [옵션]에서 행 안쪽 여백은 '3', 전역 글꼴 크기를 '11'로 설정한다.

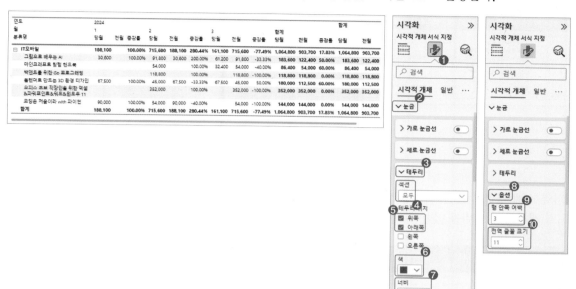

⑥ [열 머리글]–[텍스트]에서 글꼴은 '굵게', 텍스트 색상 '흰색', 배경색 '#096660', 머리글 맞춤 '가운데'로 설정하고 [옵션]에서 '자동 크기 너비'의 설정을 해제한다.

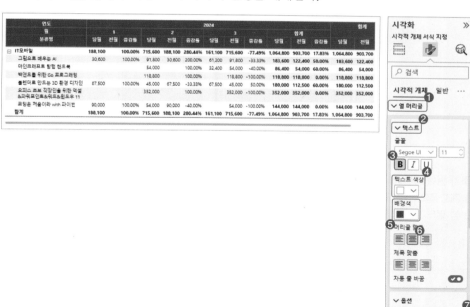

⑦ [레이아웃 및 스타일 사전 설정]−[레이아웃]을 '테이블 형식'으로 설정한다. 분류명과 도서명의 열 너비를 적절히 조정한다.

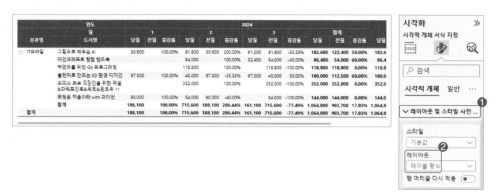

⑧ [열 소계]−[열 수준별] 옵션을 설정한다. 열 수준을 '월'로 선택하고 '부분합 표시'의 설정을 해제한다. 행렬 개체의 열 너비를 적절히 조정하고 도형 ①에 배치한다.

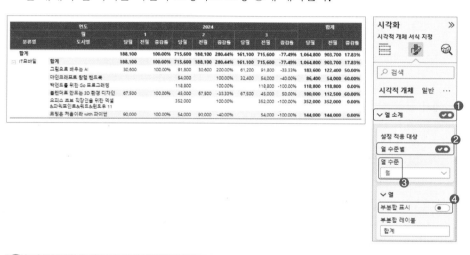

➕ 더 알기 TIP

**레이아웃의 종류**

• 압축 : 행 계층 구조가 들여쓰기 형태로 표현되어 계층적 데이터 탐색에 용이
• 윤곽선 : 행 그룹을 계층적으로 구분하여 표시되며 각 그룹의 상위 행이 강조되고, 하위 데이터가 들여쓰기가 됨
• 테이블 형식 : 모든 행 필드가 개별 열로 분리되어 표시되며 계층 구조 없이 데이터를 시각화

# 조건부 서식 활용

작업 파일 ▶ [C:₩2025경영정보시각화실기₩핵심이론₩Chapter02₩Section05] 폴더에서 작업하시오.

➕ 더 알기 TIP

**조건부 서식의 개념 · 특징 · 유형**

- 조건부 서식의 개념
  - 사용자가 설정한 일정한 조건에 따라, 데이터 값에 다양한 시각적 서식을 부여하는 방법이다.
- 조건부 서식의 특징
  - 시각적 개체에 조건부 서식을 적용하여 데이터 값에 따라 색상, 아이콘, 데이터 막대 등을 동적으로 변경하여 데이터의 패턴과 추세를 쉽게 파악할 수 있다.
  - 테이블(행렬)의 셀 요소, 차트의 열, 제목 등에 조건부 서식을 적용할 수 있다.
- 조건부 서식의 유형

| 유형 | 설명 |
|---|---|
| 배경색 | 값을 기준으로 셀에 배경색 설정, 최소값, 최대값이나 입력값으로 서식을 설정하거나 중간색을 추가하여 3가지 색상으로 설정할 수 있다. |
| 글꼴색 | • 값을 기준으로 글꼴에 색 설정, 최소값, 최대값이나 입력값으로 서식을 설정하거나 중간색을 추가하여 3가지 색상으로 설정할 수 있다.<br>• 배경색과 글꼴색을 동일한 색으로 적용하면 테이블 열에 색만 표시한다. |
| 데이터 막대 | • 값을 기준으로 막대를 사용하여 서식을 설정한다.<br>• 양수, 음수 색상을 변경하거나 막대 방향을 변경할 수 있다. |
| 아이콘 | 규칙이나 필드 값의 숫자나 백분율 구간을 설정하여 다양한 아이콘 스타일로 서식을 설정한다. |
| 웹 URL | 웹 사이트 URL이 포함된 열의 URL을 활성 링크로 적용한다. |

'출제유형1.pbix' 파일을 열고 다음 지시사항에 따라 조건부 서식을 적용하시오.

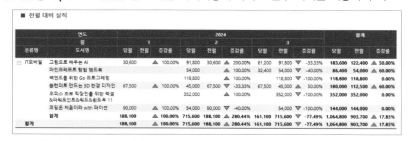

▶ '전월대비' 페이지의 행렬 차트에 조건부 서식을 적용하시오.
  – 계열 : 증감률
  – 조건부 서식 종류 : 아이콘
  – 서식 스타일 : 규칙
  – 규칙 : 숫자 범위로 0보다 크고 최대값보다 작거나 같은 경우 위쪽 삼각형(▲), 최소값보다 크거나 같고 0보
    다 작은 경우 아래쪽 삼각형(▼) 표시
  – 적용 대상 : 값 및 합계

① 전월대비 페이지의 행렬(전월 대비 실적) 시각적 개체를 선택하고 [시각화] 창의 [시각적 개체 서식 지
  정]을 클릭한다. [시각적 개체]–[셀 요소]에서 계열을 '증감률'로 선택하고 [아이콘]을 설정하고 조건부
  서식(𝑓𝑥)을 클릭한다.

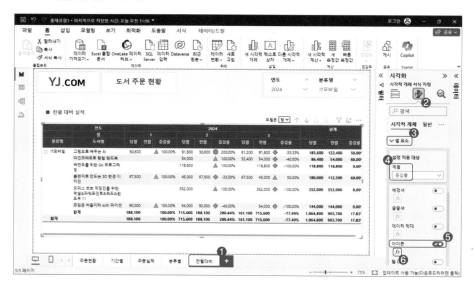

② [아이콘] 대화상자에서 서식 스타일 '규칙', '전월대비성장률' 필드 기반으로, 규칙1은 '>, 0, 숫자, <=, 최 대값, 숫자, 녹색 위쪽 삼각형(▲)', 규칙2는 '>=, 최소값, 숫자, <, 0, 숫자, 빨간색 아래쪽 삼각형(▼)'을 작성한다. 적용 대상을 '값 및 합계'로 변경하고 [확인]을 클릭한다.

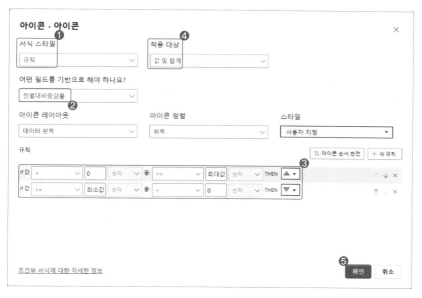

### 🅑 기적의 TIP

규칙 입력란의 숫자를 지우면 최소값, 최대값이 자동 표시된다.

③ 증감률에 조건부 서식이 적용된다. 열 너비를 적절히 조정한다.

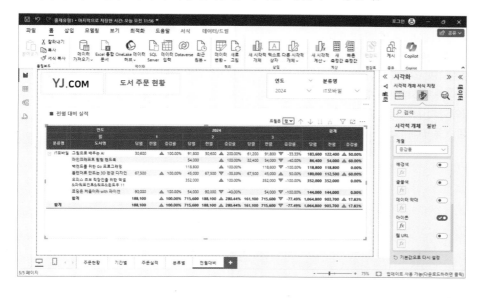

### 조건부 서식 적용과 제거

[값]의 필드에서 마우스 오른쪽 버튼을 클릭하여 조건부 서식을 빠르게 적용하거나 제거할 수 있다.

---

**출제유형 ②** **동적인 조건부 서식 적용하기**

'**출제유형2.pbix**' 파일을 열고 다음 지시사항에 따라 조건부 서식을 적용하시오.

'주문실적' 페이지의 연도 슬라이서에 '2024', 담당자 슬라이서에 '강영수'로 필터가 적용된 상태에서 작업하시오.

▶ 담당자 슬라이서에서 선택한 값을 반환하는 측정값을 작성하시오.
- 측정값 이름 : 담당자제목
- 활용 필드 : 〈대리점〉 테이블의 [담당자] 필드
- 담당자 슬라이서에서 선택한 값을 반환하고 그 외는 공백 반환
- 사용 함수 : SELECTEDVALUE, BLANK, & 연산자
- 결과 : 담당자 이름과 텍스트 반환(**예** 강영수 목표대비실적)

▶ '주문실적' 페이지의 계기 차트(목표대비실적) 제목에 [담당자제목] 측정값을 조건부 서식으로 표현하시오.
- 제목 예시 : 강영수 목표대비실적

① 보고서 보기(📊)에서 〈◎측정값〉 테이블을 선택하고 [테이블 도구]-[계산]그룹에서 [새 측정값]을 선택한다.

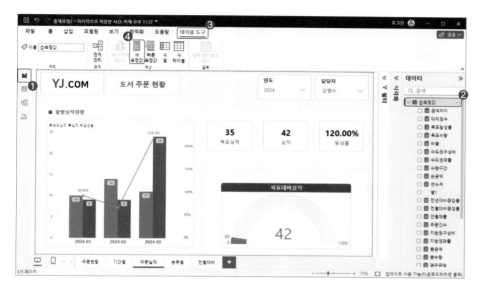

② 수식 입력줄에 '담당자제목=SELECTEDVALUE('대리점'[담당자],BLANK())&" 목표대비실적"'을 입력하고 [Enter]를 누른다.

💬 수식 설명

(1) SELECTEDVALUE('대리점'[담당자],BLANK()) : '담당자' 슬라이서에서 필터링한 값을 반환하고 필터 값이 없거나 다른 값을 필터링하면 공백을 반환

(2) =(1)&" 목표대비실적" : (1)의 값에 '목표대비실적'을 연결하여 반환

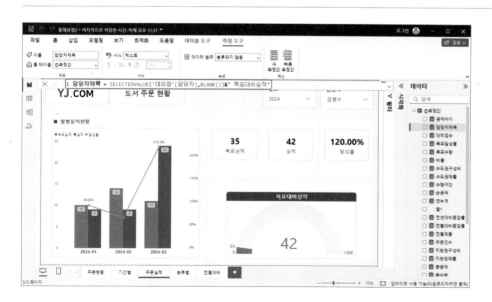

③ 주문실적 페이지의 계기 차트(목표대비실적)를 선택한 후 [시각화]창의 [시각적 개체 서식 지정]을 클릭한다. [일반]-[제목]-[제목]의 텍스트의 조건부 서식($fx$)을 클릭한다.

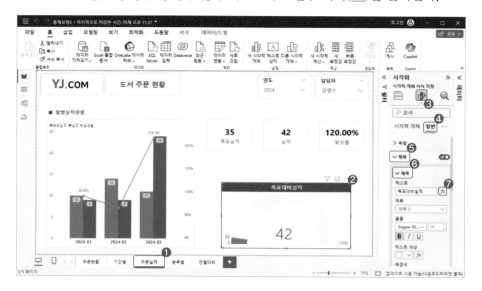

④ [제목 텍스트] 대화상자에서 서식 스타일 '필드 값', 어떤 필드를 기반으로 해야 하나요?'에서 측정값 '담당자제목'을 선택하고 [확인]을 클릭한다.

⑤ 계기 차트 제목에 '강영수 목표대비실적' 텍스트가 표시된다. '담당자' 슬라이서에서 값을 변경하면 계기
   차트의 제목이 변경된다.

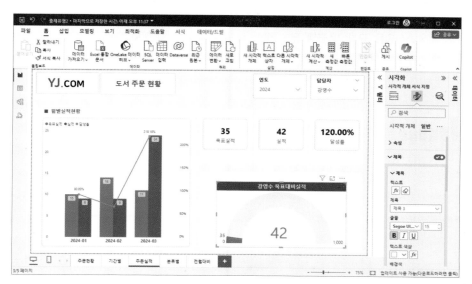

**➕ 더 알기 TIP**

## 조건부 서식으로 막대 색 변경하기

막대형 차트에서 총금액이 1,000,000원 이상인 막대 색을 변경하기 위해 [시각적 개체]–[열]–[색]에서 조건부 서식()을 클릭한다. [색] 대화상자에서 서식 스타일은 '규칙', '총금액' 필드 기반으로 규칙1에 '〉=, 1000000, 숫자, 〈=, 최대값, 숫자, 색(#094780)'으로 설정하고 [확인]을 클릭한다.

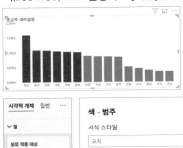

CHAPTER

# 03

# 대화식 화면 구현

**학습 방향**

대화형 보고서 작성을 위해 필터, 상호 작용 편집, 책갈피, 매개 변수와 같은 도구 활용 방법에 대해 출제된다. 시각적 개체나 페이지에 필터를 적용하거나 개체 간 상호 작용 동작 방식을 편집할 수 있어야 한다. 또한 페이지 탐색기, 매개 변수를 활용해 데이터를 탐색하는 방법은 반드시 학습해 두어야 한다.

SECTION

# 01

필터 활용

난이도 상 중 **하**
반복학습 1 2 3

작업 파일 ▶ [C:₩2025경영정보시각화실기₩핵심이론₩Chapter03₩Section01] 폴더에서 작업하시오.

---

➕ 더 알기 TIP

**필터의 개념 · 특징 · 형식 · 유형**

• 필터의 개념
- 필터(Filter)는 데이터 집합에서 사용자가 원하는 조건에 맞는 데이터만 선별하여 표시하거나 분석할 수 있도록 제한하는 기능이다.
• 필터의 특징
- 필터는 데이터의 특정 값을 선택하여 분석할 때 사용한다.
- [필터] 창에서 시각적 개체 필터, 페이지 필터, 보고서 필터를 사용할 수 있다.
- 특정 페이지를 드릴스루 필터로 설정할 수 있다.
• 필터의 형식

| 필터 형식 | 설명 |
|---|---|
| 기본 필터링 | 목록에서 필터 값을 선택하여 적용한다. |
| 고급 필터링 | 보다 큼, 보다 작음, 포함, 포함하지 않음 등의 조건으로 필터한다. |
| 상위 N | 선택한 시각적 개체에만 적용하며 상위(하위) N개를 필터한다. |
| 상대 날짜 | 특정 시점에서 지난, 현재, 다음 기준으로 일, 주, 주(달력), 개월, 개월(달력), 년, 년(달력) 기준으로 필터한다. |
| 상대 시간 | 특정 시점에서 지난, 현재, 다음 기준으로 분, 시간 단위로 필터한다. |

• 필터의 유형

| 유형 | 설명 |
|---|---|
| 시각적 개체 필터 | 선택한 시각적 개체에 필터를 적용한다. |
| 페이지 필터 | 현재 페이지에 필터를 적용한다. |
| 모든 페이지의 필터 | 보고서 전체에 필터를 적용한다. |
| 드릴스루 필터 | 드릴스루 페이지를 구성하여 필터를 적용한다. |

---

출제유형 ❶ **주문현황 보고서에 필터 적용하기**

'출제유형1.pbix' 파일을 열고 다음 지시사항에 따라 필터를 적용하시오.

▶ 보고서의 전체 페이지에 고급 필터링을 사용하여 [수량] 필드 값이 공백인 경우는 제외하시오.
▶ '주문현황' 페이지의 묶은 세로 막대형 차트(분류별)에 총금액이 가장 높은 상위 5개의 분류명만 표시하시오.
▶ 분류별 페이지를 분류명 드릴스루 페이지로 설정하시오.
- 활용 필드 : 〈도서목록〉 테이블의 [분류명] 필드

① 주문현황 페이지에서 [필터] 창을 확장한다. [모든 페이지의 필터]의 [여기에 데이터 필드 추가] 영역에
〈주문내역〉 테이블의 [수량] 필드를 추가한다.

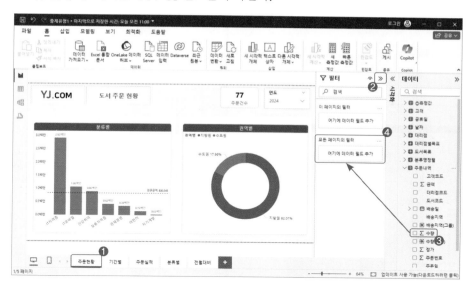

② 수량의 필터 형식은 '고급 필터링', 다음 값일 경우 항목 표시에서 '공백이 아님'을 선택하고 [필터 적용]
을 클릭한다. [수량] 필드가 공백인 데이터는 모든 페이지의 시각화에 포함되지 않는다. 카드(주문건수)
의 값이 77개에서 75개로 변경된 것을 확인할 수 있다.

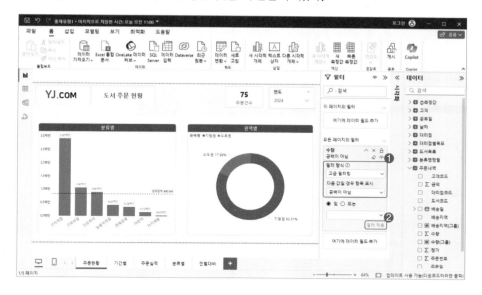

③ 주문현황 페이지에서 묶은 세로 막대형 차트(분류별)를 선택 후 [필터] 창의 [이 시각적 개체의 필터]의 '분류명'의 필터 카드를 확장한다.

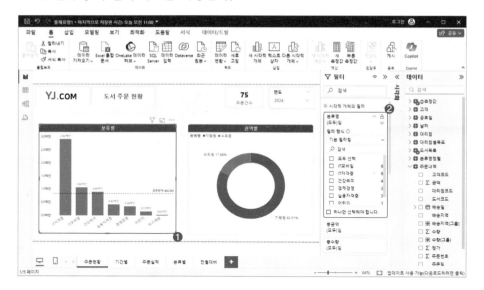

④ 필터 형식에서 '상위N'을 선택한다. 항목 표시 '위쪽', '5'를 입력하고, 값에 〈◎측정값〉 테이블의 [총금액] 측정값을 추가한 후 [필터 적용]을 클릭한다.

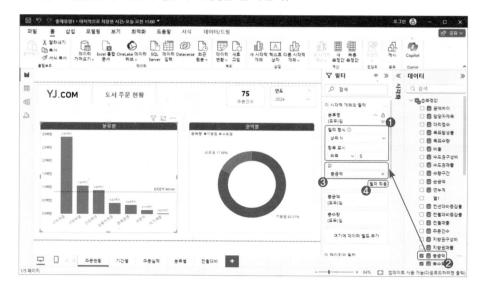

⑤ 차트에 총금액이 높은 순서대로 5개의 분류명이 표시된다.

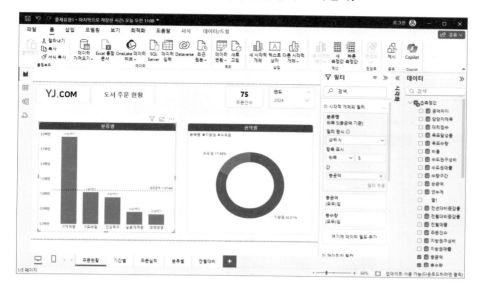

⑥ 분류별 페이지에서 빈 영역을 클릭한다. [시각화] 내 [드릴스루] 영역의 [여기에 드릴스루 필드 추가] 영역에 〈도서목록〉 테이블의 [분류명] 필드를 추가한다.

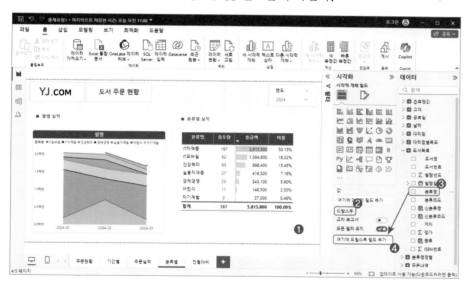

⑦ 분류별 페이지가 드릴스루 페이지용으로 설정된다.

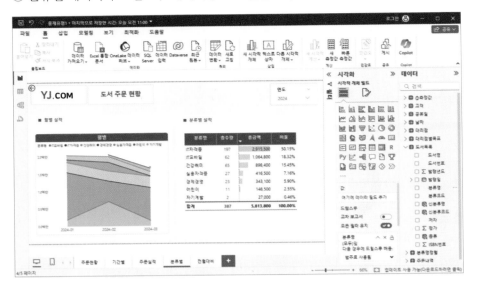

### 🅑 기적의 TIP

**드릴스루 필터**

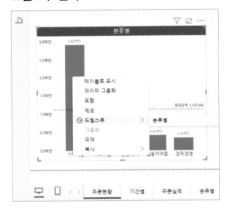

(1) 다른 페이지에서 분류별 필드를 사용하는 차트의 데이터 요소(IT자격증)에서 마우스 오른쪽 버튼을 클릭한다.
(2) [드릴스루]-[분류별]을 클릭하면 분류별 페이지로 이동하고 선택한 값으로 필터가 적용된다.

**출제유형 ②** **도서관현황 보고서에 필터 적용하기**

'출제유형2.pbix' 파일을 열고 다음 지시사항에 따라 필터를 적용하시오.

▶ '도서관현황' 페이지에 필터를 적용하시오.

- 기본 필터링 사용

- 활용 필드 : 〈전체도서관현황〉 테이블의 [구분], [행정구역] 필드

- 조건 : [구분] 필드 값이 '공공도서관' 또는 '대학도서관' 중에서 [행정구역]이 '서울'인 경우

▶ 누적 가로 막대형 차트에 대출권수가 가장 많은 상위 10개의 도서관명을 표시하시오.

- 활용 필드 : 〈전체도서관현황〉 테이블의 [총대출권수] 측정값

① 도서관현황 페이지에서 [필터] 창을 확장한다. [이 페이지의 필터]의 여기에 [데이터 필드 추가] 영역에 〈전체도서관현황〉 테이블의 [구분] 필드를 추가한다.

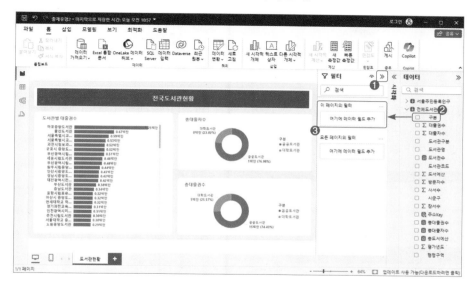

② 필터 형식이 '기본 필터링'에서 '공공도서관', '대학도서관'에 체크한다.

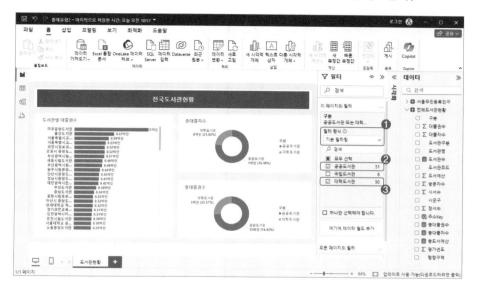

③ [이 페이지의 필터]의 [여기에 데이터 필드 추가] 영역에 〈전체도서관현황〉 테이블의 [행정구역] 필드를 추가하고, 필터 형식은 '기본 필터링'에서 '서울'에 체크한다.

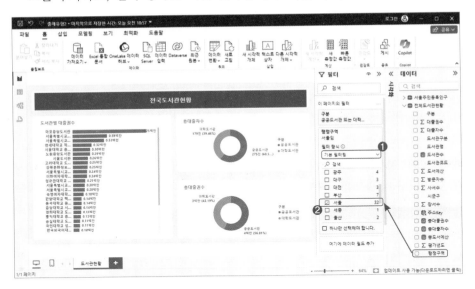

④ 누적 가로 막대형 차트(도서관별 대출권수)를 선택 후 [필터] 창의 [이 시각적 개체의 필터]에서 '도서관명'의 필터 카드를 확장한다. 필터 형식을 '상위N'을 선택하고, 항목 표시 '위쪽', '10'를 입력하고, [값]에 [총대출권수] 측정값을 추가한 후 [필터 적용]을 클릭한다.

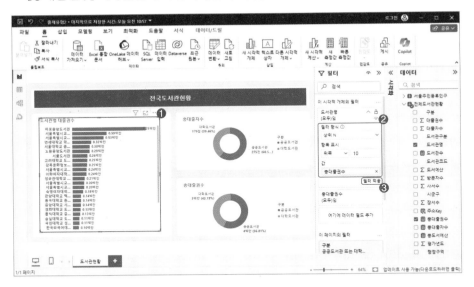

⑤ 차트에 총대출권수가 높은 순서대로 상위 10개의 도서관명이 표시된다.

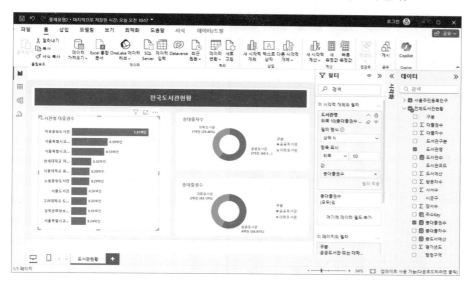

# SECTION 02

**상호 작용 편집 활용**

난이도 (상) **(중)** (하)
반복학습 [1] [2] [3]

작업 파일 ▶ [C:₩2025경영정보시각화실기₩핵심이론₩Chapter03₩Section02] 폴더에서 작업하시오.

---

⊕ 더 알기 TIP

**상호 작용 편집의 개념 · 방식**

• 상호 작용 편집의 개념
  – 상호 작용 편집은 보고서 내 시각적 개체 간의 데이터 필터링이나 강조 방식을 조정하는 기능이다.
• 상호 작용 편집의 방식
  – 상호 작용 편집은 '필터', '강조 표시', '없음'으로 설정할 수 있다.

| 컨트롤 | 아이콘 | 설명 |
|---|---|---|
| 필터 | 📊 | 선택한 값으로 다른 시각적 개체에 데이터가 필터된다. |
| 강조 표시 | 📊 | 선택한 값에 해당하는 부분만 강조되고 나머지 값은 흐려진다. |
| 없음 | ⊘ | 특정 시각적 개체에 영향을 주지 않는다. |

– 상호 작용 편집을 변경하려면 시각적 개체를 선택하고(①), [서식]–[상호 작용 편집]을 클릭하여(②), 다른 시각적 개체의 상호 작용의 동작 방식(필터 · 강조 표시 · 없음)을 변경한다(③).

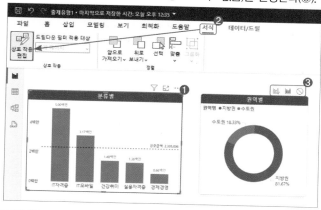

---

출제유형 ❶   **주문현황 보고서의 상호 작용 편집**

'출제유형1.pbix' 파일을 열고 다음 지시사항에 따라 상호 작용 편집을 변경하시오.

▶ '주문현황' 페이지의 묶은 세로 막대형 차트에서 선택한 값이 도넛형 차트에 필터가 적용되도록 설정하시오.

▶ '주문현황' 페이지의 도넛형 차트에서 선택한 값이 묶은 세로 막대형 차트에 필터가 적용되도록 설정하시오.

▶ '주문실적' 페이지의 꺾은선형 및 묶은 세로 막대형 차트에서 선택한 값이 계기 차트에는 적용되지 않도록 설정하시오.

① 주문현황 페이지에서 묶은 세로 막대형 차트를 선택한 후 [서식]-[상호 작용]그룹에서 [상호 작용 편집]을 클릭한다.

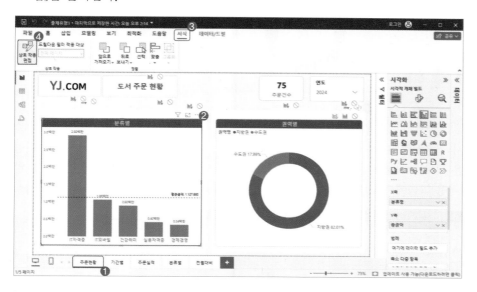

② 도넛형 차트의 필터(📊)를 클릭한다. 묶은 세로 막대형 차트에서 데이터 요소를 클릭하면 도넛형 차트에 필터가 적용된다.

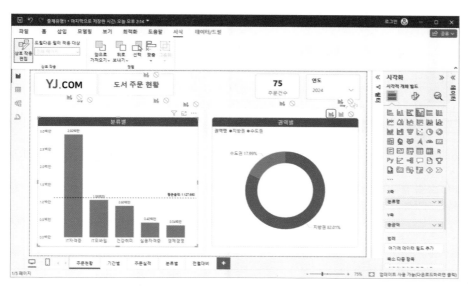

③ 도넛형 차트를 선택한 후 묶은 세로 막대형 차트의 필터(▥)를 클릭한다. 도넛형 차트에서 데이터 요소를 클릭하면 묶은 세로 막대형 차트에 필터가 적용된다.

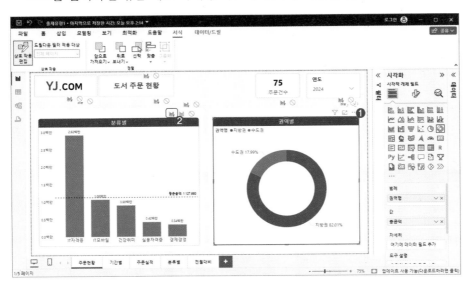

④ 주문실적 페이지에서 꺾은선형 및 묶은 세로 막대형 차트를 선택한다. 계기 차트의 없음(◌)을 클릭한다. 꺾은선형 및 묶은 세로 막대형 차트에서 데이터 요소를 클릭하면 계기 차트에는 필터가 적용되지 않는다. [서식]–[상호 작용]그룹에서 [상호 작용 편집]을 클릭하여 편집 모드를 해제한다.

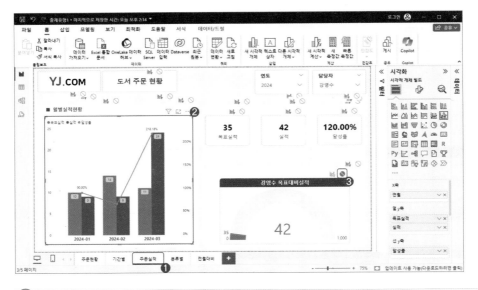

🅑 기적의 TIP

• 막대형 차트에서 데이터 요소를 클릭하면 원형 차트나 도넛형 차트, 막대형 차트는 데이터가 강조로 표시된다.
• [상호 작용 편집]을 이용해 시각적 개체가 동작하는 방식을 편집할 수 있다.

**출제유형 ②** **도서관현황 보고서의 상호 작용 편집**

'**출제유형2.pbix**' 파일을 열고 다음 지시사항에 따라 상호 작용 편집을 변경하시오.

▶ '도서관현황' 페이지의 누적 가로 막대형 차트에서 선택한 값이 도넛형 차트(총대출자수)와 도넛형 차트(총대출권수)에 필터가 적용되도록 설정하시오.

▶ '도서관현황' 페이지의 도넛형 차트(총대출자수)에서 선택한 값이 누적 가로 막대형 차트에 필터가 적용되도록 설정하시오.

▶ '도서관현황' 페이지의 도넛형 차트(총대출권수)에서 선택한 값이 누적 가로 막대형 차트에 필터가 적용되도록 설정하시오.

① 도서관현황 페이지에서 누적 가로 막대형 차트를 선택한 후 [서식]-[상호 작용]그룹에서 [상호 작용 편집]을 클릭한다.

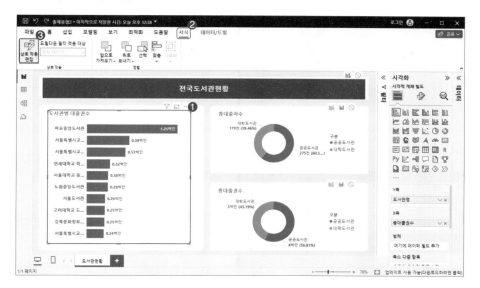

② 도넛형 차트(총대출자수)의 필터(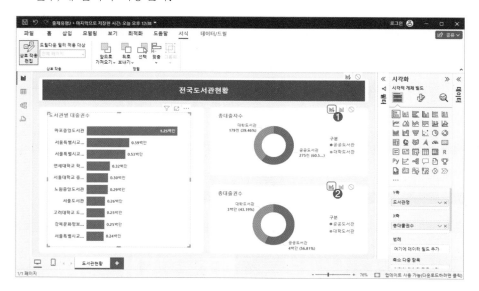)를 클릭하고 도넛형 차트(총대출권수)의 필터()를 클릭한다. 누적 가로 막대형 차트에서 데이터 요소를 클릭하면 도넛형 차트(총대출자수)와 도넛형 차트(총대출권수)에 필터가 적용된다.

③ 도넛형 차트(총대출자수)를 선택한 후 누적 가로 막대형 차트의 필터(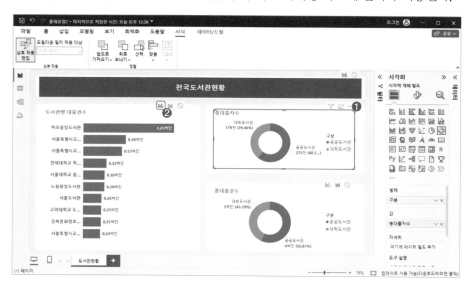)를 클릭한다. 도넛형 차트(총대출자수)에서 데이터 요소를 클릭하면 누적 가로 막대형 차트에 필터가 적용된다.

④ 도넛형 차트(총대출권수)를 선택한 후 누적 가로 막대형 차트의 필터(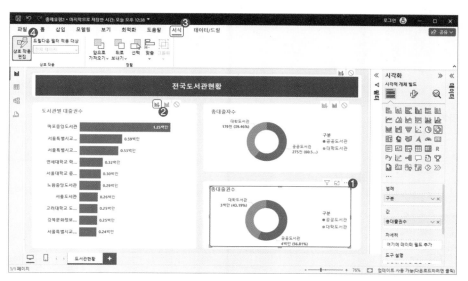)를 클릭한다. 도넛형 차트(총대
출권수)에서 데이터 요소를 클릭하면 누적 가로 막대형 차트에 필터가 적용된다. [서식]−[상호 작용]그
룹에서 [상호 작용 편집]을 클릭하여 편집 모드를 해제한다.

# 도구 설명 페이지 활용

작업 파일 ▶ [C:₩2025경영정보시각화실기₩핵심이론₩Chapter03₩Section03] 폴더에서 작업하시오.

---

➕ 더 알기 TIP

### 도구 설명 페이지 구성하기

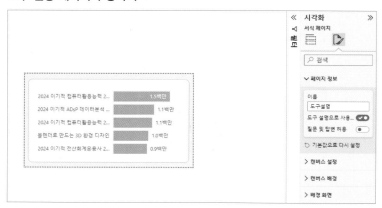

- 도구 설명 페이지의 특징
  - 도구 설명은 특정 데이터 요소에 마우스를 올렸을 때 나타나는 정보 창이다.
  - 도구 설명 페이지를 구성해서 사용하면 기본 도구 설명보다 더 많은 정보와 맞춤형 시각적 개체를 제공할 수 있다.
- 도구 설명 페이지의 활용법
  - 새 페이지의 [페이지 설정]에서 '도구 설명으로 사용'을 설정하고 [시각화] 창의 도구 설명 영역에 원하는 필드나 측정 값을 추가하면 도구 설명 페이지를 구성할 수 있다.
  - 또한 여러 페이지를 도구 설명 페이지로 구성하여 차트마다 다른 도구 설명 페이지가 표시되도록 구성할 수 있다.

---

**출제유형 ①** **주문현황 보고서에 도구 설명 페이지 구성하기**

'출제유형1.pbix' 파일을 열고 다음 지시사항에 따라 도구설명을 구현하시오.

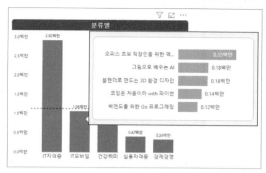 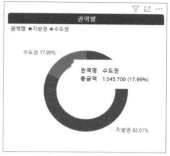

▶ '도구설명' 페이지를 도구 설명 페이지로 설정하시오.
  – 캔버스 유형 : 사용자 지정
  – 캔버스 크기 : 높이 '230', 너비 '400', 세로 맞춤 '중간'
  – 〈◎측정값〉 테이블의 [총금액] 측정값을 사용하는 시각적 개체에 표시

▶ '주문현황' 페이지의 묶은 세로 막대형 차트는 '도구설명' 페이지를 표시하시오.

▶ '주문현황' 페이지의 도넛형 차트는 기본값으로 표시하시오.

① 도구설명 페이지에서 [시각화] 창의 [보고서 페이지 서식 지정]을 클릭한다. [페이지 정보]에서 '도구 설명으로 사용' 옵션을 설정한다.

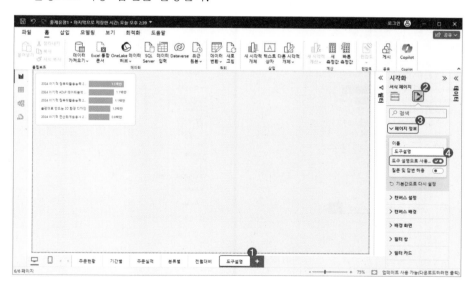

② [캔버스 설정]의 유형을 '사용자 지정'으로 변경하고 높이는 '230', 너비는 '400', 세로 맞춤은 '중간'으로 설정한다.

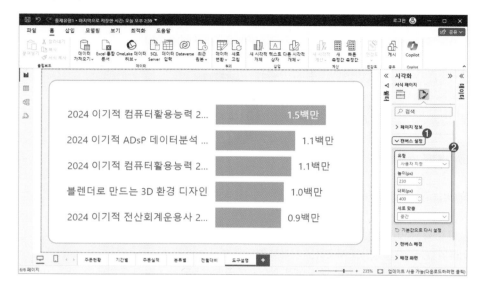

③ [보기]-[크기 조정]그룹에서 [페이지 뷰]-[실제 크기]를 선택한다.

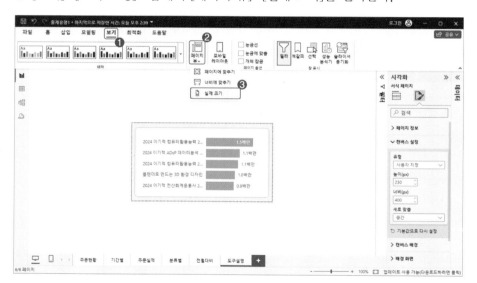

④ [시각화] 창의 [시각적 개체에 데이터 추가]를 클릭한다. [도구 설명] 영역의 [여기에 도구 설명 필드]에 〈◎측정값〉 테이블의 [총금액] 측정값을 추가한다.

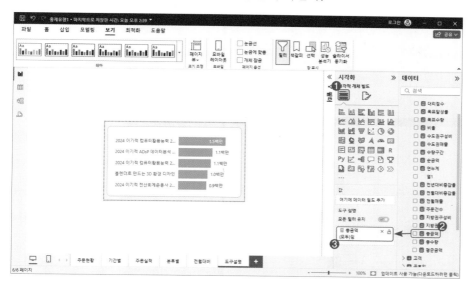

⑤ 주문현황 페이지에서 묶은 세로 막대형 차트를 선택하고 [시각화] 창의 [시각적 개체 서식 지정]을 클릭한다. [일반]-[도구 설명]-[옵션]에서 유형을 '보고서 페이지'로 지정하고 페이지를 '도구설명'으로 설정한다.

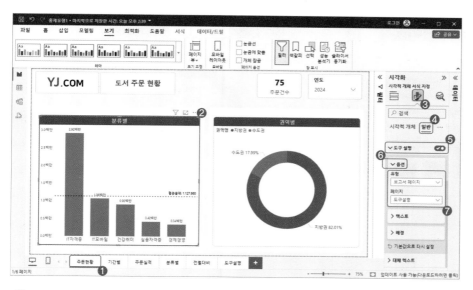

🅑 기적의 TIP

도구 설명 페이지를 구성하면 도구 설명 영역에 추가된 필드나 측정값을 사용하는 시각적 개체에 자동으로 도구 설명 페이지가 표시된다.

⑥ 도넛형 차트를 선택하고 [시각화] 창의 [시각적 개체 서식 지정]을 클릭한다. [일반]-[도구 설명]-
[옵션]의 유형을 '기본값'으로 설정한다.

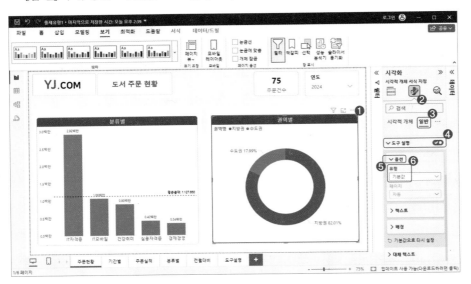

⑦ 묶은 세로 막대형 차트의 데이터 요소(IT모바일)에 마우스를 이동하면 도구 설명에 IT모바일 분야의
도서명이 표시된다. 도넛형 차트의 데이터 요소(수도권)에 마우스를 이동시키면 기본 도구 설명이 표
시된다.

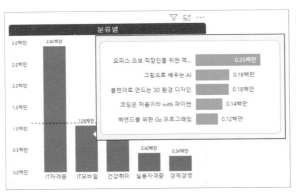
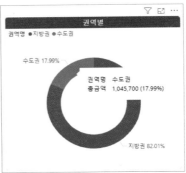

**출제유형 ②** 도서관현황 보고서에 도구 설명 페이지 구성하기

'**출제유형2.pbix**' 파일을 열고 다음 지시사항에 따라 도구설명 페이지를 구현하시오.

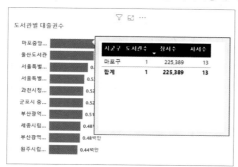

▶ '도구설명' 페이지를 도구 설명 페이지로 설정하시오.

    – 캔버스 유형 : 도구 설명

    – [총대출자수], [총대출권수] 측정값을 사용하는 시각적 개체에 표시

▶ '도서관현황' 페이지의 누적 가로 막대형 차트, 도넛형 차트(총대출자수)는 '도구설명' 페이지를 표시하시오.

▶ '도서관현황' 페이지의 도넛형 차트('총대출권수)는 도구 설명을 '기본값'으로 표시하시오.

    – 기본값 서식 : 글꼴 크기 '12', '굵게', 값 색상 '#6868AC', 테마 색 '1', 배경색 '#E6E6E6'

① 도구설명 페이지에서 [시각화] 창의 [보고서 페이지 서식 지정]을 클릭한다. [페이지 정보]에서 '도구 설명으로 사용' 옵션을 설정한다.

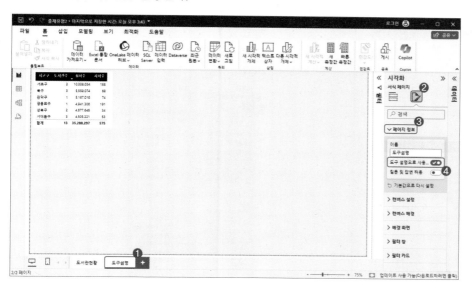

② [캔버스 설정]의 유형을 '도구 설명'으로 변경하고 세로 맞춤은 '중간'으로 설정한다.

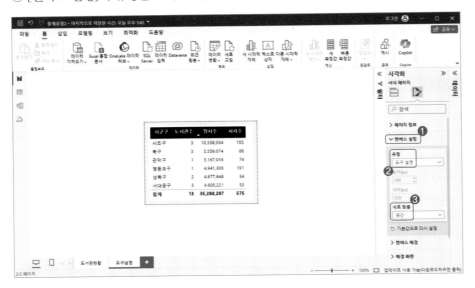

🅑 기적의 TIP

[보기]–[페이지 뷰]–[실제 크기]를 적용하면 설정된 도구 설명의 크기로 표시된다.

③ [시각화] 창의 [시각적 개체에 데이터 추가]를 클릭한다. [도구 설명] 영역의 [여기에 도구 설명 필드]에 〈전체도서관현황〉 테이블의 [총대출자수], [총대출권수] 측정값을 추가한다.

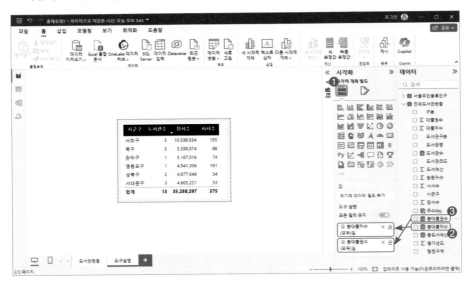

④ 도서관현황 페이지에서 누적 가로 막대형 차트를 선택하고 [시각화] 창의 [시각적 개체 서식 지정]을 클릭한다. [일반]–[도구 설명]–[옵션]의 유형을 '보고서 페이지'로 적용하고 페이지를 '도구설명'으로 설정한다.

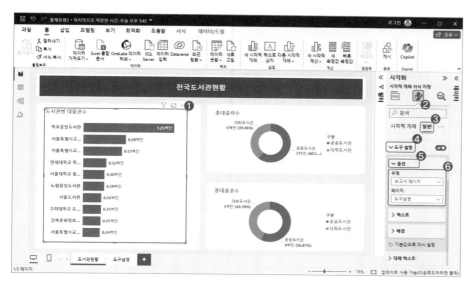

⑤ 도넛형 차트(총대출자수)를 선택하고 [시각화] 창의 [시각적 개체 서식 지정]을 클릭한다. [일반]–[도구 설명]–[옵션]의 유형을 '보고서 페이지'로 적용하고 페이지를 '도구설명'으로 설정한다.

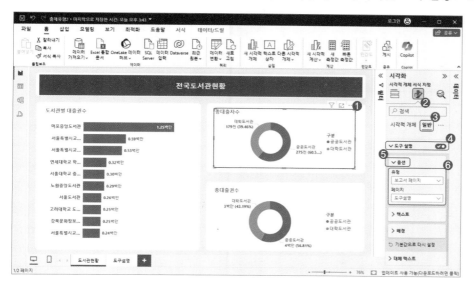

⑥ 도넛형 차트(총대출권수)를 선택하고 [시각화] 창의 [시각적 개체 서식 지정]을 클릭한다. [일반]-
[도구 설명]-[옵션]의 유형을 '기본값'으로 변경한다. [텍스트]에서 글꼴 크기는 '12', '굵게', 값 색상
은 '#6868AC, 테마 색 1', [배경]의 색은 '#E6E6E6'으로 설정한다.

⑦ 도서관별 대출권수 차트나 총대출자수 차트의 데이터 요소에 마우스를 이동시키면 도구설명 페이지가
표시된다. 총대출권수 차트의 데이터 요소에 마우스를 이동시키면 기본 도구 설명이 표시된다.

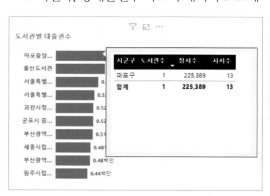

# 페이지 탐색기와 책갈피 활용

작업 파일 ▶ [C:\2025경영정보시각화실기\핵심이론\Chapter03\Section04] 폴더에서 작업하시오.

---

### ➕ 더 알기 TIP

**페이지 탐색기**

- 페이지 탐색기란 여러 페이지를 쉽게 이동할 수 있도록 하는 기능이다.
- 보고서의 모든 페이지를 자동으로 탐색 버튼으로 추가한다.
- 단추의 제목은 페이지 표시 이름, 단추의 순서는 보고서 페이지의 순서와 일치한다.
- 페이지를 추가하거나 삭제하면 자동으로 업데이트된다.
- 선택한 상태, 가리키기 등의 스타일에 대한 서식을 적용할 수 있다.

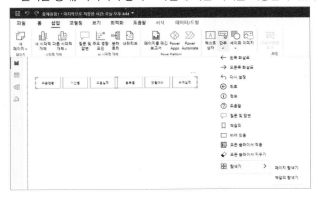

---

### ➕ 더 알기 TIP

**책갈피**

- 책갈피는 특정 페이지의 필터나 슬라이서, 정렬 등의 현재 화면 상태를 저장하여 빠르게 적용할 수 있는 기능이다.
- 주로 단추나 책갈피 탐색기로 구현해서 사용한다.
- [보기]–[창 표시]그룹에서 [책갈피]를 클릭하여 책갈피를 추가한다.
- [선택] 창과 함께 개체를 숨기기/표시해서 책갈피를 추가하면 인터랙티브한 책갈피를 구성할 수 있다.

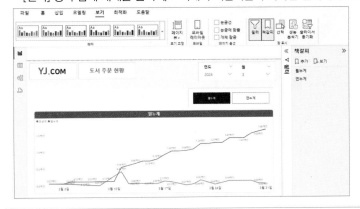

---

출제유형 ❶ **페이지 탐색기 활용**

**'출제유형1.pbix'** 파일을 열고 지시사항에 따라 페이지 탐색기를 구현하시오.

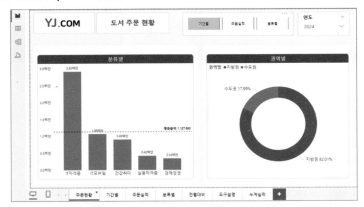

▶ '주문현황' 페이지에 페이지 탐색기를 작성하시오.

    − 스타일 상태 : 가리키기

    − 스타일 채우기 색 : '#A0D1FF'

    − 표시 : '기간별', '주문실적', '분류별' 페이지 표시

▶ 페이지 탐색기의 크기와 위치를 조정하여 도형 ①에 배치하시오.

▶ 분류별 페이지의 '주문현황' 도형에 '주문현황' 페이지로 이동하도록 구현하시오.

① 주문현황 페이지에서 [삽입]−[요소]그룹에서 [단추]−[탐색기]−[페이지 탐색기]를 클릭한다.

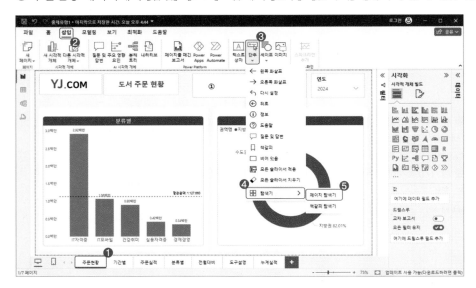

② [서식 탐색기] 창의 [시각적 개체]-[스타일]-[설정 적용 대상]에서 상태를 '가리키기'로 선택하고 [채우기]의 색을 '#A0D1FF'로 설정한다.

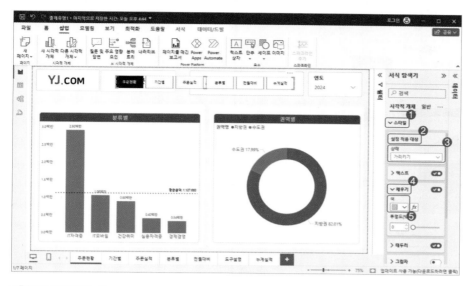

**기적의 TIP**

[스타일]의 설정 적용 대상을 '가리키기'로 설정하면 페이지 탐색기 버튼에 마우스를 이동했을 때 색상이 변경된다.

③ [페이지]-[표시]에서 '기간별', '주문실적', '분류별' 페이지만 설정을 유지하고 다른 페이지는 해제한다. 한다. 페이지 탐색기의 크기와 위치를 조정하여 도형 ①에 배치한다. [Ctrl]와 함께 페이지 탐색기 버튼을 클릭하면 해당 페이지로 이동한다.

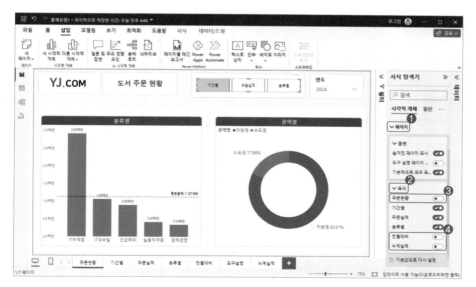

④ 분류별 페이지에서 '주문현황' 도형을 클릭한다.

⑤ [도형 서식] 창에서 [도형]–[작업]을 설정하고 [작업]의 유형을 '페이지 탐색', 대상을 '주문현황'으로 변경한다. Ctrl와 함께 '주문현황' 도형을 클릭하면 주문현황 페이지로 이동한다.

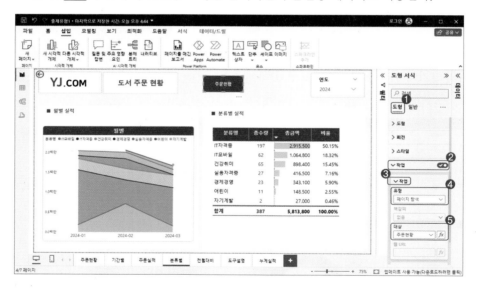

출제유형 ❷ **책갈피 탐색기 활용**

'출제유형2.pbix' 파일을 열고 다음 지시사항에 따라 책갈피 탐색기를 구현하시오.

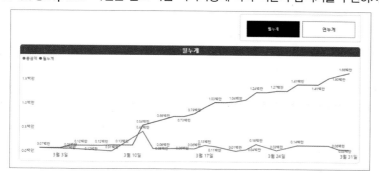

▶ '누계실적' 페이지의 '월누계' 차트와 '연누계' 차트의 서식을 다음과 같이 적용하시오.
 – 차트 크기 : 높이 '425', 너비 '1200'
 – 차트 정렬 : 위쪽 맞춤, 왼쪽 맞춤 적용
▶ '누계실적' 페이지에 월누계 차트를 표시하는 책갈피를 작성하시오.
 – 책갈피 이름 : 월누계
 – 작업 : 월누계 차트 표시, 연누계 차트 숨기기
▶ '누계실적' 페이지에 연누계 차트를 표시하는 책갈피를 작성하시오.
 – 책갈피 이름 : 연누계
 – 작업 : 연누계 차트 표시, 월누계 차트 숨기기
▶ '누계실적' 페이지에 책갈피 탐색기를 작성하시오.
 – 스타일 : 기본값, 방향 '가로'
 – 월누계 책갈피 선택
▶ 책갈피 탐색기를 도형 ①에 배치하시오.

① 누계실적 페이지에서 꺾은선형 차트(월누계)와 꺾은선형 차트(연누계)를 Ctrl와 함께 선택한다. [시각화] 창의 [시각적 개체 서식 지정]을 클릭한다. [일반]–[속성]에서 크기의 높이는 '425', 너비는 '1200'을 입력한다.

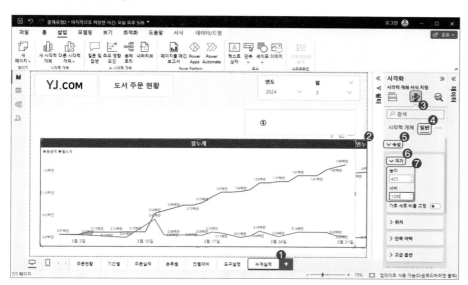

② [서식]-[정렬]그룹에서 [맞춤]-[왼쪽 맞춤], [위쪽 맞춤]을 차례로 클릭한다.

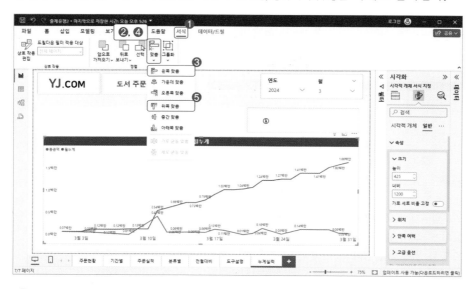

🅑 기적의 TIP

보고서의 월 슬라이서는 연누계 차트와 상호 작용 편집이 '없음'으로 적용되어 있어 연누계 차트의 X축은 '1월 1일'부터 시작한다.

③ [보기]-[창 표시]그룹에서 [책갈피], [선택]을 차례로 클릭하여 창을 표시한다.

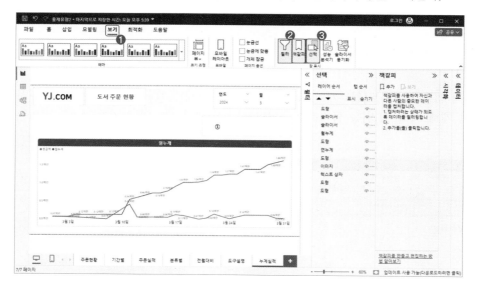

④ [선택] 창에서 '연누계'의 이 시각적 개체 숨기기(👁)를 클릭하여 연누계 차트를 숨기기한다. [책갈피] 창에서 추가(추가)를 클릭하고 '책갈피1'을 더블클릭하여 '월누계'로 이름을 변경한다.

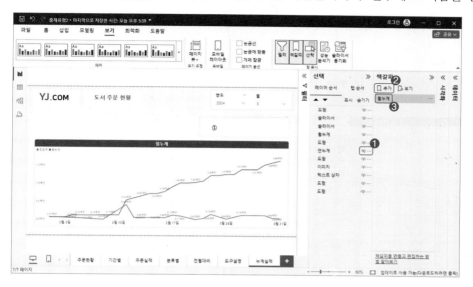

⑤ [선택] 창에서 '월누계'의 이 시각적 개체 숨기기(👁)를 클릭하여 월누계 차트를 숨기기한다. '연누계'의 이 시각적 개체 표시(👁)를 클릭하여 연누계 차트를 표시한다. [책갈피] 창에서 추가(추가)를 클릭하고 '책갈피2'를 더블클릭하여 '연누계'로 이름을 변경한다.

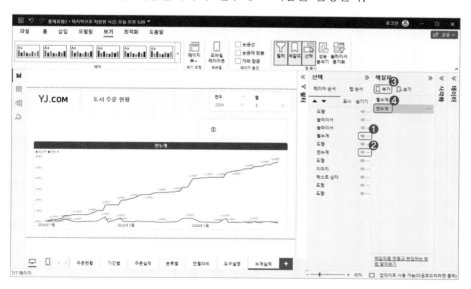

🅱 기적의 TIP

책갈피 등록이 끝나면 [보기]-[책갈피], [선택]을 클릭하여 창 표시를 해제한다.

⑥ [삽입]-[요소]그룹에서 [단추]-[탐색기]-[책갈피 탐색기]를 클릭한다.

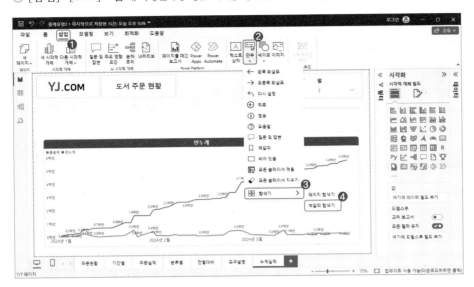

⑦ [서식 탐색기] 창의 [시각적 개체]-[스타일]에서 설정 적용 대상의 상태를 '기본값', [그리드 레이아웃]에
서 방향을 '가로'로 설정한다.

⑧ 책갈피 탐색기의 크기와 위치를 조정하여 도형 ①에 배치한다. Ctrl와 함께 책갈피 탐색기의 '월누계'를 클릭하여 월누계 차트를 표시한다.

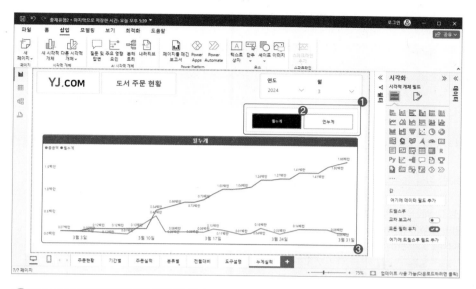

**➕ 더 알기 TIP**

**책갈피 업데이트**

시각적 개체가 업데이트되거나 페이지의 필터 값이 변경된 경우 [책갈피] 창의 책갈피 추가 옵션(⋯)에서 업데이트를 적용한다.

# SECTION 05 매개 변수 활용

난이도 상 중 하
반복학습 1 2 3

작업 파일 ▶ [C:₩2025경영정보시각화실기₩핵심이론₩Chapter03₩Section05] 폴더에서 작업하시오.

➕ 더 알기 TIP

**매개 변수의 개념 · 특징 · 유형**

- 매개 변수의 개념
  - 매개 변수(Parameter)란 값을 동적으로 변경할 수 있도록 설정하는 기능이다.
- 매개 변수의 특징
  - 보고서에서 필터, 측정값, 계산식 등에 활용한다.
  - What-If 분석이나 필터, DAX 기반 매개 변수 등에 활용할 수 있다.
  - [모델링]–[새 매개 변수]를 사용하여 다양한 매개 변수를 작성할 수 있다.

- 매개 변수의 유형
  - 숫자 범위 매개 변수 : 할인율이나 환율 등의 특정 값을 변경하여 데이터 변화를 분석

| 번호 | 이름 | 가능 |
|---|---|---|
| ① | 매개 변수 종류 | 숫자 범위 설정 |
| ② | 이름 | 매개 변수 이름 지정 |
| ③ | 데이터 형식 | 정수, 10진수, 고정10진수 선택 |
| ④ | 최소값 | 최소값 입력 |
| ⑤ | 최대값 | 최대값 입력 |
| ⑥ | 증가 | 슬라이더 이용 시 증가/감소 단위 |
| ⑦ | 기본값 | 매개 변수 기본값으로 SELECTED-VALUE에 표시 |
| ⑧ | 이 페이지에 슬라이서 추가 | 페이지에 매개 변수값을 조정하는 슬라이서 추가 |

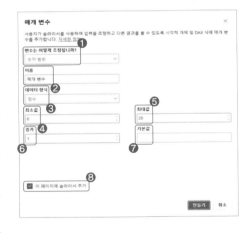

– 필드 매개 변수 : 특정 값을 선택하여 필터링

| 번호 | 이름 | 기능 |
|---|---|---|
| ① | 매개 변수 종류 | 필드 설정 |
| ② | 이름 | 매개 변수 이름 지정 |
| ③ | 필드 추가 및 순서 변경 | 매개 변수 슬라이서에 표시할 필드/측정값 목록 |
| ④ | 필드 | 필드/측정값을 매개 변수로 사용 가능 |
| ⑤ | 이 페이지에 슬라이서 추가 | 페이지에 매개 변수값을 조정하는 슬라이서 추가 |

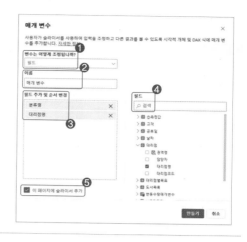

### 출제유형 ① 필드 매개 변수

**'출제유형1.pbix'** 파일을 열고 다음 지시사항에 따라 매개 변수를 구현하시오.

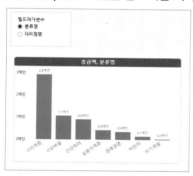

▶ '데이터탐색' 페이지에 필드 매개 변수를 작성하고 슬라이서로 추가하시오.

– 매개 변수 종류 : 필드

– 매개 변수 이름 : 필드매개변수

– 활용 필드 : 〈도서목록〉 테이블의 [분류명] 필드, 〈대리점〉 테이블의 [대리점명] 필드

▶ 필드매개변수 슬라이서를 다음과 같이 구현하시오.

– 슬라이서 종류 : 세로 목록, 단일 선택

▶ 도형 ①에 필드매개변수 슬라이서를 배치하시오.

▶ 막대형 차트의 가로 축이 필드매개변수 슬라이서에 따라 변경되도록 적용하시오.

– 필드매개변수 슬라이서에 '분류명' 값으로 필터 적용

① 데이터탐색 페이지에서 [모델링]-[매개 변수]그룹에서 [새 매개 변수]-[필드]를 클릭한다.

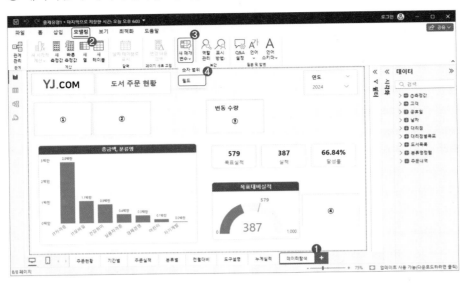

② [매개 변수] 대화 상자에서 이름에 '필드매개변수'를 입력하고, 필드 추가 및 순서 변경에 〈도서목록〉 테이블의 [분류명] 필드, 〈대리점〉 테이블의 [대리점명] 필드를 추가한다. '이 페이지에 슬라이서 추가'가 체크된 상태에서 [만들기]를 클릭한다.

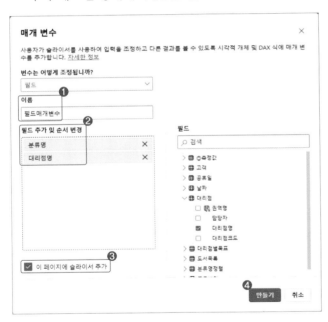

③ 필드매개변수 테이블과 슬라이서가 추가된다. 테이블에는 필드매개변수 필드가 포함되어 있다.

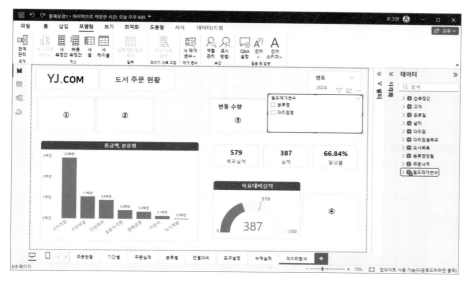

🄑 기적의 TIP

• 매개 변수를 추가하고 다시 추가할 경우 매개 변수 테이블 이름이 변경된다.
• 지시사항에서 제시한 이름과 동일하게 사용하는 것이 중요한데, 이럴 때는 [데이터] 창에서 기존 매개 변수 테이블을 삭제하고 다시 매개 변수를 추가한다.

④ 필드매개변수 슬라이서를 선택하고 [시각화] 창에서 [시각적 개체 서식 지정]을 클릭한다. [시각적 개체]-[슬라이서 설정]에서 옵션의 스타일 '세로 목록', 선택에서 '단일 선택'을 설정한다.

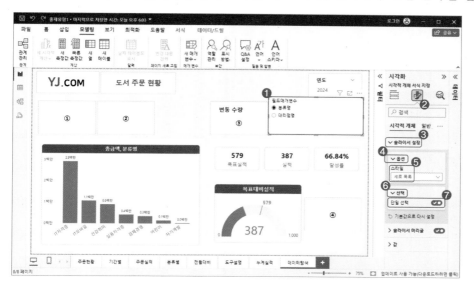

⑤ 필드매개변수 슬라이서의 크기와 위치를 조정하고 도형 ①에 배치한다.

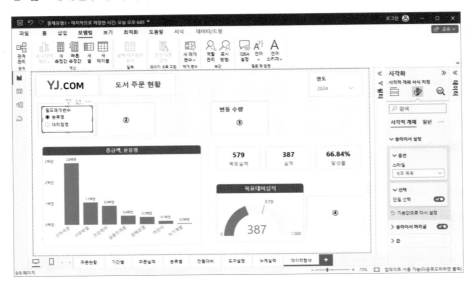

⑥ 묶은 세로 막대형 차트를 선택한 후 [시각화] 창의 [시각적 개체 빌드]을 클릭한다. [X축]의 값을 제거하고 〈필드매개변수〉 테이블의 [필드매개변수] 필드를 추가한다. '필드매개변수' 슬라이서에서 분류명이나 대리점명을 선택하면 차트의 X축(가로 축) 값이 변경된다. 슬라이서에 '분류명'을 클릭하여 막대형 차트에 적용한다.

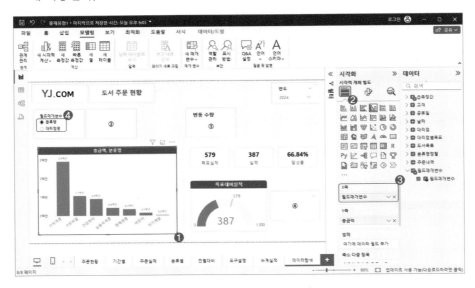

<br/>

**출제유형 ❷** 측정값을 활용한 매개 변수

'출제유형2.pbix' 파일을 열고 다음 지시사항에 따라 매개 변수를 구현하시오.

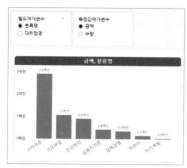

▶ '데이터탐색' 페이지에 측정값을 변수로 입력하는 필드 매개 변수를 작성하시오.
  – 매개 변수 종류 : 필드
  – 매개 변수 이름 : 측정값매개변수
  – 활용 필드 : 〈◎측정값〉 테이블의 [총금액], [총수량] 측정값
▶ 측정값매개변수 슬라이서를 다음과 같이 구현하시오.
  – 슬라이서 종류 : 세로 목록, 단일 선택
  – 슬라이서 목록 레이블은 [총금액] → '금액', [총수량] → '수량'으로 변경
▶ 도형 ②에 측정값매개변수 슬라이서를 배치하시오.
▶ 묶은 세로 막대형 차트의 세로 축이 측정값매개변수 슬라이서에 따라 변경되도록 적용하시오.
  – 측정값매개변수 슬라이서에 '금액' 값으로 필터 적용

① 데이터탐색 페이지에서 [모델링]–[매개 변수]그룹에서 [새 매개 변수]–[필드]를 클릭한다.

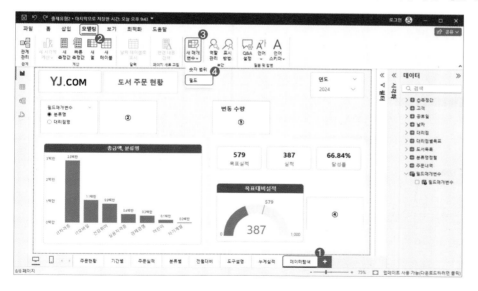

② [매개 변수] 대화 상자에서 이름에 '측정값매개변수'를 입력하고, 필드 추가 및 순서 변경에 〈◎측정값〉 테이블의 [총금액], [총수량] 측정값을 추가한다. '이 페이지에 슬라이서 추가'가 체크된 상태에서 [만들기]를 클릭한다.

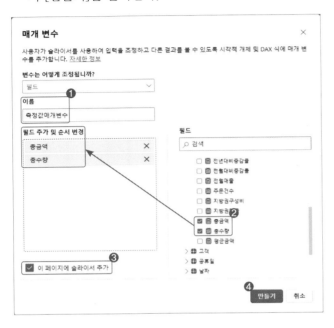

③ 측정값매개변수 테이블과 슬라이서가 추가된다. 테이블에는 측정값매개변수 필드가 포함되어 있다.

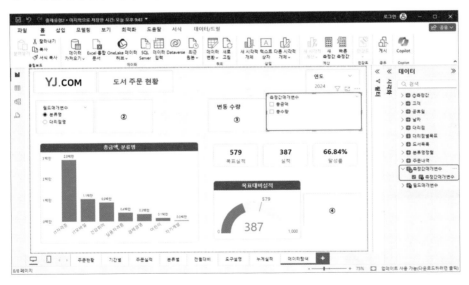

④ 측정값매개변수 슬라이서를 선택하고 [시각화] 창에서 [시각적 개체 서식 지정]을 클릭한다. [시각적 개체]−[슬라이서 설정]에서 옵션의 스타일은 '세로 목록', 선택에서 '단일 선택'을 설정한다.

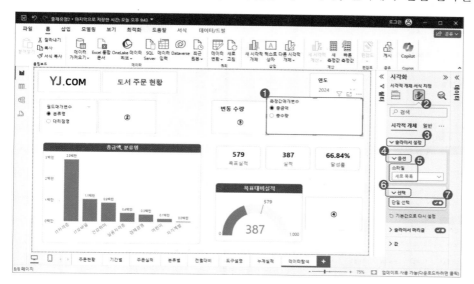

⑤ 테이블 보기(▦)에서 〈측정값매개변수〉 테이블을 클릭하고 수식 입력줄에서 '총금액'을 '금액', '총수량'을 '수량'으로 목록 값을 변경한다.

⑥ 보고서 보기(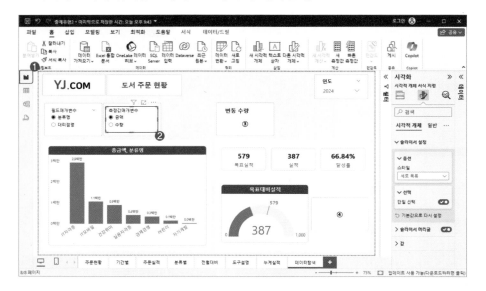)에서 측정값매개변수 슬라이서의 변경된 목록 이름을 확인한다. 측정값매개변수 슬라이서의 크기와 위치를 조정하고 도형 ②에 배치한다.

⑦ 묶은 세로 막대형 차트를 선택한 후 [시각화] 창의 [시각적 개체 빌드]을 클릭한다. [Y축]의 값을 제거하고 〈측정값매개변수〉 테이블의 [측정값매개변수] 필드를 추가한다. '측정값매개변수' 슬라이서에서 금액이나 수량을 선택하면 차트의 Y축(세로축) 값이 변경된다. 슬라이서에서 '금액'을 클릭하여 차트에 적용한다.

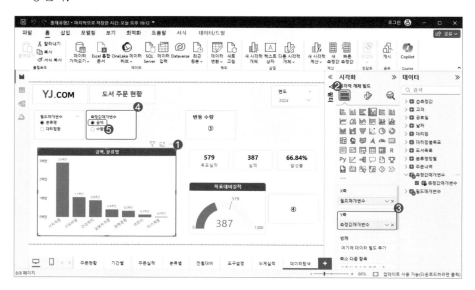

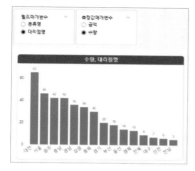

필드매개변수와 측정값매개변수를 차트의 X축, Y축에 추가하면 다양한 필터링을 적용하여 데이터를 탐색할 수 있다.

'출제유형3.pbix' 파일을 열고 다음 지시사항에 따라 매개 변수를 구현하시오.

▶ '데이터탐색' 페이지에 숫자 값을 입력받는 매개 변수를 추가하시오.
- 매개 변수 종류 : 숫자 범위
- 매개 변수 이름 : 변동수량매개변수
- 숫자 범위 : 1부터 1000 사이의 정수 입력, 1씩 증가
▶ 변동수량매개변수 슬라이서의 서식을 변경하시오.
- 슬라이서 종류 : 단일 값
- 슬라이서 머리글 해제, 슬라이더 해제
- 값 : 글꼴 크기 '14', '굵게', 배경색 '흰색, 10% 더 어둡게'
- 슬라이서에 기본값으로 '600' 입력
▶ 도형 ③에 변동수량매개변수 슬라이서를 배치하시오.
▶ 계기 차트의 값이 변동수량매개변수 슬라이서에 따라 변경되도록 구현하시오.
▶ 변동수량매개변수에서 입력받은 값과 목표수량 측정값을 사용해서 측정값을 작성하시오.
- 측정값 이름 : 변동수량달성률
- 계산 : 변동수량매개변수 값/목표수량
- 사용 함수 : DIVIDE 함수
- 서식 : 백분율(%), 소수 자릿수 '2'
▶ 변동수량달성률 측정값을 카드로 구현하시오.
- 설명값 : 글꼴 종류 'Segoe UI Bold', 크기 '20'
▶ 카드를 도형 ④에 배치하시오.

① 데이터탐색 페이지에서 [모델링]-[매개 변수]그룹에서 [새 매개 변수]-[숫자 범위]를 클릭한다.

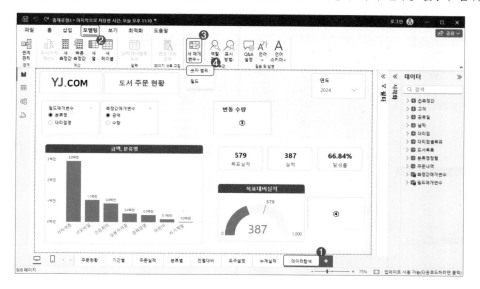

② [매개 변수] 대화 상자에서 이름에 '변동수량매개변수'를 입력한다. 데이터 형식은 '정수', 최소값은 '0', 최대값은 '1000', 증가는 '1'로 입력하고, '이 페이지에 슬라이서 추가'가 체크된 상태에서 [만들기]를 클릭한다.

③ 변동수량매개변수 테이블과 슬라이서가 추가된다. 〈변동수량매개변수〉 테이블에 [값 변동수량매개변수] 측정값이 포함되어 있다. 변동수량매개변수 슬라이서의 크기와 위치를 조정하고 도형 ③에 배치한다.

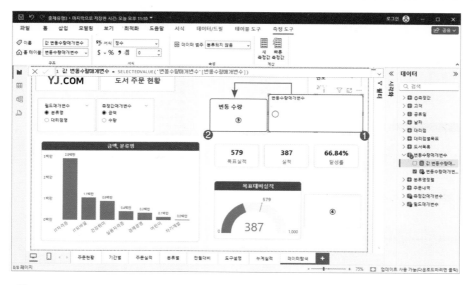

[값 변동수량매개변수] 측정값은 SELECTEDVALUE 함수를 사용한 수식으로 '변동수량매개변수' 슬라이서에서 입력한 값을 저장하며 다른 DAX 수식에 활용할 수 있다.

④ 변동수량매개변수 슬라이서를 선택하고 [시각화] 창에서 [시각적 개체 서식 지정]을 클릭한다. [시각적 개체]-[슬라이서 설정]에서 옵션의 스타일은 '단일값', [슬라이서 머리글]과 [슬라이더] 설정은 해제한다. [값]-[값]에서 글꼴 크기는 '14', '굵게', [배경]의 배경색은 '흰색, 10% 더 어둡게'로 설정한다. 슬라이서에 '600'을 입력한다.

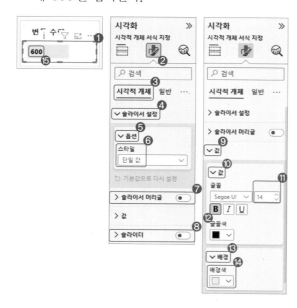

⑤ 계기 차트를 선택한 후 [시각적 개체 빌드]을 클릭한다. [값]에 기존 값을 지우고 〈변동수량매개변수〉 테이블의 [값 변동수량매개변수] 측정값을 추가한다. 변동수량매개변수 슬라이서의 값을 변경하면 계기 차트에 반영된다.

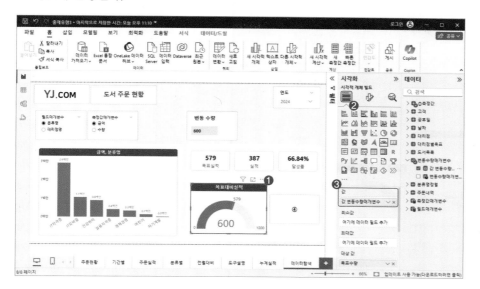

⑥ [데이터] 창에서 〈◎측정값〉 테이블을 선택 후 [테이블 도구]-[계산]그룹에서 [새 측정값]을 클릭한다.

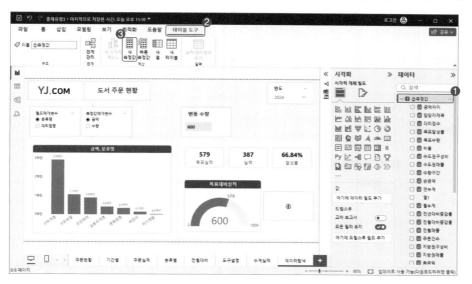

⑦ 수식 입력줄에 '변동수량달성률=DIVIDE([값 변동수량매개변수], [목표수량])'을 입력하고 Enter 를 누른다. [측정 도구]–[서식]그룹에서 백분율( % ), 소수 자릿수 '2'로 설정한다.

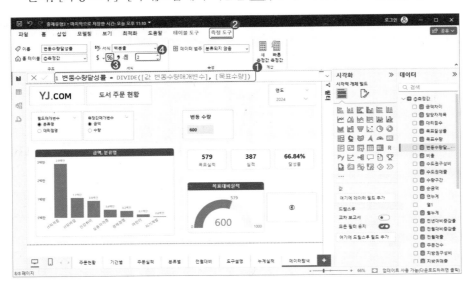

⑧ [시각화] 창에서 '카드( )'를 클릭하고 [필드]에 [변동수량달성률] 측정값을 추가한다.

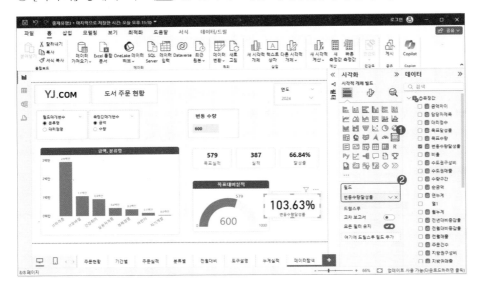

⑨ [시각적 개체 서식 지정]을 클릭하고 [시각적 개체]−[설명 값]의 글꼴은 'Segoe UI Bold', 크기는 '20'으로 설정한다.

⑩ 카드의 크기와 위치를 적절히 조정하고 도형 ④에 배치한다.

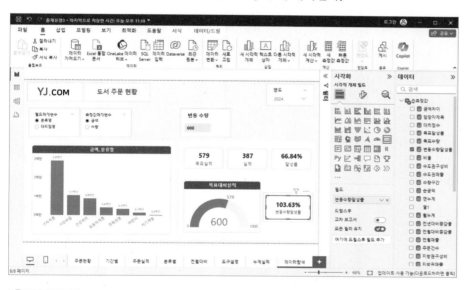

🅑 기적의 TIP

• 변동수량 슬라이서에 값을 입력하여 변동수량달성률의 변화를 확인해 본다.
• 목표값에 도달하기 위해 필요한 실적을 파악할 수 있다.

# 기출 유형 문제

**학습 방향**

데이터 전처리부터 관계 설정, 측정값 작성, 시각화 요소 구현 및 상호 작용 작업까지 실습하여 시험에 출제되는 문제 유형을 파악하고 제한 시간에 문제를 풀 수 있도록 연습한다.

**섹션 차례**

# 기출 유형 문제 01회

| 프로그램명 | 제한시간 |
|---|---|
| 파워BI 데스크톱 | 70분 |

수험번호 : _____

성    명 : _____

| 단일 | 경영정보시각화 실무 |
|---|---|

---

〈 유 의 사 항 〉

- 시험응시방법 안내에 따라 시험에 응시하여야 하며, 이를 소홀히 하여 발생한 불이익과 책임은 수험자 본인에게 있습니다.
- 답안 파일 위치 : C:₩PB₩답안
- 문제 데이터 파일 위치 : [문제1] C:₩PB₩문제1_데이터 / [문제2,3] C:₩PB₩문제2,3_데이터
- 작성된 답안은 다음과 같이 저장해야 합니다. 그렇지 않으면 [실격 처리]됩니다.
  - 주어진 경로 및 파일명을 변경하지 말고 그대로 저장
- 답안 저장 시간은 별도로 주어지지 않으므로 수시로 저장하십시오. 중간저장을 하지 않아 생기는 피해에 대한 책임은 수험자에게 있으며, 답안이 저장되지 않을 경우 [실격 처리]됩니다.
- 별도의 지시사항이 없는 경우, 다음과 같이 처리할 때 [실격 처리]됩니다.
  - 제시된 파일, 페이지/대시보드, 데이터 원본의 이름 및 차원/측정값 속성을 임의로 변경한 경우
  - 제시된 파일, 페이지/대시보드, 데이터 원본을 임의로 삭제, 추가, 변경한 경우
  - 문제 데이터를 시험 시작 전에 열어보는 경우
- 반드시 답안작성은 문제에서 지시한 위치에 작업하여야 하며 다음과 같이 처리 시 해당 작업 또는 그 작업에 영향을 미치는 문제, 개체, 페이지 등은 [감점 및 오답처리]됩니다.
  - 제시된 함수가 있으면 제시된 함수만을 사용해야 하며 그 외 함수를 사용해 풀이한 경우
  - 임의로 지시하지 않은 차트, 매개변수 등을 이동, 수정(변경), 삭제 등으로 인해 위치 및 내용이 변경된 경우
  - 임의로 기본 설정값(Default)을 변경한 경우
  - 숫자데이터를 임의로 문자화하여 처리한 경우
  - 개체가 해당 영역을 벗어난 경우
  - 개체가 너무 작아 해당 정보 확인이 눈으로 어려운 경우

대 한 상 공 회 의 소

## 데이터 및 문제 안내

1. 최종 제출해야 할 답안파일은 1개입니다. 문제1, 문제2, 문제3의 답을 하나의 답안파일(.pbix)로 제출하십시오.

2. 문제1, 문제2, 문제3은 각각 독립적으로 구성되어 있어 앞 문제를 풀지 않아도 다음 문제 풀이가 가능합니다.

3. 문제2와 문제3 풀이를 위해 필요한 일부 측정값, 필터가 답안파일에 미리 적용되어 있을 수 있습니다. 지시사항에 제시되지 않은 것은 변경하지 마십시오.

4. 하위문제(❶, ❷, ❸)별로 점수가 부여되며, 하위문제의 지시사항(▶ 또는 – 표시)을 이행하지 않을 경우 점수가 부여되지 않습니다.

5. 이 시험을 위한 데이터 파일은 9개이며, 문제1을 위한 데이터와 문제2의 데이터가 구분됩니다.

가. 문제1 풀이에는 '대리점실적' 폴더의 '부산.xlsx', '서울.xlsx', '인천.xlsx' 파일과 답안파일(.pbix)의 '도서대출통계', '전국도서관', '도서관' 테이블을 사용하십시오.

| 파일명 | 부산.xlsx, 서울.xlsx, 인천.xlsx | | | | | | |
|---|---|---|---|---|---|---|---|
| 테이블 | 구조 | | | | | | |
| 부산 | 주문ID | 주문일 | 도세ID | 주문수량 | 정가 | 할인율 | 금액 |
| | 20240106084 | 2024–01–06 | YJH33136 | 5 | 17000 | 0.1 | 76500 |
| 서울 | 주문ID | 주문일 | 도세ID | 주문수량 | 정가 | 할인율 | 금액 |
| | 20240102081 | 2024–01–02 | YJH33137 | 5 | 15000 | 0.1 | 67500 |
| 인천 | 주문ID | 주문일 | 도세ID | 주문수량 | 정가 | 할인율 | 금액 |
| | 20240121093 | 2024–01–21 | YJL22111 | 5 | 13000 | 0.1 | 58500 |

| 파일명 | 도서대출통계.xlsx, 전국도서관.csv, 〈도서관〉 테이블 | | | | | | | | | | |
|---|---|---|---|---|---|---|---|---|---|---|---|
| 테이블 | 구조 | | | | | | | | | | |
| 도서 분야별 대출 통계 | 주문ID | 주문일 | 도세ID | 주문수량 | | 정가 | | 할인율 | | 금액 | |
| | 20240106084 | 2024–01–06 | YJH33136 | 5 | | 17000 | | 0.1 | | 76500 | |
| 전국 도서관 | 평가 년도 | 도서관 구분 | 도서관 코드 | 도서관명 | 행정 구역 | 시군구 | 장서수 | 사서수 | 대출자수 | 대출 권수 | 도서 예산 | 방문자수 |
| | 2022 | LIBTYPE000002 | 2060111005 | 강북문화 정보도서관 | 서울 | 강북구 | 214926 | 8 | 13642 | 248490 | 4507213 | |
| 도서관 | 구분코드 | | | | | 도서관종류 | | | | | |
| | LIBTYPE000002 | | | | | 공공도서관 | | | | | |

※ 출처 : 도서분야별대출통계(서울열린데이터광장), 전국도서관(공공데이터포털)

나. 문제2와 문제3의 풀이에는 '도서주문현황.xlsx'과 〈대리점별목표〉, 〈분류명정렬〉 테이블을 사용하십시오.

| 파일명 | 도서주문현황.xlsx, 〈대리점별목표〉 테이블, 〈분류명정렬〉 테이블 | | | | | |
|---|---|---|---|---|---|---|

| 테이블 | 구조 | | | | | |
|---|---|---|---|---|---|---|
| 날짜 | ID | 날짜 | 연도 | 월 | 일 | 월No |
| | 20230101 | 2023–01–01 | 2023 | 1 | 1 | 1 |

| 대리점 | 대리점코드 | | 대리점명 | | 담당자 | |
|---|---|---|---|---|---|---|
| | YJ0001 | | 서울 | | 김미희 | |

| 대리점별목표 | ID | 일자 | 대리점코드 | 대리점명 | 담당자 |
|---|---|---|---|---|---|
| | 1 | 2024–01–01 | YJ0001 | 서울 | 김미희 |

| 도서목록 | 분류코드 | 분류명 | 도서번호 | 도서명 | 정가 | 저자 | 발행일 | ISBN번호 |
|---|---|---|---|---|---|---|---|---|
| | YJL22 | IT자격증 | YJL22111 | 컴퓨터활용능력 | 13000 | 영진정보 연구소 | 45315 | 9788931475906 |

| 분류명정렬 | 신분류명 | | 순서 | |
|---|---|---|---|---|
| | 컴퓨터자격증 | | 1 | |

| 주문내역 | 주문번호 | 주문일 | 배송일 | 배송지역 | 증정여부 | 대리점코드 | 고객코드 | 도서코드 | 수량 | 정가 | 할인율 | 금액 |
|---|---|---|---|---|---|---|---|---|---|---|---|---|
| | 20230101001 | 20230101 | 2023–01–02 | 부산 | | YJ0002 | YJ0009 | YJH33134 | 10 | 16000 | 0.1 | 144000 |

---

### 문제 ❶  작업준비                                                                        30점

**주어진 파일에서 다음 과정을 수행하고 저장하시오.**

**1. 답안파일을 열고 다음 지시사항에 따라 데이터 가져오기 및 파워 쿼리 편집기에서 데이터 편집을 수행하시오. (10점)**

❶ 답안파일을 열고 다음 지시사항에 따라 데이터 가져오기 및 파워 쿼리 편집기에서 데이터 편집을 수행하시오. (10점)

  ▶ 활용 데이터 : '대리점실적' 폴더의 '부산.xlsx' 파일의 '부산' 시트, '서울.xlsx' 파일의 '서울' 시트, '인천.xlsx' 파일의 '인천' 시트

  ▶ 결합한 테이블의 [Name], [Data] 필드만 사용하고 [Data] 필드는 확장

  ▶ 테이블 이름 : 대리점실적

❷ 다음 조건으로 〈대리점실적〉 테이블을 편집하시오. (3점)

  ▶ '첫 행을 머리글로 사용'을 활용하여 1행을 열 머리글로 변환

  ▶ [주문일] 필드의 '주문일' 값은 제거

  ▶ 첫 번째 필드 이름 '부산'을 '대리점'으로 변경

❸ 파워 쿼리 편집기에서 〈대리점실적〉 테이블의 데이터 형식을 변환하시오. (3점)

  ▶ [주문일] 필드 : 날짜

  ▶ [주문수량], [정가], [금액] 필드 : 정수

  ▶ [할인율] 필드 : 10진수

## 2. 다음 지시사항에 따라 파워 쿼리 편집기에서 데이터를 편집하시오. (10점)

❶ 〈도서대출통계〉 테이블의 열 머리글을 다음과 같이 편집하시오. (3점)

  ▶ '첫 행을 머리글로 사용'을 활용하여 1행을 열 머리글로 변환

  ▶ 첫 번째 필드 이름 'Column1'을 '성별'로 변경

❷ 〈도서대출통계〉 테이블의 데이터를 다음과 같이 편집하시오. (3점)

  ▶ [성별] 필드에 null 값을 남성, 여성으로 채우기

  ▶ [연령대] 필드에서 '20대', '30대', '40대'로 필터

  ▶ [합계] 필드 삭제

❸ 〈도서대출통계〉 테이블의 구조를 다음과 같이 변환하시오. (4점)

  ▶ [성별]과 [연령대] 필드를 제외한 모든 필드를 '열 피벗 해제' 적용

  ▶ 필드 이름 [특성]은 '도서분야'로 변경

  ▶ 필드 이름 [값]은 '대출권수'로 변경

## 3. 다음 지시사항에 따라 테이블 관계 설정 및 측정값을 추가하시오. (10점)

❶ 〈전국도서관〉 테이블과 〈도서관〉 테이블의 관계를 설정하시오. (3점)

  ▶ 활용 필드 : 〈전국도서관〉 테이블의 [도서관구분] 필드, 〈도서관〉 테이블의 [구분코드] 필드

  ▶ 모델 보기의 '레이아웃1'에서 관계 설정

  ▶ 카디널리티 : 다대일(*:1)

  ▶ 교차 필터 방향 : 단일

❷ 다음 조건으로 〈@측정값〉 테이블에 측정값을 추가하시오. (3점)

  ▶ 측정값 이름 : 도서관비율(%)

  ▶ 활용 필드 : 〈전국도서관〉 테이블의 [도서관코드] 필드

  ▶ [전체 도서관수]에 대한 [도서관수]의 비율 반환

  ▶ 계산 : 도서관수/전체도서관수

  ▶ 사용 함수 : ALLSELECTED, CALCULATE, COUNTA

  ▶ 서식 : 백분율(%), 소수 자릿수 '2'

❸ 다음 조건으로 〈@측정값〉 테이블에 측정값을 추가하시오. (4점)

  ▶ 측정값 이름 : 최대대출자도서관

  ▶ 활용 필드 : 〈전국도서관〉 테이블의 [도서관명], [대출자수] 필드

  ▶ 최대 대출수의 도서관명 반환, 대출자수가 없을 경우 공백 표시

  ▶ 사용 함수 : BLANK, CALCULATE, IF, ISBLANK, MAX, VALUES

**문제 ❷**  **단순요소 구현**  **30점**

**│ 시각화 완성화면 │**

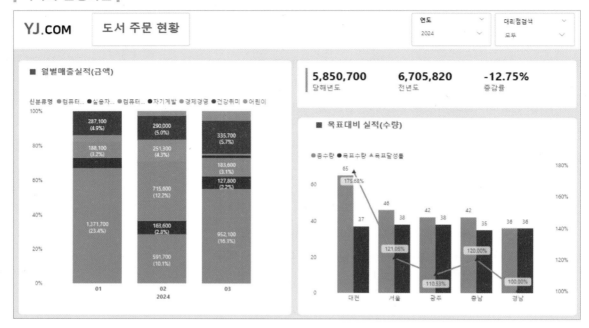

계산식 작성에 사용되는 문자열은 쌍따옴표(" ")를 사용하여 작성하시오.

## 1. '문제2', '문제3', '문제3-4' 페이지의 전체 서식을 설정하시오. (5점)

❶ 보고서 전체의 테마를 설정하시오. (2점)

▶ 보고서 테마 : 접근성 높은 도시공원

❷ 텍스트 상자를 사용하여 '문제2' 페이지에 보고서 제목을 작성하시오. (3점)

▶ 텍스트 : 도서 매출 현황

▶ 제목 서식 : 글꼴 'Segoe UI', 크기 '20', 글꼴색 '#096660', '굵게', '가운데'

▶ 텍스트 상자를 '1-②' 위치에 배치

## 2. 다음 지시사항에 따라 슬라이서와 여러 행 카드를 구현하시오. (5점)

❶ 다음 조건으로 대리점검색 슬라이서를 구현하시오. (2점)

▶ 〈담당자〉 테이블에 '대리점검색' 필드 추가

    − 계산 필드 이름 : 대리점검색

    − [대리점명]과 [담당자]를 결합하여 표시 (결과 → 경기(이승미))

    − & 연산자 사용

▶ 슬라이서 설정 : 스타일 '드롭다운', '모두 선택' 항목 표시

▶ 슬라이서 머리글 : 글꼴 크기 '10', 값 : 글꼴 크기 '10'

▶ 슬라이서를 '2-①' 위치에 배치

❷ 다음 조건으로 매출실적을 나타내는 여러 행 카드를 구현하시오. (3점)

　▶ 활용 필드

　　– 〈주문내역〉 테이블의 [총금액], [전년도매출], [전년대비성장률] 측정값

　　– 범주 레이블 변경 : '총금액' → '당해년도', '전년도매출' → '전년도', '전년대비성장률' → '성장률'

　▶ 설명 값 서식 : 글꼴 'Segoe UI Bold', 크기 '20'

　▶ 악센트 바 너비 '5' 설정

　▶ 카드를 '2-②' 위치에 배치

## 3. 다음 지시사항에 따라 100% 누적 세로 막대형 차트를 구현하시오. (10점)

❶ 다음 조건으로 '100% 누적 세로 막대형 차트'를 구현하시오. (3점)

　▶ 활용 필드

　　– 〈날짜〉 테이블의 [연도], [월] 필드

　　– 〈주문내역〉 테이블의 [총금액] 측정값

　　– 〈분류명정렬〉 테이블의 [신분류명] 필드

　▶ 차트를 '3-①' 위치에 배치

❷ 다음 조건으로 차트 서식을 변경하시오. (4점)

　▶ 차트 제목 해제

　▶ X축 : 글꼴 크기 '10', '굵게', 제목 해제

　▶ Y축 : 제목 해제

　▶ 데이터 레이블

　　– 〈주문내역〉 테이블의 [총금액], [비율] 측정값

　　– 차트 크기로 인해 표시되지 않는 데이터 레이블 표시

　　– 표시 단위 : [비율]은 소수 자릿수 '1' (결과 → (3.5%))

　　– 총금액과 비율 레이아웃은 두 줄로 설정

❸ [신분류명] 필드는 〈분류명정렬〉 테이블의 [순서] 필드를 기준으로 오름차순 정렬하시오. (3점)

## 4. 다음 지시사항에 따라 대리점별 수량 실적과 목표를 꺾은선형 및 묶은 세로 막대형 차트를 구현하시오. (10점)

❶ 다음 조건으로 '꺾은선형 및 묶은 세로 막대형 차트'를 구현하시오. (3점)

　▶ 활용 필드

　　– 〈대리점〉 테이블의 [대리점명] 필드

　　– 〈주문내역〉 테이블의 [총수량] 측정값

　　– 〈대리점별목표〉 테이블의 [목표수량], [목표달성률] 측정값

　▶ 차트를 '4-①' 위치에 배치

❷ 다음 조건으로 차트의 서식을 변경하시오. (3점)
  ▶ 차트 제목 해제
  ▶ X축 : 값의 글꼴 크기 '10', '굵게', 제목 해제
  ▶ Y축 : 제목 해제
  ▶ 데이터 레이블 : 위치(열)를 '바깥쪽 끝에'로 표시
  ▶ 표식 : 도형 유형 '▲', 크기 '6', 색 '#7B1C25, 테마 색 4'
❸ [총수량] 기준으로 상위 5개의 [대리점명]이 표시되도록 필터를 적용하시오. (4점)

---

**문제 ❸  복합요소 구현**　　　　　　　　　　　　　　　　　　　　**40점**

**┃시각화 완성화면┃** 각 세부문제 풀이 후 '문제3' 페이지에 아래와 같이 개체를 배치하시오.

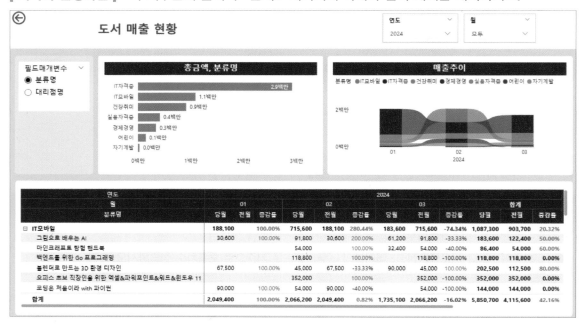

계산식 작성에 사용되는 문자열은 쌍따옴표(" ")를 사용하여 작성하시오.

## 1. 다음 지시사항에 따라 매개 변수와 묶은 가로 막대형 차트를 구현하시오. (10점)
❶ 다음 조건으로 필드 매개 변수를 추가하고 슬라이서로 구현하시오. (3점)
  ▶ 매개 변수 이름 : 필드매개변수
  ▶ 활용 필드 : 〈도서목록〉 테이블의 [분류명] 필드, 〈대리점〉 테이블의 [대리점명] 필드
  ▶ 슬라이서를 '1–①' 위치에 배치

❷ 다음 조건으로 '필드매개변수' 슬라이서의 서식을 변경하시오. (3점)

▶ 슬라이서 설정 : 스타일 '세로 목록', '단일' 선택

▶ 슬라이서에 '분류명' 값으로 필터 적용

❸ 필드매개변수 슬라이서에 따라 주문금액을 나타내는 묶은 가로 막대형 차트를 구현하시오. (4점)

▶ 활용 필드 : 〈필드매개변수〉 테이블의 [필드매개변수] 필드, 〈주문내역〉 테이블의 [총금액] 측정값

▶ 필드매개변수 슬라이서에서 선택한 값에 따라 세로 축이 변경되도록 구현

▶ 다음 조건으로 차트 서식을 변경하시오.

    – 차트 제목 : 글꼴 'Segoe UI', '굵게', 텍스트 색상 '흰색', 배경색 '# 2D521D', 가로 맞춤 '가운데'

    – Y축 제목 해제, X축 제목 해제, 데이터 레이블 표시

▶ 차트를 '1–③' 위치에 배치


## 2. 다음 지시사항에 따라 측정값과 행렬 차트를 구현하시오. (10점)

❶ 〈@측정값〉 테이블에 전월대비 증감률을 반환하는 측정값을 작성하시오. (4점)

▶ 측정값 이름 : Sales MoM%

▶ 활용 필드 : 〈날짜〉 테이블의 [날짜] 필드, 〈주문내역〉 테이블의 [금액] 필드

▶ 전월금액대비 증감률 반환, 전월금액이 공백인 경우 1로 표시

▶ 사용 함수 : CALCULATE, DATEADD, DIVIDE, RETURN, SUM, VAR

▶ 변수 이름 : 금액의 합계는 'Sales', 전월 금액은 'Previous_Sales'로 작성

▶ 서식 : 백분율( % ), 소수 자릿수 '2'

❷ 도서 정보와 매출 증감률을 나타내는 행렬 차트를 구현하시오. (3점)

▶ 활용 필드

    – 〈도서목록〉 테이블의 [분류명], [도서명] 필드

    – 〈날짜〉 테이블의 [연도], [월] 필드

    – 〈주문내역〉 테이블의 [총금액], [전월매출], [Sales MoM%] 측정값

    – 필드 이름 변경 : '총금액' → '당월', '전월매출' → '전월', 'Sales MoM%' → '증감률'

▶ 행 머리글은 계층 구조의 마지막 수준(도서명)까지 확장

▶ 열 머리글은 계층 구조의 마지막 수준(월)까지 확장

▶ 행렬 차트 서식

    – 눈금 : 행 안쪽 여백 '3'

    – 열 머리글 : '굵게', 텍스트 색상 '흰색', 배경색 '#2D521D', 머리글 맞춤 '가운데'로 설정

▶ 차트를 '2–②' 위치에 배치

❸ 다음 조건으로 행렬 차트에 조건부 서식을 적용하시오. (3점)

▶ 조건부 서식 설정 : [증감률] 필드

– 조건부 서식 설정 : 글꼴색

▶ 규칙1 : 0보다 크고 최대값보다 작거나 같은 경우, 글꼴색 '#59A33A, 테마색1'로 변경

▶ 규칙2 : 최소값보다 크거나 같고 0보다 작은 경우, 글꼴색 '#7B1C25, 테마색4'로 변경

▶ 적용 대상 : 값 및 합계

## 3. 다음 지시사항에 따라 리본 차트를 작성하고 시각적 개체 간 상호 동작을 구현하시오. (10점)

❶ 기간별로 매출 금액을 나타내는 리본 차트를 구현하시오. (4점)

▶ 활용 필드

– 〈날짜〉 테이블의 [연도], [월] 필드

– 〈도서목록〉 테이블의 [분류명] 필드

– 〈주문내역〉 테이블의 [총금액] 측정값

▶ 다음 조건으로 차트 서식을 변경하시오.

– 제목 : 매출추이

– 제목 서식 : 글꼴 'Segoe UI', '굵게', 텍스트 색상 '흰색', 배경색 '#2D521D', 가로 맞춤 '가운데'

– X축 제목 해제, Y축 제목 해제, 데이터 레이블 표시

▶ 차트를 '3-①' 위치에 배치

❷ 월 슬라이서에서 선택한 값이 리본 차트에 필터가 적용되지 않도록 설정하시오. (3점)

❸ 리본 차트에서 선택한 값이 행렬 차트에 필터가 적용되지 않도록 설정하시오. (3점)

## 4. 다음 지시사항에 따라 도구 설명 페이지를 구현하시오. (10점)

❶ 다음 조건으로 '문제3-4' 페이지를 도구 설명 페이지로 설정하시오. (4점)

▶ '문제3-4' 페이지를 도구 설명으로 사용

▶ 캔버스 크기 : 높이 '230', 너비 '370', 세로 맞춤 '중간'

❷ 다음 조건으로 시각적 개체에 '문제3-4'의 도구 설명 페이지가 표시되도록 구현하시오. (3점)

▶ 〈주문내역〉 테이블의 [총수량], [총금액] 측정값을 사용하는 시각적 개체에 표시

▶ '문제3' 페이지의 묶은 가로 막대형 차트에 '문제3-4' 도구 설명 페이지 표시

▶ '문제3' 페이지의 리본 차트에 '문제3-4' 도구 설명 페이지 표시

❸ '문제3' 페이지를 드릴스루 필터로 적용하시오. (3점)

▶ [분류명]을 범주로 사용하는 차트에서 드릴스루를 이용해 필터 적용

기출 유형 문제 | **01회 해설**

▶ 합격 강의

---

문제 ① **작업준비**

## 1. 데이터 가져오기와 편집

### 문제1- ❶

① '01회_답안.pbix' 파일을 열고 [홈]−[데이터]그룹의 [데이터 가져오기]를 클릭한다.

② [데이터 가져오기] 대화상자에서 [폴더]를 더블클릭한다.

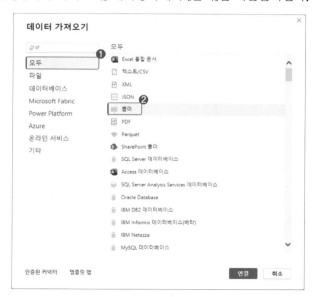

③ [폴더] 대화상자에서 찾아보기를 클릭하여 '대리점실적' 폴더를 선택하고 [확인]을 클릭한다.

④ 대화상자에서 [결합]−[데이터 결합 및 변환]을 클릭한다.

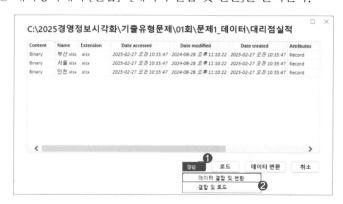

⑤ [파일 병합] 대화상자에서 [매개 변수1]을 선택하고 [확인]을 클릭한다.

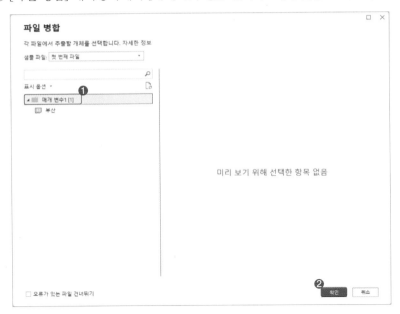

⑥ [Power Query 편집기] 창에서 〈대리점실적〉 테이블을 선택한다. [Name] 필드의 필터 단추(▼)를 클릭하고, 목록에서 '부산', '서울', '인천' 값을 체크하고 [확인]을 클릭한다.

⑦ [Name] 필드를 클릭하고 Ctrl 를 누른 상태에서 [Data] 필드를 클릭한다. 선택한 열 머리글에서 마우스 오른쪽 버튼을 클릭하여 [다른 열 제거]를 클릭한다.

⑧ [Data] 필드의 확장 단추(⇤⇥)를 클릭하고 [확인]을 클릭하여 모든 열을 표시한다.

⑨ [쿼리 설정] 창의 이름은 '대리점실적'으로 유지한다.

| | Aᴮᶜ Name | ABC Data.Column1 | ABC Data.Column2 | ABC Data.Column3 | ABC Data.Column4 | 속성 |
|---|---|---|---|---|---|---|
| 1 | 부산 | 주문ID | 주문일 | 도서ID | 주문수량 | 이름 |
| 2 | 부산 | 20240106084 | | 2024-01-06 YJH33136 | 5 | 대리점실적 |
| 3 | 부산 | 20240119091 | | 2024-01-19 YJH33135 | 5 | 모든 속성 |
| 4 | 부산 | 20240121094 | | 2024-01-21 YJL22111 | 5 | |
| 5 | 서울 | 주문ID | 주문일 | 도서ID | 주문수량 | 적용된 단계 |
| 6 | 서울 | 20240102081 | | 2024-01-02 YJH33137 | 5 | 원본 |
| 7 | 서울 | 20240103083 | | 2024-01-03 YJL33118 | 5 | 필터링된 숨겨진 파일1 |
| 8 | 서울 | 20240111086 | | 2024-01-11 YJM55126 | 5 | 사용자 지정 함수 호출1 |
| 9 | 서울 | 20240118088 | | 2024-01-18 YJH33137 | 4 | 이름을 바꾼 열 수1 |
| 10 | 서울 | 20240118089 | | 2024-01-18 YJM55123 | 2 | 제거된 다른 열 수1 |
| 11 | 서울 | 20240119090 | | 2024-01-19 YJH33137 | 1 | 확장된 테이블 열1 |
| 12 | 서울 | 20240120092 | | 2024-01-20 YJL22115 | 4 | 변경된 유형 |
| 13 | 서울 | 20240124096 | | 2024-01-24 YJL22112 | 15 | 필터링된 행 |
| 14 | 서울 | 20240124097 | | 2024-01-24 YJL22112 | 15 | 제거된 다른 열 수 |
| 15 | 서울 | 20240125098 | | 2024-01-25 YJE66133 | 1 | ✕ 확장된 Data |

## 문제1- ❷

① 〈대리점실적〉 테이블에서 [홈]-[변환]그룹의 [첫 행을 머리글로 사용]을 클릭하여 열 머리글을 변경한다.

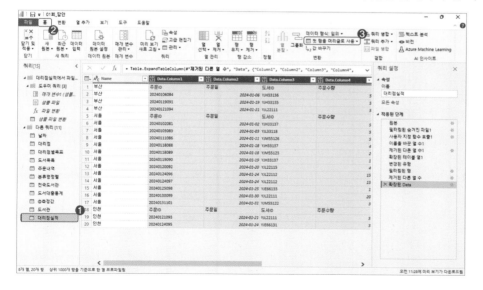

② [주문일] 필드의 필터 단추(▼)를 클릭하고, 목록에서 '주문일'의 체크를 해제하고 [확인]을 클릭한다.

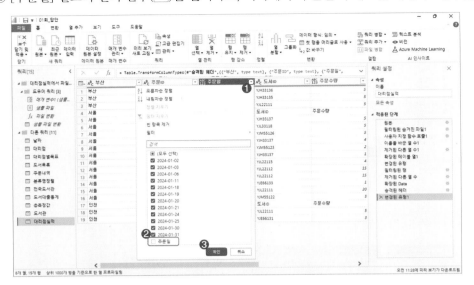

③ 첫 번째 필드 이름 '부산'을 '대리점'으로 변경한다.

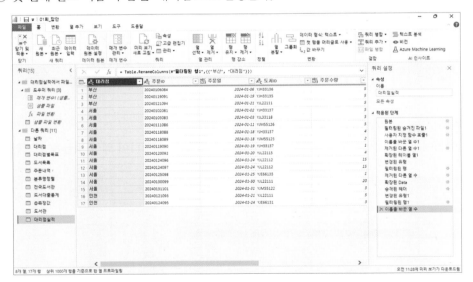

## 문제1- ❸

① [주문일] 필드의 데이터 형식(ABC 123)을 클릭하여 '날짜'로 변경한다.

| | 대리점 ▼ | $A^B_C$ 주문ID ▼ | ABC 123 주문일 ▼ | $A^B_C$ 도서ID ▼ |
|---|---|---|---|---|
| 1 | 부산 | 20240106084 | 2024-01-06 | YJH33136 |
| 2 | 부산 | 20240119091 | 2024-01-19 | YJH33135 |
| 3 | 부산 | 20240121094 | 2024-01-21 | YJL22111 |
| 4 | 서울 | 20240102081 | 2024-01-02 | YJH33137 |
| 5 | 서울 | 20240103083 | 2024-01-03 | YJL33118 |
| 6 | 서울 | 20240111086 | 2024-01-11 | YJM55126 |
| 7 | 서울 | 20240118088 | 2024-01-18 | YJH33137 |
| 8 | 서울 | 20240118089 | 2024-01-18 | YJM55123 |
| 9 | 서울 | 20240119090 | 2024-01-19 | YJH33137 |
| 10 | 서울 | 20240120092 | 2024-01-20 | YJL22115 |
| 11 | 서울 | 20240124096 | 2024-01-24 | YJL22112 |
| 12 | 서울 | 20240124097 | 2024-01-24 | YJL22112 |
| 13 | 서울 | 20240125098 | 2024-01-25 | YJE66133 |
| 14 | 서울 | 20240130099 | 2024-01-30 | YJL22111 |
| 15 | 서울 | 20240131101 | 2024-01-31 | YJM55122 |
| 16 | 인천 | 20240121093 | 2024-01-21 | YJL22111 |
| 17 | 인천 | 20240124095 | 2024-01-24 | YJE66131 |

② [주문수량], [정가], [금액] 필드의 데이터 형식(ABC 123)을 '정수'로 변경하고, [할인율] 필드는 '10진수'로 변경한다.

| $1^2_3$ 주문수량 ▼ | $1^2_3$ 정가 ▼ | 1.2 할인율 ▼ | $1^2_3$ 금액 ▼ |
|---|---|---|---|
| 5 | 17000 | 0.1 | 76500 |
| 5 | 16800 | 0.1 | 75600 |
| 5 | 13000 | 0.1 | 58500 |
| 5 | 15000 | 0.1 | 67500 |
| 5 | 17000 | 0.1 | 76500 |
| 5 | 20000 | 0.1 | 90000 |

## 2. 파워 쿼리 편집기 활용

### 문제2- ❶

① [Power Query 편집기] 창의 〈도서대출통계〉 테이블에서 [홈]–[변환]그룹에서 [첫 행을 머리글로 사용]을 클릭하여 열 머리글을 변경한다. 첫 번째 필드 이름을 더블클릭하여 '성별'로 변경한다.

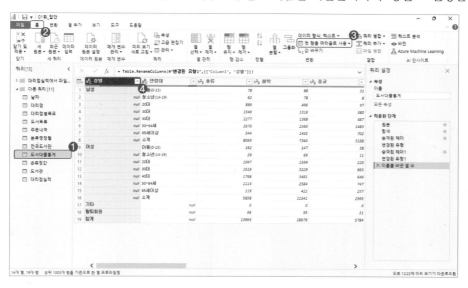

**문제2- ❷**

① 〈도서대출통계〉 테이블에서 [성별] 필드를 클릭한다. [변환]-[열]그룹에서 [채우기]-[아래로]를 클릭하여 null 값을 남성, 여성으로 채우기한다.

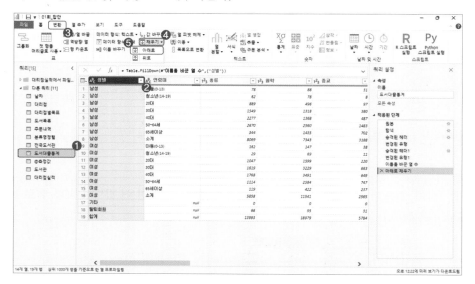

② [연령대] 필드의 필터 단추(▼)를 클릭하여 '모두 선택'을 클릭한 후 '20대', '30대', '40대'를 체크하고 [확인]을 클릭한다.

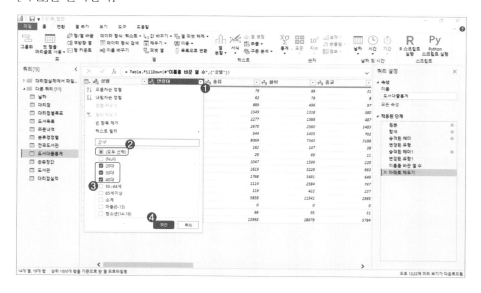

③ [합계] 필드에서 마우스 오른쪽 버튼을 클릭하여 [제거]를 클릭한다.

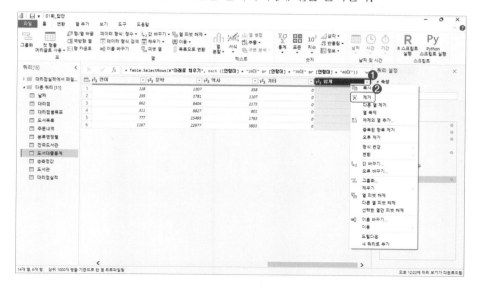

## 문제2-❸

① 〈도서대출통계〉 테이블에서 [총류] 필드를 선택하고 Shift 를 누른 상태에서 [기타] 필드를 선택하여 여러 필드를 동시에 선택한다. [변환]-[열]그룹에서 [열 피벗 해제]를 클릭한다.

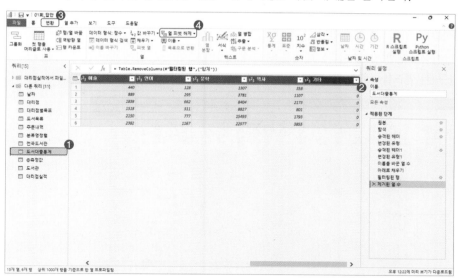

② 필드 이름 [특성]을 더블클릭하여 '도서분야'로 변경하고 필드 이름 [값]은 '대출권수'로 변경한다. [홈]–
[닫기]그룹에서 [닫기 및 적용]을 클릭한다.

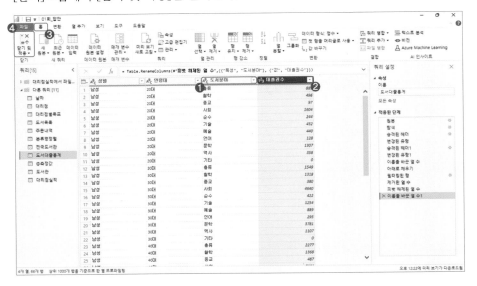

## 3. 테이블 관계 설정 및 측정값 추가하기

### 문제3-❶

① 모델 보기(▦)에서 '레이아웃1'을 선택한다.

② [데이터] 창에서 〈전국도서관〉, 〈도서관〉 테이블을 드래그하여 레이아웃 창에 추가한다. 〈전국도서관〉
테이블의 [도서관구분] 필드를 〈도서관〉 테이블의 [구분코드] 필드 위에 드래그&드롭한다.

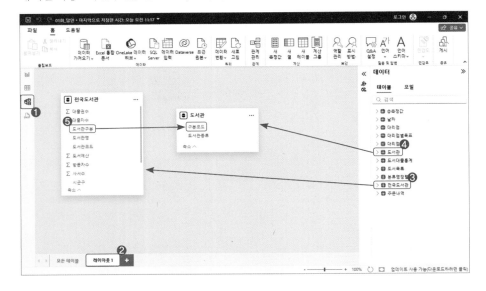

③ [새 관계] 대화상자에서 관계 설정된 필드(도서관구분, 구분코드)와 카디널리티(다대일), 교차 필터 방향
(Single), 관계 활성화의 체크 표시를 확인하고 [저장]을 클릭한다.

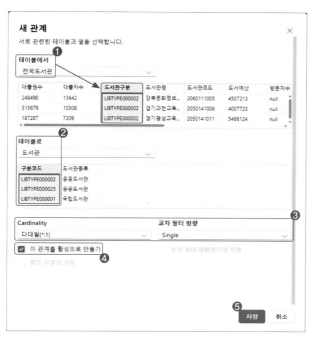

④ 두 테이블 사이에 관계선이 나타나고 카디널리티는 '다대일(*:1)', 크로스필터는 '단일'로 관계 설정된다.

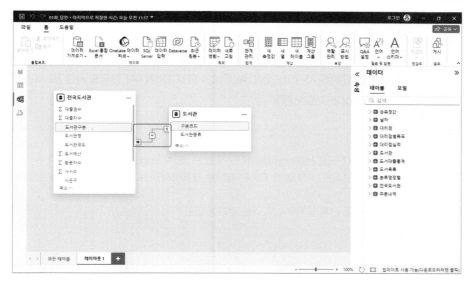

## 문제3-❷

① 테이블 보기(▦)에서 〈@측정값〉 테이블을 선택한다. [테이블 도구]-[계산]그룹에서 [새 측정값]을 클릭한다.

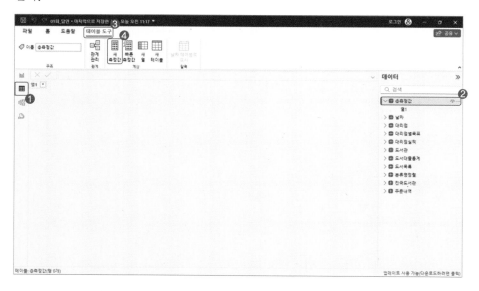

② 다음 수식을 입력하고 [측정 도구]-[서식]그룹에서 백분율 스타일(%), 소수 자릿수는 '2'로 설정한다.

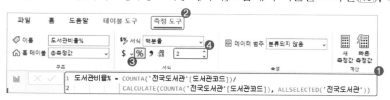

**도서관비율% = COUNTA('전국도서관'[도서관코드])/CALCULATE(COUNTA('전국도서관'[도서관코드]), ALLSELECTED('전국도서관'))**

💬 수식 설명

(1) COUNTA('전국도서관'[도서관코드]) : 〈전국도서관〉 테이블의 [도서관코드] 필드의 행 개수를 반환
(2) ALLSELECTED('전국도서관') : 〈전국도서관〉 테이블에 적용된 필터를 해제하지만 보고서 페이지에 적용된 필터는 적용
(3) =(1)/CALCULATE((1), (2)) : 도서관수를 전체 도서관수로 나눈 결과를 반환

## 문제3- ❸

① 〈@측정값〉 테이블에서 [테이블 도구]–[계산]그룹의 [새 측정값]을 클릭한다.

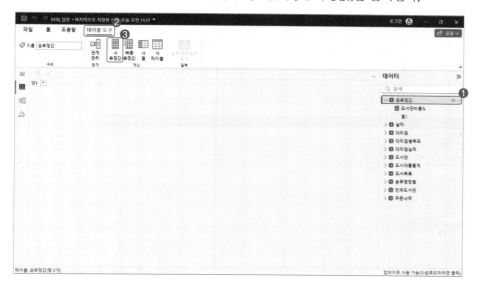

② 다음 수식을 입력한다.

최대대출자도서관 = IF(ISBLANK(CALCULATE(MAX('전국도서관'[대출자수]))), BLANK(),
　　　　　CALCULATE(MAX('전국도서관'[도서관명]),'전국도서관'[대출자수]=MAX('전국도서
　　　　　관'[대출자수])))

💬 수식 설명

(1) CALCULATE(MAX('전국도서관'[대출자수])) : 〈전국도서관〉 테이블의 [대출자수] 필드의 최대값을 반환
(2) '전국도서관'[대출자수]=MAX('전국도서관'[대출자수]) : 〈전국도서관〉 테이블의 [대출자수]와 〈전국도서관〉 테이블의 [대출자수]의 최대값이 동일한 행을 반환
(3) CALCULATE(MAX('전국도서관'[도서관명]), (2)) : (2)의 조건으로 필터링된 행에서 〈전국도서관〉 테이블의 [도서관명]의 최대값을 반환, CALCULATE함수의 첫 번째 인수는 수식이나 측정값을 표현하므로 MAX 함수를 사용, MAX('전국도서관'[도서관명]) 수식은 결과가 텍스트값을 반환하면 내림차순 정렬된 데이터 목록의 가장 큰 값을 반환
(4) =IF(ISBLANK((1)), BLANK(), (3)) : (1)의 조건이 공백이면 BLANK()를 반환하고 공백이 아니면 (3)을 반환

## 1. 보고서 레이아웃 설정

### 문제1- ❶

① 보고서 보기(📊)에서 '문제2' 페이지를 클릭한다. 연도 슬라이서에 '2024'로 필터가 적용되어 있다.

② [보기]-[테마]그룹의 [테마]에서 '접근성 높은 도시공원'을 클릭한다.

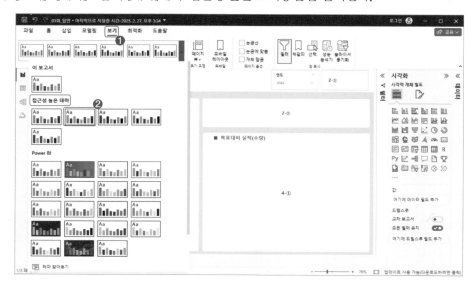

### 문제1- ❷

① [삽입]-[요소]그룹에서 [텍스트 상자]를 클릭하고 텍스트 상자에 '도서 주문 현황'을 입력한다. 텍스트 범위를 선택하고 [텍스트 상자 서식]에서 글꼴 종류 'Segoe UI', 크기 '20', 글꼴색 '#096660', '굵게', '가운데'로 설정한다.

② 텍스트 상자의 크기와 위치를 조정하여 '1-②' 위치에 배치한다.

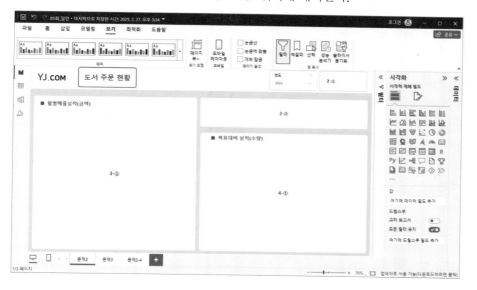

## 2. 슬라이서, 여러 행 카드 시각화

**문제2- ❶**

① 테이블 보기(▦)에서 〈대리점〉 테이블을 선택한다. [테이블 도구]-[계산]그룹에서 [새 열]을 클릭하고 다음 수식을 입력한다.

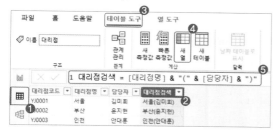

대리점검색 = [대리점명] & "(" & [담당자] & ")"

② 보고서 보기(▥)에서 '문제2' 페이지를 클릭한다.

③ [시각화] 창에서 '슬라이서(▦)'를 클릭하고 [필드]에 〈대리점〉 테이블의 [대리점검색] 필드를 추가한다.

④ [시각화] 창에서 [시각적 개체 서식 지정]을 클릭하고 [시각적 개체]−[슬라이서 설정]에서 [옵션]의 스타일을 '드롭다운'으로 설정, 선택에서 '"모두 선택" 옵션'을 설정으로 변경한다. [슬라이서 머리글]에서 [텍스트]의 글꼴 크기는 '10', [값]에서 값의 글꼴 크기는 '10'으로 적용한다.

⑤ 슬라이서의 크기와 위치를 조정하여 '2-①' 위치에 배치한다.

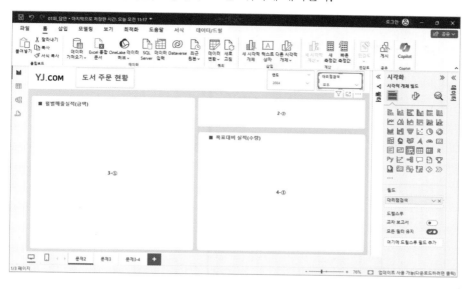

## 문제2-❷

① '문제2' 페이지에서 [시각화] 창에서 '여러 행 카드(▤)'를 클릭하고 [필드]에 〈주문내역〉 테이블의 [총금액], [전년도매출], [전년대비성장률] 측정값을 추가한다. 필드 영역의 필드 이름을 더블클릭하여 '총금액' → '당해년도', '전년도매출' → '전년도', '전년대비성장률' → '성장률'로 변경한다.

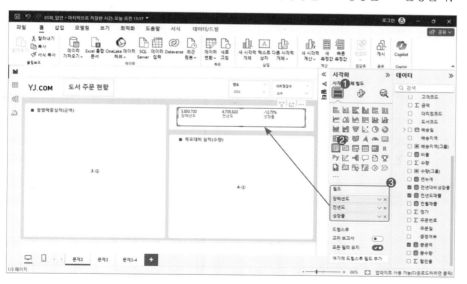

② [시각화] 창에서 [시각적 개체 서식 지정]을 클릭하고 [시각적 개체]-[설명 값]에서 글꼴 'Segoe UI Bold', 크기 '20'으로 설정한다. [카드]의 [악센트 바]에서 너비를 '5'로 설정한다.

③ 여러 행 카드의 크기와 위치를 조정하여 '2-②' 위치에 배치한다.

## 3. 100% 누적 세로 막대형 차트 시각화

### 문제3- ❶

① '문제2' 페이지에서 [시각화] 창의 '100% 누적 세로 막대형 차트(📊)'를 클릭한다. [X축]에 〈날짜〉 테이블의 [연도], [월] 필드, [Y축]에 〈주문내역〉 테이블의 [총금액] 측정값, [범례]에 〈분류명정렬〉 테이블의 [신분류명] 필드를 추가한다.

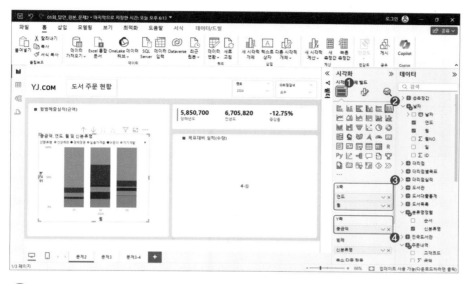

범례를 추가했을 때 범례 색의 순서가 테마 색 순서와 다르게 표시되면, 색상 순서는 무시하고 시각화를 진행한다.

② 차트의 크기와 위치를 조정하여 '3-①' 위치에 배치한다.

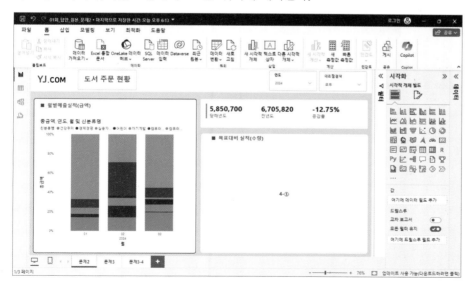

**문제3- ❷**

① [시각화] 창에서 [시각적 개체 서식 지정](🎨)을 클릭하고 [시각적 개체]–[X축]에서 [값]의 글꼴 크기 '10', '굵게' 설정한 다음, [제목]을 해제한다. [Y축]에서 [제목]을 해제한다. 차트 제목을 지우기 위해 [일반]–[제목]을 해제한다.

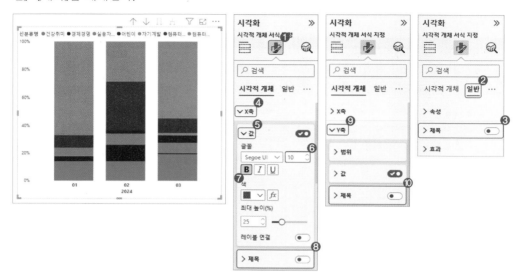

② [시각적 개체]–[데이터 레이블]을 설정으로 변경하고 [옵션]의 '넘치는 텍스트'를 설정한다.

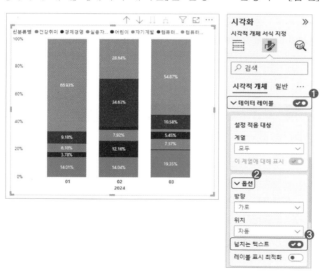

③ 총금액과 비율을 함께 표시하기 위해 [데이터 레이블]–[값]을 설정으로 변경한다. [데이터 레이블] –[세부 정보]에서 내용을 '사용자 지정'으로 변경하고, 데이터에 〈주문내역〉 테이블의 [비율] 측정값을 추가한다. 표시 단위를 '사용자 지정'으로 변경하고 형식 코드에 '(0.0%)'를 입력한다.

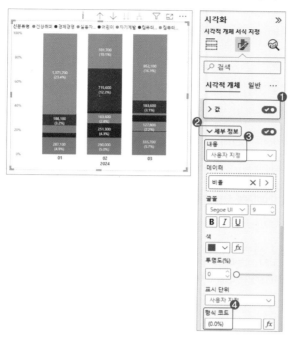

④ [레이아웃]에서 레이아웃을 '멀티 라인'을 설정한다(멀티 라인은 기본값으로 설정되어 있음).

🅕 기적의 TIP

| 멀티 라인 | 한 줄 |
|---|---|
| 1,371,700<br>(23.4%) | 1,371,700(23.4%) |

## 문제3– ❸

① 테이블 보기(▦)에서 〈분류명정렬〉 테이블의 [신분류명] 필드를 선택한다. [열 도구]–[정렬]그룹에서 [열 기준 정렬]–[순서]를 클릭한다.

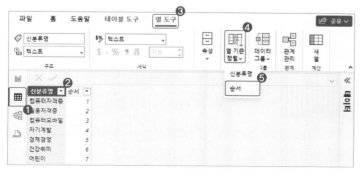

② 보고서 보기(📊)에서 '문제2' 페이지의 '100% 누적 세로 막대형 차트'의 범례가 자동으로 신분류명 순서로 오름차순 정렬된다.

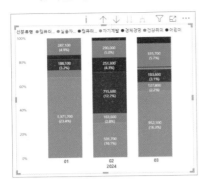

## 4. 꺾은선형 및 묶은 세로 막대형 차트 시각화

### 문제4-❶

① '문제2' 페이지에서 [시각화] 창의 '꺾은선형 및 묶은 세로 막대형 차트(📊)'를 클릭한다. [X축]에 〈대리점〉 테이블의 [대리점명] 필드, [열 Y축]에 〈주문내역〉 테이블의 [총수량] 측정값, 〈대리점별목표〉 테이블의 [목표수량] 측정값, [선 Y축]에 〈대리점별목표〉 테이블의 [목표달성률] 측정값을 추가한다.

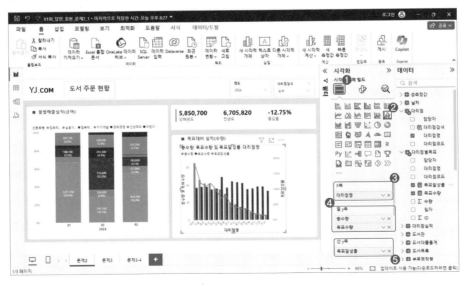

② 차트의 크기와 위치를 조정하여 '4-①' 위치에 배치한다.

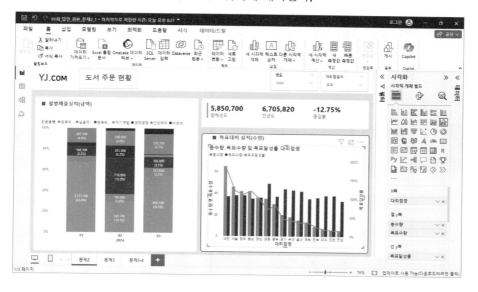

## 문제4- ❷

① [시각화] 창에서 [시각적 개체 서식 지정]을 클릭하고 [일반]-[제목]을 해제한다.

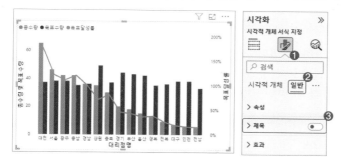

② [시각적 개체]-[X축]에서 값의 글꼴 크기 '10', '굵게' 설정하고 [제목]을 해제한다. [Y축]에서 [제목]을 해제한다.

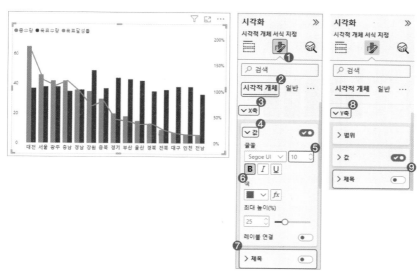

③ [데이터 레이블]을 설정하고 [옵션]의 위치(열)를 '바깥쪽 끝에'로 표시한다. [표식]에서 '모든 범주 표시'를 설정하고 도형 유형 '▲', 크기 '6', 색 '#7B1C25, 테마 색 4'로 설정한다.

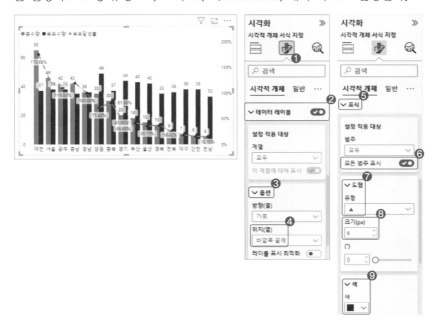

## 문제4- ❸

① '꺾은선형 및 묶은 세로 막대형 차트'를 선택하고 [필터] 창에서 [이 시각적 개체의 필터]의 [대리점명]의 필터 카드를 확장한다. 필터 형식을 '상위 N'으로 설정, 항목 표시 '위쪽', '5', 값에 〈주문내역〉 테이블의 [총수량] 측정값을 추가하고 [필터 적용]을 클릭한다.

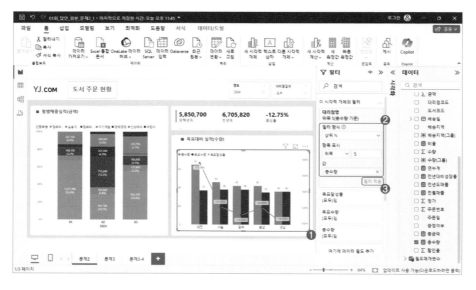

## 1. 매개 변수

### 문제1-❶

① 보고서 보기(📊)에서 '문제3' 페이지를 클릭한다. 연도 슬라이서에 '2024' 값으로 필터가 적용되어 있다.

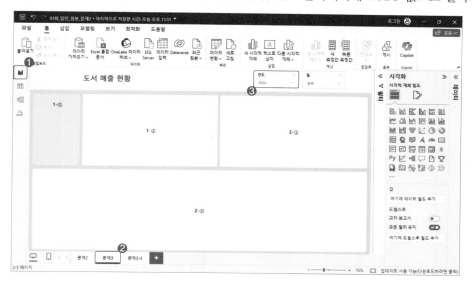

② [모델링]-[매개변수]그룹에서 [새 매개변수]-[필드]를 클릭한다.

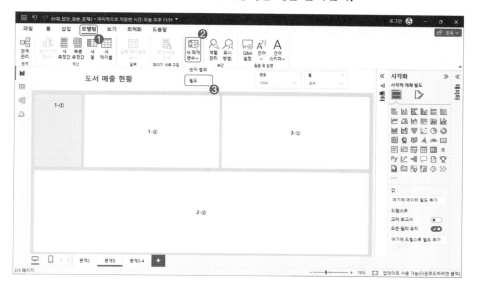

③ [매개 변수] 창에서 이름에 '필드매개변수'를 입력한다. 필드 목록에서 〈도서목록〉 테이블의 [분류명] 필드, 〈대리점〉 테이블의 [대리점명] 필드를 [필드 추가 및 순서 변경] 영역에 추가한다. '이 페이지에 슬라이서 추가' 옵션이 선택된 상태에서 [만들기]를 클릭한다.

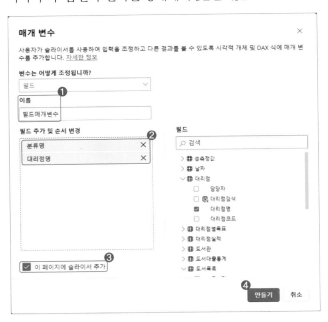

④ 필드매개변수 슬라이서와 테이블이 추가된다. 슬라이서 크기를 조정하고 '1-①' 위치에 배치한다.

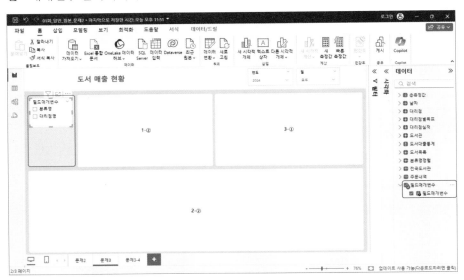

## 문제1-❷

① [필드매개변수] 슬라이서를 선택하고 [시각적 개체 서식 지정]을 클릭한다. [시각적 개체]–[슬라이서 설정]에서 [옵션]의 스타일을 '세로 목록', [선택]에서 '단일 선택'을 설정으로 변경한다. 슬라이서에 '분류명' 값으로 필터를 적용한다.

## 문제1-❸

① '문제3' 페이지에서 [시각화] 창의 '묶은 가로 막대형 차트(📊)'를 클릭한다. [Y축]에 〈필드매개변수〉 테이블의 [필드매개변수] 필드, [X축]에 〈주문내역〉 테이블의 [총금액] 측정값을 추가한다.

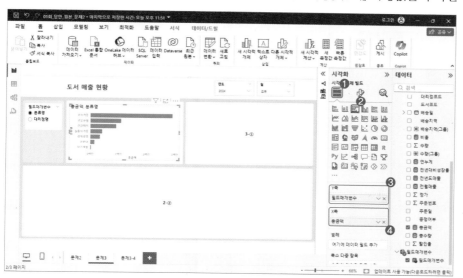

② [시각화] 창에서 [시각적 개체 서식 지정]을 클릭한다. [일반]-[제목]에서 글꼴은 'Segoe UI', 크기는 '14', '굵게', 텍스트 색상은 '흰색', 배경색은 '#2D521D', 가로 맞춤은 '가운데'로 설정한다.

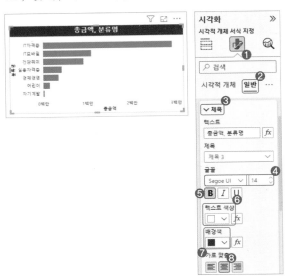

③ [시각적 개체]-[Y축]에서 [제목]을 해제하고 [X축]의 [제목]을 해제한다. [데이터 레이블]을 설정으로 변경한다.

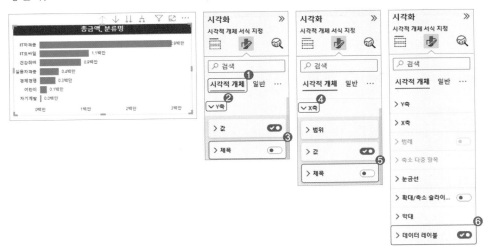

④ 차트의 크기와 위치를 조정하여 '1-③' 위치에 배치한다. 필드매개변수에서 값을 필터하면 묶은 가로 막대형 차트의 Y축에 반영된다. 필드매개변수는 '분류명' 값으로 필터한다.

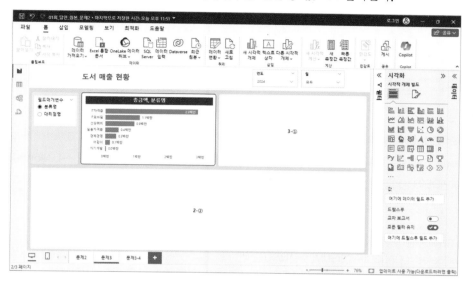

## 2. 행렬 시각화

### 문제2-❶

① '문제3' 페이지에서 [데이터] 창의 ⟨@측정값⟩ 테이블을 선택 후 [테이블 도구]-[계산]그룹에서 [새 측정값]을 클릭한다.

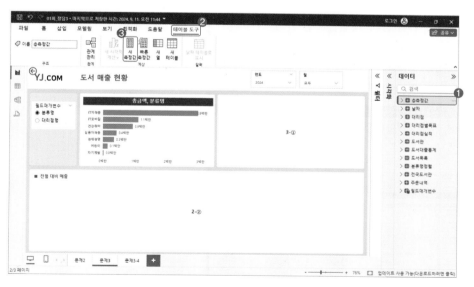

② 다음 수식을 입력하고 백분율 스타일(%), 소수 자릿수 '2'로 설정한다.

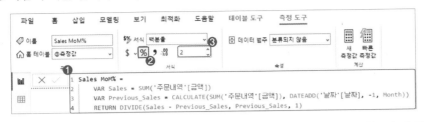

Sales MoM% =

    VAR Sales = SUM('주문내역'[금액])

    VAR Previous_Sales = CALCULATE(SUM('주문내역'[금액]), DATEADD('날짜'[날짜], −1, Month))

    RETURN DIVIDE(Sales − Previous_Sales, Previous_Sales, 1)

> 💬 수식 설명
>
> (1) VAR Sales = SUM('주문내역'[금액]) : 〈주문내역〉 테이블의 [금액] 필드의 합계를 변수 Sales에 저장
> (2) VAR Previous_Sales = CALCULATE(SUM('주문내역,[금액]), DATEADD('날짜'[날짜], −1, Month)) : 〈날짜〉 테이블의 [날짜] 필드에서 전월의 기간을 필터링하여 〈주문내역〉 테이블의 [금액] 필드의 합계를 계산하고 변수 Previous_Sales에 저장
> (3) RETURN DIVIDE(Sales − Previous_Sales, Previous_Sales, 1) : Sales와 Previous_Sales의 차이를 Previous_Sale로 나눈 값을 측정값 Sales MoM%에 반환, DIVIDE 함수에서 3번째 인수에 1을 입력하면 나누기 결과가 오류나 0이면 1을 반환

## 문제2- ❷

① '문제3' 페이지에서 [시각화] 창의 '행렬'(▦)을 클릭한다. [행]에 〈도서목록〉 테이블의 [분류명], [도서명] 필드, [열]에 〈날짜〉 테이블의 [연도], [월] 필드, [값]에 〈주문내역〉 테이블의 [총금액], [전월매출] 측정값, 〈@측정값〉 테이블의 [Sales MoM%] 측정값을 추가한다. 값의 이름을 더블클릭하여 '총금액'은 '당월', '전월매출'은 '전월', 'Sales MoM%'는 '증감률'로 변경한다.

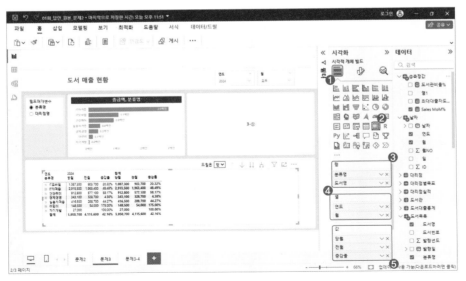

② 행렬의 시각화 드릴 모드의 드릴온이 '행'에서 계층 구조에서 한 수준 아래로 모두 확장(⬚)을 클릭하여 행 머리글을 도서명까지 확장한다.

③ 행렬의 시각화 드릴 모드의 드릴온을 '열'로 변경하고 계층 구조에서 한 수준 아래로 모두 확장(⬚)을 클릭하여 열 머리글을 월까지 확장한다.

④ [시각화] 창에서 [시각적 개체 서식 지정]을 클릭한다. [시각적 개체]-[눈금]에서 옵션의 행 안쪽 여백을 '3'으로 설정한다. [열 머리글]의 [텍스트]에서 텍스트 색상은 '흰색', 배경색은 '#2D521D'로 설정한다. 머리글 맞춤을 '가운데'로 설정한다.

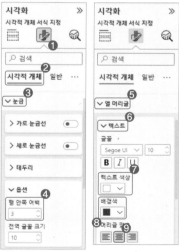

⑤ 행렬의 크기와 위치를 조정하여 '2-②' 위치에 배치한다.

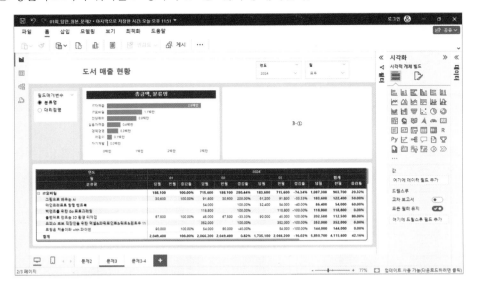

## 문제2-❸

① 행렬을 선택 후 [시각화] 창에서 [시각적 개체 서식 지정]을 클릭한다. [시각적 개체]-[셀 요소]-[설정 적용 대상]에서 계열을 '증감률'로 변경한다. '글꼴색'을 설정으로 변경하고 조건부 서식(📊)을 클릭한다.

② [글꼴색−글꼴색] 대화상자에서 서식 스타일을 '규칙'으로 설정하고 다음 규칙을 지정한다.

> - If값 : '>', 0 , '숫자', 끝 : '<=', '최대값', '숫자' THEN '#59A33A, 테마색1'
> - If값 : '>=', '최소값', '숫자', 끝 : '<', '0', '숫자', THEN '#7B1C25, 테마색4'

적용 대상을 '값 및 합계'로 변경하고 [확인]을 클릭한다.

③ 증감률에서 양수와 음수의 색이 다르게 표시된다.

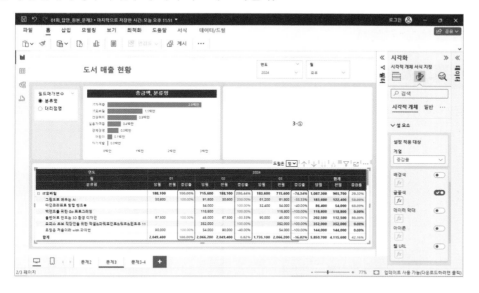

## 3. 리본 차트, 상호 작용 편집

**문제3-❶**

① '문제3' 페이지에서 [시각화] 창의 '리본 차트(🎗️)'를 클릭한다. [X축]에 〈날짜〉 테이블의 [연도], [월] 필드, [Y축]에 〈주문내역〉 테이블의 [총금액] 측정값, [범례]에 〈도서목록〉 테이블의 [분류명] 필드를 추가한다.

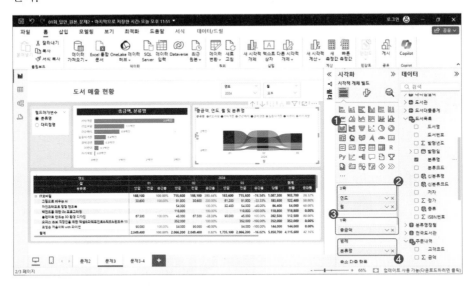

② [시각화] 창에서 [시각적 개체 서식 지정]을 클릭한다. [일반]-[제목]에서 텍스트에 '매출추이'를 입력하고 글꼴 'Segoe UI', '굵게', 텍스트 색상 '흰색', 배경색 '#2D521D', 가로 맞춤 '가운데'로 설정한다.

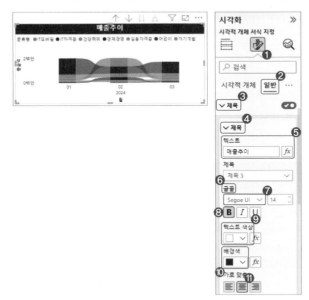

③ [시각적 개체]-[X축]에서 [제목]을 해제하고 [Y축]의 [제목]을 해제한다.

④ [데이터 레이블]을 설정으로 변경한다.

⑤ 차트의 크기와 위치를 조정하여 '3-①' 위치에 배치한다.

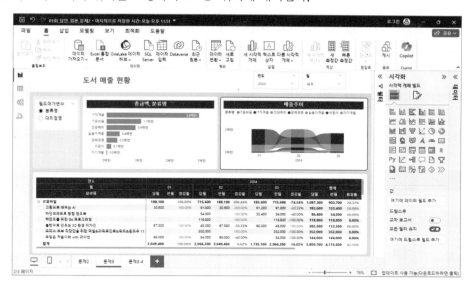

## 문제3- ❷

① '문제3' 페이지에서 월 슬라이서를 선택하고 [서식]-[상호 작용]그룹에서 [상호 작용 편집]을 클릭한다.
리본 차트의 없음(⊘)을 클릭하여 상호 작용을 해제한다.

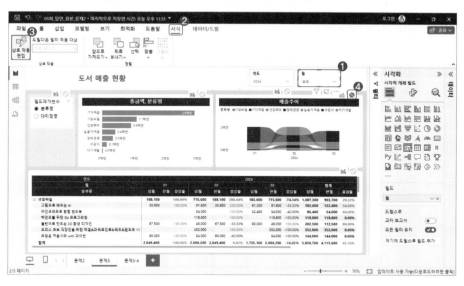

**문제3–❸**

① 리본 차트를 선택하고 행렬 개체의 없음(🚫)을 클릭하여 상호 작용을 해제한다. [서식]–[상호 작용]그룹
에서 [상호 작용 편집]을 다시 클릭하여 편집을 완료한다.

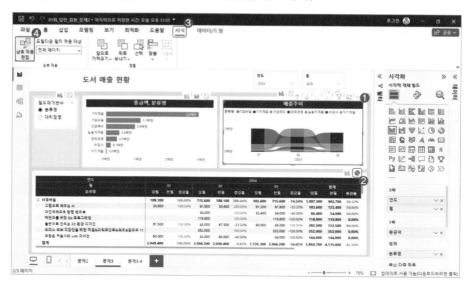

## 4. 도구 설명

**문제4–❶**

① 보고서 보기(📊)에서 '문제3–4' 페이지를 클릭한다.

② [시각화] 창의 [보고서 페이지 서식 지정]을 클릭한다. [페이지 정보]에서 '도구 설명으로 사용'을 설정으
로 변경한다.

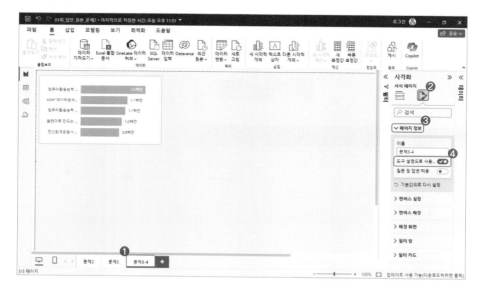

③ [캔버스 설정]의 유형을 '사용자 지정'으로 변경하고 높이 '230', 너비 '370', 세로 맞춤 '중간'으로 설정한다. [보기]–[크기 조정]그룹에서 [페이지 뷰]–[실제 크기]로 적용한다.

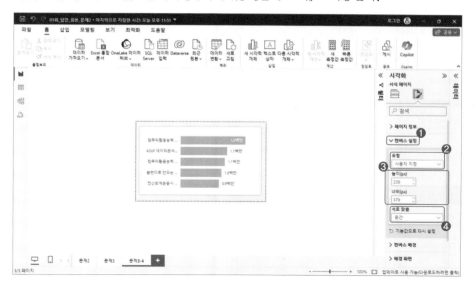

## 문제4- ❷

① [시각화] 창의 [시각적 개체에 데이터 추가]를 클릭한다. [도구 설명] 영역에 〈주문내역〉 테이블의 [총수량], [총금액] 측정값을 추가한다.

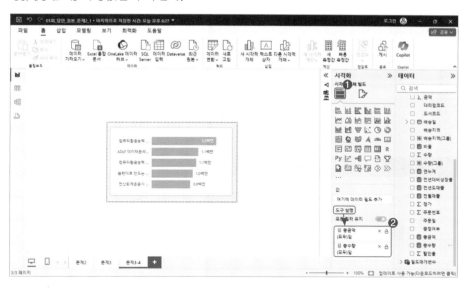

② '문제3' 페이지에서 '묶은 가로 막대형 차트'를 선택하고 [시각화] 창의 [시각적 개체 서식 지정]을 클릭한다. [일반]-[도구 설명]-[옵션]에서 유형을 '보고서 페이지'로 지정하고 페이지를 '문제3-4'로 설정한다.

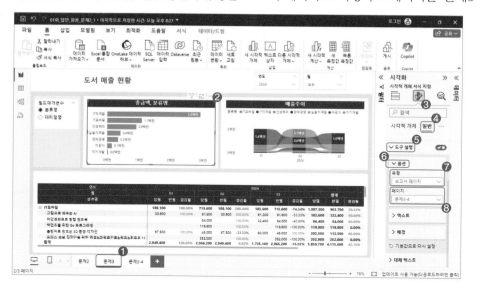

③ '리본 차트'를 선택하고 [일반]-[도구 설명]-[옵션]에서 유형을 '보고서 페이지'로 지정, 페이지를 '문제3-4'로 설정한다.

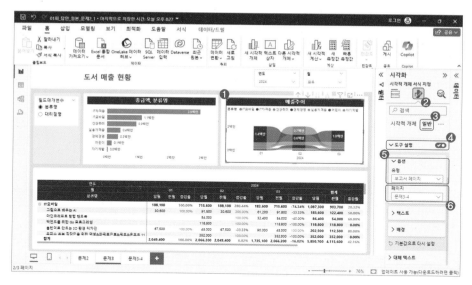

④ 각 차트의 데이터 요소에 마우스를 이동시키면 '문제3-4' 도구 설명 페이지에 데이터가 필터링되어 표시된다.

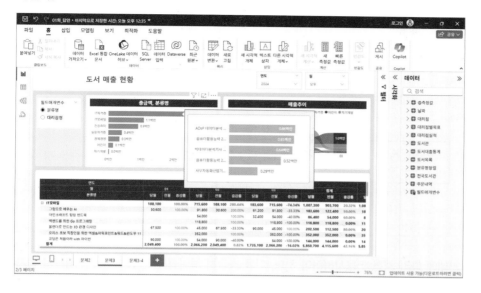

## 문제4- ❸

① '문제3' 페이지에서 [시각화] 창의 드릴스루 영역의 '여기에 드릴스루 필드 추가' 영역에 〈도서목록〉 테이블의 [분류명] 필드를 드래그하여 추가한다.

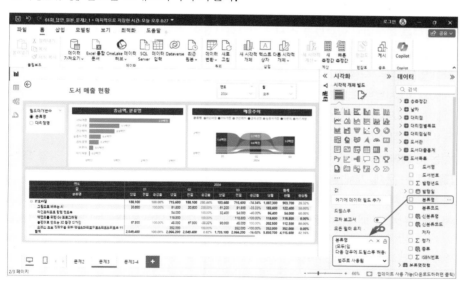

# 기출 유형 문제 (02회)

| 프로그램명 | 제한시간 |
|---|---|
| 파워BI 데스크톱 | 70분 |

수험번호 : _____

성　　명 : _____

---

| 단일 | 경영정보시각화 실무 |
|---|---|

## 〈 유 의 사 항 〉

- 시험응시방법 안내에 따라 시험에 응시하여야 하며, 이를 소홀히 하여 발생한 불이익과 책임은 수험자 본인에게 있습니다.
- 답안 파일 위치 : C:₩PB₩답안
- 문제 데이터 파일 위치 : [문제1] C:₩PB₩문제1_데이터 / [문제2,3] C:₩PB₩문제2,3_데이터
- 작성된 답안은 다음과 같이 저장해야 합니다. 그렇지 않으면 [실격 처리]됩니다.
  - 주어진 경로 및 파일명을 변경하지 말고 그대로 저장
- 답안 저장 시간은 별도로 주어지지 않으므로 수시로 저장하십시오. 중간저장을 하지 않아 생기는 피해에 대한 책임은 수험자에게 있으며, 답안이 저장되지 않을 경우 [실격 처리]됩니다.
- 별도의 지시사항이 없는 경우, 다음과 같이 처리할 때 [실격 처리]됩니다.
  - 제시된 파일, 페이지/대시보드, 데이터 원본의 이름 및 차원/측정값 속성을 임의로 변경한 경우
  - 제시된 파일, 페이지/대시보드, 데이터 원본을 임의로 삭제, 추가, 변경한 경우
  - 문제 데이터를 시험 시작 전에 열어보는 경우
- 반드시 답안작성은 문제에서 지시한 위치에 작업하여야 하며 다음과 같이 처리 시 해당 작업 또는 그 작업에 영향을 미치는 문제, 개체, 페이지 등은 [감점 및 오답처리]됩니다.
  - 제시된 함수가 있으면 제시된 함수만을 사용해야 하며 그 외 함수를 사용해 풀이한 경우
  - 임의로 지시하지 않은 차트, 매개변수 등을 이동, 수정(변경), 삭제 등으로 인해 위치 및 내용이 변경된 경우
  - 임의로 기본 설정값(Default)을 변경한 경우
  - 숫자데이터를 임의로 문자화하여 처리한 경우
  - 개체가 해당 영역을 벗어난 경우
  - 개체가 너무 작아 해당 정보 확인이 눈으로 어려운 경우

대 한 상 공 회 의 소

## 데이터 및 문제 안내

1. 최종 제출해야 할 답안파일은 1개입니다. 문제1, 문제2, 문제3의 답을 하나의 답안파일(.pbix)로 제출하십시오.

2. 문제1, 문제2, 문제3은 각각 독립적으로 구성되어 있어 앞 문제를 풀지 않아도 다음 문제 풀이가 가능합니다.

3. 문제2와 문제3 풀이를 위해 필요한 일부 측정값, 필터가 답안파일에 미리 적용되어 있을 수 있습니다. 지시사항에 제시되지 않은 것은 변경하지 마십시오.

4. 하위문제(❶, ❷, ❸)별로 점수가 부여되며, 하위문제의 지시사항(▶ 또는 - 표시)을 이행하지 않을 경우 점수가 부여되지 않습니다.

5. 이 시험을 위한 데이터 파일은 5개이며, 문제1을 위한 데이터와 문제2의 데이터가 구분됩니다.

　가. 문제1 풀이에는 '월별사원정보' 폴더의 '202301.csv', '202302.csv', '202303.csv' 파일과 답안파일(.pbix)의 '사업장', '취업', '구직', '구인' 테이블을 사용하십시오.

| 파일명 | 202301.csv, 202302.csv, 202303.csv | | | | | | | |
|---|---|---|---|---|---|---|---|---|
| 테이블 | 구조 | | | | | | | |
| 202301 | 기준일 | 사번 | 연령 | 성별구분 | 입사일 | 퇴사일 | 부서 | 직위 |
| | 2023-01-01 0:00 | 10060 | 40 | 2 | 2022-01-10 | | 데이터분석실 | 부장 |
| 202302 | 기준일 | 사번 | 연령 | 성별구분 | 입사일 | 퇴사일 | 부서 | 직위 |
| | 2023-02-01 0:00 | 10060 | 40 | 2 | 2022-01-10 | | 데이터분석실 | 부장 |
| 202303 | 기준일 | 사번 | 연령 | 성별구분 | 입사일 | 퇴사일 | 부서 | 직위 |
| | 2023-03-01 0:00 | 10060 | 40 | 2 | 2022-01-10 | | 데이터분석실 | 부장 |

| 파일명 | 고용현황.xlsx | |
|---|---|---|
| 테이블 | 구조 | |
| 사업장 | 년월 | 사업장수 |
| | 2023년12월 | 2,579,905 |
| 취업 | 년월 | 취업건수 |
| | 2023년12월 | 93,504 |
| 구직 | 년월 | 신규구직건수 |
| | 2023년12월 | 351,074 |
| 구인 | 년월 | 신규구인인원수 |
| | 2023년12월 | 196,386 |

※ 출처 : 고용현황(워크넷)

나. 문제2와 문제3의 풀이에는 '사원관리.xlsx' 파일을 사용하십시오.

| 파일명 | 사원관리.xlsx | | | | | | | | | |
|---|---|---|---|---|---|---|---|---|---|---|
| **테이블** | **구조** | | | | | | | | | |
| D날짜 | ID | 날짜 | 연도 | 월 | 일 | 연월 | 요일 | 요일NO | 연도(str) | 월(str) |
| | 20220101 | 2022-01-01 | 2022 | 1 | 1 | 202201 | 토 | 6 | 2022 | 01 |

| D조직 | 조직코드 | | | | 조직명 | | | | | |
|---|---|---|---|---|---|---|---|---|---|---|
| | 1 | | | | IT서비스센터 | | | | | |

| D부서 | 조직코드 | | 조직명 | | 부서코드 | | 부서명 | | | |
|---|---|---|---|---|---|---|---|---|---|---|
| | 1 | | IT서비스센터 | | 111 | | 플랫폼IT서비스실 | | | |

| D직위 | 직위코드 | | | | 직위 | | | | | |
|---|---|---|---|---|---|---|---|---|---|---|
| | 1 | | | | 부장 | | | | | |

| D직책 | 직책코드 | | | | 직책 | | | | | |
|---|---|---|---|---|---|---|---|---|---|---|
| | 1 | | | | 부문장 | | | | | |

| D사원 | 기준일 | 사번 | 나이 | 성별 | 입사일 | 퇴사일 | 부서코드 | 조직코드 | 직위 | 직책 | 사원그룹 | 신규 | 연령대 |
|---|---|---|---|---|---|---|---|---|---|---|---|---|---|
| | 2022-01-01 | 20760 | 21 | 남 | 2021-12-13 | | 113 | 2 | 사원 | 팀원 | Pull Time | 1 | 〈30 |

---

**문제 ❶  작업준비**                                                  **30점**

주어진 파일에서 다음 과정을 수행하고 저장하시오.

**1. 다음 지시사항에 따라 데이터 가져오기 및 파워 쿼리 편집기에서 데이터 편집을 수행하시오. (10점)**

❶ 폴더에서 가져오기를 사용하여 데이터를 결합하고 편집하시오. (4점)
- ▶ 데이터 추가 : '월별사원정보' 폴더의 '202301.CSV', '202302.CSV', '202303.CSV' 파일 결합
- ▶ [Source.Name] 필드 제거
- ▶ [기준일] 필드의 데이터 형식은 '날짜'로 변경
- ▶ 테이블 이름 : 월별사원정보

❷ 〈월별사원정보〉 테이블에 성별 필드를 추가하시오. (3점)
- ▶ 계산 필드 이름 : 성별
- ▶ '조건 열' 사용
- ▶ 조건 : [성별구분] 필드의 값이 1 → '남', 2 → '여', 그 외는 공백으로 표시
- ▶ 데이터 형식 : 텍스트

❸ 〈월별사원정보〉 테이블에 입사년도 필드를 추가하시오. (3점)

▶ 계산 필드 이름 : 입사년도

▶ 조건 : [입사일] 필드에서 연도만 표시

## 2. 다음 지시사항에 따라 파워 쿼리 편집기에서 데이터를 편집하시오. (10점)

❶ 〈구인〉 테이블과 〈구직〉 테이블을 새 테이블로 결합하시오. (3점)

▶ 테이블 이름 : 구인구직현황

▶ 두 테이블의 [년월] 필드를 기준으로 병합

▶ 조인 종류 : '내부(일치하는 행만)'

▶ 결과 : '년월', '신규구인인원수', '신규구직건수' 필드 구성

❷ 다음 조건으로 〈구인구직현황〉 테이블을 복제하여 다음과 같이 그룹화하시오. (4점)

▶ 〈구인구직현황〉 테이블 복제

▶ 테이블 이름 : 연도별요약

▶ [년월] 필드 기준으로 연도 추가

　　– 계산 필드 이름 : 연도

▶ [연도] 필드로 그룹화하여 [신규구인인원수] 필드와 [신규구직건수] 필드의 합계 반환

▶ 신규구인인원수의 합계는 '총구인인원수', 신규구직건수의 합계는 '총구직건수'로 표시

❸ 다음 조건으로 〈연도별요약〉 테이블에서 새 필드를 추가하시오. (3점)

▶ 필드 이름 : 구인배수

▶ '사용자 지정 열' 사용

▶ 총구인인원수 대비 총구직건수 반환(1인당 일자리수)

▶ 계산 : 총구인인원수/총구직건수

▶ 데이터 형식 : 10진수

## 3. 다음 지시사항에 따라 테이블 관계 설정 및 측정값을 추가하시오. (10점)

❶ 〈사업장〉 테이블과 〈취업〉 테이블의 관계를 설정하시오. (3점)

▶ 활용 필드 : 〈사업장〉 테이블의 [년월] 필드, 〈취업〉 테이블의 [년월] 필드

▶ 모델 보기의 '레이아웃1'에서 관계 설정

▶ 카디널리티 : 일대일(1:1)

▶ 교차 필터 방향 : 모두

❷ 다음 조건으로 〈@측정값〉 테이블에 측정값을 추가하시오. (3점)

   ▶ 측정값 이름 : 취업률

   ▶ 활용 필드

      – 〈취업〉 테이블의 [취업건수] 필드, 〈구직〉 테이블의 〈신규구직건수〉 필드

   ▶ [신규구직건수 합계]에 대한 [취업건수 합계]의 비율 반환

   ▶ 계산 : 취업건수 합계/신규구직건수 합계*100

   ▶ 사용 함수 : SUM

   ▶ 서식 : 10진수, 소수 자릿수 '2'

❸ 〈@측정값〉 테이블에 전년도 취업건수를 반환하는 측정값을 추가하시오. (4점)

   ▶ 측정값 이름 : 전년도취업건수

   ▶ 활용 필드 : 〈취업건수〉 테이블의 [년월], [취업건수] 필드

   ▶ 전년동시점의 취업건수의 합계 반환

   ▶ 사용 함수 : CALCULATE, SAMEPERIODLASTYEAR, SUM

   ▶ 서식 : 천 단위 구분기호(🔘), 소수 자릿수 '0'

---

**문제 ❷** **단순요소 구현**  30점

**│ 시각화 완성화면 │** 각 세부문제 풀이 후 '문제2' 페이지에 아래와 같이 개체를 배치하시오.

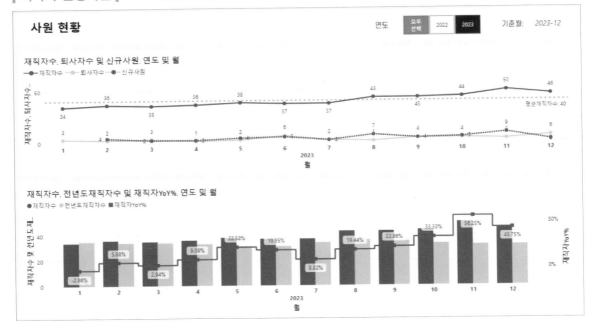

계산식 작성에 사용되는 문자열은 쌍따옴표(" ")를 사용하여 작성하시오.

1. '문제2', '문제3', '문제3-4' 페이지의 전체 서식을 설정하시오. (5점)
   ❶ 보고서 전체에 테마를 설정하시오. (2점)
     ▶ 보고서 테마 : 테마.json
   ❷ 텍스트 상자를 사용하여 '문제2' 페이지에 보고서 제목을 작성하시오. (3점)
     ▶ 텍스트 : 사원 현황
     ▶ 제목 서식 : 글꼴 'Segoe UI', 크기 '20', '굵게'
     ▶ 텍스트 상자를 '1-②' 위치에 배치

2. 다음 지시사항에 따라 슬라이서와 카드를 구현하시오. (5점)
   ❶ 다음 조건으로 '문제2' 페이지에 연도 슬라이서를 구현하시오. (2점)
     ▶ 활용 필드 : 〈D날짜〉 테이블의 [연도] 필드
     ▶ 슬라이서 설정 : 스타일 '타일', '모두 선택' 항목 표시
     ▶ 슬라이서 머리글 해제, 값 글꼴 크기 '10' 설정
     ▶ 슬라이서에 '2023' 값으로 필터 적용
     ▶ 슬라이서를 '2-①' 위치에 배치
   ❷ 다음 조건으로 기준월을 '카드'를 표시하시오. (3점)
     ▶ 활용 필드 : 〈@측정값〉 테이블의 [기준일] 측정값
     ▶ 서식 : '2001-03(yyyy-mm)'
     ▶ 설명값 : 글꼴 'Segoe UI', 크기 '12', '기울임꼴', 글꼴색 '#3257A8, 테마 색 1'
     ▶ 범주 레이블 해제
     ▶ 카드를 '2-②' 위치에 배치

3. 다음 지시사항에 따라 꺾은선형 차트를 구현하시오. (10점)
   ❶ 기간별로 사원정보를 분석하는 '꺾은선형 차트'를 구현하시오. (3점)
     ▶ 활용 필드
       – 〈D날짜〉 테이블의 [연도], [월] 필드
       – 〈F사원〉 테이블의 [재직자수], [퇴사자수], [신규사원] 측정값
     ▶ '연도 월' 기준으로 오름차순 정렬
     ▶ 차트를 '3-①' 위치에 배치
   ❷ 다음 조건으로 차트 서식을 변경하시오. (4점)
     ▶ [X축] : 값의 글꼴 크기 '10', '굵게'
     ▶ [Y축] : 값의 글꼴 크기 '10'
     ▶ 범례는 위치 '왼쪽 위', 스타일 '선과 마커'로 표시
     ▶ '신규사원'의 선 종류는 '점선', 너비는 '4'로 설정
     ▶ '퇴사자수'의 선 색을 '#F5C869, 테마 색 6'으로 설정
     ▶ 모든 계열에 '표식'과 '데이터 레이블' 표시

❸ 다음 조건으로 차트에 평균 선을 추가하시오. (3점)

  ▶ 차트의 '재직자수' 기준으로 '평균 선' 표시

  ▶ 선 이름은 '평균재직자수' 표시

  ▶ 데이터 레이블은 가로 위치 '오른쪽', 세로 위치 '아래', 스타일 '모두' 설정


## 4. 다음 지시사항에 따라 꺾은선형 및 묶은 세로 막대형 차트를 구현하시오. (10점)

❶ 기간별로 재직자수와 전년동기대비 증감률을 나타내는 '꺾은선형 및 묶은 세로 막대형 차트'를 구현하시오. (4점)

  ▶ 활용 필드

    – 〈D날짜〉 테이블의 [연도], [월] 필드

    – 〈F사원〉 테이블의 [재직자수], [전년도재직자수], [재직자YoY%] 측정값

  ▶ '연도 월' 기준으로 오름차순 정렬

  ▶ 차트를 '4-①' 위치에 배치

❷ 다음 조건으로 차트 서식을 변경하시오. (3점)

  ▶ X축 : 값의 글꼴 크기 '10', '굵게'

  ▶ Y축 : 값의 글꼴 크기 '10'

  ▶ '전년도재직자수' 계열의 열 색은 '#F5C869, 테마 색 6' 설정

  ▶ 선 보간 유형은 '단계'로 설정, 표식의 도형 유형 '■' 설정

  ▶ 데이터 레이블은 '재직자YoY%' 만 표시

❸ '문제2' 페이지에 필터를 적용하시오. (3점)

  ▶ 기본 필터링 사용

  ▶ 〈D조직〉 테이블의 [조직명] 필드 값이 '디자인센터', '데이터정보센터'로 필터

**문제 ❸** 복합요소 구현      **40점**

**│ 시각화 완성화면 │** 각 세부문제 풀이 후 '문제3' 페이지에 아래와 같이 개체를 배치하시오.

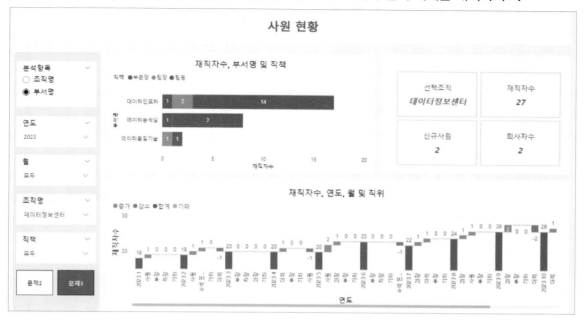

계산식 작성에 사용되는 문자열은 쌍따옴표(" ")를 사용하여 작성하시오.

## 1. 다음 지시사항에 따라 매개 변수와 누적 가로 막대형 차트를 구현하시오. (10점)

❶ 다음 조건으로 필드 매개 변수를 추가하고 슬라이서로 구현하시오. (3점)
  ▶ 매개 변수 이름 : 분석항목
  ▶ 활용 필드
    – 〈D조직〉 테이블의 [조직명] 필드
    – 〈D부서〉 테이블의 [부서명] 필드
  ▶ 슬라이서를 '1-①' 위치에 배치

❷ 다음 조건으로 '분석항목' 슬라이서를 구현하시오. (3점)
  ▶ 슬라이서 설정 : 스타일 '세로 목록', '단일' 선택
  ▶ 슬라이서에 '부서명' 값으로 필터 적용

❸ 분석항목 슬라이서에 따라 재직자수를 나타내는 '누적 가로 막대형 차트'를 구현하시오. (4점)
  ▶ 활용 필드 : 〈분석항목〉 테이블의 [분석항목] 필드, 〈F사원〉 테이블의 [재직자수] 측정값, 〈D직책〉 테이블의 [직책] 필드
  ▶ [분석항목] 슬라이서에 따라 세로 축이 변경되도록 구현
  ▶ 다음 조건으로 차트 서식을 변경하시오.
    – 차트 제목 : 글꼴 'Segoe UI Bold', 가로 맞춤 '가운데'
    – 데이터 레이블 표시
  ▶ 차트를 '1-③' 위치에 배치

**2. 다음 지시사항에 따라 측정값을 추가하고 카드(신규)로 구현하시오. (10점)**

❶ 다음 조건에 따라 〈@측정값〉 테이블에 측정값을 추가하시오. (4점)

▶ 측정값 이름 : 선택조직

▶ 활용 필드 : 〈D조직〉 테이블의 [조직명] 필드

▶ 차트에서 선택한 조직명을 반환, 그 외는 공백 처리

▶ 사용함수 : BLANK, SELECTEDVALUE

❷ 사원정보를 나타내는 '카드(신규)'를 구현하시오. (3점)

▶ 활용 필드

– 〈F사원〉 테이블의 [이달의재직자수], [이달의신규사원], [이달의퇴사자수] 측정값

– 필드 이름 변경 : '이달의재직자수' → '재직자수', '이달의신규사원' → '신규채용', '이달의퇴사자수' → '퇴사자수'

▶ 레이아웃 : 행 '2', 열 '2'로 설정

▶ 설명 값 : 값의 글꼴 'Segoe UI', 크기 '14', '굵게', '기울임꼴', 색 '#3257A8, 테마색 1', 가로 맞춤 '가운데'

▶ 카드 크기 : 높이 '230', 너비 '380'

▶ 카드를 '2-②' 위치에 배치

❸ 카드(신규)에 〈@측정값〉 테이블의 [선택조직] 측정값을 추가하시오. (3점)

▶ 카드(신규)에 첫 번째 목록으로 표시

▶ 조직명 슬라이서에 '데이터정보센터' 값으로 필터 적용

**3. 다음 지시사항에 따라 폭포 차트와 페이지 탐색기를 구현하시오. (10점)**

❶ 직위별로 재직자수의 증가와 감소를 분석하는 '폭포 차트'를 구현하시오. (4점)

▶ 활용 필드

– 〈D날짜〉 테이블의 [연도], [월] 필드

– 〈D직위〉 테이블의 [직위] 필드

– 〈F사원〉 테이블의 [재직자수] 측정값

▶ 〈D직위〉 테이블의 [직위] 필드로 분석 결과 표시

▶ 차트를 '3-①' 위치에 배치

❷ 다음 조건으로 폭포 차트의 서식을 변경하시오. (3점)

▶ 차트 제목 : 글꼴 'Segoe UI Bold', 가로 맞춤 '가운데'

▶ 데이터 레이블 표시

▶ 분석 결과는 3개로 표현

❸ 다음 조건에 따라 페이지 탐색기를 추가하시오. (3점)

▶ 페이지 탐색기에서 선택한 상태의 단추 색은 '#3257A8, 테마색 1'로 설정

▶ '문제2', '문제3' 페이지 표시

▶ 페이지 탐색기를 '3-③' 위치에 배치

**4. 다음 지시사항에 따라 '문제3-4' 페이지에 시각적 개체 간 상호 작용 기능을 설정하시오. (10점)**

❶ 월과 직책 슬라이서의 상호 작용을 설정하시오. (3점)

▶ 월 슬라이서에서 선택한 값이 묶은 세로 막대형 차트에 적용되지 않도록 설정

▶ 직책 슬라이서에서 선택한 값이 도넛형 차트에 적용되지 않도록 설정

❷ 다음 조건으로 도넛형 차트의 상호 작용을 설정하시오. (3점)

▶ 도넛형 차트에서 선택한 값이 누적 세로 막대형 차트에 필터가 적용되도록 설정

▶ 도넛형 차트에서 선택한 값이 묶은 세로 막대형 차트에 필터가 적용되도록 설정

❸ 다음 조건으로 책갈피를 구현하시오. (4점)

▶ 책갈피 이름 : 기간별차트숨기기

– 동작 : 묶은 세로 막대형 차트 숨기기

– '기간별차트숨기기' 도형에 '기간별차트숨기기' 책갈피 연결

▶ 책갈피 이름 : 기간별차트표시

– 동작 : 묶은 세로 막대형 차트 표시

– '기간별차트표시' 도형에 '기간별차트표시' 책갈피 연결

---

문제 ❶　**작업준비**

## 1. 데이터 가져오기와 편집

### 문제1-❶

① '02회_답안파일.pbix' 파일을 열고 [홈]–[데이터]그룹의 [데이터 가져오기]를 클릭한다.

② [데이터 가져오기] 대화상자에서 [폴더]를 더블클릭한다.

③ [폴더] 대화상자에서 찾아보기를 클릭하여 '월별사원정보' 폴더를 선택하고 [확인]을 클릭한다.

④ 대화상자에서 [결합]-[데이터 결합 및 변환]을 클릭한다.

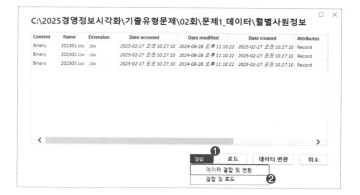

⑤ [파일 병합] 창에서 [확인]을 클릭한다.

⑥ [Power Query 편집기] 창에서 〈월별사원정보〉 테이블에서 [Source.Name] 필드를 선택하고 마우스 오른쪽 버튼을 클릭하여 [제거]를 클릭한다.

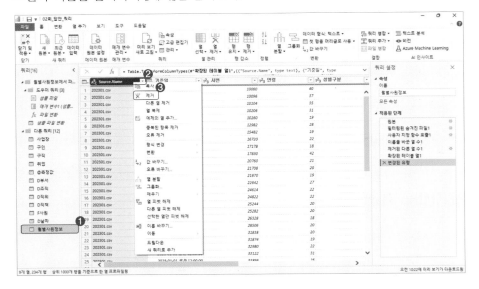

⑦ [기준일] 필드의 데이터 형식(ABC 123)을 클릭하여 '날짜'로 변경한다. [쿼리 설정] 창의 이름은 '월별사원정보'로 유지한다.

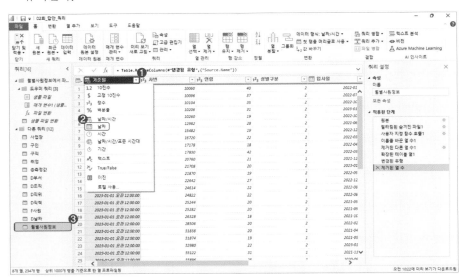

## 문제1- ❷

① 〈월별사원정보〉 테이블에서 [열 추가]–[일반]그룹에서 [조건 열]을 클릭한다.

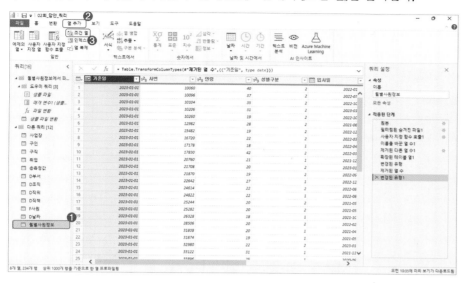

② [조건 열 추가] 대화상자에서 새 열 이름에 '성별'을 입력하고, 조건에 열 이름 '성별구분', 연산자 '같음', 값 입력 '1', 결과에 출력값 '남'을 입력하고 [절 추가]를 클릭한다. 두 번째 조건에 열 이름 '성별구분', 연산자 '같음', 값 입력 '2', 결과에 출력값 '여'를 입력한다. 기타는 공백으로 두고 [확인]을 클릭한다.

③ [성별] 필드의 데이터 형식(ABC 123)을 클릭하여 '텍스트'로 변경한다.

| | 입사일 | 퇴사일 | 부서 | 직위 | 성별 | |
|---|---|---|---|---|---|---|
| 1 | 2022-01-10 | null | 데이터분석실 | 부장 | 1.2 | 10진수 |
| 2 | 2022-07-26 | null | 데이터분석실 | 과장 | $ | 고정 10진수 |
| 3 | 2022-10-10 | null | 데이터분석실 | 차장 | 1²3 | 정수 |
| 4 | 2023-01-18 | null | 플랫폼IT서비스실 | 부장 | % | 백분율 |
| 5 | 2022-10-04 | 2023-01-24 | 플랫폼IT서비스실 | 과장 | | 날짜/시간 |
| 6 | 2021-06-28 | null | 클라우드플랫폼 | 과장 | | 날짜 |
| 7 | 2022-12-13 | null | 플랫폼IT서비스실 | 수석 부장 | | 시간 |
| 8 | 2022-03-28 | null | 플랫폼IT서비스실 | 연구원 | | 날짜/시간/표준 시간대 |
| 9 | 2022-04-29 | 2023-01-24 | UX디자인실 | 수석 부장 | | 기간 |
| 10 | 2022-03-07 | null | 클라우드플랫폼 | 수석 연구원 | ABC | 텍스트 |
| 11 | 2021-12-13 | null | UX디자인실 | 사원 | | |
| 12 | 2023-01-30 | null | 플랫폼IT서비스실 | 사원 | XY | True/False |
| 13 | 2022-09-13 | null | 플랫폼IT서비스실 | 과장 | | 이진 |
| 14 | 2022-12-12 | null | UX디자인실 | 과장 | | 로캘 사용... |
| 15 | 2022-08-23 | null | UX디자인실 | 대리 | | |

**문제1- ❸**

① 〈월별사원정보〉 테이블에서 [입사일] 필드를 선택한다. [열 추가]-[날짜 및 시간에서]그룹에서 [날짜]-[년]-[년]을 클릭한다.

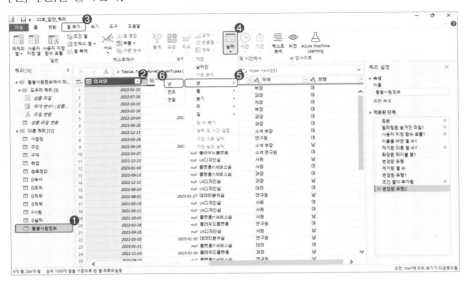

② 추가된 필드 이름(년)을 더블클릭하여 '입사년도'로 변경한다.

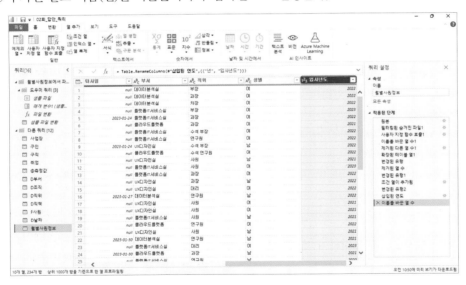

## 2. 파워 쿼리 편집기 활용

### 문제2-❶

① [Power Query 편집기] 창에서 〈구인〉 테이블을 선택하고 [홈]-[결합]그룹에서 [쿼리 병합]-[쿼리를 새 항목으로 병합]을 클릭한다.

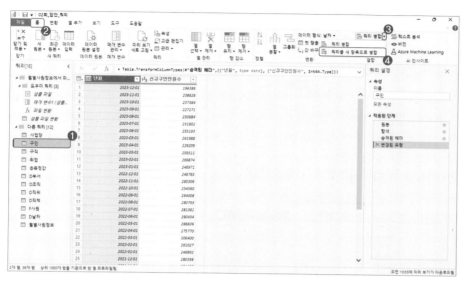

② [병합] 대화상자에서 첫 번째 테이블에 〈구인〉 테이블의 [년월] 필드 선택, 두 번째 테이블에 〈구직〉 테이블의 [년월] 필드를 선택한다. 조인 종류를 '내부(일치하는 행만)'으로 선택하고 [확인]을 클릭한다.

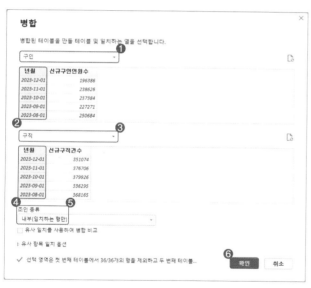

③ 〈병합1〉 테이블에서 [구직] 필드의 확장 단추(⟮⬈⟯)를 클릭한다. 목록에서 '신규구직건수'만 체크하고, '원래 열 이름을 접두사로 사용'의 체크를 해제 후 [확인]을 클릭한다.

④ [쿼리 설정] 창에서 이름을 '구인구직현황'으로 변경한다.

## 문제2-❷

① 쿼리 창의 〈구인구직현황〉 테이블에서 마우스 오른쪽 버튼을 클릭하여 '복제'를 선택한다.

② 복제한 테이블 이름을 '연도별요약'으로 변경한다. [년월] 필드를 선택하고 [열 추가]–[날짜 및 시간에서] 그룹에서 [날짜]–[년]–[년]을 클릭한다.

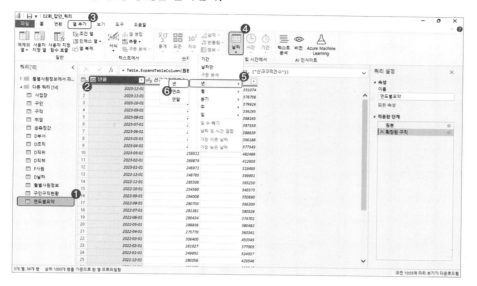

③ 추가된 필드 이름을 더블클릭하여 '연도'로 변경한다.

④ 〈연도별요약〉 테이블에서 [변환]-[표]그룹에서 [그룹화]를 클릭한다.

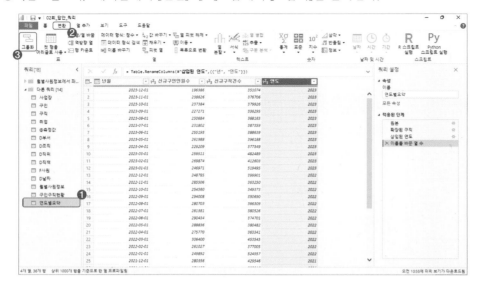

⑤ [그룹화] 대화상자에서 '고급' 옵션을 선택하고 그룹화 필드는 '연도'로 선택한다. 첫 번째 그룹 항목에 새 열 이름: '총구인인원수', 연산: '합계', 열: '신규구인인원수'를 입력한다. [집계 추가]를 클릭하고 두 번째 그룹 항목에 새 열 이름: '총구직건수', 연산: '합계', 열: '신규구직건수'를 입력하고 [확인]을 클릭한다.

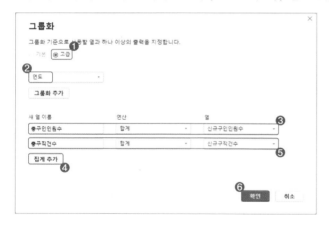

⑥ 연도별로 요약된 구인, 구직결과를 확인한다.

## 문제2-❸

① 〈연도별요약〉 테이블에서 [열 추가]–[일반]그룹에서 [사용자 지정 열]을 클릭한다.

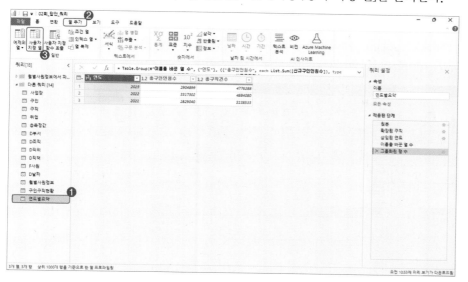

② [사용자 지정 열] 대화상자에서 새 열 이름에 구인배수를 입력한다. 사용자 지정 열 수식에 '=[총구인인 원수]/[총구직건수]'를 입력하고 [확인]을 클릭한다.

③ [구인배수] 필드의 데이터 형식(ABC 123)을 클릭하여 '10진수'로 변경한다.

④ [홈]–[닫기]그룹에서 [닫기 및 적용]을 클릭한다.

## 3. 테이블 관계 설정 및 측정값 추가

**문제3-❶**

① 모델 보기(▦)에서 '레이아웃1'을 선택한다.

② [데이터] 창에서 〈사업장〉, 〈취업〉 테이블을 드래그하여 레이아웃 창에 추가한다. 〈사업장〉 테이블의
[년월] 필드를 〈취업〉 테이블의 [년월] 필드 위에 드래그&드롭한다.

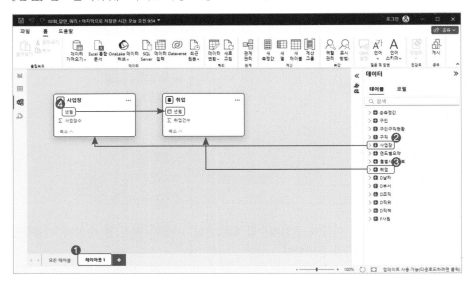

③ [새 관계] 대화상자에서 관계 설정된 필드(년월, 년월)와 카디널리티(일대일), 교차 필터 방향(모두), 관
계 활성화의 체크 표시를 확인하고 [저장]을 클릭한다.

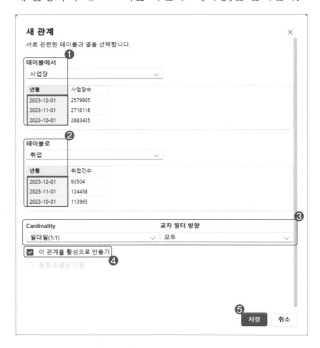

④ 두 테이블 사이에 관계선이 나타나고 카디널리티는 '다대일(*:1)', 크로스필터는 '단일'로 관계 설정된다.

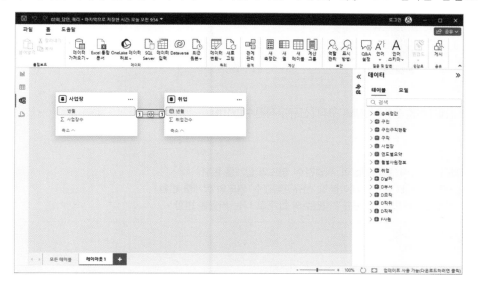

## 문제3- ❷

① 테이블 보기(▦)에서 〈@측정값〉 테이블을 선택하고 [테이블 도구]-[계산]그룹에서 [새 측정값]을 클릭한다.

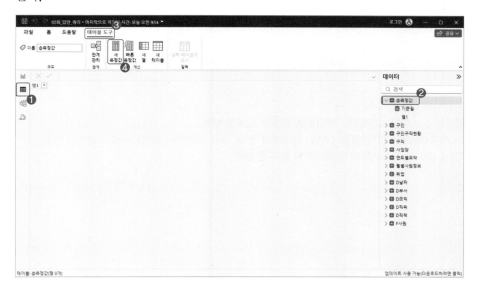

② 다음 수식을 입력하고 [측정 도구]-[서식]그룹에서 서식은 '10진수', 소수 자릿수는 '2'로 설정한다.

### 취업률= SUM('취업'[취업건수])/SUM('구직'[신규구직건수])*100

💬 수식 설명

(1) SUM('취업'[취업건수]) : 〈취업〉 테이블의 '취업건수' 필드의 합계를 반환
(2) SUM('구직'[신규구직건수]) : 〈구직〉 테이블의 '신규구직건수' 필드의 합계를 반환
(3) =(1)/(2)*100 : '취업건수의 합계'를 '신규구직건수의 합계'로 나눈 비율을 반환

## 문제3-❸

① 〈@측정값〉 테이블에서 [테이블 도구]-[계산]그룹의 [새 측정값]을 클릭한다. 다음 수식을 입력하고 [측정 도구]-[서식]그룹에서 천 단위 구분 기호(**9**), 소수 자릿수 '0'으로 설정한다.

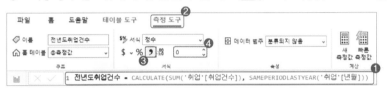

### 전년도취업건수 = CALCULATE(SUM('취업'[취업건수]), SAMEPERIODLASTYEAR('취업'[년월]))

💬 수식 설명

(1) SUM('취업'[취업건수]) : 〈취업〉 테이블의 '취업건수' 필드의 합계를 반환
(2) SAMEPERIODLASTYEAR('취업'[년월]) : 〈취업〉 테이블의 '년월' 필드 기준에서 전년동시점의 날짜를 반환
(3) =CALCULATE((1), (2)) : 전년동시점의 '취업건수의 합계'를 반환

## 1. 보고서 레이아웃 설정

### 문제1- ❶

① 보고서 보기(📊)에서 '문제2' 페이지를 클릭한다.

② [보기]–[테마]그룹의 [테마]에서 [테마 찾아보기]를 클릭하여 [문제2,3_데이터] 폴더의 '테마.json' 파일을 선택한다.

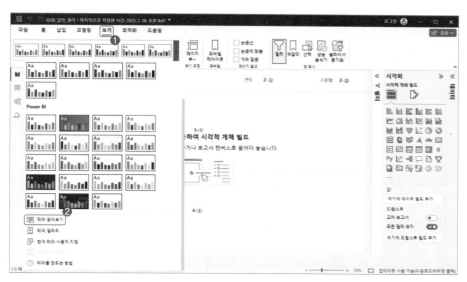

③ 선택한 파일의 테마가 보고서에 적용된다. [확인]을 클릭하여 대화상자를 닫는다.

### 문제1- ❷

① [삽입]–[요소]그룹에서 [텍스트 상자]를 클릭하고 텍스트 상자에 '사원 현황'을 입력한다. 텍스트 범위를 선택하고 [텍스트 상자 서식]에서 글꼴은 'Segoe UI', 크기는 '20', '굵게'로 설정한다.

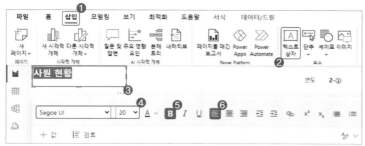

② 텍스트 상자의 크기와 위치를 조정하여 '1–②' 위치에 배치한다.

## 2. 슬라이서, 여러 행 카드 시각화

### 문제2- ❶

① '문제2' 페이지에서 [시각화] 창에서 '슬라이서'(🔲)를 클릭하고 [필드]에 〈D날짜〉 테이블의 [연도] 필드를 추가한다.

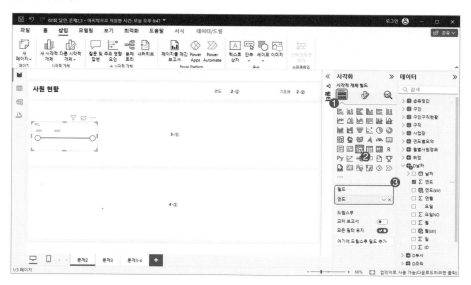

② [시각화] 창에서 [시각적 개체 서식 지정]을 클릭하고 [시각적 개체]-[슬라이서 설정]에서 스타일을 '타일'로 설정하고, 선택에서 '"모두 선택" 옵션'을 설정으로 변경한다. [슬라이서 머리글]은 해제하고, [값]-[값]에서 값의 글꼴 크기는 '10'으로 적용한다. 슬라이서에 '2023' 값으로 필터를 적용한다.

③ 슬라이서 크기와 위치를 조정하여 '2-①' 위치에 배치한다.

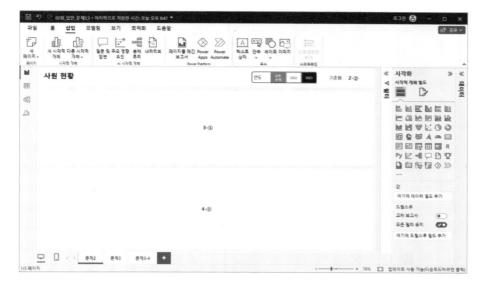

**문제2- ❷**

① 〈@측정값〉 테이블의 [기준일] 측정값을 선택한 후 [측정도구]-[서식]그룹에서 [서식]의 '2001-03 (yyyy-mm)'을 적용한다.

② [시각화] 창에서 '카드'(🗔)를 클릭하고 [필드]에 〈@측정값〉 테이블의 [기준일] 측정값을 추가한다.

③ [시각화] 창에서 [시각적 개체 서식 지정]을 클릭하고 [시각적 개체]–[설명 값]에서 글꼴은 'Segoe UI', 크기는 '12', '기울임꼴', 색 '#3257A8, 테마 색 1'로 설정한다. [범주 레이블]을 해제한다.

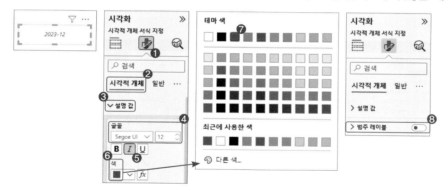

④ 카드의 크기와 위치를 조정하여 '2-②' 위치에 배치한다.

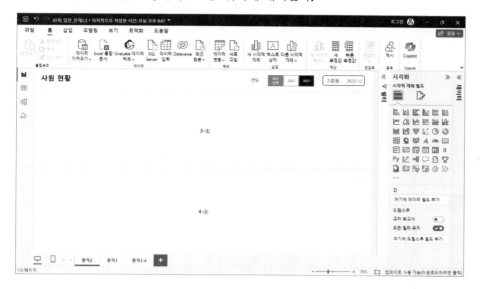

### 3. 꺾은선형 차트 시각화

**문제3- ❶**

① '문제2' 페이지에서 [시각화] 창의 '꺾은선형 차트(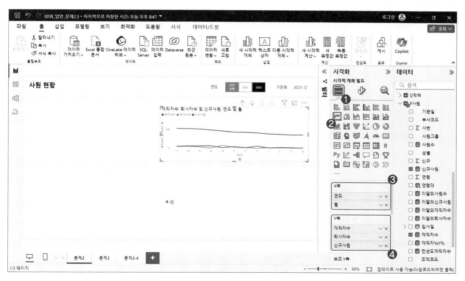)'를 클릭한다. [X축]에 〈D날짜〉 테이블의 [연도], [월] 필드, [Y축]에 〈F사원〉 테이블의 [재직자수], [퇴사자수], [신규사원] 측정값을 추가한다.

② 차트의 추가 옵션(⋯)의 [축 정렬]에서 '연도 월'을 클릭하고 다시 '오름차순 정렬'을 클릭한다.

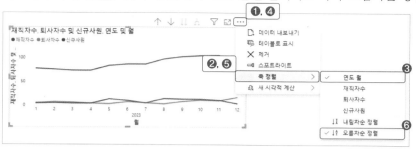

③ 차트의 크기와 위치를 조정하여 '3-①' 위치에 배치한다.

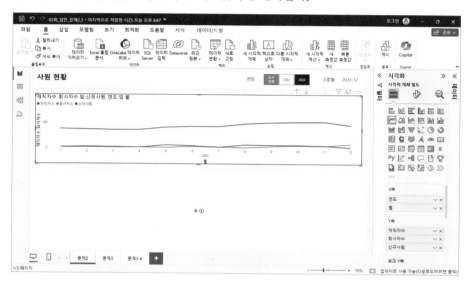

## 문제3- ❷

① [시각화] 창의 [시각적 개체 서식 지정]을 클릭한다. [시각적 개체]-[X축]에서 [값]의 글꼴 크기는 '10', '굵게'를 설정한다. [Y축]에서 [값]의 글꼴 크기는 '10'을 설정한다.

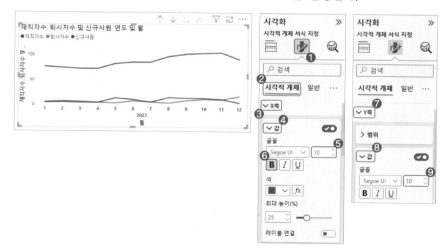

② [시각적 개체]-[범례]에서 [옵션]의 위치를 '왼쪽 위', 스타일은 '선 및 마커'로 적용한다.

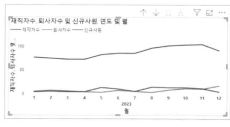

③ [시각적 개체]-[선]에서 [설정 적용 대상]의 계열을 '신규사원'으로 변경하고, [선]의 선 스타일은 '점선', 너비를 '4'로 설정한다.

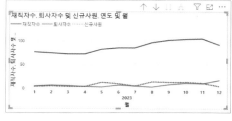

④ [시각적 개체]-[선]에서 [설정 적용 대상]의 계열을 '퇴사자수'로 변경하고, [색]-[색]을 '#F5C869, 테마색 6'으로 설정한다.

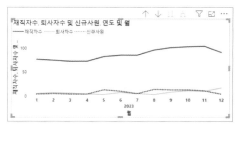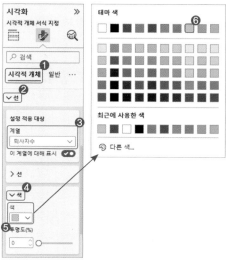

⑤ [시각적 개체]–[표식]에서 '모든 계열에 대해 표시'를 설정하고, [데이터 레이블]을 설정으로 변경한다.

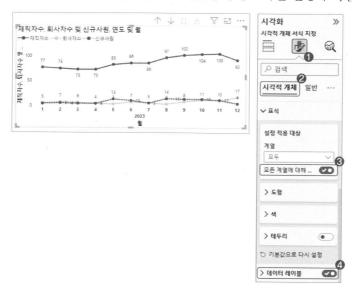

## 문제3- ❸

① [시각화] 창에서 [시각적 개체에 추가 분석 추가](🔍)을 클릭한다.

② [평균 선]에서 '+선 추가'를 클릭한다. 편집(✏️)을 클릭한 후 이름을 '평균재직자수'로 변경한다.

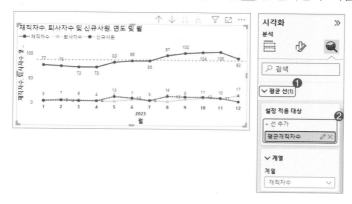

③ [평균 선]–[데이터 레이블]을 설정하고, 가로 위치는 '오른쪽', 세로 위치는 '아래', 스타일은 '모두'로 설정한다.

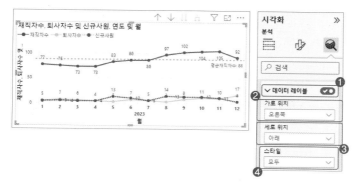

## 4. 꺾은선형 및 묶은 세로 막대형 차트 시각화

**문제4 - ❶**

① '문제2' 페이지에서 [시각화] 창의 '꺾은선형 및 묶은 세로 막대형 차트(📊)'를 클릭한다. [X축]에 〈D날짜〉 테이블의 [연도], [월] 필드, [열 Y축]에 〈F사원〉 테이블의 [재직자수], [전년도재직자수] 측정값, [선 Y축]에 〈F사원〉 테이블의 [재직자YoY%] 측정값을 추가한다.

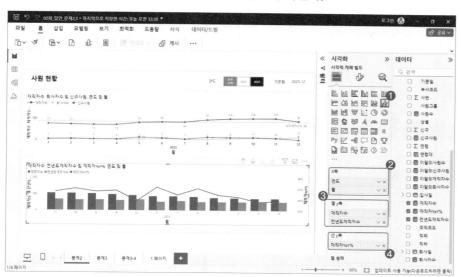

② 차트의 추가 옵션(⋯)의 축 정렬에서 '연도 월'을 클릭하고 다시 '오름차순 정렬'을 클릭한다.

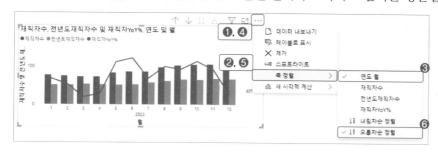

③ 차트의 크기와 위치를 조정하여 '4-①' 위치에 배치한다.

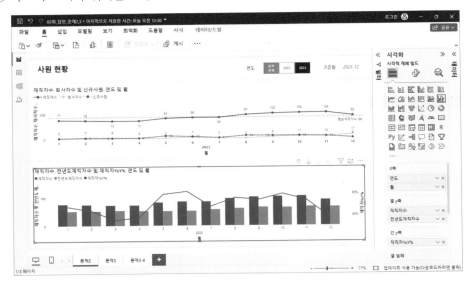

## 문제4-❷

① [시각화] 창에서 [시각적 개체 서식 지정]을 클릭한다. [시각적 개체]–[X축]에서 [값]의 글꼴 크기는 '10', '굵게' 설정한다. [Y축]에서 [값]의 글꼴 크기는 '10'으로 설정한다.

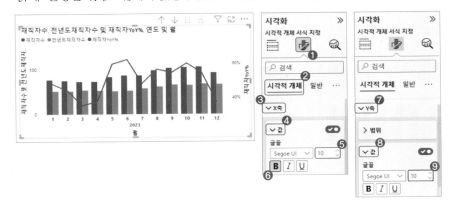

② [열]에서 설정 적용 대상의 계열을 '전년도재직자수'로 변경하고 [색]에서 색을 '#F5C869, 테마 색 6'
으로 설정한다.

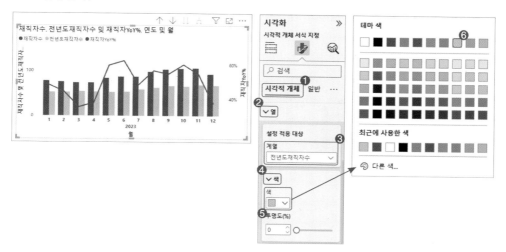

③ [선]-[선]에서 보간 유형을 '단계'로 설정한다. [표식]에서 '모든 범주 표시'를 설정으로 변경하고 [도형]의
유형을 '■'으로 설정한다.

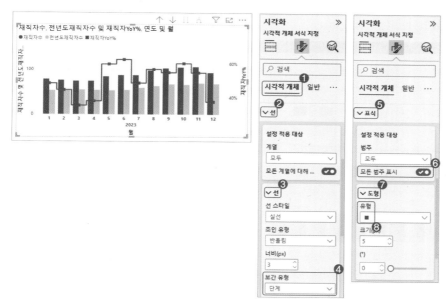

④ [데이터 레이블]을 설정하고 [설정 적용 대상]의 계열에서 '재직자수'를 선택하여 '이 시리즈에 대해 표시'의 옵션을 해제한다. 계열을 '전년도재직자수'로 선택하고 '이 시리즈에 대해 표시'의 옵션을 해제한다. 두 계열의 데이터 레이블은 해제된다. 계열을 '재직자수YoY%'로 선택하고 '이 시리즈에 대해 표시' 옵션을 설정한다.

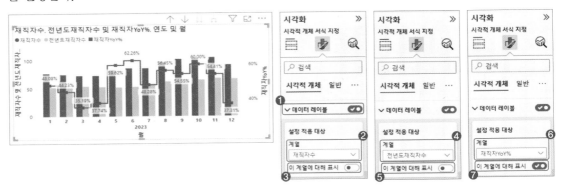

## 문제4 - ❸

① '문제2' 페이지의 빈 영역을 클릭한다. [필터] 창에서 [이 페이지의 필터]에 〈D조직〉 테이블의 [조직명] 필드를 추가한다. 필터 형식을 '기본 필터링'으로 설정하고, 목록에서 '데이터정보센터'와 '디자인센터'를 체크하여 필터를 적용한다.

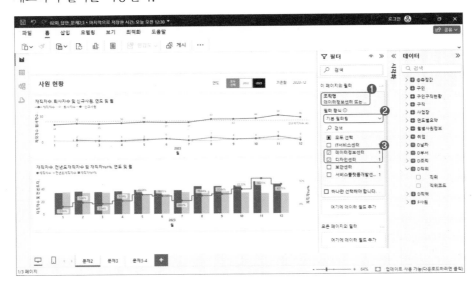

## 1. 매개 변수

### 문제1-❶

① 보고서 보기(📊)에서 '문제3' 페이지를 클릭한다. 연도 슬라이서에 '2023' 값으로 필터가 적용되어 있다. [모델링]–[매개변수]그룹에서 [새 매개변수]–[필드]를 클릭한다.

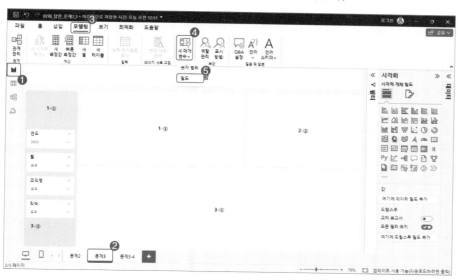

② [매개 변수] 창에서 이름에 '분석항목'을 입력한다. 필드 목록에서 〈D조직〉 테이블의 [조직명] 필드, 〈D부서〉 테이블의 [부서명] 필드를 체크하여 [필드 추가 및 순서 변경]에 추가한다. '이 페이지에 슬라이서 추가' 옵션이 선택된 상태에서 [만들기]를 클릭한다.

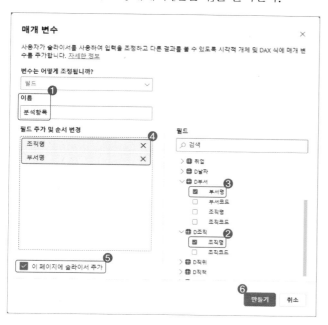

③ 분석항목 슬라이서와 테이블이 추가된다. 슬라이서 크기와 위치를 조정하고 '1-①' 위치에 배치한다.

## 문제1- ❷

① [분석항목] 슬라이서를 선택하고 [시각적 개체 서식 지정]을 클릭한다. [시각적 개체]–[슬라이서 설정]에서 [옵션]의 스타일을 '세로 목록'으로, [선택]에서 '단일 선택'을 설정한다. 슬라이서에 '부서명' 값으로 필터를 적용한다.

## 문제1- ❸

① '문제3' 페이지에서 [시각화] 창의 '누적 가로 막대형 차트(▤)'를 클릭한다. [Y축]에 〈분석항목〉 테이블의 [분석항목] 필드, [X축]에 〈F사원〉 테이블의 [재직자수] 측정값, [범례]에 〈D직책〉 테이블의 [직책] 필드를 추가한다.

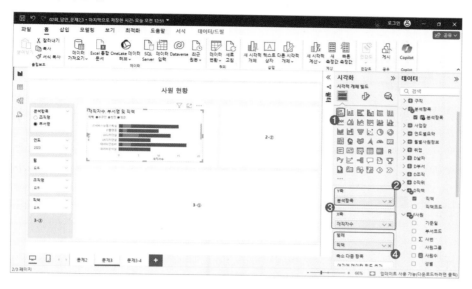

② [시각화] 창에서 [시각적 개체 서식 지정]을 클릭하고 [일반]-[제목]에서 [제목]의 글꼴은 'Segoe UI Bold', 가로 맞춤은 '가운데'로 설정한다. [시각적 개체]-[데이터 레이블]을 설정으로 변경한다.

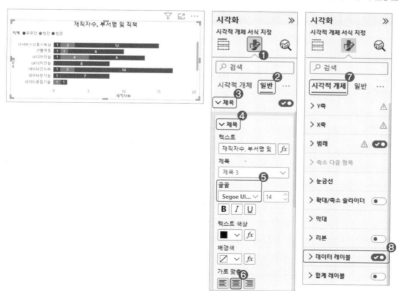

③ 차트의 크기와 위치를 조정하여 '1-③' 위치에 배치한다.

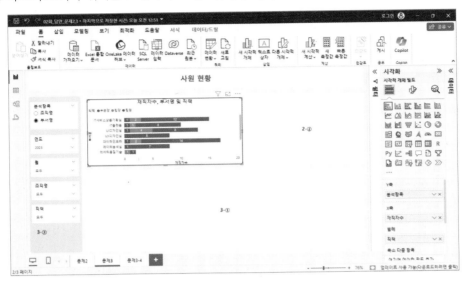

## 2. 측정값, 카드(신규)

**문제2-❶**

① '문제3' 페이지에서 [데이터] 창의 〈@측정값〉 테이블을 선택한다. [테이블 도구]-[계산]그룹에서 [새 측
정값]을 클릭한다.

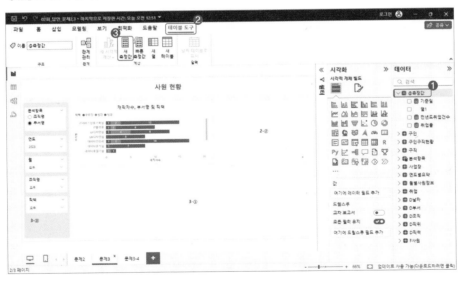

② 다음 수식을 입력한다.

**선택조직 = SELECTEDVALUE('D조직'[조직명], BLANK())**

 수식 설명

보고서 페이지의 시각적 개체에서 선택한 조직명을 반환하고 그 외는 공백을 반환한다.

## 문제2-❷

① '문제3' 페이지에서 [시각화] 창의 '카드(신규)(🃏)'를 클릭한다. [데이터]에서 〈F사원〉 테이블의 [이달의 재직자수], [이달의신규사원], [이달의퇴사자수] 측정값을 추가한다. 필드 이름을 더블클릭하여 '이달의 재직자수' → '재직자수', '이달의신규사원' → '신규채용', '이달의퇴사자수' → '퇴사자수'로 변경한다.

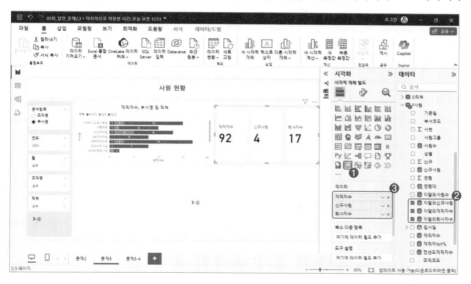

② [시각화] 창에서 [시각적 개체 서식 지정]을 클릭하고 [시각적 개체]–[레이아웃]에서 정렬을 '눈금'으로 변경한 후 표시된 최대 행 수에는 '2', 표시된 열에는 '2'를 입력한다.

③ [시각적 개체]–[설명 값]에서 [값]의 글꼴은 'Segoe UI', 크기는 '14', '굵게', '기울임꼴', 색은 '#3257A8, 테마 색 1', 가로 맞춤은 '가운데'로 설정한다. [일반]–[속성]에서 [크기]의 높이는 '230', 너비는 '380'을 입력하여 크기를 조정한다.

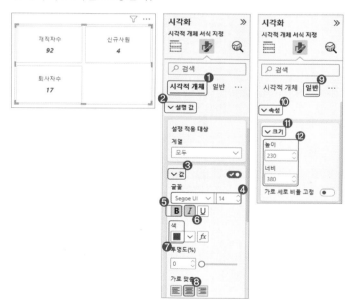

④ 차트의 위치를 조정하여 '2-②' 위치에 배치한다.

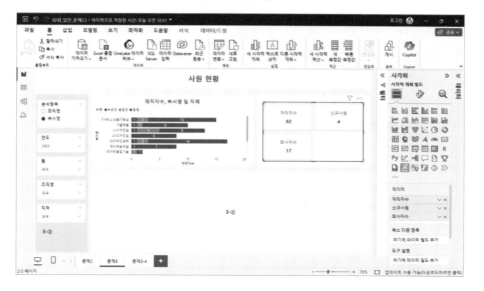

## 문제2- ❸

① 보고서의 카드(신규)에 첫 번째 목록으로 〈@측정값〉 테이블의 [선택조직] 측정값을 추가한다.

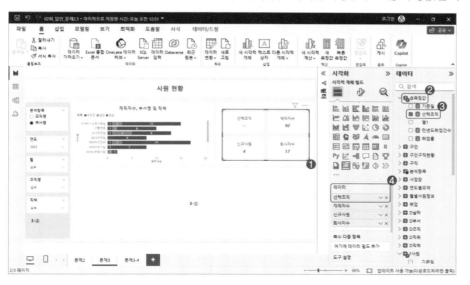

② 조직명 슬라이서에서 '데이터정보센터' 값으로 필터를 적용한다.

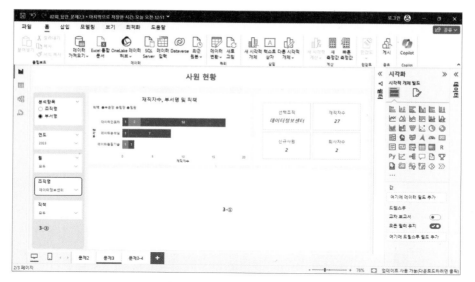

문제3 페이지의 연도와 월 슬라이서에서 카드(신규)의 상호 작용을 '없음'을 적용하면 이달의 사원현황을 확인할 수 있다.

## 3. 폭포 차트, 페이지 탐색기

**문제3-❶**

① '문제3' 페이지에서 [시각화] 창의 '폭포 차트(📊)'를 클릭한다. [범주]에 〈D날짜〉 테이블의 [연도], [월] 필드, [Y축]에 〈F사원〉 테이블의 [재직자수] 측정값, [분석 결과]에 〈D직위〉 테이블의 [직위] 필드를 추가한다.

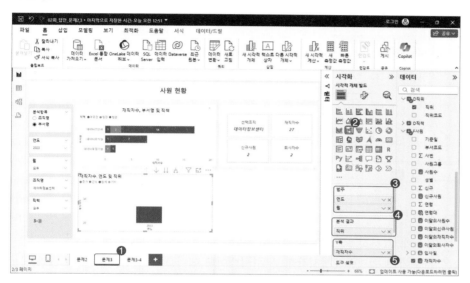

② 차트의 시각화 드릴모드에서 계층 구조에서 한 수준 아래로 모두 확장(📊)을 클릭하여 연도-월로 확장한다.

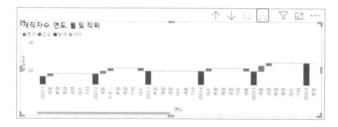

③ 차트의 크기와 위치를 조정하여 '3-①' 위치에 배치한다.

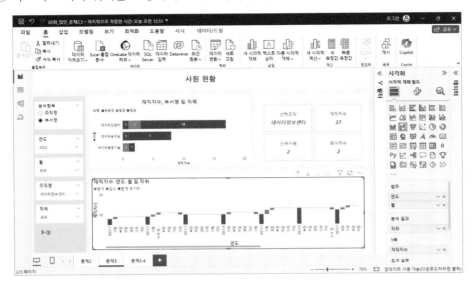

## 문제3-❷

① 폭포 차트에서 [시각적 개체 서식 지정]을 클릭하고 [일반]-[제목]에서 [제목]의 글꼴은 'Segoe UI Bold', 가로 맞춤은 '가운데'로 설정한다. [시각적 개체]-[데이터 레이블]을 설정하고 [분석 결과]에서 최대 분석 결과에 '3'을 입력한다.

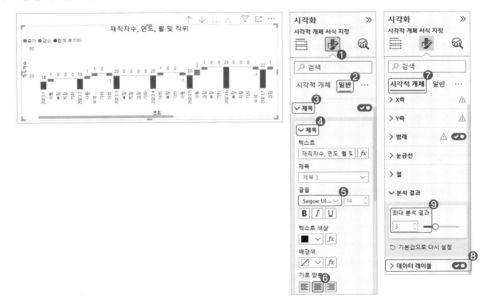

**문제3- ❸**

① [삽입]-[요소]그룹에서 [단추]-[페이지 탐색기]를 클릭한다.

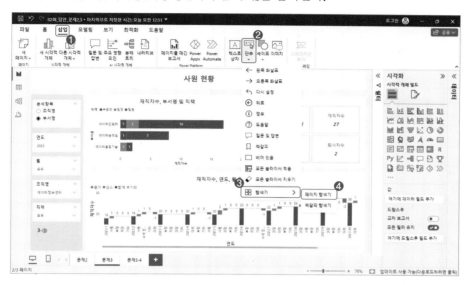

② [서식 탐색기] 창의 [시각적 개체]를 클릭한다. [스타일]의 [설정 적용 대상]의 상태를 '선택한 상태'로 변경하고 [채우기]의 색을 '#3257A8, 테마 색 1'로 설정한다.

③ 페이지 탐색기의 크기와 위치를 조정하고 '3-③' 위치에 배치한다.

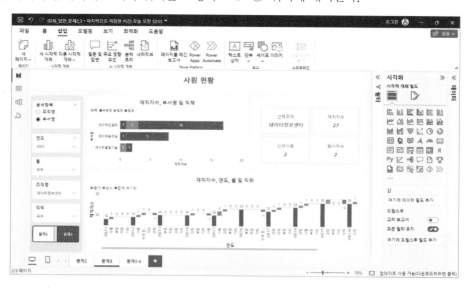

## 4. 상호 작용 편집

### 문제4- ❶

① '문제3-4' 페이지에서 월 슬라이서를 선택하고 [서식]-[상호 작용]그룹에서 [상호 작용 편집]을 클릭한다. '묶은 세로 막대형 차트'의 없음(◯)을 클릭하여 상호 작용을 해제한다.

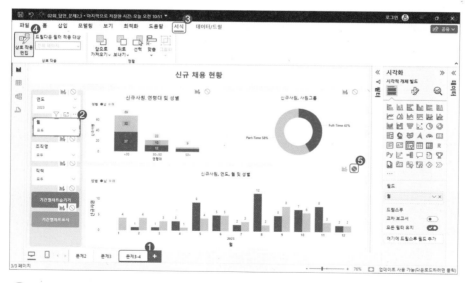

🅱 기적의 TIP

시각적 개체들이 겹쳐 있으면 상호 작용 편집 단추 선택이 어렵기 때문에 개체 간의 여백을 두고 작업한다.

② 직책 슬라이서를 선택하고 '도넛형 차트'의 없음(⊘)을 클릭하여 상호 작용을 해제한다.

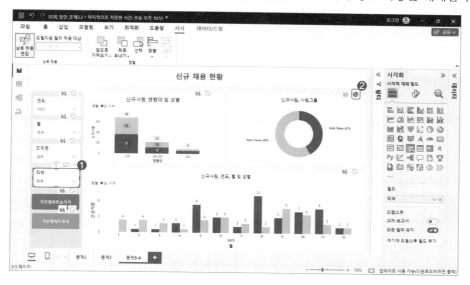

## 문제4-❷

① 도넛형 차트를 선택하고 '누적 세로 막대형 차트'의 필터(▥)를 클릭하고 '묶은 세로 막대형 차트'의 필터(▥)를 클릭하여 상호 작용을 변경한다. [서식]-[상호 작용]그룹에서 [상호 작용 편집]을 클릭하여 상호 작용 편집을 완료한다.

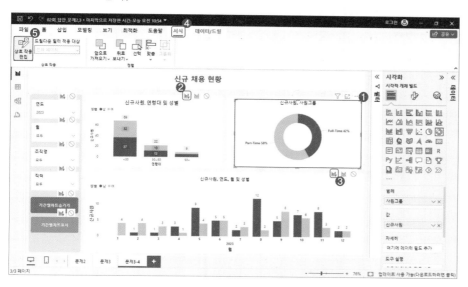

**문제4-❸**

① [보기]-[창 표시] 그룹에서 [책갈피], [선택]을 클릭한다. [선택] 창에서 '신규사원, 연도, 월 및 성별'의 [이 시각적 개체 숨기기(👁)]를 클릭한다. [책갈피] 창에서 [추가] 단추를 클릭하고 '책갈피 1'을 더블클릭하여 이름을 '기간별차트숨기기'로 변경한다.

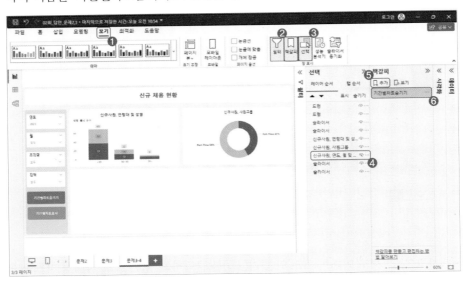

② '기간별차트숨기기' 도형을 선택하고 [도형 서식] 창에서 [작업]-[작업]의 유형을 '책갈피'로 변경하고 책갈피에 '기간별차트숨기기'를 설정한다. Ctrl와 함께 단추를 클릭하면 책갈피가 작동된다.

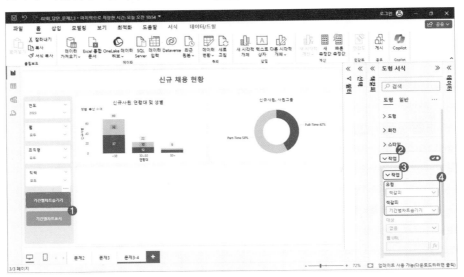

③ [선택] 창에서 '신규사원, 연도, 월 및 성별'의 [이 시각적 개체 표시(▧)]를 클릭한다. [책갈피] 창에서 [추가] 단추를 클릭하고 '책갈피 2'를 더블클릭하여 이름을 '기간별차트표시'로 변경한다.

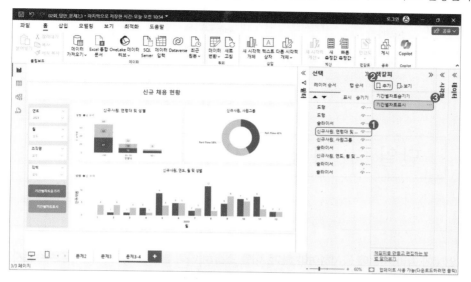

④ '기간별차트표시' 도형을 선택하고 [서식] 창에서 [작업]–[작업]의 유형을 '책갈피'로 변경하고 책갈피에 '기간별차트표시'를 설정한다. [Ctrl]와 함께 단추를 클릭하면 책갈피가 작동된다. [보기]–[창 표시] 그룹에서 [책갈피], [선택]을 클릭하여 창을 닫는다.

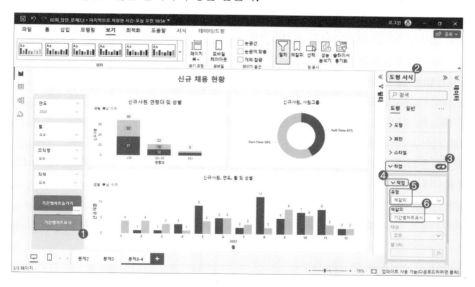

# 기출 유형 문제 (03회)

| 프로그램명 | 제한시간 |
|---|---|
| 파워BI 데스크톱 | 70분 |

수험번호 : _____

성　　명 : _____

---

| 단일 | 경영정보시각화 실무 |
|---|---|

## 〈 유 의 사 항 〉

- 시험응시방법 안내에 따라 시험에 응시하여야 하며, 이를 소홀히 하여 발생한 불이익과 책임은 수험자 본인에게 있습니다.
- 답안 파일 위치 : C:₩PB₩답안
- 문제 데이터 파일 위치 : [문제1] C:₩PB₩문제1_데이터 / [문제2,3] C:₩PB₩문제2,3_데이터
- 작성된 답안은 다음과 같이 저장해야 합니다. 그렇지 않으면 [실격 처리]됩니다.
  - 주어진 경로 및 파일명을 변경하지 말고 그대로 저장
- 답안 저장 시간은 별도로 주어지지 않으므로 수시로 저장하십시오. 중간저장을 하지 않아 생기는 피해에 대한 책임은 수험자에게 있으며, 답안이 저장되지 않을 경우 [실격 처리]됩니다.
- 별도의 지시사항이 없는 경우, 다음과 같이 처리할 때 [실격 처리]됩니다.
  - 제시된 파일, 페이지/대시보드, 데이터 원본의 이름 및 차원/측정값 속성을 임의로 변경한 경우
  - 제시된 파일, 페이지/대시보드, 데이터 원본을 임의로 삭제, 추가, 변경한 경우
  - 문제 데이터를 시험 시작 전에 열어보는 경우
- 반드시 답안작성은 문제에서 지시한 위치에 작업하여야 하며 다음과 같이 처리 시 해당 작업 또는 그 작업에 영향을 미치는 문제, 개체, 페이지 등은 [감점 및 오답처리]됩니다.
  - 제시된 함수가 있으면 제시된 함수만을 사용해야 하며 그 외 함수를 사용해 풀이한 경우
  - 임의로 지시하지 않은 차트, 매개변수 등을 이동, 수정(변경), 삭제 등으로 인해 위치 및 내용이 변경된 경우
  - 임의로 기본 설정값(Default)을 변경한 경우
  - 숫자데이터를 임의로 문자화하여 처리한 경우
  - 개체가 해당 영역을 벗어난 경우
  - 개체가 너무 작아 해당 정보 확인이 눈으로 어려운 경우

대 한 상 공 회 의 소

## 데이터 및 문제 안내

1. 최종 제출해야 할 답안파일은 1개입니다. 문제1, 문제2, 문제3의 답을 하나의 답안파일(.pbix)로 제출하십시오.

2. 문제1, 문제2, 문제3은 각각 독립적으로 구성되어 있어 앞 문제를 풀지 않아도 다음 문제 풀이가 가능합니다.

3. 문제2와 문제3 풀이를 위해 필요한 일부 측정값, 필터가 답안파일에 미리 적용되어 있을 수 있습니다. 지시사항에 제시되지 않은 것은 변경하지 마십시오.

4. 하위문제(❶, ❷, ❸)별로 점수가 부여되며, 하위문제의 지시사항(▶ 또는 – 표시)을 이행하지 않을 경우 점수가 부여되지 않습니다.

5. 이 시험을 위한 데이터 파일은 문제1을 위한 데이터와 문제2의 데이터가 구분됩니다.

   가. 문제1 풀이에는 '자전거수출입' 폴더의 '수출입통계.xlsx' 파일과 답안파일(.pbix)의 '공영자전거_운영현황.xlsx' 파일의 '2021', '2022', '자전거길.xlsx' 파일의 '공공자전거_신규가입자정보', '노선정보코드북', '자전거길노선좌표' 테이블을 사용하십시오.

| 파일명 | 수출입_통계.xlsx | | | | | | | |
|--------|------|--|--|--|--|--|--|--|
| 테이블 | 구조 | | | | | | | |
| 202301 | 수출 지역 순위 | 국가명 | 조회기준 | 수출금액 (단위 : $) | 수입금액 (단위 : $) | 수출 점유율 | 수입 점유율 | 품목 HS CODE |
| | 1 | 중국 | 202301 | 417308 | 9347888 | 64.37136925 | 53.92630675 | (8712)모니터.. |
| 202302 | 수출 지역 순위 | 국가명 | 조회기준 | 수출금액 (단위 : $) | 수입금액 (단위 : $) | 수출 점유율 | 수입 점유율 | 품목 HS CODE |
| | 1 | 미국 | 202302 | 277749 | 282646 | 60.37208028 | 2.161942452 | (8712)모니터.. |
| 202303 | 수출 지역 순위 | 국가명 | 조회기준 | 수출금액 (단위 : $) | 수입금액 (단위 : $) | 수출 점유율 | 수입 점유율 | 품목 HS CODE |
| | 1 | 중국 | 202303 | 189124 | 9376216 | 46.27860541 | 48.39023597 | (8712)모니터.. |

| 파일명 | 공영자전거_운영현황.xlsx | | | | |
|--------|------|--|--|--|--|
| 테이블 | 구조 | | | | |
| 2021 | 시도별 | 운영방식 | 스테이션 개소(개) | 자전거보유(대) | 대여실적(건) |
| | 본청 | 위탁 | 2,600 | 40,500 | 32,053,367 |
| 2022 | 시도별 | 운영방식 | 스테이션 개소(개) | 자전거보유(대) | 대여실적(건) |
| | 본청 | 위탁 | 2,719 | 43,500 | 40,948,900 |

| 파일명 | 자전거길정보.xlsx | | | |
|---|---|---|---|---|
| 테이블 | 구조 | | | |
| 노선<br>정보<br>코드북 | ROAD_SN | | 국토종주 자전거길 정보 | |
| | 1 | | 아라자전거길 | |
| 자전거길<br>노선좌표 | 순서 | 국토종주 자전거길 | 위도(LINE_XP) | 경도(LINE_YP) |
| | 1 | 1 | 37.55737548 | 126.603468 |

| 파일명 | 공공자전거_신규가입자정보.csv | | | |
|---|---|---|---|---|
| 테이블 | 구조 | | | |
| 신규<br>가입자<br>정보 | 가입일시 | 사용자코드 | 연령대코드 | 성별 |
| | 202301 | 회원-내국인 | ~10대 | F |

※ 출처 : 수출입정보(Kotra무역투자빅데이터), 공영자전거 운영현황(통계청), 자전거길노선정보(행정안전부),
공공자전거_신규가입자정보(공공데이터포털)

나. 문제2와 문제3의 풀이에는 '자전거 대여현황.xlsx' 파일을 사용하십시오.

| 파일명 | 자전거 대여현황.xlsx | | | | | | | |
|---|---|---|---|---|---|---|---|---|
| 테이블 | 구조 | | | | | | | |
| D날짜 | ID | 날짜 | 연도 | 월 | 일 | 연월 | 요일 | 요일NO |
| | 20230101 | 2023-01-01 | 2023 | 1 | 1 | 202301 | 일 | 7 |
| D<br>대여소<br>현황 | 대여소번호 | 대여소명 | | 자치구 | 거치대수(LCD) | 거치대수(QR) | | 운영방식 |
| | 102 | 망원역 1번 출구 앞 | | 마포구 | 20 | 15 | | QR |
| F대여<br>이력 | 대여일 | 대여시 | 대여대여소번호 | 대여건수 | 이용거리(m) | 이용시간(분) | | 성별 |
| | 2023-01-01 | 0 | 113 | 1 | 1600 | 10 | | M |

| F이용<br>정보 | 대여<br>년월 | 대여소<br>번호 | 대여소명 | 대여<br>구분코드 | 성별 | 연령대<br>코드 | 이용<br>건수 | 운동량 | 탄소량 | 이용거리<br>(m) | 이용시간<br>(분) |
|---|---|---|---|---|---|---|---|---|---|---|---|
| | 202301 | 102 | 102. 망원역 1번출구 앞 | 단체권 | M | ~10대 | 4 | 463.12 | 4.61 | 19892.32 | 116 |

| F기상<br>정보 | 지점 | 지점명 | 일시 | 평균기온(℃) |
|---|---|---|---|---|
| | 108 | 서울 | 2023-01-01 | -0.2 |

※ 출처 : 자전거대여이력(서울열린데이터광장), 기상정보(기상자료개발포털)

**문제 ①** **작업준비** **30점**

주어진 파일에서 다음 과정을 수행하고 저장하시오.

1. **답안파일을 열고 다음 지시사항에 따라 데이터 가져오기 및 파워 쿼리 편집기에서 데이터 편집을 수행하시오. (10점)**

❶ 다음 조건으로 데이터를 결합하고 편집하시오. (4점)
  ▶ 활용 데이터 : '수출입통계.xlsx' 파일의 '202301', '202302', '202303' 시트
  ▶ 결합된 테이블에서 [Data] 필드만 가져오기
  ▶ 테이블 이름 : 자전거수출입

❷ 〈자전거수출입〉 테이블의 데이터를 편집하시오. (3점)
  ▶ '첫 행을 머리글로 사용'을 활용하여 2행의 데이터를 열 머리글로 사용
  ▶ [수출 지역 순위] 필드에서 '수출 지역 순위', '수출입 통계' 값 제거

❸ 〈자전거수출입〉 테이블의 데이터 형식을 변경하시오. (3점)
  ▶ [수출 지역 순위], [조회기준], [수출금액(단위:$)], [수입금액(단위:$)] 필드의 데이터 형식 '정수'
  ▶ [수출 점유율], [수입 점유율] 필드의 데이터 형식 '10진수'

2. **다음 지시사항에 따라 데이터를 편집하고 모델링하시오. (10점)**

❶ 파워 쿼리 편집기에서 다음 조건으로 테이블을 결합하여 새 테이블을 추가하시오. (4점)
  ▶ 〈2021〉 테이블에 '사용자 지정 열'을 사용하여 새 필드 추가
    – 필드 이름 : 년도
    – 값 : 2021
  ▶ 〈2022〉 테이블에 '사용자 지정 열'을 사용하여 새 필드 추가
    – 필드 이름 : 년도
    – 값 : 2022
  ▶ 〈2021〉 테이블과 〈2022〉 테이블 순서로 결합
  ▶ 테이블 이름 : 공영자전거_운영현황

❷ 파워 쿼리 편집기에서 〈공영자전거_운영현황〉 테이블의 년도와 운영방식 필드를 기준으로 그룹화하시오. (3점)
  ▶ 그룹화 필드 : [년도], [운영방식]
  ▶ 조건1 : 새 열 이름 '총스테이션', [스테이션 개소 (개)] 필드의 합계
  ▶ 조건2 : 새 열 이름 '총자전거보유', [자전거보유 (대)] 필드의 합계
  ▶ 조건3 : 새 열 이름 '총대여실적', [대여실적 (건)] 필드의 합계

❸ 〈노선정보코드북〉 테이블과 〈자전거길노선좌표〉 테이블의 관계를 설정하시오. (3점)

▶ 활용 필드 : 〈노선정보코드북〉 테이블의 [ROAD_SN] 필드, 〈자전거길노선좌표〉 테이블의 [국토종주 자전거길] 필드

▶ 모델 보기의 '레이아웃1'에서 관계 설정

▶ 카디널리티 : 일대다(1:*)

▶ 교차 필터 방향 : 단일

## 3. 다음 지시사항에 따라 측정값을 추가하시오. (10점)

❶ 〈신규가입자정보〉 테이블에 기준 날짜를 반환하는 계산 열을 추가하시오. (3점)

▶ 계산 필드 이름 : 기준일

▶ 활용 필드 : 〈신규가입자정보〉 테이블의 [가입일시] 필드

▶ [가입일시] 필드 기준으로 '연도', '월', '1'을 결합하여 날짜 표시
  – 결과 : '202301' → '2023-01-01', '202302' → '2023-02-01'로 표시

▶ 사용 함수 : DATE, LEFT, RIGHT

▶ 서식 : *2001-03-14(Short Date)

❷ 〈@측정값〉 테이블에 성별이 M인 가입자수 비율을 반환하는 측정값을 추가하시오. (3점)

▶ 측정값 이름 : 신규남성비율%

▶ 활용 필드 : 〈공공자전거_신규가입자정보〉 테이블의 [성별], [가입 수] 필드

▶ 전체 신규가입자 중 성별이 "M"인 가입자 수 비율 반환

▶ 계산 : 남성가입자수/전체가입자수

▶ 사용 함수 : ALLSELECTED, CALCULATE, SUM

▶ 서식 : 백분율(%), 소수 자릿수 '2'

❸ 자전거수출입 테이블을 요약해 상위 5개의 국가명을 반환하는 테이블을 추가하시오. (4점)

▶ 계산 테이블 이름 : 상위5_자전거수출국가

▶ 활용 필드 : 〈자전거수출입〉 테이블의 [국가명], [수출금액 (단위:$)] 필드

▶ 국가별 수출금액의 합계 기준으로 상위5개국 반환

▶ 필드 이름은 국가명, 총수출금액으로 반환

▶ 사용 함수 : SUM, SUMMARIZE, TOPN

| 문제 ❷ | 단순요소 구현 | 30점 |
|---|---|---|

**┃ 시각화 완성화면 ┃** 각 세부문제 풀이 후 '문제2' 페이지에 아래와 같이 개체를 배치하시오.

※ 문제2 페이지에는 연월, 자치구 슬라이서가 포함되어 있으며 연월 슬라이서에 '202303' 값으로 필터가 적용되어 있습니다.

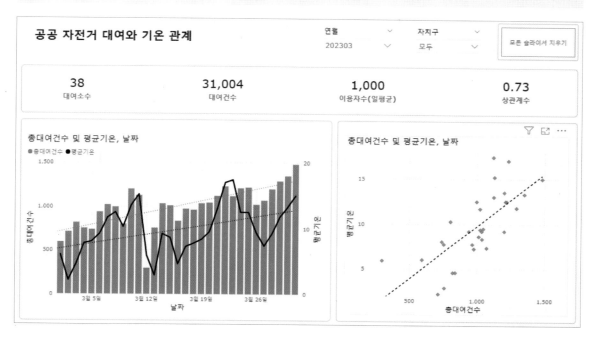

계산식 작성에 사용되는 문자열은 쌍따옴표(" ")를 사용하여 작성하시오.

1. '문제2', '문제3', '문제3-4' 페이지의 전체 서식을 설정하시오. (5점)

❶ 보고서 전체에 테마를 설정하시오. (3점)

▶ 보고서 테마 : 접근성 높은 기본값

▶ 이름 및 색 : 최대값 '#0085FF', 중간값 '#67B3F8', 최소값 '#D5E9FA'

▶ 텍스트

– 일반의 글꼴 패밀리 'Verdana', 제목의 글꼴 패밀리 'Verdana'

– 카드 및 KPI의 글꼴 패밀리 'Verdana', 글꼴 크기 '20'

❷ '문제2' 페이지에 '모든 슬라이서 지우기' 단추를 추가하시오. (2점)

▶ 서식 : 배경색 '흰색', 투명도(%) '0', 테두리 너비 '1'

▶ 개체를 '1-②' 위치에 배치

## 2. 다음 지시사항에 따라 카드로 구현하시오. (5점)

❶ 자전거 대여 정보를 나타내는 카드를 구현하시오. (3점)
  ▶ 활용 필드
    – 〈D대여소현황〉 테이블의 [대여소수] 측정값
    – 〈F대여이력〉 테이블의 [총대여건수], [일평균 이용자수] 측정값
  ▶ 범주 레이블 : '일평균 이용자수'는 '이용자수(일평균)'로 변경
  ▶ 카드를 '2–①' 위치에 배치
❷ 다음 조건으로 카드의 서식을 변경하시오. (2점)
  ▶ 설명값 : 표시 단위 '없음'
  ▶ 범주 레이블 : 굵게


## 3. 다음 지시사항에 따라 꺾은선형 및 묶은 세로 막대형 차트로 구현하시오. (10점)

❶ 날짜별로 자전거 대여건수와 평균기온과의 관계를 나타내는 '꺾은선형 및 묶은 세로 막대형 차트'를 구현하시오. (4점)
  ▶ 활용 필드
    – 〈D날짜〉 테이블의 [날짜] 필드
    – 〈F대여이력〉 테이블의 [총대여건수] 측정값
    – 〈F기상정보〉 테이블의 [평균기온] 측정값
  ▶ 차트를 '3–①' 위치에 배치
❷ 다음 조건으로 차트 서식을 변경하시오. (3점)
  ▶ Y축 : 값의 표시 단위 '없음'
  ▶ 선 색은 '검정'
❸ 다음 조건으로 차트에 추세선을 표현하시오. (3점)
  ▶ 선 스타일은 '점선', 계열별로 추세선 표시


## 4. 다음 지시사항에 따라 상관 계수와 분산형 차트로 구현하시오. (10점)

❶ 〈@측정값〉 테이블에 대여건수와 기온과의 상관 계수를 반환하는 측정값을 추가하시오. (3점)
  ▶ 측정값 이름 : 상관계수
  ▶ 〈D날짜〉 테이블의 [날짜] 필드에 대한 〈F대여이력〉 테이블의 [대여건수] 측정값과 〈F기상정보〉 테이블의 [평균 기온] 측정값에 대한 상관 계수
❷ [상관계수] 측정값을 카드로 구현하시오. (3점)
  ▶ 설명값 : 표시 단위 '없음'
  ▶ 범주 레이블 : 굵게
  ▶ 카드를 '4–②' 위치에 배치

❸ 날짜별로 자전거 대여건수와 평균기온과의 관계를 '분산형 차트'로 구현하시오. (4점)

▶ 활용 필드

– 〈D날짜〉 테이블의 [날짜] 필드

– 〈F대여이력〉 테이블의 [총대여건수] 측정값

– 〈F기상정보〉 테이블의 [평균기온] 측정값

▶ X축에 값 표시 단위는 '없음' 설정, 표식의 도형 유형은 '◆' 설정, 추세선 설정

▶ 차트를 '4–③' 위치에 배치

## 문제 ❸ 복합요소 구현     40점

▌시각화 완성화면▐    각 세부문제 풀이 후 '문제3' 페이지에 아래와 같이 개체를 배치하시오.

※ 문제3 페이지에는 연월 슬라이서와 자치구 슬라이서가 포함되어 있으며 연월 슬라이서에 '202303' 값으로 필터가 적용되어 있습니다.

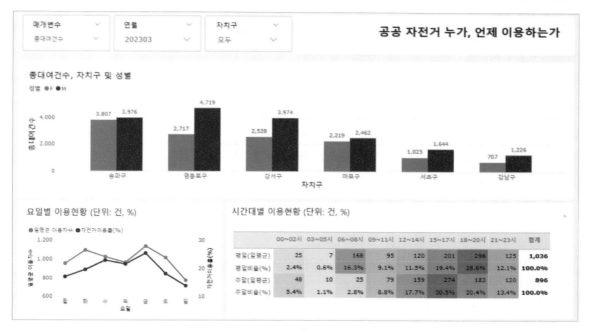

계산식 작성에 사용되는 문자열은 쌍따옴표(" ")를 사용하여 작성하시오.

**1. 다음 지시사항에 따라 매개 변수와 묶은 세로 막대형 차트를 구현하시오. (10점)**

❶ 다음 지시사항에 따라 매개 변수와 묶은 세로 막대형 차트를 구현하시오. (10점)
- ▶ 매개 변수 이름 : 매개변수
- ▶ 활용 필드
  - 〈F대여이력〉 테이블의 [총대여건수] 측정값
  - 〈F대여이력〉 테이블의 [총이용시간] 측정값
- ▶ 슬라이서를 '1-①' 위치에 배치

❷ 다음 조건으로 [매개변수] 슬라이서의 서식을 변경하시오. (3점)
- ▶ 슬라이서 설정 : 스타일 '드롭다운'
- ▶ 슬라이서에 '총대여건수' 값으로 필터 적용

❸ 매개변수 슬라이서에 따라 세로 축이 변동되는 '묶은 세로 막대형 차트'를 구현하시오. (3점)
- ▶ 활용 필드
  - 〈매개변수〉 테이블의 [매개변수] 필드
  - 〈D대여소현황〉 테이블의 [자치구] 필드
  - 〈F대여이력〉 테이블의 [성별] 필드
- ▶ [매개변수] 슬라이서에 따라 Y축이 변경되도록 구현
- ▶ 차트 서식
  - X축 값의 글꼴 크기는 '20', Y축 값의 표시 단위는 '없음'으로 설정
  - 범주 사이의 간격은 '30', 데이터 레이블 표시
- ▶ 차트를 '1-③' 위치에 배치


**2. 다음 지시사항에 따라 꺾은선형 차트를 구현하시오. (10점)**

❶ 〈@측정값〉 테이블에 자전거 이용률을 반환하는 측정값을 추가하시오. (4점)
- ▶ 측정값 이름 : 자전거이용률(%)
- ▶ 활용 필드
  - 〈F대여이력〉 테이블의 [총대여건수] 측정값
  - 〈D대여소현황〉 테이블의 [총거치대수] 측정값
- ▶ [총대여건수]를 [총거치대수]에 24시간을 적용한 값으로 나눈 비율
- ▶ 계산 : 총대여건수/(총거치대수*24)*100

❷ 요일별로 자전거 이용자수와 이용률을 나타내는 '꺾은선형 차트'를 구현하시오. (3점)
- ▶ 활용 필드
  - 〈D날짜〉 테이블의 [요일] 필드
  - 〈F대여이력〉 테이블의 [일평균 이용자수] 측정값
  - 〈@측정값〉 테이블의 [자전거이용률(%)] 측정값
- ▶ 차트 제목 해제, 선에 표식 설정
- ▶ 차트를 '2-②' 위치에 배치

❸ 다음 조건에 따라 차트에 정렬 기준을 설정하시오. (3점)

▶ 요일을 '월,화,수,목,금,토,일' 순서로 정렬

## 3. 다음 지시사항에 따라 행렬 차트를 구현하시오. (10점)

❶ 〈F대여이력〉 테이블에 대여시간을 그룹화하는 계산 열을 추가하시오. (4점)

▶ 필드 이름 : 시간대

▶ 사용 함수 : BLANK, SWITCH, TRUE, && 연산자

▶ 조건 : [대여시] 값이 0이상 3미만 → 00~02시, 3이상 6미만 → 03~05시, 6이상 9미만 → 06~08시, 9이상 12미만 → 09~11시, 12이상 15미만 → 12~14시, 15이상 18미만 → 15~17시, 18이상 21미만 → 18~20시, 21이상 24미만 → 21~23시로 표시하고 그 외는 공백 표시

❷ 대여시간대별로 일평균과 비율을 행렬 차트로 구현하시오. (3점)

▶ 활용 필드 : 〈F대여이력〉 테이블의 [시간대] 필드, [평일(일평균)], [평일비율(%)], [주말(일평균)], [주말비율(%)]
  – 스타일 사전 설정 : 없음
  – 테두리 : 열 머리글의 위쪽, 아래쪽에 테두리 색을 '흰색, 50% 더 어둡게' 설정
  – 행렬의 행 안쪽 여백은 '6'으로 설정
  – 열 머리글의 배경색은 '흰색, 10% 더 어둡게', 머리글 맞춤은 '가운데'로 설정

▶ 행렬 차트를 '3-②' 위치에 배치

❸ 행렬 차트의 모든 측정값에 조건부 서식을 설정하시오. (3점)

▶ 서식 종류 : 배경색

▶ 대상 : 평일(일평균), 평일비율(%), 주말(일평균), 주말비율(%)

## 4. 다음 지시사항에 따라 '문제3-4' 페이지의 시각적 개체 간 상호 작용 기능을 설정하시오. (10점)

❶ 다음과 같이 슬라이서의 상호 작용을 설정하시오. (3점)

▶ 연월 슬라이서에서 선택한 값이 꺾은선형 차트(기간별)에는 필터가 적용되지 않도록 설정

▶ 자치구 슬라이서에서 선택한 값이 Treemap(대여소별)에 필터가 적용되도록 설정

❷ 다음 조건으로 책갈피를 구현하시오. (4점)

▶ 책갈피 이름 : 연령대숨기기

▶ 작업 : 도넛형 차트(연령대별) 숨기기

▶ 책갈피 이름 : 연령대표시

▶ 작업 : 도넛형 차트(연령대별) 숨기기

❸ 다음 조건으로 책갈피 탐색기를 작성하시오. (3점)

▶ 대상 : 연령대숨기기, 연령대표시

▶ 서식 : [그리드 레이아웃]의 방향은 '세로'

▶ 책갈피를 '4-③' 위치에 배치

---

문제 ❶ **작업준비**

## 1. 데이터 가져오기와 편집

### 문제1-❶

① '03회_답안.pbix' 파일을 열고 [홈]-[데이터]그룹의 [데이터 가져오기]를 클릭한다.

② [데이터 가져오기] 대화상자에서 [폴더]를 더블클릭한다.

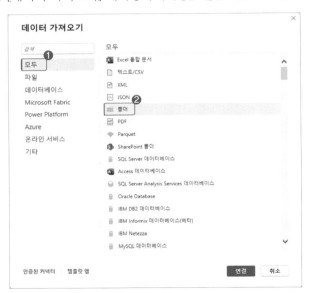

③ [폴더] 대화상자에서 찾아보기를 클릭하여 '자전거수출입' 폴더를 선택하고 [확인]을 클릭한다.

④ 대화상자에서 [결합]-[데이터 결합 및 변환]을 클릭한다.

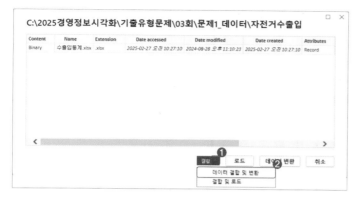

⑤ [파일 병합] 창에서 [매개 변수1]을 선택하고 [확인]을 클릭한다.

⑥ [Power Query 편집기] 창에서 〈자전거수출입〉 테이블을 선택한다. [Data] 필드에서 마우스 오른쪽 버튼을 클릭하고, [다른 열 제거]를 선택하여 [Data] 필드를 제외한 다른 필드는 모두 제거한다.

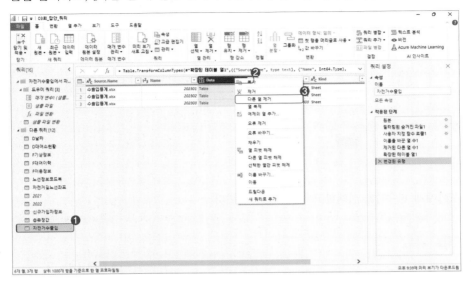

⑦ [Data] 필드의 확장 단추(⬌)를 클릭하고 [확인]을 클릭하여 모든 열을 표시한다.

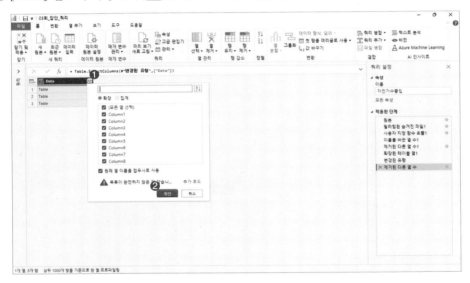

⑧ 데이터가 모두 표시된다. 테이블 이름은 '자전거수출입'으로 유지한다.

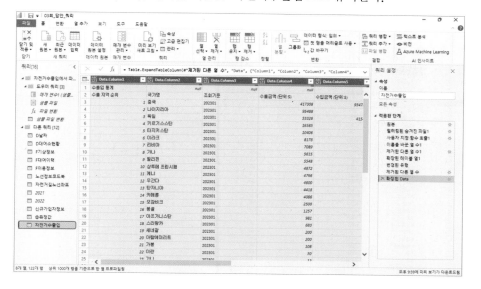

## 문제1- ❷

① 〈자전거수출입〉 테이블에서 [홈]−[변환]그룹에서 [첫 행을 머리글로 변환]을 2회 클릭하여 열 머리글을 변경한다.

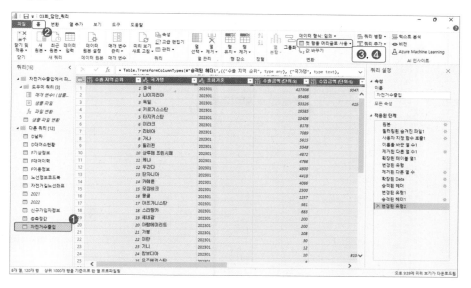

② [수출 지역 순위] 필드의 필터 단추(▼)를 클릭하고, 목록에서 '수출 지역 순위', '수출입 통계' 값은 체크 해제하고 [확인]을 클릭한다.

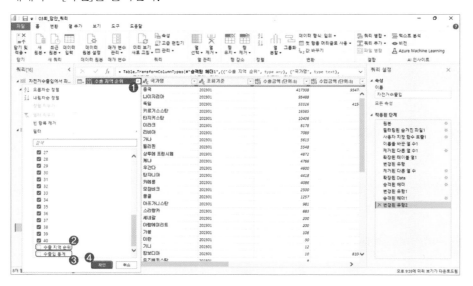

**문제1- ❸**

① [수출 지역 순위] 필드를 클릭한 후 Ctrl와 함께 [수출금액(단위:$)], [수입금액(단위:$)] 필드를 차례로 선택한다. [변환]−[열]그룹에서 [데이터 형식:임의]를 클릭하여 '정수'로 변경한다.

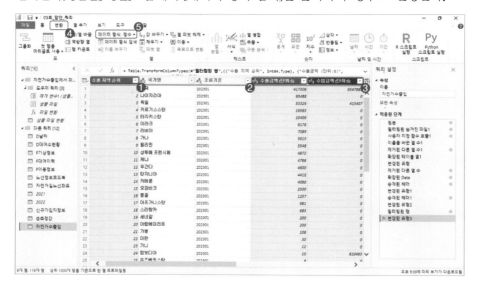

② [수출 점유율] 필드를 클릭한 후 Ctrl 와 함께 [수입 점유율] 필드를 선택한다. [변환]–[열]그룹에서 [데이터 형식:임의]를 클릭하여 '10진수'로 변경한다.

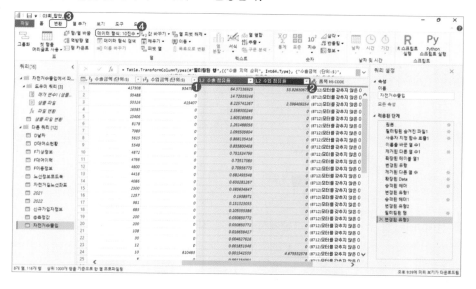

## 2. 데이터 편집, 데이터 모델링

### 문제2–❶

① [Power Query 편집기] 창에서 〈2021〉 테이블을 선택하고 [열 추가]–[일반] 그룹에서 [사용자 지정 열]을 클릭한다.

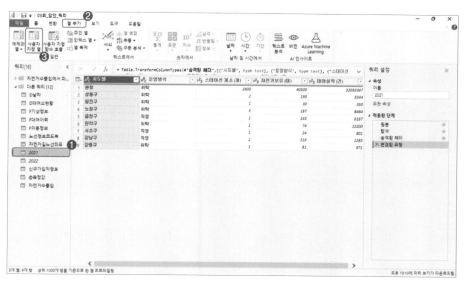

② [사용자 지정 열] 대화상자의 새 열 이름에 '년도'를 입력한다. 수식에 '=2021'을 입력하고 [확인]을 클릭한다.

③ 〈2022〉 테이블을 선택하고 [열 추가]-[일반] 그룹에서 [사용자 지정 열]을 클릭한다.

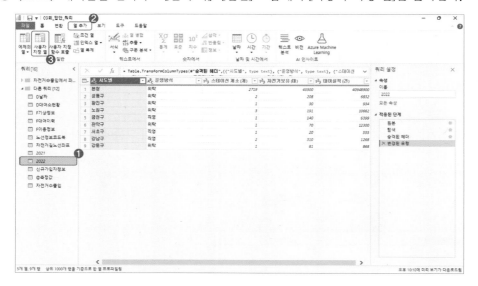

④ [사용자 지정 열] 대화상자의 새 열 이름에 '년도'를 입력한다. 수식에 '=2022'를 입력하고 [확인]을 클릭한다.

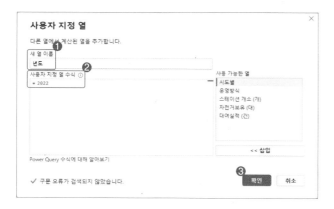

**기적의 TIP**

〈2021〉, 〈2022〉 테이블에는 로드 사용 해제가 적용되어 있다.

⑤ [홈]–[결합]그룹에서 [쿼리 추가]–[쿼리를 새 항목으로 추가]를 클릭한다.

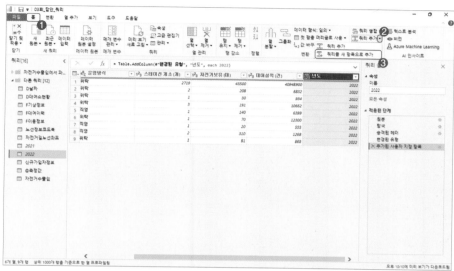

⑥ [추가] 대화상자에서 첫 번째 테이블에 '2021' 테이블을, 두 번째 테이블에 '2022' 테이블을 선택하고 [확인]을 클릭한다.

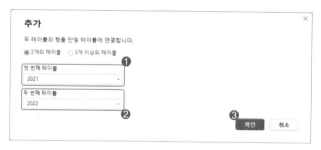

⑦ [년도] 필드의 데이터 형식을 '정수'로 변경한다. [쿼리 설정] 창에서 이름을 '공영자전거_운영현황'으로 변경한다.

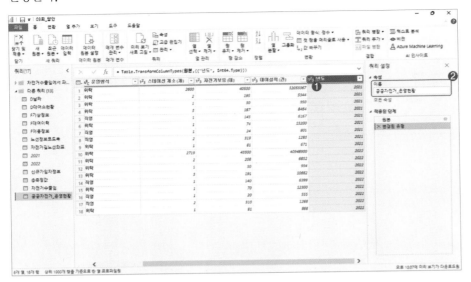

**문제2-❷**

① 〈공영자전거_운영현황〉 테이블에서 [변환]-[표]그룹에서 [그룹화]를 클릭한다.

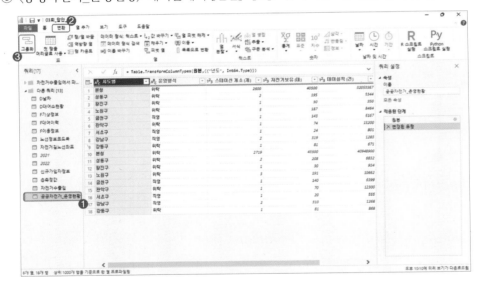

② [그룹화] 대화상자에서 '고급' 옵션을 선택하고 그룹화 필드는 '년도, 운영방식', 조건1은 '새 열 이름 : 총
스테이션, 연산 : 합계, 열 : 스테이션 개소 (개)', 조건2는 '새 열 이름 : 총자전거보유, 연산 : 합계, 열 :
자전거보유(대)', 조건3은 '새 열 이름 : 총대여실적, 연산 : 합계, 열 : 대여실적(건)'을 입력하고 [확인]을
클릭한다.

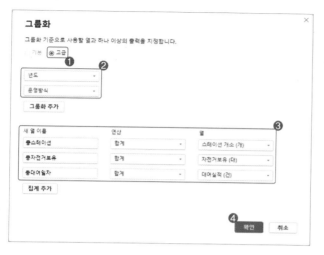

[기적의 TIP]

[그룹화] 대화상자에서 [그룹화 추가], [집계 추가]를 클릭하여 여러 조건을 작성할 수 있다.

③ 년도와 운영방식으로 요약된 테이블을 확인한다.

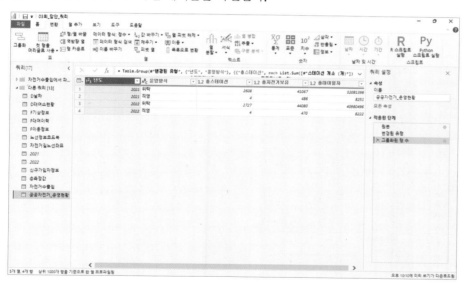

④ [홈]−[닫기]그룹에서 [닫기 및 적용]을 클릭한다.

**문제2- ❸**

① 모델 보기(▦)에서 '레이아웃1'을 선택한다.

② [데이터] 창에서 〈노선정보코드북〉 테이블과 〈자전거길노선좌표〉 테이블을 드래그하여 레이아웃 창에 추가한다. 〈노선정보코드북〉 테이블의 [ROAD_DAN] 필드를 〈자전거길노선좌표〉 테이블의 [국토종주 자전거길] 필드 위에 드래그&드롭한다.

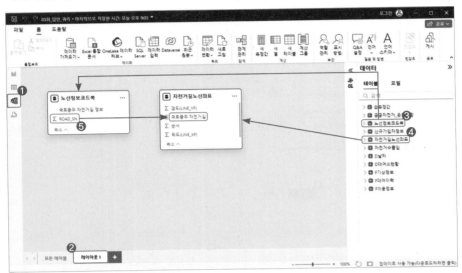

③ [새 관계] 대화상자에서 관계 설정된 필드(도서관구분, 구분코드)와 카디널리티(다대일), 교차 필터 방향 (Single)을 확인하고 [저장]을 클릭한다.

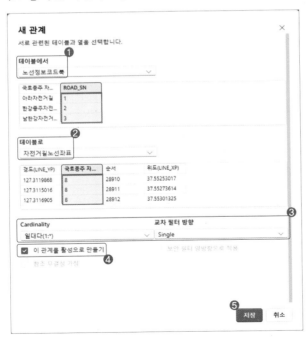

④ 두 테이블 사이에 관계선이 나타나고 카디널리티는 '일대다(1:*)', 크로스필터는 '단일'로 관계 설정된다.

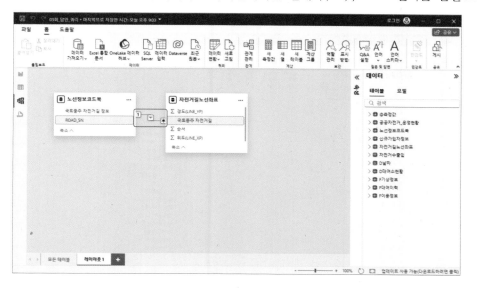

## 3. 테이블 관계 설정 및 측정값 추가

### 문제3-❶

① 테이블 보기(▦)에서 〈신규가입자정보〉 테이블을 선택한다. [테이블 도구]−[계산]그룹에서 [새 열]을 클릭한다.

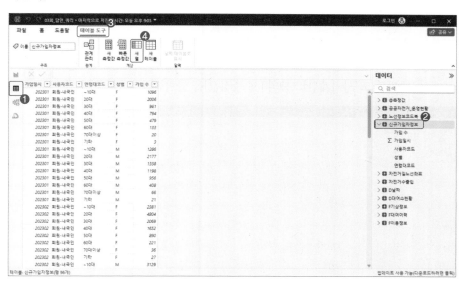

② 수식 입력줄에 다음 수식을 입력하고 [열 도구]–[서식]그룹에서 [서식]을 '*2001–03–14(Short Date)'로 설정한다.

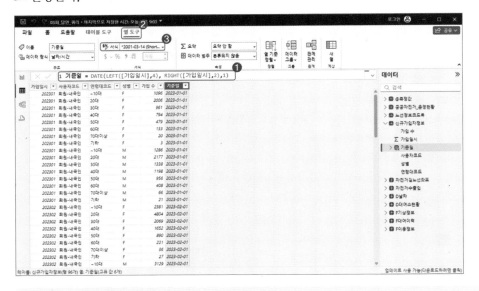

**기준일 = DATE(LEFT([가입일시],4), RIGHT([가입일시],2),1)**

> 🗨 **수식 설명**

(1) LEFT([가입일시],4) : '가입일시' 필드에서 왼쪽에서 4자리를 반환
(2) RIGHT([가입일시],2) : '가입일시' 필드에서 오른쪽에서 2자리를 반환
(3) =DATE((1),(2),1) : (1), (2), 1 을 결합하여 날짜 형식(2023–01–01)으로 반환

---

### 문제3- ❷

① 〈@측정값〉 테이블에서 [테이블 도구]–[계산]그룹의 [새 측정값]을 클릭한다.

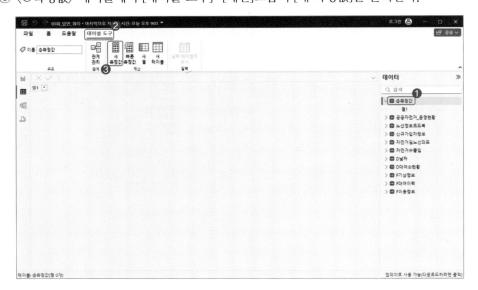

② 다음 수식을 입력하고 [측정 도구]–[서식]그룹에서 백분율(%), 소수 자릿수는 '2'로 설정한다.

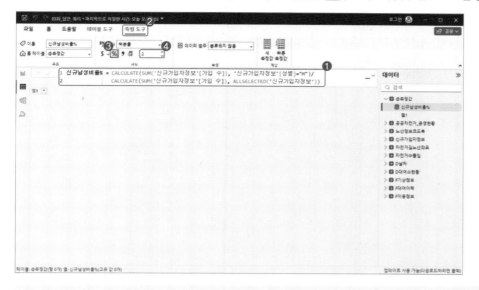

> **신규남성비율% = CALCULATE(SUM('신규가입자정보'[가입 수]), '신규가입자정보'[성별]="M")/**
> **CALCULATE(SUM('신규가입자정보'[가입 수]), ALLSELECTED('신규가입자정보'))**

💬 **수식 설명**

(1) SUM('신규가입자정보'[가입 수]) : 〈신규가입자정보〉 테이블의 [가입 수] 필드의 합계를 반환

(2) CALCULATE((1), '신규가입자정보'[성별]="M") : 〈신규가입자정보〉 테이블의 [성별] 필드가 남성(M)인 행의 (1)을 반환

(3) ALLSELECTED('신규가입자정보') : 신규가입자정보 테이블에 적용된 필터를 해제하지만 보고서에 적용된 필터 (슬라이서, 차트 등)는 적용

(4) CALCULATE((1), (4)) : (4)에서 적용된 (1)의 결과를 반환

(5) =(1)/(2) : (1)의 결과를 (2)로 나눈 값을 반환

**문제3- ❸**

① [테이블 도구]-[계산]그룹의 [새 테이블]을 클릭한다.

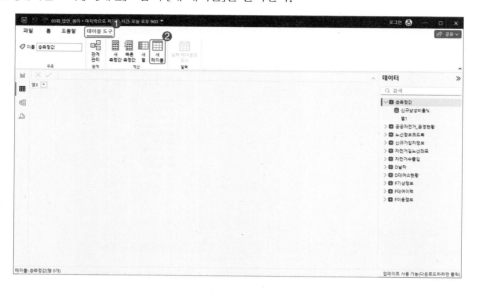

② 다음 수식을 입력한다.

상위5_자전거수출국가 = TOPN(5, SUMMARIZE('자전거수출입','자전거수출입'[국가명], "총수출금액",
SUM('자전거수출입'[수출금액 (단위:$)])), [총수출금액],DESC)

(1) SUM('자전거수출입'[수출금액 (단위:$)]) : 〈자전거수출입〉 테이블의 [수출금액 (단위:$)] 필드의 합계를 반환
(2) SUMMARIZE('자전거수출입','자전거수출입'[국명],"총수출금액",(1)) : 〈자전거수출입〉 테이블의 [국가명] 필드로
그룹화하여 (1)의 결과를 [총수출금액] 필드로 반환
(3) TOPN(5,(2),[총수출금액],DESC) : (2)의 결과에서 [총수출금액]을 내림차순 정렬한 데이터 중 상위 5개 목록을 반환

---

## 문제 ❷   단순요소 구현

### 1. 보고서 레이아웃 설정

#### 문제1- ❶

① 보고서 보기(📊)에서 '문제2' 페이지를 클릭한다. 연월 슬라이서에 '202303' 값으로 필터가 적용되어 있다.

② [보기]-[테마]그룹의 [테마]에서 '접근성 높은 기본값'을 클릭하고, 다시 [보기]-[테마]그룹의 [현재 테마
사용자 지정]을 클릭한다.

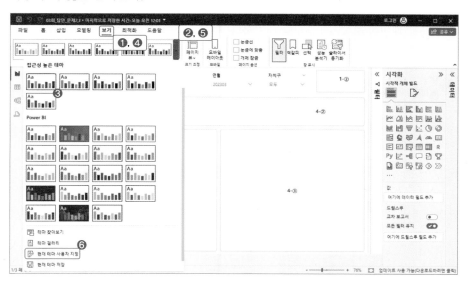

③ [테마 사용자 지정] 대화상자에서 [이름 및 색]–[이름 및 색]에서 다른 색의 최대값을 '#0085FF', 중간값을 '#67B3F8', 최소값을 '#D5E9FA'로 변경한다.

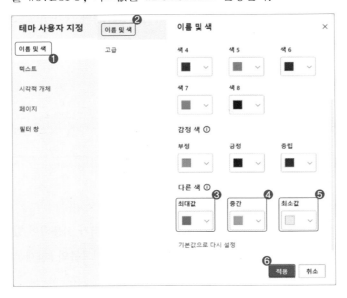

④ [텍스트]–[일반]에서 글꼴 패밀리를 'Verdana'로 변경한다. [제목]의 글꼴 패밀리를 'Verdana'로 변경한다.

⑤ [텍스트]–[카드 및 KPI]에서 글꼴 패밀리를 'Verdana', 글꼴 크기를 '20'으로 변경하고 [적용]을 클릭한다.

## 문제1-❷

① [삽입]–[요소]그룹에서 [단추]–[모든 슬라이서 지우기]를 클릭한다.

② [서식 단추] 창에서 [Button]-[스타일]-[채우기]의 색은 '흰색', 투명도는 '0'으로 설정한다. [테두리]의 너비를 '1'로 설정한다.

③ 슬라이서의 크기와 위치를 조정하여 '1-②' 위치에 배치한다.

## 2. 카드 시각화

### 문제2-❶

① [시각화] 창에서 '카드(▣)'를 클릭하고 [필드]에 〈D대여소현황〉 테이블의 [대여소수] 측정값을 추가한다.

② [시각화] 창에서 '카드'를 클릭하고 [필드]에 〈F대여이력〉 테이블의 [총대여건수] 측정값을 추가한다. [필드] 영역의 이름을 더블클릭하여 '총대여건수'를 '대여건수'로 변경한다.

③ [시각화] 창에서 '카드'를 클릭하고 [필드]에 〈F대여이력〉 테이블의 [일평균 이용자수] 측정값을 추가한다. [필드] 영역의 이름을 더블클릭하여 '일평균 이용자수'를 '이용자수(일평균)'으로 변경한다.

④ 모든 카드의 크기와 위치를 조정하여 '2-①' 위치에 배치한다.

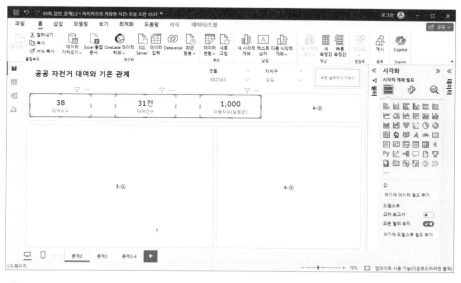

---

🅑 기적의 TIP

모든 카드를 선택하고 [서식]-[정렬]그룹에서 [맞춤]-[위쪽 맞춤], [가로 균등 맞춤]을 이용하여 개체를 정렬한다.

---

**문제2-❷**

① [시각화] 창에서 [시각적 개체 서식 지정]을 클릭한다. [시각적 개체]-[설명 값]에서 표시 단위를 '없음'으로 설정한다. [범주 레이블]에서 글꼴을 '굵게'로 설정한다.

## 3. 꺾은선형 및 묶은 세로 막대형 차트

**문제3-❶**

① '문제2' 페이지에서 [시각화] 창의 '꺾은선형 및 묶은 세로 막대형 차트(📊)'를 클릭한다. [X축]에 〈D날짜〉 테이블의 [날짜] 필드, [열 Y축]에 〈F대여이력〉 테이블의 [총대여건수] 측정값, [선 Y축]에 〈F기상정보〉 테이블의 [평균기온] 측정값을 추가한다.

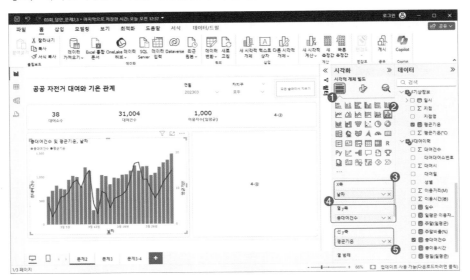

② 차트의 크기와 위치를 조정하여 '3-①' 위치에 배치한다.

**문제3-❷**

① [시각화] 창에서 [시각적 개체 서식 지정]을 클릭한다. [시각적 개체]-[Y축]에서 [값]의 표시 단위를 '없음'으로 설정한다. [선]-[색]에서 평균기온의 색을 '검정'으로 설정한다.

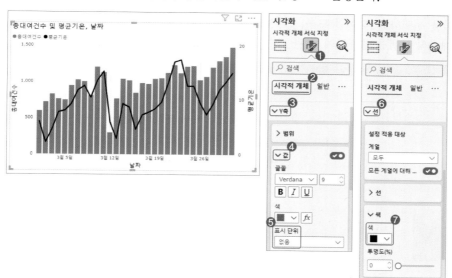

## 문제3- ❸

① [시각화] 창에서 [시각적 개체에 추가 분석 추가]를 클릭한다. [추세선]을 설정으로 변경하고 선 스타일을 '점선'으로 변경한 다음 '계열 결합'을 해제한다.

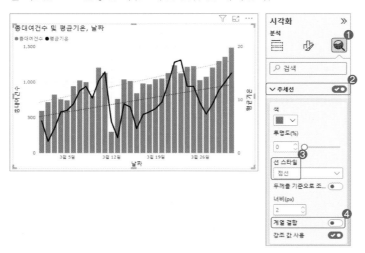

## 4. 상관계수, 분산형 차트

### 문제4- ❶

① 〈@측정값〉 테이블을 선택하고 [테이블 도구]–[계산]그룹에서 [빠른 측정값]을 클릭한다. [빠른 측정값] 창에서 [계산]의 '계산식 선택'을 클릭하여 '상관 계수'를 선택한다.

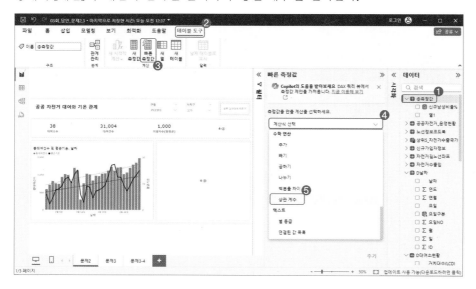

② [범주]에 〈D날짜〉 테이블의 [날짜] 필드, [측정값 X]에 〈F대여이력〉 테이블의 [총대여건수] 측정값, [측정값 Y]에 〈F기상정보〉 테이블의 [평균 기온] 측정값을 추가하고 [추가]를 클릭한다.

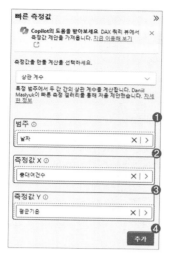

③ 수식 입력줄에서 측정값 이름을 '상관계수'로 변경한다.

메뉴에서 [빠른 측정값]을 다시 클릭하면 빠른 측정값 창이 숨기기된다.

## 문제4- ❷

① '문제2' 페이지에서 [시각화] 창의 '카드(▣)'를 클릭하고 [필드]에 〈@측정값〉 테이블의 [상관계수] 측정
값을 추가한다.

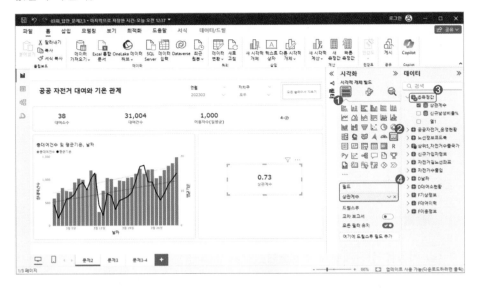

② [시각적 개체]–[설명 값]에서 표시 단위를 '없음'으로 설정한다. [범주 레이블]에서 글꼴을 '굵게'로 설정
한다.

③ 카드의 크기와 위치를 조정하여 '4-②' 위치에 배치한다.

## 문제4-❸

① '문제2' 페이지에서 [시각화] 창의 '분산형 차트( )'를 클릭한다. [X축]에 〈F대여이력〉 테이블의 [총대여건수] 측정값, [Y축]에 〈F기상정보〉 테이블의 [평균기온] 측정값, [값]에 〈D날짜〉 테이블의 [날짜] 필드를 추가한다.

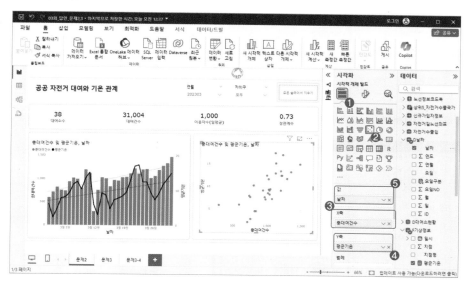

② [시각화] 창의 [시각적 개체 서식 지정]을 클릭한다. [시각적 개체]-[X축]에서 [값]의 표시 단위를 '없음'
으로 설정하고 [표식]-[도형]에서 유형을 '◆'로 설정한다.

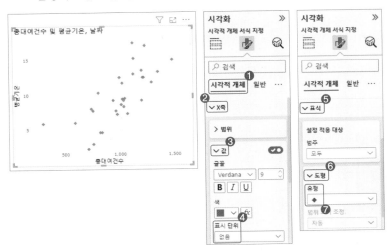

③ [시각적 개체에 추가 분석 추가]에서 [추세선]을 설정한다.

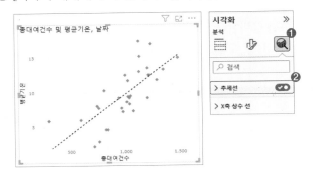

④ 차트의 크기와 위치를 조정하여 '4-③' 위치에 배치한다.

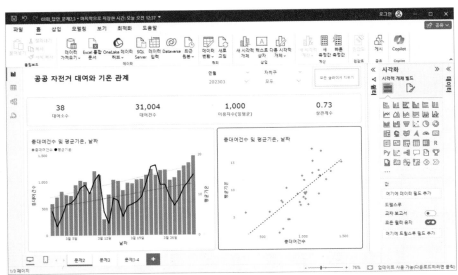

문제 ③ 복합요소 구현

## 1. 매개 변수

### 문제1- ❶

① 보고서 보기(📊)에서 '문제3' 페이지를 클릭한다. 연월 슬라이서에 '202303' 값으로 필터가 적용되어 있다.

② [모델링]–[매개변수]그룹에서 [새 매개변수]–[필드]를 클릭한다.

③ [매개 변수] 창에서 이름에 '매개변수'를 입력한다. 필드 목록에서 〈F대여이력〉 테이블의 [총대여건수] 측정값, 〈F대여이력〉 테이블의 [총이용시간] 측정값의 체크하여 [필드 추가 및 순서 변경]에 추가한다. '이 페이지에 슬라이서 추가' 옵션이 선택된 상태에서 [만들기]를 클릭한다.

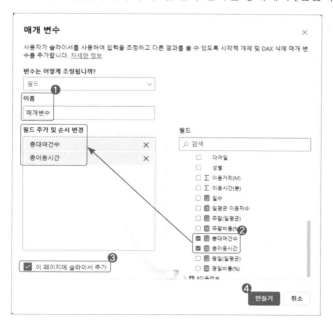

④ 매개변수 슬라이서와 테이블이 추가된다. 슬라이서 크기를 조정하고 '1-①' 위치에 배치한다.

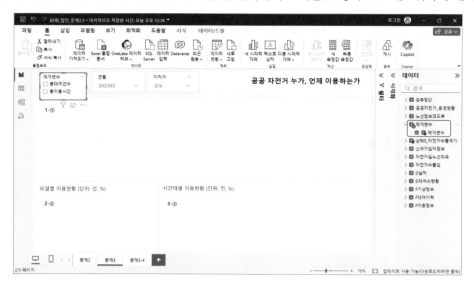

## 문제1-❷

① [매개변수] 슬라이서를 선택하고 [시각화] 창의 [시각적 개체 서식 지정]을 클릭한다. [시각적 개체]-[슬라이서 설정]에서 [옵션]의 스타일을 '드롭다운'을 선택한다. 슬라이서에서 '총대여건수' 값을 선택한다.

## 문제1-❸

① '문제3' 페이지에서 [시각화] 창의 '묶은 세로 막대형 차트(📊)'를 클릭한다. [X축]에 〈D대여소현황〉 테이블의 [자치구] 필드, [Y축]에 〈매개변수〉 테이블의 [매개변수] 필드, [범례]에 〈F대여이력〉 테이블의 [성별] 필드를 추가한다.

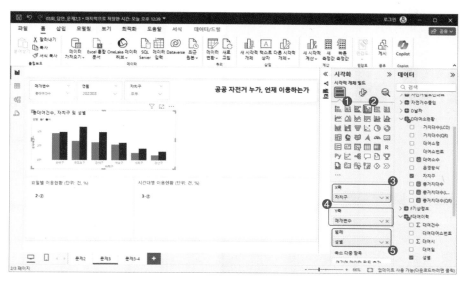

② [시각화] 창에서 [시각적 개체 서식 지정]을 클릭한다. [시각적 개체]-[X축]에서 [값]의 글꼴 크기는 '10', [Y축]에서 [값]의 표시 단위는 '없음'으로 설정한다. [열]-[레이아웃]에서 범주 사이의 간격에 '30'을 입력하고 [데이터 레이블]을 설정으로 변경한다.

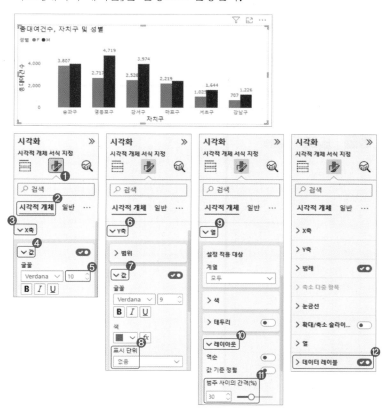

③ 차트의 크기와 위치를 조정하여 '1-③' 위치에 배치한다.

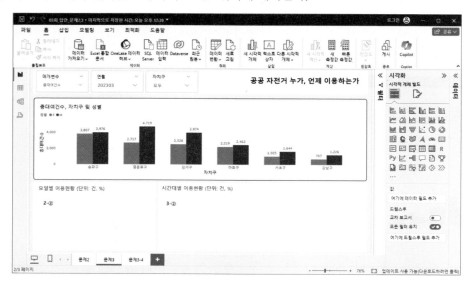

## 2. 측정값, 꺾은선형 차트 시각화

### 문제2- ❶

① '문제3' 페이지에서 [데이터] 창의 〈@측정값〉 테이블을 선택하고 [테이블 도구]-[계산]그룹에서 [새 측정값]을 클릭한다.

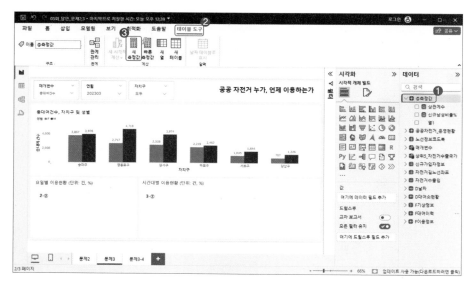

② 다음 수식을 입력한다.

### 자전거이용률(%) = [총대여건수]/([총거치대수]*24)*100

💬 수식 설명

총대여건수를 총거치대수*24(시간)으로 나누기하고 비율로 변환한다.

## 문제2-❷

① '문제3' 페이지에서 [시각화] 창의 '꺾은선형 차트(📈)'를 클릭한다. [X축]에 〈D날짜〉 테이블의 [요일] 필드, [Y축]에 〈F대여이력〉 테이블의 [일평균 이용자수] 측정값, [보조 Y축]에 〈@측정값〉 테이블의 [자전거이용률(%)] 필드를 추가한다.

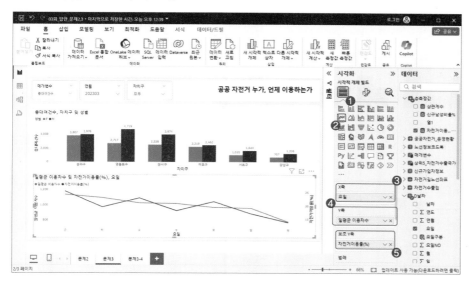

② [시각화] 창의 [시각적 개체 서식 지정]을 클릭하고 [일반]-[제목]을 해제한다. [시각적 개체]-[X축]에서 [값]의 글꼴 크기는 '10'으로 설정하고 [표식]에서 '모든 계열에 대해 표시'를 설정으로 변경한다.

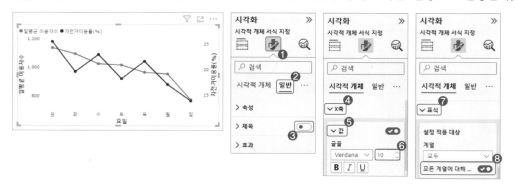

③ 차트의 크기와 위치를 조정하여 '2-②' 위치에 배치한다.

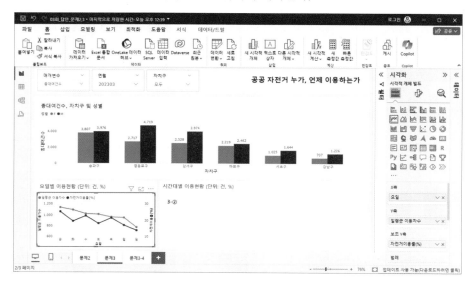

**문제2- ❸**

① 테이블 보기(⊞)에서 [데이터] 창의 〈D날짜〉 테이블의 [요일]을 클릭한다. [열 도구]-[정렬]그룹에서 [열 기준 정렬]-[요일NO]를 클릭한다. 요일의 정렬 기준이 '월,화,수,목,금,토,일' 순으로 설정된다.

② 보고서 보기(📊)에서 꺾은선형 차트의 [추가 옵션]-[축 정렬]에서 '요일'을 선택하고, 다시 '오름차순 정렬'을 선택하여 정렬 기준을 변경한다.

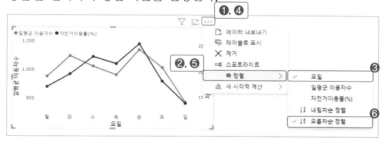

📗 기적의 TIP

축 정렬이 '요일, 오름차순 정렬'로 설정되어 있다면 다시 정렬할 필요가 없다.

## 3. 행렬 계산 열, 행렬 시각화

**문제3- ❶**

① 테이블 보기(▦)에서 [데이터] 창의 〈F대여이력〉 테이블을 클릭한다. [테이블 도구]−[계산]그룹에서 [새
열]을 클릭한다.

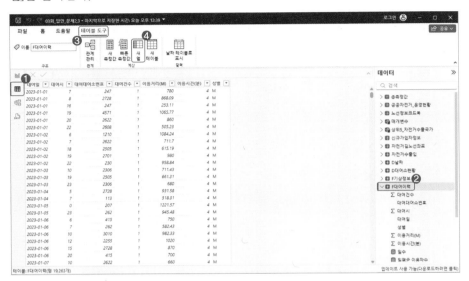

② 수식 입력줄에 다음 수식을 입력한다.

시간대 = SWITCH(TRUE(), [대여시])=0 && [대여시]〈3, "00~02시",

[대여시])=3 && [대여시]〈6, "03~05시",

[대여시])=6 && [대여시]〈9, "06~08시",

[대여시])=9 && [대여시]〈12, "09~11시",

[대여시])=12 && [대여시]〈15, "12~14시",

[대여시])=15 && [대여시]〈18, "15~17시",

[대여시])=18 && [대여시]〈21, "18~20시",

[대여시])=21 && [대여시]〈24, "21~23시", BLANK())

SWITCH 함수에서 첫 번째 인수가 TRUE()이면, 다음에 나오는 식이 TRUE인 경우 결괏값을 반환한다.

**행 조절**

- Shift + Enter : 현재 행 위에 새 행 삽입(줄바꿈)
- Ctrl + Shift + Enter : 현재 행 위에 새 행 삽입
- Ctrl + Shift + K : 행 삭제

## 문제3-❷

① 보고서 보기(📊)의 '문제3' 페이지에서 [시각화] 창의 '행렬(▦)'을 클릭한다. [열]에 〈F대여이력〉 테이블의 [시간대] 필드, [값]에 〈F대여이력〉 테이블의 [평일(일평균)], [평일비율(%)], [주말(일평균)], [주말비율(%)] 측정값을 추가한다.

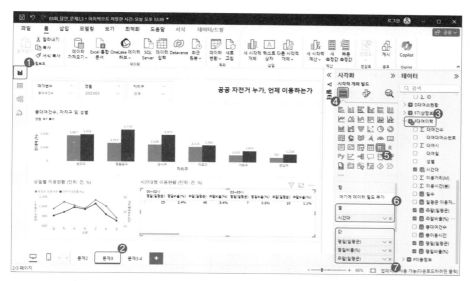

② [시각화] 창의 [시각적 개체 서식 지정]에서 [시각적 개체]의 [레이아웃 및 스타일 사전 설정]에서 스타일은 '없음'으로 적용한다.

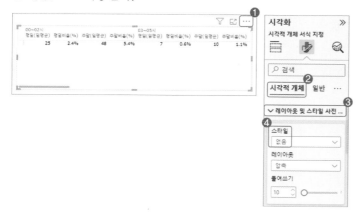

③ [눈금]-[테두리]의 섹션을 '열 머리글'로 설정한다. 테두리 위치에서 '위쪽', '아래쪽'을 체크하고 색을 '흰색, 50% 더 어둡게'로 설정한다. [눈금]의 [옵션]에서 '행 안쪽 여백'을 '6'으로 설정한다.

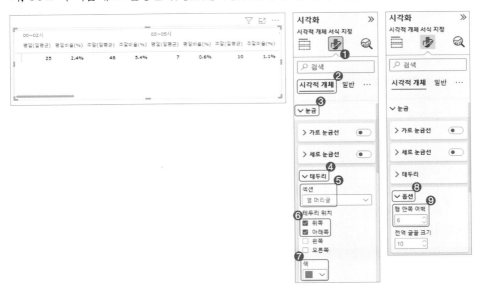

🅱 기적의 TIP

[눈금]-[옵션]의 [전역 글꼴 크기]를 변경하여 행렬의 전체 글꼴 크기를 변경할 수 있다.

④ [열 머리글]의 [텍스트]의 배경색은 '흰색, 10% 더 어둡게', 머리글 맞춤은 '가운데'로 설정한다.

⑤ [값]–[옵션]에서 '값을 행으로 전환'을 설정으로 변경한다.

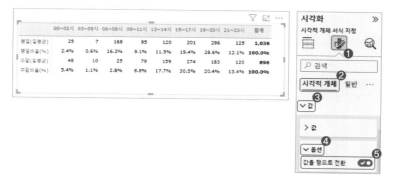

⑥ 행렬 개체의 크기와 위치를 조정하여 '3–②' 위치에 배치한다.

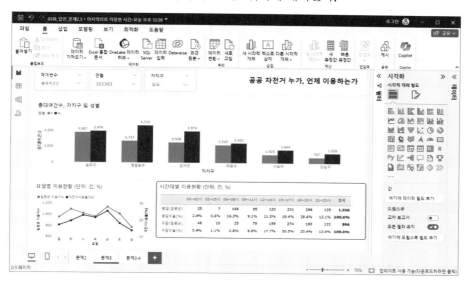

## 문제3– ❸

① [시각적 개체]–[셀 요소]에서 계열을 '평일(일평균)'으로 선택하고 배경색을 설정으로 변경한다. 계열을
'평일비율(%)', '주말(일평균)', '주말비율(%)'로 각각 선택하여 배경색을 적용한다.

## 4. 상호 작용 편집

### 문제4- ❶

① '문제3-4' 페이지에서 연월 슬라이서를 선택하고 [서식]-[상호 작용]그룹에서 [상호 작용 편집]을 클릭한다. '꺾은선형 차트(기간별)'의 상호 작용을 없음(◌)으로 적용하여 상호 작용을 해제한다.

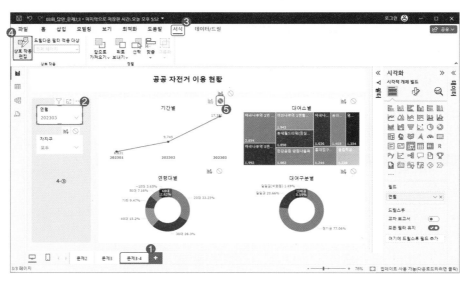

② 자치구 슬라이서를 선택하고 'Treemap(대여소별)'의 상호 작용은 필터(⊞)로 적용한다. [서식]-[정렬]그룹에서 [상호 작용 편집]을 클릭하여 상호 작용 편집을 완료한다.

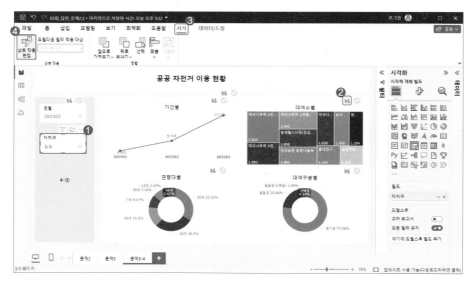

**문제4-❷**

① [보기]-[창 표시] 그룹에서 [책갈피], [선택]을 클릭한다.

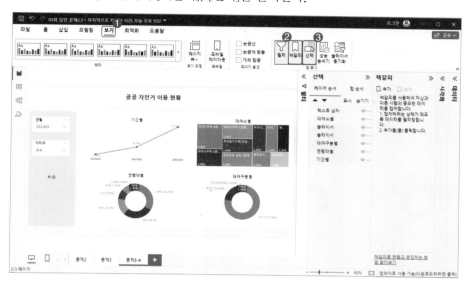

② [선택] 창에서 '연령대별'의 [이 시각적 개체 숨기기(◉)]를 클릭한다. [책갈피] 창에서 [추가] 단추를 클릭하고 '책갈피 1'을 더블클릭하여 이름을 '연령대숨기기'로 변경한다.

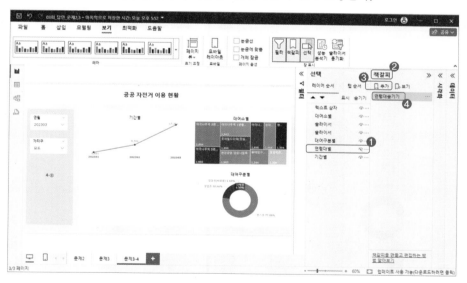

③ [선택] 창에서 '연령대별'의 [이 시각적 개체 표시(⬜)]를 클릭한다. [책갈피] 창에서 [추가] 단추를 클릭
하고 '책갈피 2'를 더블클릭하여 이름을 '연령대표시'로 변경한다.

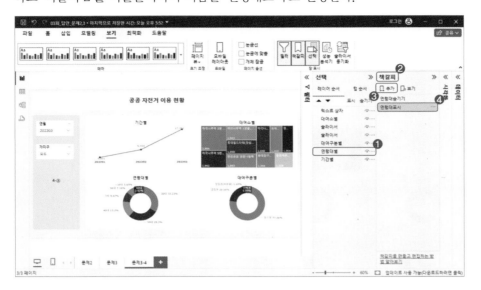

## 문제4- ❸

① '문제3-4' 페이지에서 [삽입]-[요소] 그룹에서 [단추]-[탐색기]-[책갈피 탐색기]를 클릭한다.

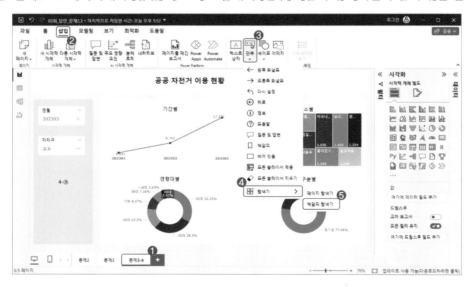

② [서식 탐색기] 창에서 [그리드 레이아웃]의 방향을 '세로'로 변경한다. 크기와 위치를 변경하여 '4−③' 위치에 배치한다. Ctrl와 함께 책갈피 단추를 클릭하면 연령대별 차트를 숨기거나 표시할 수 있다.

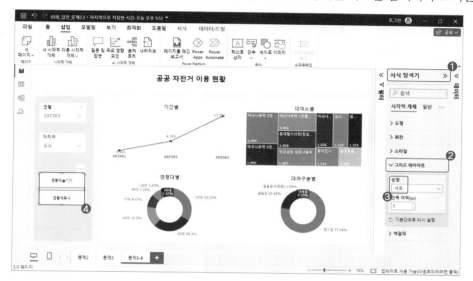

# 기출 유형 문제 04회

| 프로그램명 | 제한시간 |
|---|---|
| 파워BI 데스크톱 | 70분 |

수험번호 : _____

성    명 : _____

---

| 단일 | 경영정보시각화 실무 |
|---|---|

## 〈 유 의 사 항 〉

- 시험응시방법 안내에 따라 시험에 응시하여야 하며, 이를 소홀히 하여 발생한 불이익과 책임은 수험자 본인에게 있습니다.
- 답안 파일 위치 : C:\PB\답안
- 문제 데이터 파일 위치 : [문제1] C:\PB\문제1_데이터 / [문제2,3] C:\PB\문제2,3_데이터
- 작성된 답안은 다음과 같이 저장해야 합니다. 그렇지 않으면 [실격 처리]됩니다.
  – 주어진 경로 및 파일명을 변경하지 말고 그대로 저장
- 답안 저장 시간은 별도로 주어지지 않으므로 수시로 저장하십시오. 중간저장을 하지 않아 생기는 피해에 대한 책임은 수험자에게 있으며, 답안이 저장되지 않을 경우 [실격 처리]됩니다.
- 별도의 지시사항이 없는 경우, 다음과 같이 처리할 때 [실격 처리]됩니다.
  – 제시된 파일, 페이지/대시보드, 데이터 원본의 이름 및 차원/측정값 속성을 임의로 변경한 경우
  – 제시된 파일, 페이지/대시보드, 데이터 원본을 임의로 삭제, 추가, 변경한 경우
  – 문제 데이터를 시험 시작 전에 열어보는 경우
- 반드시 답안작성은 문제에서 지시한 위치에 작업하여야 하며 다음과 같이 처리 시 해당 작업 또는 그 작업에 영향을 미치는 문제, 개체, 페이지 등은 [감점 및 오답처리]됩니다.
  – 제시된 함수가 있으면 제시된 함수만을 사용해야 하며 그 외 함수를 사용해 풀이한 경우
  – 임의로 지시하지 않은 차트, 매개변수 등을 이동, 수정(변경), 삭제 등으로 인해 위치 및 내용이 변경된 경우
  – 임의로 기본 설정값(Default)을 변경한 경우
  – 숫자데이터를 임의로 문자화하여 처리한 경우
  – 개체가 해당 영역을 벗어난 경우
  – 개체가 너무 작아 해당 정보 확인이 눈으로 어려운 경우

대 한 상 공 회 의 소

## 데이터 및 문제 안내

1. 최종 제출해야 할 답안파일은 1개입니다. 문제1, 문제2, 문제3의 답을 하나의 답안파일(.pbix)로 제출하십시오.

2. 문제1, 문제2, 문제3은 각각 독립적으로 구성되어 있어 앞 문제를 풀지 않아도 다음 문제 풀이가 가능합니다.

3. 문제2와 문제3 풀이를 위해 필요한 일부 측정값, 필터가 답안파일에 미리 적용되어 있을 수 있습니다. 지시사항에 제시되지 않은 것은 변경하지 마십시오.

4. 하위문제(❶, ❷, ❸)별로 점수가 부여되며, 하위문제의 지시사항(▶ 또는 - 표시)을 이행하지 않을 경우 점수가 부여되지 않습니다.

5. 이 시험을 위한 데이터 파일은 문제1을 위한 데이터와 문제2의 데이터가 구분됩니다.

   가. 문제1 풀이에는 '전입사유별_이동자수.CSV' 파일과 답안파일(.pbix)의 '주민등록인구현황.CSV' 파일의 〈주민등록인구〉 테이블, '고령인구현황.CSV' 파일의 〈고령인구현황〉 테이블, '항공_통계.xlsx' 파일의 〈국내선〉, 〈국제선〉 테이블을 사용하십시오.

| 파일명 | 주민등록인구현황.csv, 고령인구현황.CSV, 전입사유별_이동자수.CSV | | | | | | | |
|---|---|---|---|---|---|---|---|---|
| 테이블 | 구조 | | | | | | | |
| 주민등록 인구현황 | 기간 | 시도 | 구군시 | 총인구수 | 세대수 | 세대당 인구 | 남자 인구수 | 여자 인구수 |
| | 202501 | 서울특별시 | 중구 | 120325 | 64933 | 1.85 | 57948 | 62377 |

| 고령인구 현황 | 기간 | 행정구역 | 65세 이상 전체 | 65세 이상 남자 | 65세 이상 여자 |
|---|---|---|---|---|---|
| | 202501 | 서울특별시 | 26515 | 11798 | 14717 |

| 전입 사유별 이동자수 | 행정구역 | 전입사유별 | 총전입 | 총전출 | 순이동 | 시도간전입 | 시도간전출 |
|---|---|---|---|---|---|---|---|
| | 서울특별시 | 계 | 1221380 | 1266072 | −44692 | 428448 | 473140 |

| 파일명 | 항공_통계.xlsx | | | | |
|---|---|---|---|---|---|
| 테이블 | 구조 | | | | |
| 국내선 | 기간 | 항공 | 노선별 | 운항(편)_계 | 여객(명)_계 |
| | 202501 | 국내선 | 제주─청주 | 1,118 | 185,673 |
| 국제선 | 기간 | 항공 | 지역별 | 운항(편)_계 | 운항(편)_도착 |
| | 202501 | 국제선 | 일본 | 12,579 | 6,293 |
| | 운항(편)_출발 | 여객(명)_계 | 여객(명)_도착 | 여객(명)_출발 | |
| | 6,286 | 2,328,357 | 1,119,520 | 1,208,837 | |

※ 출처 : 주민등록인구현황, 고령인구현황(행정안전부), 국내선, 국제선 항공통계(통계청)

나. 문제2와 문제3의 풀이에는 '생활인구.xlsx', '지하철 승하차.csv' 파일을 사용하십시오.

| 파일명 | 생활인구.xlsx, 지하철 승하차.csv | | | | | | | |
|---|---|---|---|---|---|---|---|---|
| 테이블 | 구조 | | | | | | | |

| 내국인 | 기준일ID | 시간대구분 | 행정동코드 | 남자<br>20세~24세 | 남자<br>25세~29세 | ... | 여자<br>50세~54세 | 여자<br>55세~59세 |
|---|---|---|---|---|---|---|---|---|
| | 20250120 | 9 | 11110630 | 356.0408 | 742.5313 | ... | 911.0192 | 938.6761 |

| 단기<br>외국인 | 기준일ID | 시간대구분 | 행정동코드 | 총생활인구수 | 중국인체류인구수 | 중국외외국인체류인구수 |
|---|---|---|---|---|---|---|
| | 20250120 | 9 | 11500520 | 104.4149 | 36 | 68.3516 |

| 행정동<br>코드 | 통계청행정동코드 | 행자부행정동코드 | 시도명 | 시군구명 | 행정동명 |
|---|---|---|---|---|---|
| | 1101061 | 11110615 | 서울 | 종로구 | 종로1,2,3,4가동 |

| 지하철<br>승하차 | 사용일자 | 노선명 | 역명 | 승차총승객수 | 하차총승객수 |
|---|---|---|---|---|---|
| | 20250101 | 4호선 | 창동 | 12477 | 13408 |

※ 출처 : 내국인, 단기외국인, 행정동코드, 지하철_승하차(서울열린데이터광장)

---

## 문제 ❶ 작업준비      30점

주어진 파일에서 다음 과정을 수행하고 저장하시오.

1. 답안파일을 열고 다음 지시사항에 따라 데이터 가져오기 및 파워 쿼리 편집기에서 데이터 편집을 수행하시오. (10점)

   ❶ 다음 조건으로 데이터를 가져와 편집하시오. (3점)

      ▶ 활용 데이터 : '전입사유별_이동자수.xlsx' 파일

      ▶ [행정구역] 필드의 공백을 인접해 있는 위쪽 데이터로 채우기

      ▶ [전입사유별] 필드의 목록에서 '계'를 제거하시오.

      ▶ 테이블 이름 : 전입사유별

   ❷ 〈국내선〉 테이블에서 '추출'을 사용하여 새 필드를 추가하시오. (3점)

      ▶ 필드 이름 : 지역별

      ▶ [노선별] 필드의 왼쪽 두 자리 텍스트 추출

❸ 다음 조건으로 〈국내선〉 테이블과 〈국제선〉 테이블을 결합하고 그룹화하시오. (4점)
▶ '쿼리를 새 항목으로 추가' 활용하여 새 테이블 추가
  – 국내선, 국제선 순서로 결합
▶ 추가된 테이블의 [기간], [항공] 필드를 사용하여 그룹화
  – 출력1 : 새 열 이름 '운항(편)', [운항(편)_계] 필드의 합계
  – 출력2 : 새 열 이름 '여객(명)', [여객(명)_계] 필드의 합계
▶ 테이블 이름 : 항공운항통계

## 2. 다음 지시사항에 따라 데이터를 편집하고 모델링하시오. (10점)
❶ 파워 쿼리 편집기의 〈주민등록인구현황〉 테이블에 '열 병합'을 사용하여 새 필드를 추가하시오. (3점)
▶ 활용 필드 : [시도], [구군시]
▶ 구분 기호 : 공백
▶ 새 필드 이름 : 행정구역
▶ 결과 : 서울특별시 중구
▶ 모든 작업 단계는 하나로 기록되어야 함
❷ 파워 쿼리 편집기의 〈주민등록인구현황〉 테이블에 〈고령인구현황〉 테이블의 [65세이상전체] 필드를 병합하시오. (3점)
▶ 활용 필드 : [기간], [행정구역]
▶ 조인종류 : 왼쪽 외부
▶ 두 테이블에서 병합할 필드는 [기간], [행정구역] 순으로 지정함
▶ 필드 확장시 '원래 열 이름을 접두사로 사용'은 해제
❸ 다음 조건으로 테이블간의 관계를 설정하시오. (4점)
▶ 모델 보기의 '인구' 레이아웃에서 관계 설정
▶ 〈주민등록인구현황〉 테이블의 [행정구역] 필드, 〈고령인구현황〉 테이블의 [행정구역] 필드
  – 카디널리티 : 일대일(1:1)
  – 교차 필터 방향 : 모두
▶ 〈주민등록인구현황〉 테이블의 [행정구역] 필드, 〈전입사유별〉 테이블의 [행정구역] 필드
  – 카디널리티 : 일대다(1:*)
  – 교차 필터 방향 : 단일(Single)

## 3. 다음 지시사항에 따라 계산식을 추가하시오. (10점)
❶ 〈국제선〉 테이블에 평균 여객수를 표시하는 계산 열을 추가하시오. (3점)
▶ 필드 이름 : 평균여객수
▶ 활용 필드 : 〈국제선〉 테이블의 [운항(편)_계], [여객(명)_계] 필드
▶ 계산 : 여객수/운항수
▶ 서식 : 천 단위 구분 기호( , ), 소수 자릿수 '2'

❷ 〈주민등록인구현황〉 테이블에 성비를 표시하는 측정값을 추가하시오. (4점)

  ▶ 필드 이름 : 성비
  ▶ 활용 필드 : 〈주민등록인구현황〉 테이블의 [남자 인구수], [여자 인구수] 필드
  ▶ 남자 인구수의 합을 여자 인구수의 합으로 나눈 비율이 100 이상이면 '남성이 많음', 100 미만이면 '여성
    이 많음'으로 표시
  ▶ 계산 : 남자 인구수의 합계/여자 인구수의 합계 * 100
  ▶ 사용 함수 : IF, SUM

❸ 〈주민등록인구현황〉 테이블에 송파구의 평균인구를 반환하는 측정값을 추가하시오. (3점)

  ▶ 측정값 이름 : 서울_송파구_평균인구
  ▶ 활용 필드 : 〈주민등록인구현황〉 테이블의 [총인구수], [시도], [구군시] 필드
  ▶ 서울특별시 송파구의 총인구수의 평균 반환
  ▶ 사용 함수 : AVERAGE, CALCULATE
  ▶ 서식 : 천 단위 구분 기호(🔾), 소수 자릿수 '2'

---

| 문제 ❷ | 단순요소 구현 | 30점 |

▌시각화 완성화면 ▏ 각 세부문제 풀이 후 '문제2' 페이지에 아래와 같이 개체를 배치하시오.

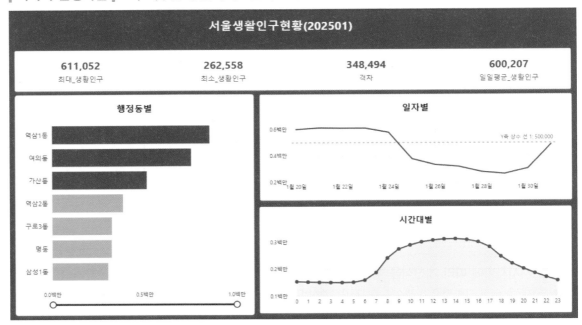

계산식 작성에 사용되는 문자열은 쌍따옴표("")를 사용하여 작성하시오.

## 1. '문제2', '문제3', '문제3_4' 페이지의 전체 서식을 설정하시오. (5점)

❶ 보고서 전체에 테마를 설정하시오. (2점)

▶ 보고서 테마 : 기본값

– 이름 및 색 : 테마색1 '#166083', 테마색2 '#E97132', 테마색3 '#196B22', 테마색4 '#0E9FD5'

– 카드 및 KPI : 글꼴 패밀리 'Segoe UI Bold', 글꼴 크기 '18', 글꼴색은 '#166083' 설정

❷ '문제2' 페이지에 텍스트 상자를 사용하여 보고서 제목을 작성하시오. (3점)

▶ 텍스트 : 서울생활인구현황(202501)

▶ 텍스트 서식 : 글꼴 'Segoe UI', 크기 '20', 글꼴 색은 '흰색(#FFFFFF)', '굵게', 가로 맞춤은 '가운데', 배경 색은 '#166083' 설정

▶ 텍스트 상자를 '문제2-1 ②' 위치에 배치

## 2. 다음 지시사항에 따라 카드를 구현하시오. (5점)

❶ 생활인구 통계를 나타내는 카드를 구현하시오. (3점)

▶ 활용 필드

– 〈내국인〉 테이블의 [최대_생활인구], [최소_생활인구], [격차], [일일평균_생활인구] 측정값

▶ 서식 : 설명값의 표시 단위는 '없음', 일일평균_생활인구의 글꼴 색은 '#A1343C' 설정

▶ 카드를 '문제2-2 ①' 위치에 순서대로 배치

❷ 다음 조건으로 '일일평균_생활인구' 카드에 필터를 적용하시오. (2점)

▶ 필터 조건 : [기준일ID]가 '2025-01-20'로 기본 필터링 적용

## 3. 다음 지시사항에 따라 누적 가로 막대형 차트를 구현하시오. (10점)

❶ 행정동별로 일일평균_생활인구를 나타내는 '누적 가로 막대형 차트'를 구현하시오. (3점)

▶ 활용 필드

– 〈행정동코드〉 테이블의 [행정동명] 필드

– 〈내국인〉 테이블의 [인구24] 측정값

▶ 차트를 '문제2-3 ①' 위치에 배치

❷ 다음 조건으로 차트 서식을 변경하시오. (4점)

▶ Y축 : 값의 글꼴 크기는 '11', 제목 해제, 최소 범주 높이는 '25' 설정

▶ X축 : 제목 해제, 확대/축소 슬라이더 표시

▶ 막대 색 : 전체 범주는 '#A2BFCD' 설정, '역삼동', '여의동', '가산동'은 '#166083' 설정

▶ 제목 : 텍스트는 '행정동별' 입력, 글꼴 크기는 '15', '굵게', 가로 맞춤은 '가운데'

❸ 차트에 [인구24] 기준으로 상위7개의 행정동명을 표현하시오. (3점)

## 4. 다음 지시사항에 따라 꺾은선형 차트와 영역형 차트를 구현하시오. (10점)

❶ 일자별로 생활인구를 나타내는 '꺾은선형 차트'를 구현하시오. (3점)

▶ 활용 필드

– 〈내국인〉 테이블의 [기준일ID] 필드, [인구24] 측정값

▶ 차트를 '문제2-4 ①' 위치에 배치

❷ 다음 조건으로 차트 서식을 변경하시오. (3점)

▶ X축 : 값의 글꼴 크기 '11', 제목 해제

▶ Y축 : 값의 글꼴 크기 '10', 제목 해제

▶ 제목 : 텍스트는 '일자별' 입력, 글꼴 크기는 '15', '굵게', 가로 맞춤은 '가운데'

▶ Y축에 상수선 표시

– 상수 값은 500000, 색은 빨강(#D64550)

– 데이터 레이블 : 가로 위치는 오른쪽, 스타일은 모두, 색은 빨강(#D64550)

❸ 시간대별로 생활인구를 나타내는 '영역형 차트'를 구현하시오. (4점)

▶ 활용 필드

– 〈내국인〉 테이블의 [시간대구분] 필드, [인구24] 측정값

▶ X축의 시간대는 0~23시까지 모두 표시하고 오름차순 정렬 적용

▶ X축 : 값의 글꼴 크기 '11', 제목 해제

▶ Y축 : 제목 해제

▶ 영역 색은 '#F6C6AD', 표식 설정

▶ 제목 텍스트는 '시간대별' 입력, 글꼴 크기는 '15', '굵게', 가로 맞춤은 '가운데'

▶ 차트를 '문제2-4 ③' 위치에 배치

**문제 ❸  복합요소 구현**                          **40점**

**시각화 완성화면**  각 세부문제 풀이 후 '문제3' 페이지에 아래와 같이 개체를 배치하시오.

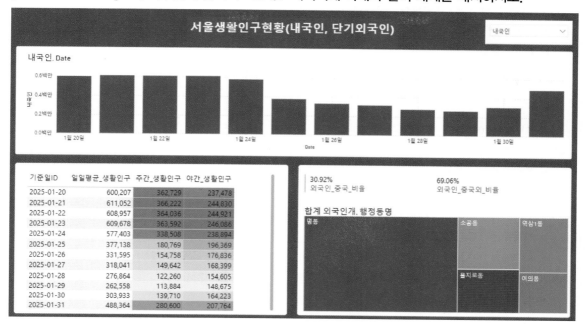

계산식 작성에 사용되는 문자열은 쌍따옴표( " " )를 사용하여 작성하시오.

## 1. 다음 지시사항에 따라 매개 변수와 묶은 세로 막대형 차트를 구현하시오. (10점)

❶ 다음 조건으로 매개 변수와 슬라이서를 구현하시오. (4점)

▶ 매개 변수 이름 : 생활인구구분

▶ 활용 필드
  – 〈내국인〉 테이블의 [인구24] 측정값
  – 〈단기외국인〉 테이블의 [단기외국인24] 측정값

▶ 생활인구구분의 매개변수의 목록 값은 '인구24' → '내국인', '단기외국인24' → '단기외국인'으로 변경

▶ 슬라이서를 '문제3-1 ①' 위치에 배치

❷ 다음 조건으로 [생활인구구분] 슬라이서의 서식을 변경하시오. (3점)

▶ 슬라이서 설정 : 스타일 '드롭다운', 단일 선택

▶ 슬라이서 제목 해제

▶ 슬라이서에 '내국인' 값으로 필터 적용

❸ 생활인구구분 슬라이서에 따라 세로 축이 변동되는 '묶은 세로 막대형 차트'를 구현하시오. (3점)

    ▶ 활용 필드

        – 〈Calendar〉 테이블의 [Date] 필드

        – 〈생활인구구분〉 테이블의 [생활인구구분] 필드

    ▶ [생활인구구분] 슬라이서에 따라 Y축이 변경되도록 구현

    ▶ [Date] 필드의 날짜 계층은 해제

    ▶ 차트를 '문제3-1 ③' 위치에 배치

## 2. 다음 지시사항에 따라 측정값을 작성하고 테이블로 구현하시오. (10점)

❶ 〈내국인〉 테이블에 주간 생활인구를 반환하는 측정값을 추가하시오. (3점)

    ▶ 측정값 이름 : 주간_생활인구

    ▶ 활용 필드

        – 〈내국인〉 테이블의 [시간대구분], [인구] 필드

    ▶ 사용 함수 : CALCULATE, FILTER, SUM

    ▶ 시간대가 09시부터 18시까지 인구의 합계(인구는 24시간으로 나눈 값으로 계산)

❷ 〈내국인〉 테이블에 야간 생활인구를 반환하는 측정값을 추가하시오. (3점)

    ▶ 측정값 이름 : 야간_생활인구

    ▶ 활용 필드

        – 〈내국인〉 테이블의 [시간대구분], [인구] 필드

    ▶ 사용 함수 : CALCULATE, FILTER, SUM

    ▶ 시간대가 19시부터 08시의 인구의 합계(인구는 24시간으로 나눈 값으로 계산)

❸ 일자별로 주간 생활인구와 야간 생활인구를 비교하는 '테이블'을 구현하시오. (4점)

    ▶ 활용 필드

        – 〈내국인〉 테이블의 [기준일ID] 필드

        – 〈내국인〉 테이블의 [일일평균_생활인구], [주간_생활인구], [야간_생활인구] 측정값

    ▶ 테이블의 전체 글꼴 크기는 '12', 합계는 해제

    ▶ 조건부 서식 적용

        – 주간_생활인구에 '배경색', 야간_생활인구에 '배경색' 적용

    ▶ 테이블을 '문제3-2 ③' 위치에 배치

3. 다음 지시사항에 따라 외국인 생활인구 기준으로 상위 5개 지역을 반환하는 테이블을 작성하고 트리맵(Treepmap) 차트로 구현하시오. (10점)

  ❶ 단기외국인 생활인구 기준으로 상위 5개의 행정동을 반환하는 '테이블'을 추가하시오. (4점)

    ▶ 테이블 이름 : 상위5_지역

    ▶ 활용 필드 : 〈행정동코드〉 테이블의 [행정동명] 필드, 〈단기외국인〉 테이블의 [단기외국인24] 측정값

    ▶ 사용 함수 : SUMMARIZECOLUMNS, TOPN

    ▶ 〈상위5_지역〉 테이블에는 [행정동명], [외국인] 필드로 구성

  ❷ 단기외국인 인구가 높은 상위5개 지역을 '트리맵(Treemap)' 차트로 구현하시오. (3점)

    ▶ 활용 필드 : 〈상위5_지역〉 테이블의 [행정동명], [외국인] 필드

    ▶ 트리맵을 '문제3-3 ②' 위치에 배치

  ❸ 〈단기외국인〉 테이블에 비율을 반환하는 측정값을 추가하고 여러 행 카드로 구현하시오. (3점)

    ▶ 활용 필드 : 〈단기외국인〉 테이블의 [외국인_중국], [외국인_중국외], [단기외국인24] 측정값

    ▶ 측정값 이름 : 외국인_중국_비율

      − 계산식 : 외국인_중국/단기외국인24

      − 서식 : 백분율(%)

    ▶ 측정값 이름 : 외국인_중국외_비율

      − 계산식 : 외국인_중국외/단기외국인24

      − 서식 : 백분율(%)

    ▶ 여러 행 카드를 '문제3-3 ③' 위치에 배치

4. 다음 지시사항에 따라 '문제3_4' 페이지의 시각적 개체 간 상호 작용 기능을 설정하시오. (10점)

  ❶ 다음과 같이 차트의 상호 작용을 설정하시오. (4점)

    ▶ 깔때기형 차트(노선명)에서 선택한 값이 누적가로막대형 차트(역명)에 필터가 적용도록 설정

    ▶ 누적가로막대형 차트(역명)에서 선택한 값이 깔때기형 차트(노선명)에 필터가 적용도록 설정

  ❷ 다음 조건에 따라 페이지 탐색기를 추가하시오. (3점)

    ▶ 도형은 '모서리가 둥근 직사각형', 둥근 모서리는 '15' 설정

    ▶ 기본값의 글꼴 크기는 '12', 가리키기 상태의 채우기 색은 '#A2BFCD'로 설정

    ▶ '문제2', '문제3' 페이지는 표시하고 '문제3_4' 페이지는 표시 해제

    ▶ 레이아웃 방향 : 세로

    ▶ 페이지 탐색기를 '문제3-4 ②' 위치에 배치

  ❸ 다음 조건에 따라 현재 페이지에 고급 필터를 적용하시오. (3점)

    ▶ 사용 필드 : 〈지하철 승하차〉 테이블의 [사용일자] 필드

    ▶ 현재 페이지에 '다음 기간 이후'로 '2025-01-20' 이후의 날짜로 필터 적용

## 문제 ❶　작업준비

### 1. 데이터 가져오기와 편집

**문제1- ❶**

① '04회_답안파일.pbix' 파일을 열고 [홈]-[데이터]그룹의 [Excel 통합 문서]를 클릭한다.

② '전입사유별_이동자수.xlsx' 파일을 선택하고 [열기]를 클릭한다.

③ [탐색 창]에서 '데이터'의 확인란을 체크하고 [데이터 변환]을 클릭한다.

④ [Power Query 편집기] 창에서 로드된 〈데이터〉 테이블의 [행정구역] 필드를 선택한다. null 값을 위쪽 데이터로 채우기 위해 [변환]-[열]그룹에서 [채우기]-[아래로]를 클릭한다.

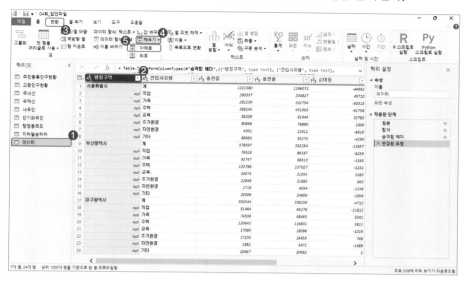

⑤ [전입사유별] 필드의 필터 단추(▼)를 클릭하고 목록에서 '계'의 체크를 해제하고 [확인]을 클릭한다.

⑥ 편집된 결과를 확인하고 테이블 이름은 '전입사유별'로 변경한다.

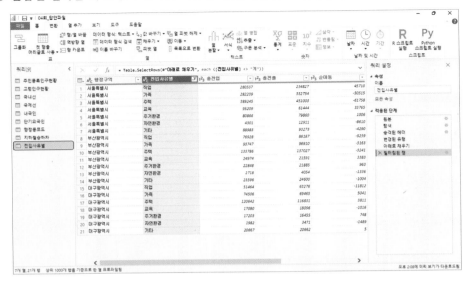

## 문제1- ❷

① 〈국내선〉 테이블의 [노선별] 필드를 선택한다. [열 추가]-[텍스트에서]그룹에서 [추출]-[범위]를 클릭한다.

② [텍스트 범위 추출] 대화상자에서 시작 인덱스에 '0', 문자 수에 '2'를 입력하고 [확인]을 클릭한다.

③ 추가된 필드 이름은 '지역별'로 변경한다.

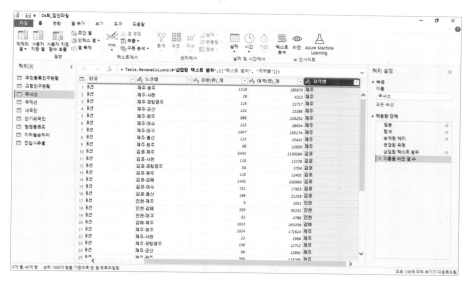

## 문제1-❸

① 〈국내선〉 테이블에서 [홈]-[결합]그룹에서 [쿼리 추가]-[쿼리를 새 항목으로 추가]를 클릭한다.

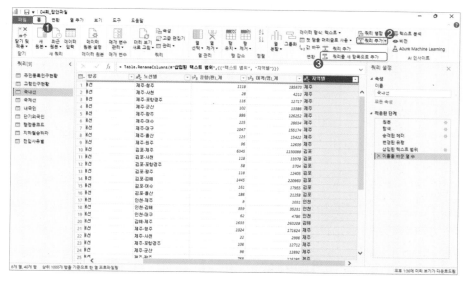

② [추가] 대화상자에서 '2개의 테이블' 옵션에서 첫 번째 테이블에 '국내선', 두 번째 테이블에 '국제선'을 선택하고 [확인]을 클릭한다.

③ 결합된 〈추가1〉 테이블에서 [변환]−[표]그룹에서 [그룹화]를 클릭한다.

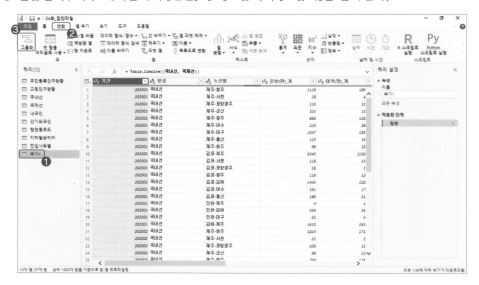

④ 〈그룹화〉 대화상자에서 '고급'을 클릭한다. 첫 번째 그룹화 기준은 '기간'으로 설정하고 [그룹화 추가]를 클릭하여 두 번째 그룹화 기준은 '항공'으로 설정한다. 첫 번째 요약 항목의 [새 열 이름]에 '운항(편)'을 입력하고 [연산]에 '합계', [열]에 '운항(편)_계'를 선택한다. [집계 추가]를 클릭하고 두 번째 요약 항목에 [새 열 이름]에 '여객(명)'을 입력한다. [연산]에 '합계', [열]에 '여객(명)_계'를 선택하고 [확인]을 클릭한다.

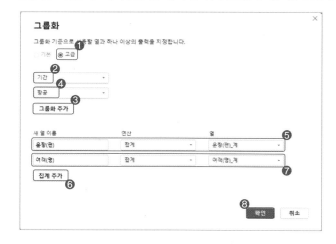

⑤ 그룹화된 테이블 이름을 '항공운항통계'로 변경한다.

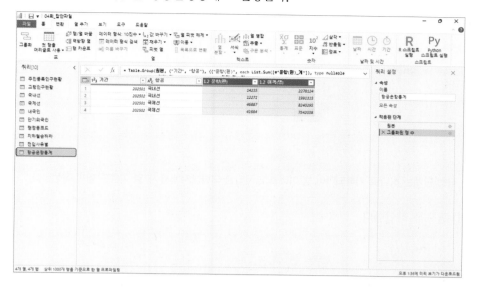

## 2. 데이터 편집, 데이터 모델링

### 문제2-❶

① [Power Query 편집기] 창에서 〈주민등록인구현황〉 테이블에서 [Ctrl]와 함께 [시도], [구군시] 필드를 순서대로 선택한다. [열 추가]-[텍스트에서]그룹에서 [열 병합]을 클릭한다.

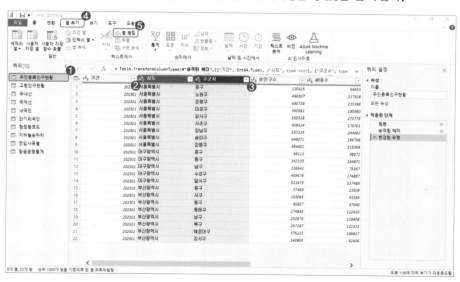

② [열 병합] 대화상자의 구분 기호에 '공백', 새 열 이름에 '행정구역'을 입력하고 [확인]을 클릭한다.

기적의 TIP

지시사항에 '모든 작업 단계는 하나로 기록되어야 함'이라고 명시되면 대화상자에서 새 열 이름도 함께 작성한다.

③ 추가된 [행정구역] 필드를 확인한다.

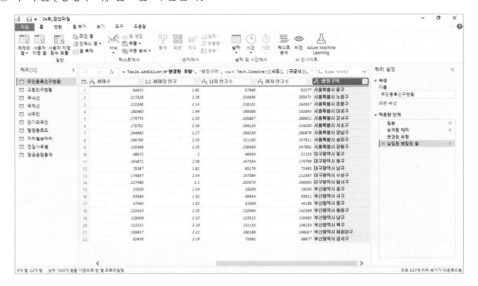

## 문제2- ❷

① 〈주민등록인구현황〉 테이블에서 [홈]-[결합]그룹에서 [쿼리 병합]-[쿼리병합]을 클릭한다.

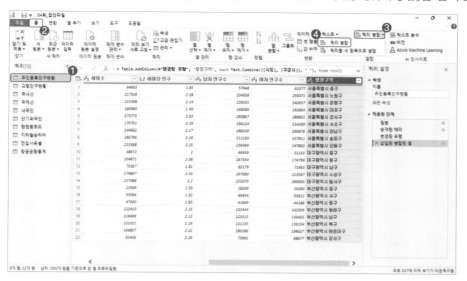

② [병합] 대화상자의 첫 번째 목록에서 Ctrl와 함께 [기간], [행정구역] 필드를 순서대로 선택한다. 두 번째 목록에 〈고령인구현황〉 테이블을 지정하고 Ctrl와 함께 [기간], [행정구역] 필드를 순서대로 선택한다. 조인 종류는 '왼쪽 외부'로 설정하고 [확인]을 클릭한다.

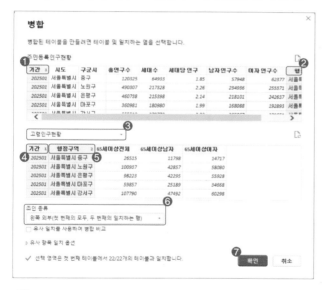

### 🅑 기적의 TIP

쿼리 병합에서 여러 개의 필드를 기준으로 일치하는 데이터를 찾아 병합할 때 Ctrl와 함께 필드를 순서대로 선택해야 한다.

③ [고령인구현황] 필드의 확장 단추(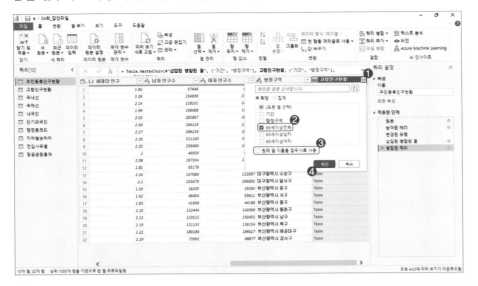)를 클릭한다. 목록에서 '65세이상전체' 값만 체크하고, '원래 열 이름을 접두사로 사용'의 체크를 해제하고 [확인]을 클릭한다.

**🅑 기적의 TIP**

병합 필드를 확장할 때 '원래 열 이름을 접두사로 사용'의 체크를 해제하면 병합하는 필드명을 동일하게 유지한다.

④ 병합된 결과를 확인하고 [홈]-[닫기]그룹에서 [닫기 및 적용]을 클릭한다.

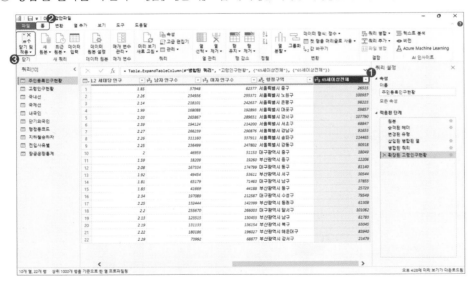

## 문제2 ❸

① 모델 보기(▦)에서 '인구' 레이아웃을 선택한다.

② [데이터] 창에서 〈주민등록인구현황〉 테이블과 〈고령인구현황〉 테이블을 드래그하여 레이아웃 창에 추가한다. 〈주민등록인구현황〉 테이블의 [행정구역] 필드를 〈고령인구현황〉 테이블의 [행정구역] 필드에 연결한다.

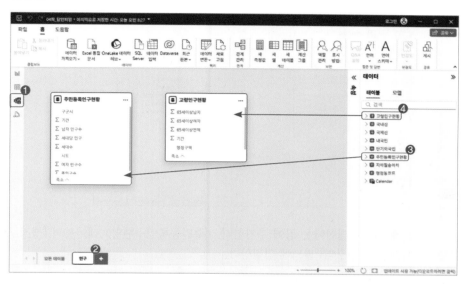

③ [새 관계] 대화상자에서 관계 설정된 필드(행정구역, 행정구역)와 카디널리티(일대일), 교차 필터 방향(모두), 관계 활성화의 체크 표시를 확인하고 [저장]을 클릭한다.

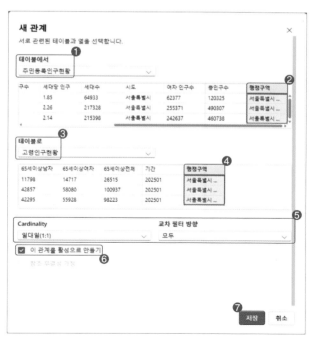

④ 두 테이블 사이에 관계선이 나타나고 카디널리티는 '일대일(1:1)', 교차 필터 방향은 '모두'로 관계 설정 된다.

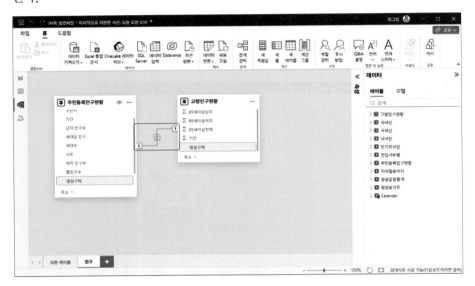

⑤ 〈전입사유별〉 테이블을 드래그하여 레이아웃 창에 추가한다. 〈주민등록인구현황〉 테이블의 [행정구역] 필드를 〈전입사유별〉 테이블의 [행정구역] 필드에 연결한다.

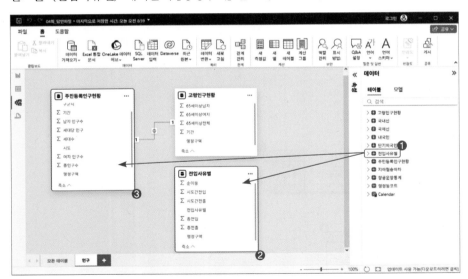

⑥ [새 관계] 대화상자에서 관계 설정된 필드(행정구역, 행정구역)와 카디널리티(일대다), 교차 필터 방향(Single), 관계 활성화의 체크 표시를 확인하고 [저장]을 클릭한다.

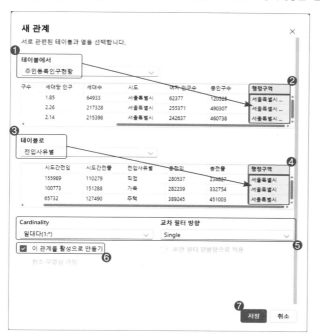

⑦ 두 테이블 사이에 관계선이 나타나고 카디널리티는 '일대다(1:*)', 교차 필터 방향은 '단일(Single)'로 관계 설정된다.

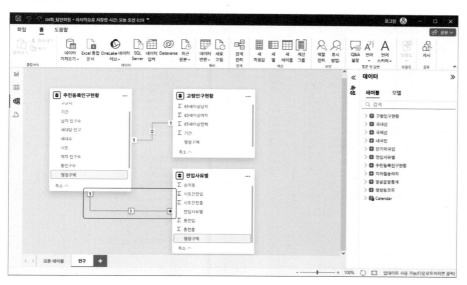

## 3. 테이블 관계 설정 및 측정값 추가

### 문제3-❶

① 테이블 보기(▦)에서 〈국제선〉 테이블을 선택한다. [테이블 도구]-[계산]그룹에서 [새 열]을 클릭한다.

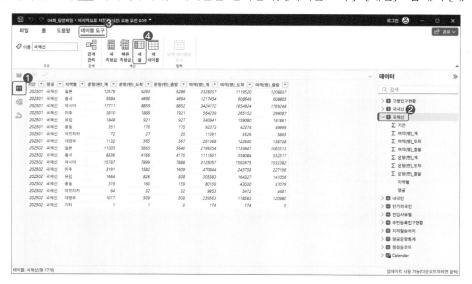

② 수식 입력줄에 다음 수식을 입력하고 [열 도구]-[서식]그룹에서 천 단위 구분기호(🔾), 소수 자릿수(🔾)를 '0'으로 설정한다.

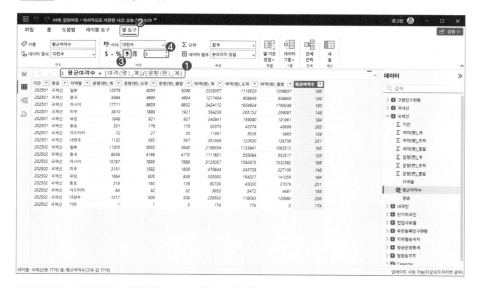

**평균여객수 = [여객(명)_계]/[운항(편)_계]**

💬 수식 설명

[여객(명)_계] 필드의 값을 [운항(편)_계] 필드 값으로 나눈다.

## 문제3- ❷

① 〈주민등록인구현황〉 테이블에서 [테이블 도구]-[계산]그룹의 [새 측정값]을 클릭한다.

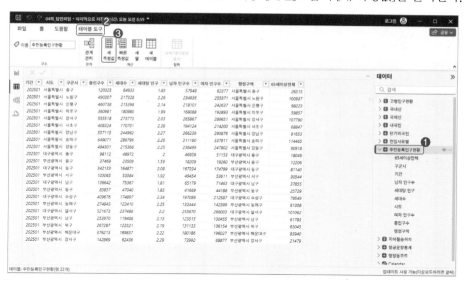

② 수식 입력줄에 다음 수식을 입력한다.

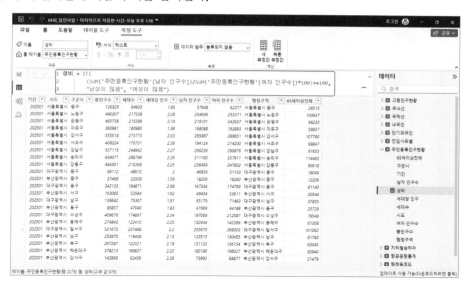

성비=IF((SUM('주민등록인구현황'[남자 인구수])/SUM('주민등록인구현황'[여자 인구수])*100))=100,
"남성이 많음", "여성이 많음")

💬 수식 설명

(1) SUM('주민등록인구현황'[남자 인구수]) : 〈주민등록인구현황〉 테이블의 [남자 인구 수] 필드의 합계를 반환
(2) SUM('주민등록인구현황'[여자 인구수]) : 〈주민등록인구현황〉 테이블의 [여자 인구 수] 필드의 합계를 반환
(3) (1)/(2)*100 : 남자 인구수의 합계를 여자 인구수의 합계로 나누기한 후 비율로 계산
(4) IF((3))=100, "남성이 많음", "여성이 많음") : (3)이 100 이상이면 "남성이 많음", 그렇지 않으면 "여성이 많음"을 반환

**문제3- ❸**

① 〈주민등록인구현황〉 테이블에서 [테이블 도구]-[계산]그룹의 [새 측정값]을 클릭한다.

② 수식입력줄에 다음 수식을 입력하고 [측정 도구]-[서식]그룹에서 천 단위 구분기호([ , ]), 소수 자릿수
([ 0 ])를 '0'으로 설정한다.

> **서울_송파구_인구 = CALCULATE(AVERAGE('주민등록인구현황'[총인구수]),'주민등록인구현황'[시도]
> ="서울특별시" && '주민등록인구현황'[구군시]="송파구")**

💬 **수식 설명**

- AVERAGE('주민등록인구현황'[총인구수]) : 〈주민등록인구현황〉 테이블의 [총인구수] 필드의 평균을 반환
- '주민등록인구현황'[시도]="서울특별시" && '주민등록인구현황'[구군시]="송파구" : 〈주민등록인구현황〉 테이블의
  [시도] 필드에서 '서울특별시'이고 [구군시] 필드에서 '송파구'인 값을 필터
- CALCULATE((1),(2)) : (2)의 조건으로 필터한 데이터를 대상으로 (1)의 값을 반환

## 문제 ❷ | 단순요소 구현

## 1. 보고서 레이아웃 설정

### 문제1- ❶

① 보고서 보기(📊)에서 '문제2' 페이지를 클릭한다.

② [보기]−[테마]그룹의 [테마]에서 '기본값'을 적용하고, 다시 [보기]−[테마]그룹의 [현재 테마 사용자 지정]
을 클릭한다.

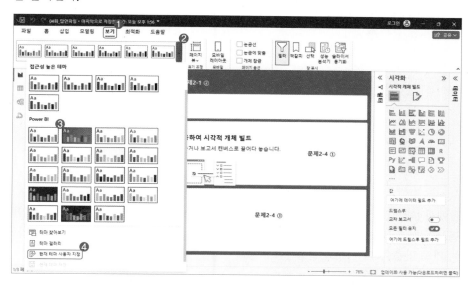

③ [테마 사용자 지정] 대화상자에서 [이름 및 색]−[이름 및 색]에서 테마 색의 색1은 '#166083', 색2는
'#E97132', 색3은 '#196B22', 색4는 '#0E9FD5'로 변경한다.

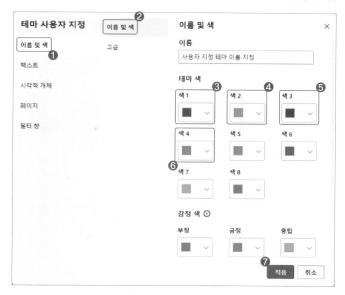

④ [텍스트]–[카드 및 KPI]에서 글꼴 패밀리를 'Segoe UI Bold', 글꼴 크기는 '18', 글꼴색은 '#166083'으로 변경하고 [적용]을 클릭한다.

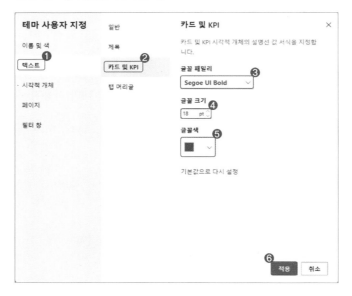

**문제1- ❷**

① [삽입]–[요소]그룹에서 [텍스트 상자]를 클릭하고 텍스트 상자에 '서울생활인구현황(202501)'을 입력한다. 텍스트 범위를 선택하고 [텍스트 상자 서식]에서 글꼴 종류 'Segoe UI', 크기 '20', '굵게', 글꼴색은 '흰색(#FFFFFF)', 가로 맞춤은 '가운데'로 설정한다.

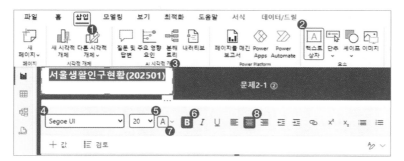

② [텍스트 상자 서식 지정] 창에서 [효과]–[배경]에서 색을 '#166083'으로 설정한다.

③ 텍스트 상자의 크기와 위치를 조정하여 '문제2-1 ②' 위치에 배치한다.

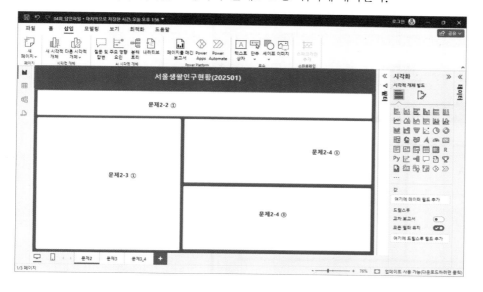

## 2. 카드 시각화

### 문제2- ❶

① [시각화] 창에서 '카드(▦)'를 클릭하고 [필드]에 〈내국인〉 테이블의 [최대_생활인구] 측정값을 추가한다.

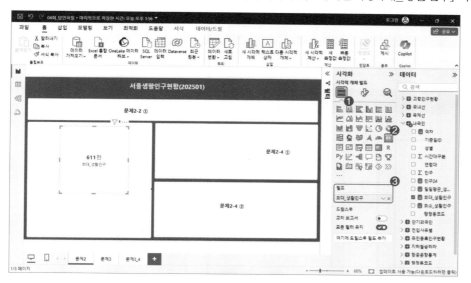

② 첫 번째 카드의 크기를 조정하고 복사([Ctrl]+[C]), 붙여넣기([Ctrl]+[V])한다. 두 번째 카드의 [필드] 영역의 값을 제거하고 〈내국인〉 테이블의 [최소_생활인구] 측정값을 추가한다.

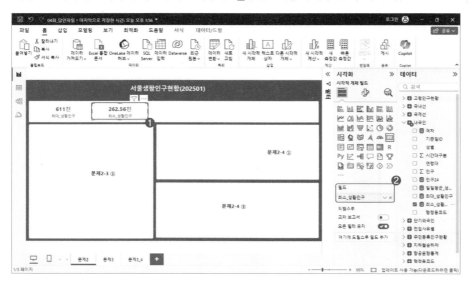

③ 동일한 방법으로 카드를 복사하여 세 번째 카드에 [격차] 측정값, 네 번째 카드에 [일일_생활인구] 측정값을 추가한다.

④ 모든 카드를 선택하고 [시각화] 창에서 [시각적 개체 서식 지정]을 클릭한다. [시각적 개체]−[설명 값]에서 표시 단위를 '없음'으로 설정한다.

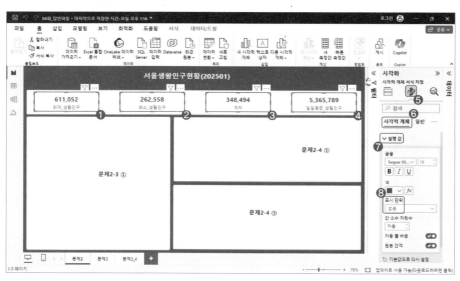

⑤ 일일평균_생활인구 카드를 선택하고 [시각적 개체 서식 지정]을 클릭한다. [시각적 개체]–[설명 값]에서
색을 '#A1343C'로 설정한다.

⑥ 모든 카드의 크기와 위치를 조정하여 '문제2-2 ①' 위치에 배치한다.

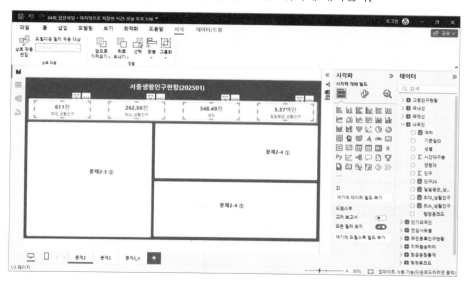

🅑 기적의 TIP

모든 카드를 선택하고 [서식]–[정렬]그룹에서 [맞춤]–[위쪽 맞춤], [가로 균등 맞춤]을 이용하여 개체를 정렬한다.

**문제2-❷**

① 일일평균_생활인구 카드를 선택하고 [필터] 창을 확장한다. [이 시각적 개체의 필터] 영역에서 '여기에 데이터 필드 추가'에 〈내국인〉 테이블의 [기준일ID] 필드를 추가한다. [필터 형식]이 '기본 필터링'에서 '2025-01-20'로 필터를 적용한다.

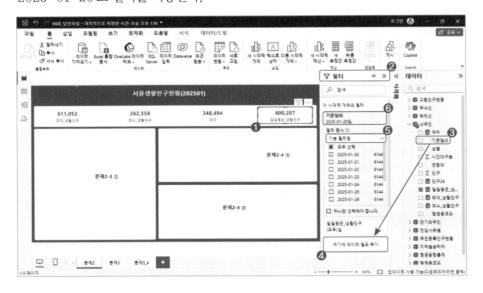

## 3. 누적 가로 막대형 차트

**문제3-❶**

① '문제2' 페이지에서 [시각화] 창의 '누적 가로 막대형 차트(▤)'를 클릭한다. [Y축]에 〈행정동코드〉 테이블의 [행정동명] 필드, [X축]에 〈내국인〉 테이블의 [인구24] 측정값을 추가한다.

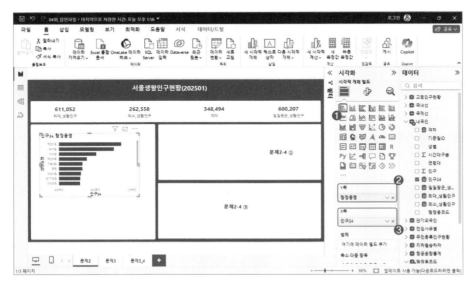

② 차트의 크기와 위치를 조정하여 '문제2-3 ①' 위치에 배치한다.

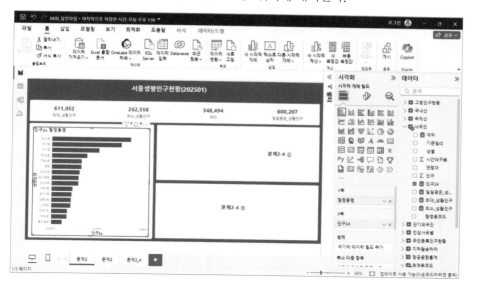

## 문제3- ❷

① 차트를 선택하고 [시각화] 창에서 [시각적 개체 서식 지정]을 클릭한다. [시각적 개체]-[Y축]에서 [값]의 글꼴 크기는 '11'로 설정하고 [제목]은 해제한다. [Y축]의 [레이아웃]에서 최소 범주 높이를 '25'로 설정한다.

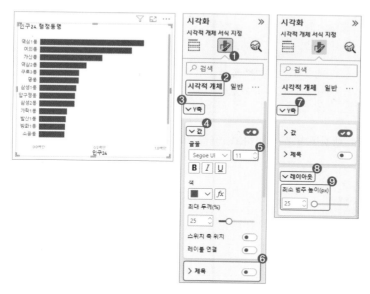

② [시각적 개체]–[X축]에서 [제목]은 해제한다. [시각적 개체]에서 [확대/축소 슬라이더]를 설정한다.

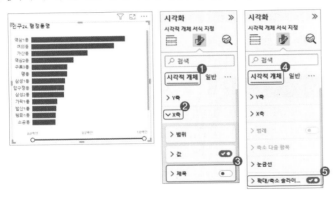

③ [시각적 개체]–[막대]에서 [설정 적용 대상]의 범주가 '모두'인 상태에서 [색]의 색을 '#A2BFCD'로 설정한다. 범주를 '역삼1동'으로 선택하고 [색]의 색을 '#166083'으로 설정한다. 범주를 '여의동'으로 변경하고 색을 '#166083'으로 설정, 범주를 '가산동'으로 변경하고 색을 '#166083'으로 설정한다.

④ [일반]–[제목]에서 [제목]의 텍스트에 '행정동별'을 입력하고, 글꼴 크기는 '15', '굵게', 가로 맞춤은 '가운데'로 설정한다.

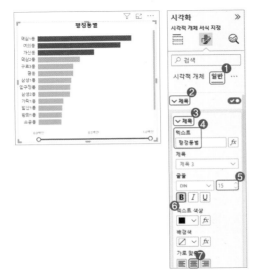

## 문제3- ❸

① '누적 가로 막대형 차트'를 선택하고 [필터] 창에서 [이 시각적 개체의 필터]의 [행정동명]의 필터 카드를 확장한다. 필터 형식을 '상위 N'으로 설정, 항목 표시 '위쪽', '7', 값에 〈내국인〉 테이블의 [인구24] 측정 값을 추가하고 [필터 적용]을 클릭한다.

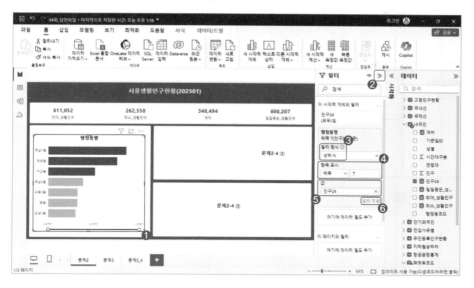

## 4. 꺾은선형 차트, 영역형 차트

## 문제4- ❶

① '문제2' 페이지에서 [시각화] 창의 '꺾은선형 차트(📈)'를 클릭한다. [X축]에 〈내국인〉 테이블의 [기준일 ID] 필드, [Y축]에 〈내국인〉 테이블의 [인구24] 측정값을 추가한다.

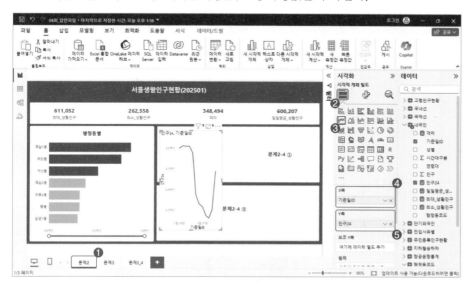

② 차트의 크기와 위치를 조정하여 '문제2-4 ①' 위치에 배치한다.

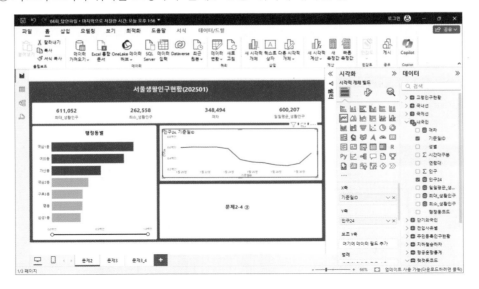

## 문제4-❷

① [시각화] 창에서 [시각적 개체 서식 지정]을 클릭한다. [시각적 개체]-[X축]에서 [값]의 글꼴 크기는 '11'로 설정하고 [제목]은 해제한다. [Y축]의 [제목]을 해제한다.

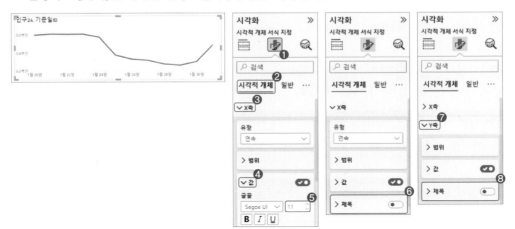

② [일반]-[제목]에서 [제목]의 텍스트에 '일자별'을 입력하고, 글꼴 크기는 '15', '굵게', 가로 맞춤은 '가운데'로 설정한다.

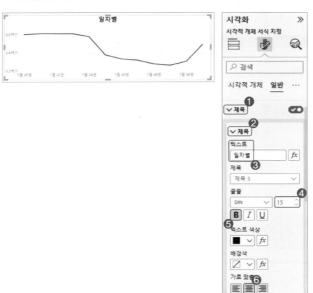

③ [시각화] 창에서 [시각적 개체에 추가 분석 추가]를 클릭한다. [Y축 상수 선]에서 [설정 적용 대상]의 선 추가를 클릭한다. [선]의 값에 '500000'을 입력, 색은 '빨강(#D64550)'으로 설정한다. [데이터 레이블]의 가로 위치는 '오른쪽', 스타일은 '모두', 색은 '빨강(#D64550)'으로 설정한다.

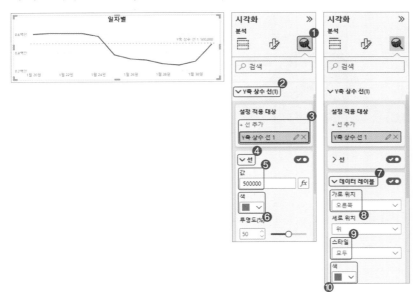

**문제4-❸**

① '문제2' 페이지에서 [시각화] 창의 '영역형 차트(▨)'를 클릭한다. [X축]에 〈내국인〉 테이블의 [시간대구분] 필드, [Y축]에 〈내국인〉 테이블의 [인구24] 측정값을 추가한다.

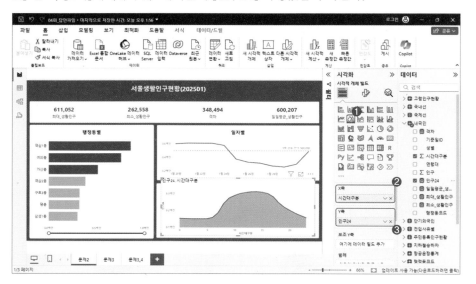

② X축을 시간대 순서로 정렬하기 위해 [시각화] 창에서 [시각적 개체 서식 지정]을 클릭한다. [시각적 개체]-[X축]에서 [유형]을 '범주별'로 설정한다. 차트의 추가 옵션에서 [축 정렬]-[시간대구분]을 선택하고 다시 [축 정렬]의 [오름차순 정렬]을 선택한다.

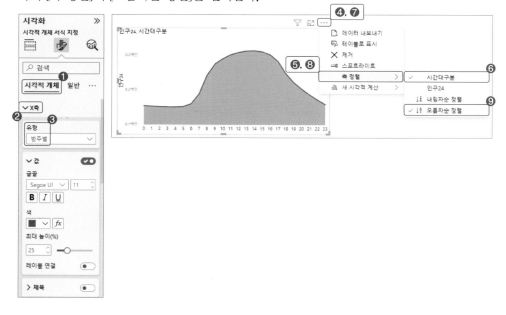

③ [시각화] 창에서 [시각적 개체 서식 지정]을 클릭한다. [시각적 개체]-[X축]에서 [값]의 글꼴 크기는 '11'
로 설정하고 [제목]은 해제한다. [Y축]의 [제목]은 해제한다.

④ [시각적 개체]-[영역 음영 처리]에서 [색]의 '선 색상 일치'를 해제하고 색을 '#F6C6AD'로 설정한다. [표
식]에서 [설정 적용 대상]의 '모든 범주 표시'를 설정한다.

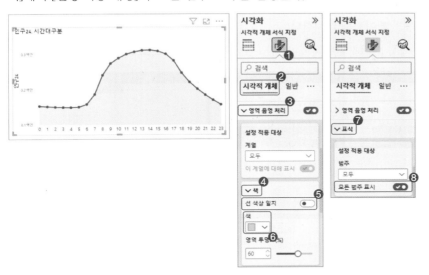

⑤ [일반]-[제목]에서 [제목]의 텍스트에 '시간대별'을 입력하고, 글꼴 크기는 '15', '굵게', 가로 맞춤은 '가운
데'로 설정한다.

⑥ 차트의 크기와 위치를 조정하여 '문제2-4 ③' 위치에 배치한다.

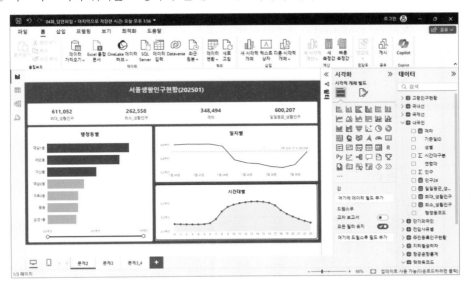

## 1. 매개 변수 활용

### 문제1-❶

① 보고서 보기(📊)에서 '문제3' 페이지를 클릭한다.

② [모델링]-[매개변수]그룹에서 [새 매개변수]-[필드]를 클릭한다.

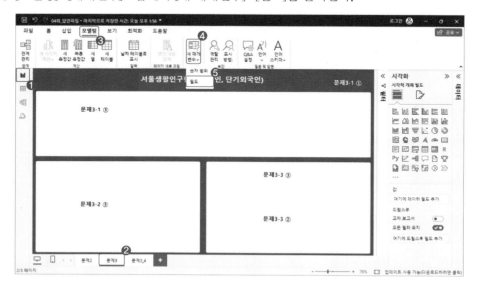

③ [매개 변수] 창에서 이름에 '생활인구구분'을 입력한다. 필드 목록에서 〈내국인〉 테이블의 [인구24] 측정값, 〈단기외국인〉 테이블의 [단기외국인24] 측정값을 체크하여 [필드 추가 및 순서 변경]에 추가한다. '이 페이지에 슬라이서 추가' 옵션이 선택된 상태에서 [만들기]를 클릭한다.

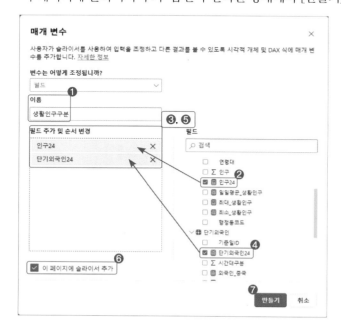

④ 생활인구구분 슬라이서와 테이블이 추가된다. 〈생활인구구분〉 테이블을 선택하고 수식입력줄에서 '인구
24' → '내국인', '단기외국인24' → '단기외국인'으로 변경한다.

```
1 생활인구구분 ①
2   "내국인", ②NAMEOF('내국인'[인구24]), 0),
3   "단기외국인", NAMEOF('단기외국인'[단기외국인24]), 1)
4 }
```

⑤ 슬라이서 크기를 조정하고 '문제3-1 ①' 위치에 배치한다.

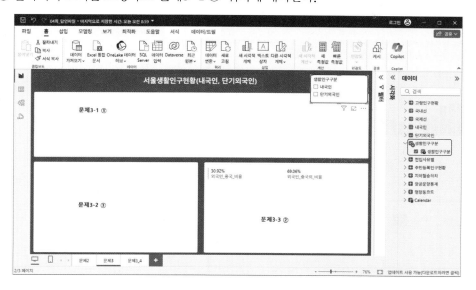

## 문제1- ❷

① [생활인구구분] 슬라이서를 선택하고 [시각화] 창의 [시각적 개체 서식 지정]을 클릭한다. [시각적 개
체]–[슬라이서 설정]에서 [옵션]의 스타일을 '드롭다운', [선택]의 '단일 선택'을 설정한다. 슬라이서 머리
글은 설정을 해제한다. 슬라이서 목록에서 '내국인' 값을 선택한다.

**문제1-❸**

① '문제3' 페이지에서 [시각화] 창의 '묶은 세로 막대형 차트(📊)'를 클릭한다. [X축]에 〈Calendar〉 테이블의 [Date] 필드, [Y축]에 〈생활인구구분〉 테이블의 [생활인구구분] 필드를 추가한다. X축의 Date에서 아래 화살표(∨) 클릭하여 'Date'를 선택한다.

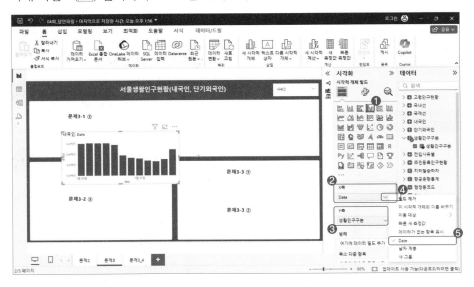

**기적의 TIP**

X축에 날짜 필드를 추가하면 '날짜 계층'으로 기본 설정되어 계층 구조 형식으로 제공되는데, 'Date'로 변경하면 계층 구조를 해제하여 값을 나열해서 사용할 수 있다.

② 차트의 크기와 위치를 조정하여 '문제3-1 ③' 위치에 배치한다.

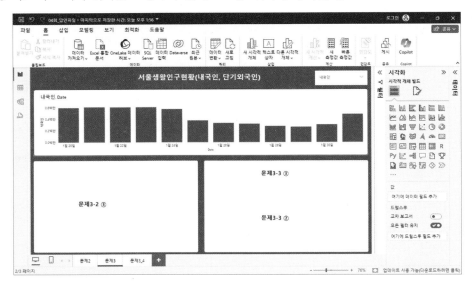

## 2. 테이블 시각화

### 문제2- ❶

① '문제3' 페이지에서 [데이터] 창의 〈내국인〉 테이블을 선택하고 [테이블 도구]-[계산]그룹에서 [새 측정값]을 클릭한다.

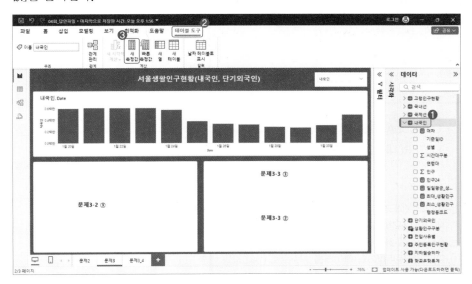

② 수식 입력줄에 다음 수식을 입력하고 [측정 도구]-[서식]그룹에서 천 단위 구분기호(🟦), 소수 자릿수(🟦)를 '0'으로 설정한다.

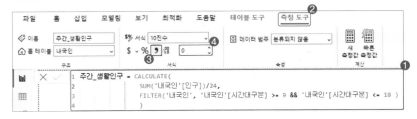

주간_생활인구 = CALCULATE(SUM('내국인'[인구])/24,
FILTER('내국인', '내국인'[시간대구분] >= 9 && '내국인'[시간대구분] <= 18))

---

💬 **수식 설명**

- SUM('내국인'[인구])/24 : 〈내국인〉 테이블의 [인구] 필드의 합계를 24시간으로 나눈 값을 반환
- FILTER('내국인', '내국인'[시간대구분] >= 9 && '내국인'[시간대구분] <= 18) : 〈내국인〉 테이블의 [시간대구분] 필드에서 9시 이상 18시 이하에 해당되는 데이터를 필터
- CALCULATE((1),(2)) : 필터링된 (2)의 데이터를 기준으로 (1)의 값을 반환

### 문제2-❷

① [테이블 도구]-[계산]그룹에서 [새 측정값]을 클릭한다.

② 수식입력줄에 다음 수식을 입력하고 [측정 도구]-[서식]그룹에서 천 단위 구분기호( , ), 소수 자릿수( 0 )를 '0'으로 설정한다.

야간_생활인구 = CALCULATE(SUM('내국인'[인구])/24,
　　　　　　　　　FILTER('내국인', '내국인'[시간대구분] ⟨= 8 ‖ '내국인'[시간대구분] ⟩= 19))

> 💬 **수식 설명**
>
> - SUM('내국인'[인구])/24 : 〈내국인〉 테이블의 [인구] 필드의 합계를 24시간으로 나눈 값을 반환
> - FILTER('내국인', '내국인'[시간대구분] ⟨= 8 ‖ '내국인'[시간대구분] ⟩= 19) : 〈내국인〉 테이블의 [시간대구분] 필드에서 8시이하 또는 19시이상에 해당되는 데이터를 필터
> - CALCULATE((1),(2)) : 필터링된 (2)의 데이터를 기준으로 (1)의 값을 반환

### 문제2-❸

① '문제3' 페이지에서 [시각화] 창의 '테이블(▦)'을 클릭한다. [열]에 〈내국인〉 테이블의 [기준일ID] 필드, [일일평균_생활인구], [주간_생활인구], [야간_생활인구] 측정값을 추가한다.

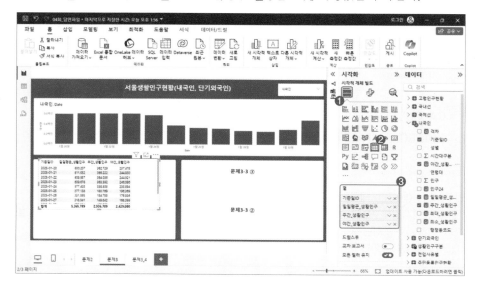

② [시각화] 창의 [시각적 개체 서식 지정]을 클릭하고 [시각적 개체]-[눈금]에서 [옵션]의 전역 글꼴 크기를 '12'로 설정한다. [시각적 개체]-[합계]에서 값의 설정을 해제한다.

③ [시각적 개체]-[셀 요소]에서 [설정 적용 대상]의 계열을 '주간_생활인구'로 변경하고 '배경색'을 설정한다. 다시 계열을 '야간_생활인구'로 변경하고 '배경색'을 설정한다.

④ 테이블의 크기와 위치를 조정하여 '문제3-2 ③' 위치에 배치한다.

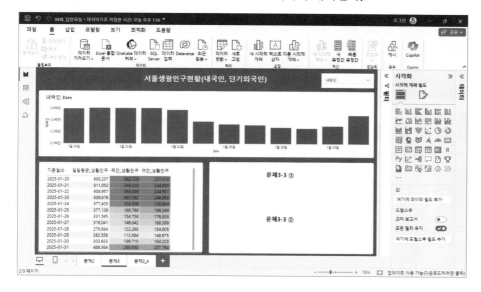

## 3. 측정값, 트리맵, 여러 행 카드 시각화

**문제3-❶**

① 테이블 보기(▦)에서 [테이블 도구]-[계산 그룹]에서 [새 테이블]을 클릭하고 다음 수식을 입력한다.

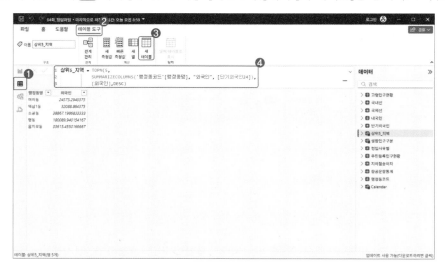

**상위5_지역 = TOPN(5, SUMMARIZECOLUMNS('행정동코드'[행정동명], "외국인", [단기외국인24]), [외국인], DESC)**

---

### 🗨 수식 설명

- SUMMARIZECOLUMNS('행정동코드'[행정동명], "외국인", [단기외국인24]) : 〈행정동코드〉 테이블의 [행정동명]으로 그룹화해서 [행정동명], [외국인] 필드를 포함한 테이블을 반환
- TOPN(5, (1), [외국인], DESC) : (1) 테이블에서 [외국인] 필드로 내림차순 정렬하고 5개 데이터를 반환

---

**문제3-❷**

① 보고서 보기(📊)에서 '문제3' 페이지를 클릭한다. [시각화] 창의 '트리맵(Treemap)(▦)'을 클릭한다. [범주]에 〈상위5_지역〉 테이블의 [행정동명] 필드, [값]에 [외국인] 필드를 추가한다. 트리맵의 크기와 위치를 조정하여 '문제3-3 ②' 위치에 배치한다.

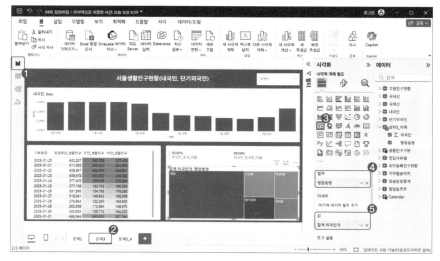

**문제3-❸**

① 〈단기외국인〉 테이블을 선택하고 [테이블 도구]-[계산]그룹에서 [새 측정값]을 클릭한다.

② 수식 입력줄에 다음 수식을 입력하고 [측정 도구]-[서식]그룹에서 백분율(%)을 클릭한다.

**외국인_중국_비율 = [외국인_중국]/[단기외국인24]**

③ [테이블 도구]-[계산]그룹에서 [새 측정값]을 클릭한다. 수식 입력줄에 다음 수식을 입력하고 [측정 도구]-[서식]그룹에서 백분율(%)을 클릭한다.

**외국인_중국외_비율 = [외국인_중국외]/[단기외국인24]**

④ '문제3' 페이지에서 [시각화] 창의 '여러 행 카드(▤)'를 클릭한다. [필드]에 〈단기외국인〉 테이블의 [외국인_중국_비율], [외국인_중국외_비율] 측정값을 추가하고 여러 행 카드의 크기와 위치를 조정하여 '문제3-3 ③' 위치에 배치한다.

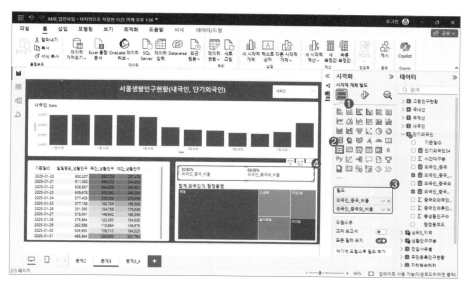

## 4. 상호 작용 편집

### 문제4- ❶

① '문제3_4' 페이지에서 깔때기형 차트(노선명)를 선택하고 [서식]–[상호 작용]그룹에서 [상호 작용 편집]을 클릭한다. '누적가로막대형 차트(역명)'의 상호 작용을 필터(📊)로 적용한다.

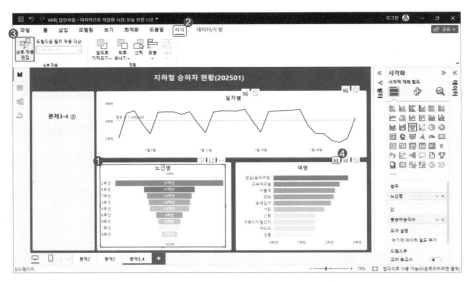

② 누적 가로 막대형 차트를 선택하고 '깔때기형 차트(노선명)'의 상호 작용은 필터(📊)로 적용한다. [서식]–[정렬]그룹에서 [상호 작용 편집]을 클릭하여 상호 작용 편집을 완료한다.

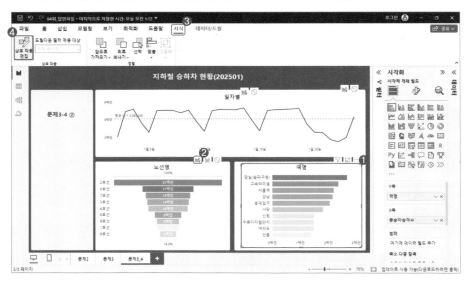

**문제4-❷**

① [삽입]-[요소]그룹에서 [단추]-[탐색기]-[페이지 탐색기]를 클릭한다.

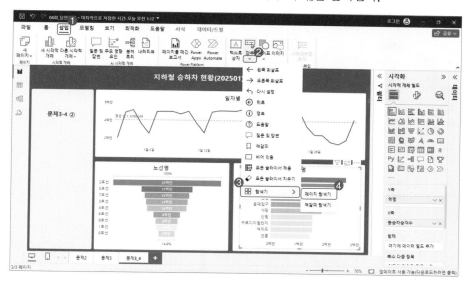

② [서식 탐색기] 창의 [시각적 개체]-[도형]에서 도형을 '모서리가 둥근 직사각형', 둥근 모서리는 '15'로 설정한다. [스타일]의 [설정 적용 대상]의 상태가 '기본값'에서 텍스트의 글꼴 크기는 '12'로 설정한다. [스타일]의 [설정 적용 대상]의 상태를 '가리키기'로 변경하고 [채우기]의 색을 '#A2BFCD'로 설정한다.

③ [시각적 개체]-[페이지]의 표시에서 '문제3_4'의 설정을 해제한다. [그리드 레이아웃]에서 방향을 '세로'로 변경한다.

④ 페이지 탐색기의 크기와 위치를 조정하고 '문제3-4 ②' 위치에 배치한다.

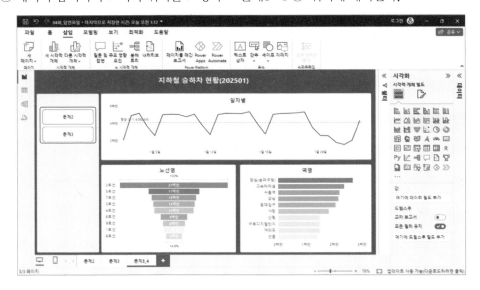

**문제4-❸**

① '문제3_4' 페이지에서 [필터] 창을 확장한다.

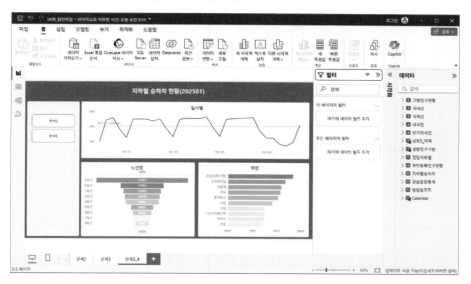

② [이 페이지 필터]의 '여기에 데이터 필드 추가'에 〈지하철 승하차〉 테이블의 [사용일자] 필드를 추가한다. 필터 형식은 '고급 필터링'으로 변경하고 다음 값일 경우 항목 표시는 '다음 기간 이후'로 설정, '2025-01-20'을 입력하고 [필터 적용]을 클릭한다.

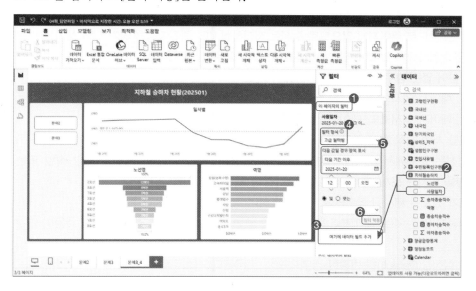

# 기출 유형 문제 (05회)

| 프로그램명 | 제한시간 |
|---|---|
| 파워BI 데스크톱 | 70분 |

수험번호 : _____

성    명 : _____

| 단일 | 경영정보시각화 실무 |
|---|---|

## 〈 유 의 사 항 〉

- 시험응시방법 안내에 따라 시험에 응시하여야 하며, 이를 소홀히 하여 발생한 불이익과 책임은 수험자 본인에게 있습니다.
- 답안 파일 위치 : C:₩PB₩답안
- 문제 데이터 파일 위치 : [문제1] C:₩PB₩문제1_데이터 / [문제2,3] C:₩PB₩문제2,3_데이터
- 작성된 답안은 다음과 같이 저장해야 합니다. 그렇지 않으면 [실격 처리]됩니다.
  – 주어진 경로 및 파일명을 변경하지 말고 그대로 저장
- 답안 저장 시간은 별도로 주어지지 않으므로 수시로 저장하십시오. 중간저장을 하지 않아 생기는 피해에 대한 책임은 수험자에게 있으며, 답안이 저장되지 않을 경우 [실격 처리]됩니다.
- 별도의 지시사항이 없는 경우, 다음과 같이 처리할 때 [실격 처리]됩니다.
  – 제시된 파일, 페이지/대시보드, 데이터 원본의 이름 및 차원/측정값 속성을 임의로 변경한 경우
  – 제시된 파일, 페이지/대시보드, 데이터 원본을 임의로 삭제, 추가, 변경한 경우
  – 문제 데이터를 시험 시작 전에 열어보는 경우
- 반드시 답안작성은 문제에서 지시한 위치에 작업하여야 하며 다음과 같이 처리 시 해당 작업 또는 그 작업에 영향을 미치는 문제, 개체, 페이지 등은 [감점 및 오답처리]됩니다.
  – 제시된 함수가 있으면 제시된 함수만을 사용해야 하며 그 외 함수를 사용해 풀이한 경우
  – 임의로 지시하지 않은 차트, 매개변수 등을 이동, 수정(변경), 삭제 등으로 인해 위치 및 내용이 변경된 경우
  – 임의로 기본 설정값(Default)을 변경한 경우
  – 숫자데이터를 임의로 문자화하여 처리한 경우
  – 개체가 해당 영역을 벗어난 경우
  – 개체가 너무 작아 해당 정보 확인이 눈으로 어려운 경우

대 한 상 공 회 의 소

## 데이터 및 문제 안내

1. 최종 제출해야 할 답안파일은 1개입니다. 문제1, 문제2, 문제3의 답을 하나의 답안파일(.pbix)로 제출하십시오.

2. 문제1, 문제2, 문제3은 각각 독립적으로 구성되어 있어 앞 문제를 풀지 않아도 다음 문제 풀이가 가능합니다.

3. 문제2와 문제3 풀이를 위해 필요한 일부 측정값, 필터가 답안파일에 미리 적용되어 있을 수 있습니다. 지시사항에 제시되지 않은 것은 변경하지 마십시오.

4. 하위문제(❶, ❷, ❸)별로 점수가 부여되며, 하위문제의 지시사항(▶ 또는 – 표시)을 이행하지 않을 경우 점수가 부여되지 않습니다.

5. 이 시험을 위한 데이터 파일은 문제1을 위한 데이터와 문제2의 데이터가 구분됩니다.

　가. 문제1 풀이에는 '국가별평균연봉.xlsx' 파일과 답안파일(.pbix)의 '근로소득_교육_연차.xlsx' 파일의 〈2024근로소득실수령액〉, 〈1월교육과정〉, 〈교육신청자〉, 〈연차〉, 〈휴가신청내역〉 테이블을 사용하십시오.

| 파일명 | 국가별평균연봉.xlsx, 국가별GDP.txt | | | | |
|---|---|---|---|---|---|
| 테이블 | 구조 | | | | |
| 국가별연평균임금(USD) | 국가 | 2000 | 2010 | 2020 | 2023 |
| | 룩셈부르크 | 71,300 | 78,849 | 82,893 | 89,767 |
| 국가별GDP | 국가 | | 1인당GDP | | 년도 |
| | 2023-02-01 0:00 | | 데이터분석실 | | 부장 |

| 파일명 | 근로소득_교육_연차.xlsx | | | | | | |
|---|---|---|---|---|---|---|---|
| 테이블 | 구조 | | | | | | |
| 2024 근로소득 실수령액 | 연봉 | 월급(세전) | 국민연금 | 건강보험 | 장기요양 | 고용보험 | 소득세 | 지방소득세 |
| | 20,000,000 | 1,666,667 | 75,000 | 59,083 | 7,651 | 15,000 | 12,220 | 1,222 |
| 1월교육 과정 | 과정코드 | 교육과정명 | 시작일 | 종료일 | 시작시간 | 종료시간 |
| | ExcelBasic-01 | Excel 기본 | 2025-01-06 | 2025-01-06 | 9:00 | 17:00 |
| 교육 신청자 | ID | 신청자 | 신청일 | 과정명 |
| | 1 | 김하영 | 2025-01-06 | Excel 기본 |
| 연차 | 기준년도 | 기준일 | 사번 | 성명 | 입사일 | 근속년수 | 근속개월수 | KEY |
| | 2024 | 2024-12-31 | 3001 | 김소미 | 2010-05-06 | 14 | 175 | 202430001 |
| 휴가신청 내역 | 기준년도 | 사번 | 성명 | 휴가신청일 | 신청일수 | KEY |
| | 2024 | 30001 | 김소미 | 2024-02-08 | 1 | 202430001 |

※ 출처 : 국가별연평균임금, 국가별GDP 위키피디아

나. 문제2와 문제3의 풀이에는 '급여지급내역.xlsx' 파일을 사용하십시오.

| 파일명 | 급여지급내역.xlsx | | | |
|---|---|---|---|---|
| 테이블 | 구조 | | | |

| T사원목록 | 사번 | 사원명 | 부서명 | 직책 |
|---|---|---|---|---|
| | 30001 | 김소미 | 경영관리팀 | 부장 |

| T급여내역 | 기준일 | 사번 | KEY | 사원명 | 입사일자 | 부서 | 직책 | 연봉 | 기본급 | 기타수당 | 공제금액 | 총지급액 | 실수령액 |
|---|---|---|---|---|---|---|---|---|---|---|---|---|---|
| | 2024-01-01 | 30001 | 202401 30001 | 김소미 | 2010-05-06 | 경영관리팀 | 부장 | 60,000,000 | 5,000,000 | 472,000 | 828,174 | 5,472,000 | 4,643,826 |

| T인센티브 | 기준일 | 사번 | KEY | 사원명 | 입사일자 | 부서 | 직책 |
|---|---|---|---|---|---|---|---|
| | 2024-01-01 | 30001 | 20240130001 | 김소미 | 2010-05-06 | 경영관리팀 | 부장 |

| T직책 | ID | | 직책 | |
|---|---|---|---|---|
| | 1 | | 부장 | |

**주어진 파일에서 다음 과정을 수행하고 저장하시오.**

1. 답안파일을 열고 다음 지시사항에 따라 데이터 가져오기 및 파워 쿼리 편집기에서 데이터 편집을 수행하시오. (10점)

❶ 다음 조건으로 데이터를 가져와 편집하시오. (4점)

▶ 활용 데이터 : '국가별평균연봉.xlsx' 파일의 '국가별연평균임금(USD)' 테이블

– 테이블 이름 : 국가별연평균임금(USD)

– '첫 행을 머리글로 사용'을 활용하여 1행을 열 머리글로 변경

– '1부터'를 활용하여 인덱스 번호를 추가하고 필드 이름은 'NO'로 변경

▶ 활용 데이터 : '국가별GDP.txt' 파일

– 구분 기호 : 세미콜론(;)

– 테이블 이름 : 국가별GDP

– 〈국가별GDP〉 테이블은 로드 사용 해제

❷ 〈국가별연평균임금(USD)〉 테이블에서 다음 조건으로 새 열을 추가하시오. (3점)

▶ [2023] 필드에 환율 1,450원을 적용

– 필드 이름 : 2023(KRW)

– 계산 식 : 2023년도 임금 * 1450

– 데이터 형식 : 정수

❸ 다음 조건으로 〈국가별연평균임금(USD)〉 테이블에 〈국가별GDP〉 테이블을 병합하시오. (3점)

  ▶ '쿼리 병합'을 활용하여 필드 병합

  ▶ 두 테이블의 [국가] 필드로 병합

  ▶ 조인 종류 : 왼쪽 외부

## 2. 다음 지시사항에 따라 데이터를 편집하고 모델링하시오. (10점)

❶ 파워 쿼리 편집기의 〈2024근로소득실수령액〉 테이블에서 다음 조건으로 새 열을 추가하시오. (3점)

  ▶ [국민연금], [건강보험], [장기요양], [고용보험], [소득세], [지방소득세]의 합계 추가

    – '합계' 활용

    – 필드 이름 : 공제합계

  ▶ [월급(세전)]과 [공제합계]의 차이 추가

    – '빼기' 활용

    – 필드 이름 : 실수령액

❷ 파워 쿼리 편집기의 〈1월교육과정〉 테이블에서 다음 조건으로 데이터를 편집하시오. (4점)

  ▶ [과정코드], [시작일] 필드 기준으로 중복된 항목 제거

  ▶ [과정코드] 필드의 영문을 모두 대문자로 변환

  ▶ [시작일], [종료일] 필드를 이용해 새 열 추가

    – '일 수 빼기' 활용

    – 계산식 : 종료일–시작일+1

    – 필드 이름 : 교육일수

  ▶ [시작시간], [종료시간] 필드를 이용해 새 열 추가

    – '빼기'를 활용하고 '총 시간'으로 적용

    – 계산식 : 종료시간–시작시간

    – 필드 이름 : 교육시간

  ▶ [교육시간] 필드에서 1시간 빼기

    – '빼기' 활용

    – 계산식 : 교육시간–1

  ▶ [교육일수], [교육시간] 필드 이용하여 총교육시간 필드 추가

    – '사용자 지정 열' 활용

    – 계산식 : 교육일수 * 교육시간

    – 필드 이름 : 총교육시간

    – 데이터 형식 : 정수

❸ 다음 조건으로 [KEY] 필드를 추가하고 테이블 간의 관계를 설정하시오. (3점)
- ▶ 〈1월교육현황〉 테이블에 [KEY] 필드 추가
  - – 사용 필드 : 시작일, 교육과정명
  - – 함수 활용 : FORMAT 함수, & 연산자는 FORMAT함수와 구분하여 사용
  - – 결과 : 20250106:Excel 기본
- ▶ 〈교육신청자〉 테이블에 [KEY] 필드 추가
  - – 사용 필드 : 신청일, 과정명
  - – 함수 활용 : FORMAT 함수, & 연산자는 FORMAT함수와 구분하여 사용
  - – 결과 : 20250106:Excel 기본
- ▶ 모델 보기의 '교육'에서 관계 설정
- ▶ 〈1월교육현황〉 테이블의 [KEY] 필드, 〈 교육신청자 〉 테이블의 [KEY] 필드
  - – 카디널리티 : 일대다(1:*)
  - – 교차 필터 방향 : 단일(Single)

## 3. 다음 지시사항에 따라 계산식을 추가하시오. (10점)
❶ 〈연차〉 테이블에 연차일수를 반환하는 계산 열을 추가하시오. (4점)
- ▶ 필드 이름 : 연차일수
- ▶ 활용 필드 : 〈연차〉 테이블의 [근속년수], [근속개월수] 필드
- ▶ 계산 : 근속년수가 8년 이상이면 20, 근속년수가 4년 이상이면 16, 근속년수가 1년 이상이면 15를 반환하고 1년 미만이면 근속개월수 반환
- ▶ 사용 함수 : IF
❷ 〈휴가신청내역〉 테이블에 〈연차〉 테이블의 [연차일수] 정보를 추가하시오. (3점)
- ▶ 필드 이름 : 연차일수
- ▶ 사용 함수 : RELATED
❸ 〈휴가신청내역〉 테이블에 잔여연차를 반환하는 측정값을 추가하시오. (3점)
- ▶ 측정값 이름 : 잔여연차
- ▶ 활용 필드 : 〈휴가신청내역〉 테이블의 [연차일수], [신청일수] 필드
- ▶ 사원별 연차일수에서 신청일수 차감
- ▶ 사용 함수 : AVERAGE, SUM

## 문제 ❷  단순요소 구현          30점

**│ 시각화 완성화면 │**  각 세부문제 풀이 후 '문제2' 페이지에 아래와 같이 개체를 배치하시오.

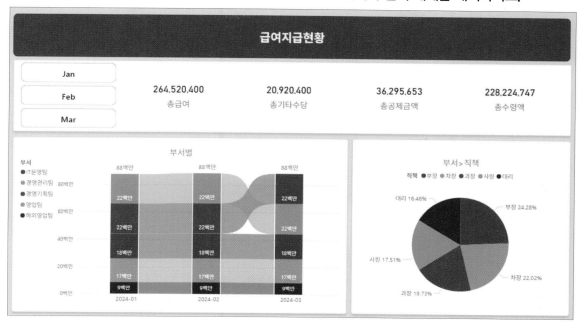

계산식 작성에 사용되는 문자열은 쌍따옴표( " " )를 사용하여 작성하시오.

### 1. '문제2', '문제3', '문제3_4' 페이지의 전체 서식을 설정하시오. (5점)

❶ 보고서 전체에 테마를 설정하시오. (2점)

▶ 보고서 테마 : 접근성 높은 난초

❷ '문제2' 페이지에 도형을 사용하여 보고서 제목을 작성하시오. (3점)

▶ 도형 : 모서리가 둥근 직사각형, 둥근 모서리는 '15'

▶ 텍스트 : 급여지급현황

▶ 텍스트 서식 : 글꼴은 'Segoe UI', 크기는 '20', '굵게', 글꼴 색은 '흰색(#FFFFFF)', 가로 맞춤은 '가운데'

▶ 텍스트 상자를 '문제2-1 ②' 위치에 배치

## 2. 다음 지시사항에 따라 카드를 구현하시오. (5점)

❶ 급여지급현황을 나타내는 '카드(신규)'를 구현하시오. (2점)

- ▶ 활용 필드
    - 〈T급여내역〉 테이블의 [총급여], [총기타수당], [총공제금액], [총수령액] 측정값
- ▶ 서식
    - 레이아웃 스타일은 '카드', 표시된 최대 카드 수는 '4'
    - 설명 값의 글꼴 크기는 '18', 가로 맞춤은 '가운데'
    - 레이블의 글꼴 크기는 '14', 레이블 위치는 '아래 값'
    - 설명 값의 표시 단위는 '없음'
    - 카드 테두리 해제
- ▶ 카드를 '문제2-2 ①' 위치에 순서대로 배치

❷ 월 슬라이서를 나타내는 '타일 슬라이서'를 구현하시오. (3점)

- ▶ 사용 필드 : 〈Calendar〉 테이블의 [월(영문)] 필드
- ▶ 서식
    - 도형은 '모서리가 둥근 직사각형', 둥근 모서리는 '10' 설정
    - 표시된 최대 행 수는 '3', 표시된 열은 '1'
    - 값의 글꼴 'Segoe UI Semibold', 크기 '14', 가로 맞춤은 '가운데'
    - 선택한 단추의 채우기 색은 '#B6B0FF'
    - 제목 해제
- ▶ 월 순서는 'Jan, Feb, Mar, Apr, May, Jun, Jul, Aug, Sep, Oct, Nov, Dec' 순으로 표시
- ▶ 슬라이서를 '문제2-2 ②' 위치에 배치

## 3. 다음 지시사항에 따라 리본 차트를 구현하시오. (10점)

❶ 연월 기준으로 급여 지급액을 나타내는 '리본 차트'를 구현하시오. (3점)

- ▶ 활용 필드
    - 〈Calendar〉 테이블의 [연월] 필드
    - 〈T급여내역〉 테이블의 [부서] 필드, [총급여] 측정값
- ▶ X축의 연월 기준으로 오름차순 정렬
- ▶ 차트를 '문제2-3 ①' 위치에 배치

❷ 다음 조건으로 차트 서식을 변경하시오. (4점)

▶ X축 : 값의 글꼴 크기는 '10', 제목 해제

▶ Y축 : 제목 해제

▶ 범례 : 위치는 '왼쪽 상단에 누적됨'

▶ 눈금선 : 가로 선 스타일은 '점선', 너비는 '2'

▶ 리본 : 리본의 투명도는 '50', 리본과 열 사이의 간격은 '2'

▶ 데이터 레이블을 표시하고 축에 가깝게 표시

▶ 합계 레이블 표시하고 값의 글꼴 크기는 '10', 배경 색은 '흰색, 10% 더 어둡게', 투명도는 '0'

▶ 제목 : 텍스트는 '부서별' 입력, 글꼴은 'Segoe UI Bold', 크기는 '14', 텍스트 색상은 '#808080', 가로 맞춤은 '가운데'

❸ 현재 페이지에 연도가 '2024' 값으로 필터 되도록 기본 필터링을 적용하시오. (3점)

▶ 사용 필드 : 〈Calendar〉 테이블의 [연도] 필드

## 4. 다음 지시사항에 따라 원형 차트를 구현하시오. (10점)

❶ 부서, 직책을 기준으로 총급여 지급액을 '원형 차트'를 구현하시오. (3점)

▶ 활용 필드

– 〈T급여내역〉 테이블의 [부서], [직책] 필드, [총급여] 측정값

▶ 부서, 직책 순으로 데이터를 탐색하도록 계층 구조로 표현

▶ 차트를 '문제2–4 ①' 위치에 배치

❷ 다음 조건으로 차트 서식을 변경하시오. (4점)

▶ 범례 : 위쪽 가운데

▶ 레이블은 '바깥쪽 우선', 레이블 내용은 '범주, 총 퍼센트'로 표시, 값의 글꼴 크기는 '10'

▶ 제목 : 텍스트는 '부서〉직책' 입력, 글꼴 'Segoe UI Bold', 크기는 '14', 텍스트 색상은 '#808080', 가로 맞춤은 '가운데'

❸ 원형 차트의 계층 구조를 직책 단위로 표시하시오. (3점)

**시각화 완성화면** 각 세부문제 풀이 후 '문제3' 페이지에 아래와 같이 개체를 배치하시오.

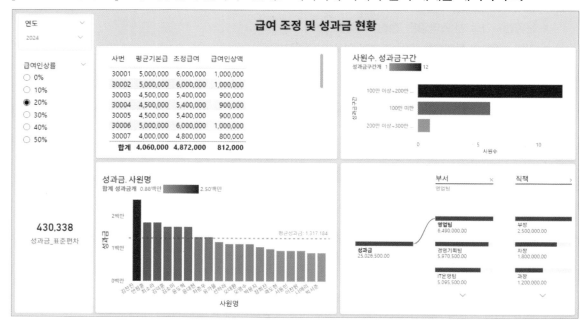

계산식 작성에 사용되는 문자열은 쌍따옴표(" ")를 사용하여 작성하시오.

## 1. 다음 지시사항에 따라 매개 변수와 측정값, 테이블을 구현하시오. (10점)

❶ 다음 조건으로 매개 변수를 작성하고 슬라이서의 서식을 변경하시오. (3점)

> ▶ 매개 변수 이름 : 급여인상률

> ▶ 데이터 형식은 '10진수', 최소값은 '0', 최대값은 '0.5', 증가는 '0.1'로 설정

> ▶ 슬라이서 설정 : 스타일은 '세로 목록', '단일 선택' 적용

> ▶ 급여인상률 목록은 백분율(%) 표시, 소수 자릿수 '0'

> ▶ 슬라이서에 '20%' 값으로 필터 적용

> ▶ 슬라이서를 '문제3-1 ①' 위치에 배치

❷ 급여인상률 슬라이서에 따라 급여변동액을 반환하는 측정값을 〈T급여내역〉 테이블에 추가하시오. (4점)

> ▶ 측정값 이름 : 조정급여

>    − 〈T급여내역〉 테이블의 [평균기본급] 측정값, 〈급여인상률〉 테이블의 [값 급여인상률]

>    − 계산식 : 평균기본급 * (1+급여인상률)

>    − 서식 : 천 단위 구분기호( , ), 소수 자릿수 '0'

> ▶ 측정값 이름 : 급여인상액

>    − 〈T급여내역〉 테이블의 [평균기본급] 측정값

>    − 계산식 : 조정급여 − 평균기본급

>    − 서식 : 천 단위 구분기호( , ), 소수 자릿수 '0'

❸ 사번 기준으로 급여인상정보를 '테이블'로 구현하시오. (3점)

    ▶ 활용 필드

      – 〈T사원목록〉 테이블의 [사번] 필드,

      – 〈T급여내역〉 테이블의 [평균기본급], [조정급여], [급여인상액] 측정값

    ▶ 테이블의 전역 글꼴 크기 '12'

    ▶ 차트를 '문제3-1 ③' 위치에 배치

## 2. 다음 지시사항에 따라 측정값을 작성하고 누적 가로 막대형 차트로 구현하시오. (10점)

❶ 〈T급여내역〉 테이블에 사원별로 성과금을 반환하는 계산 열을 추가하시오. (3점)

    ▶ 필드 이름 : 성과금

    ▶ 활용 필드

      – 〈T인센티브〉 테이블의 [성과비율], 〈T급여내역〉 테이블의 [기본급] 필드

    ▶ 계산식 : 기본급 * 사원별 성과비율

    ▶ 사용 함수 : RELATED

❷ 〈T급여내역〉 테이블에 성과금구간을 나타내는 계산 열을 추가하시오. (3점)

    ▶ 필드 이름 : 성과금구간

    ▶ 활용 필드

      – 〈 T급여내역〉 테이블의 [성과금] 필드

    ▶ 사용 함수 : BLANK, SWITCH, TRUE

    ▶ 성과금이 0보다 크고 1000000보다 작으면 "100만 미만", 1000000보다 크거나 같고 2000000보다 작으면 "100만 이상~200만 미만", 2000000보다 크거나 같고 3000000보다 작으면 "200만 이상~300만 미만", 그 외는 공백 처리

❸ 성과금구간별로 사원수를 나타내는 '누적 세로 막대형 차트'로 구현하시오. (4점)

    ▶ 활용 필드

      – 〈T급여내역〉 테이블의 [사번], [성과금구간] 필드

    ▶ X축의 이름은 '사원수'로 변경

    ▶ 차트의 막대 색은 그라데이션 적용

    ▶ 차트에 '고급 필터링'을 활용하여 공백 제거

    ▶ 테이블을 '문제3-2 ③' 위치에 배치

**3. 다음 지시사항에 따라 카드, 세로 막대형 차트, 분해형 트리를 구현하시오. (10점)**

❶ 〈T급여내역〉 테이블에 성과금의 표준편차를 반환하는 측정값을 추가하시오. (4점)

   ▶ 측정값 이름 : 성과금_표준편차

   – 활용 필드 : 〈T급여내역〉 테이블의 [성과금] 필드

   – 사용 함수 : STDEV.P

   – 서식 : 천 단위 구분 기호(⑨), 소수 자릿수 '0'

   ▶ 카드로 시각화하고 '문제3-3 ①'에 배치

   – 서식 : 설명 값의 글꼴 크기는 '20', 표시 단위 '없음'

❷ 사원별 평균성과금을 '묶은 세로 막대형 차트'로 구현하시오. (3점)

   ▶ 활용 필드 : 〈T사원목록〉 테이블의 [사원명], 〈T급여내역〉 테이블의 [성과금] 필드

   ▶ 성과금은 평균으로 표시하고 이름은 '성과금'으로 변경

   ▶ [성과금] 필드 기준으로 열 색에 그라데이션 적용

   ▶ 평균선 추가

   – 이름은 '평균성과금', 데이터 레이블의 가로 위치는 '오른쪽', 스타일은 '모두', 색은 '#EC64A9', 값 소수
   자릿수는 '0'

   ▶ 차트를 '문제3-3 ②' 위치에 배치

❸ 다음 조건으로 성과금을 분석하는 분해 트리를 구현하시오. (3점)

   ▶ 활용 필드 : 〈T급여내역〉 테이블의 [성과금], [부서], [직책] 필드

   ▶ 성과금의 합계를 부서(영업팀), 직책 기준으로 분석

   ▶ 분해 트리를 '문제3-3 ③' 위치에 배치


**4. 다음 지시사항에 따라 '문제3-4' 페이지의 시각적 개체 간 상호 작용 기능을 설정하시오. (10점)**

❶ 다음과 같이 차트의 상호 작용을 설정하시오. (3점)

   ▶ 직책 슬라이서에서 선택한 값이 묶은 세로 막대형 차트(부서별)에 필터가 적용되지 않도록 설정

   ▶ 묶은 세로 막대형 차트(부서별)에서 선택한 값이 트리맵(사원별)에 필터가 적용되도록 설정

❷ 다음 조건에 따라 묶은 세로 막대형 차트를 표시 및 숨기기하는 책갈피를 추가하시오. (4점)

   ▶ 책갈피1 : 묶은 세로 막대형 차트(연월)를 표시

   – 책갈피 이름 : 급여정보표시

   ▶ 책갈피2 : 묶은 세로 막대형 차트(연월)를 숨기기

   – 책갈피 이름 : 급여정보숨기기

   ▶ 도형은 '펼침 단추 화살표', 레이아웃 방향은 '세로'

   ▶ 페이지 탐색기를 '문제3-4 ②' 위치에 배치하고 '급여정보표시' 책갈피를 선택

❸ 다음 조건에 따라 현재 페이지를 드릴스루 필터로 적용하시오. (3점)

   ▶ 〈T급여내역〉 테이블의 [부서]를 드릴스루 필터로 적용

# 05회 해설

▶ 합격강의

---

**문제 ①** **작업준비**

## 1. 데이터 가져오기와 편집

**문제1- ❶**

① '05회_답안파일.pbix' 파일을 열고 [홈]–[데이터]그룹의 [Excel 통합 문서]를 클릭한다.

② '국가별평균연봉.xlsx' 파일을 선택하고 [열기]를 클릭한다.

③ [탐색 창]에서 '국가별연평균임금(USD)'의 확인란을 체크하고 [데이터 변환]을 클릭한다.

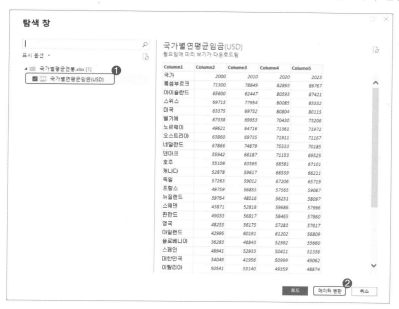

④ [Power Query 편집기] 창에서 로드된 〈국가별연평균임금(USD)〉 테이블에서 [홈]−[변환]그룹−[첫 행을 머리글로 사용]을 클릭하여 1행을 열 머리글로 변경한다.

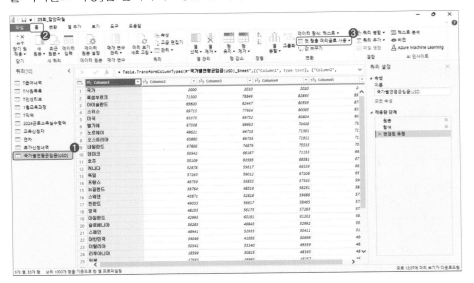

⑤ [열 추가]−[일반] 그룹 − [인덱스 열]−[1부터]를 클릭하여 1부터 시작하는 인덱스 열을 추가한다.

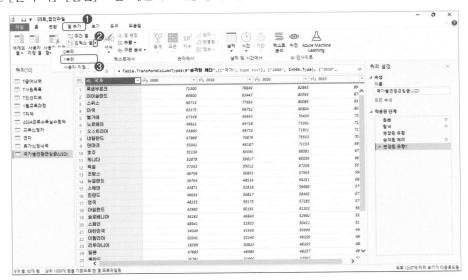

⑥ 추가된 필드의 이름을 'NO'로 변경한다.

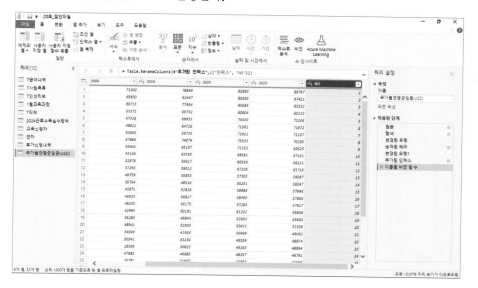

⑦ [Power Query 편집기] 창에서 [홈]-[새 쿼리]그룹에서 [새 원본]-[텍스트/CSV]를 클릭한다.

⑧ '국가별GDP.txt' 파일을 선택하고 열기를 클릭한다.

⑨ 가져오기 창에서 [구분 기호]를 '세미콜론'으로 설정하고 [확인]을 클릭한다.

텍스트/CSV 파일의 데이터를 가져올 때 한글로 된 내용과 글꼴이 깨지는 경우 [파일 원본]에서 '650001: 유니코드 (UTF-8)' 또는 '949(한국어)' 로 변환해야 한다.

⑩ [쿼리] 창의 〈국가별GDP〉 테이블에서 마우스 오른쪽 버튼을 클릭하여 [로드 사용]를 선택하여 로드를 해제한다.

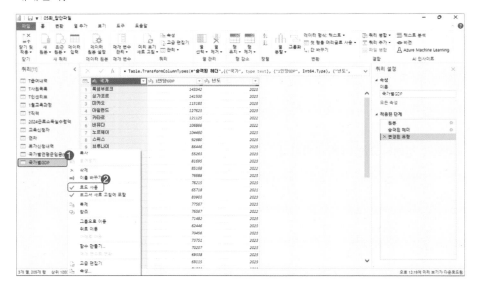

**문제1-❷**

① 〈국가별연평균임금(USD)〉 테이블에서 [열 추가]−[일반]그룹에서 [사용자 지정 열]을 클릭한다.

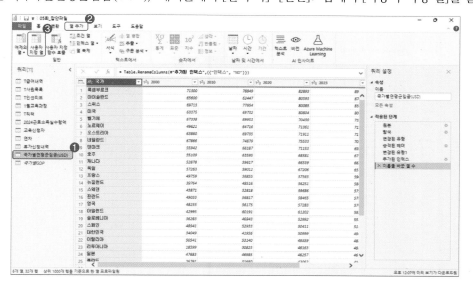

② [사용자 지정 열] 대화상자에서 새 열 이름에 '2023(KRW)'를 입력한다. 사용자 지정 열 수식에 '=[2023]*1450'를 입력하고 [확인]을 클릭한다.

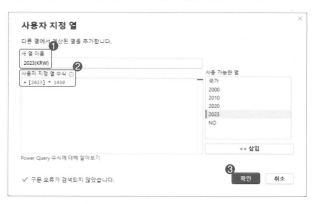

③ 추가된 필드의 데이터 형식은 '정수'로 변경한다.

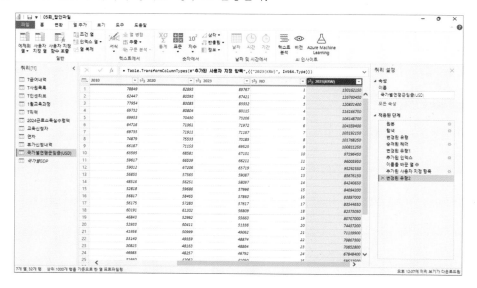

## 문제1- ❸

① 〈국가별연평균임금(USD)〉 테이블에서 [홈]–[결합]그룹에서 [쿼리 병합]–[쿼리 병합]을 클릭한다.

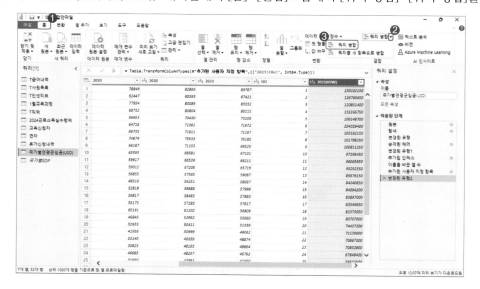

② [병합] 대화상자에서 첫 번째 테이블의 '국가' 필드를 선택하고, 두 번째 테이블 목록에서 '국가별GDP'의 '국가' 필드를 선택한다. 조인 종류는 '왼쪽 외부'로 설정하고 [확인]을 클릭한다.

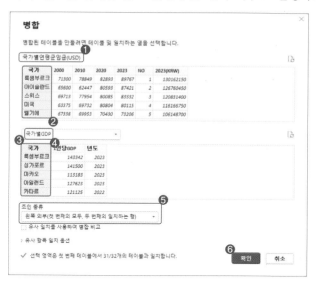

③ 병합된 [국가별GDP] 필드에서 [확장 단추(⬓)]를 클릭한다. 목록에서 '1인당GDP' 값만 체크하고, '원래 열 이름을 접두사로 사용'의 체크를 해제하고 [확인]을 클릭한다

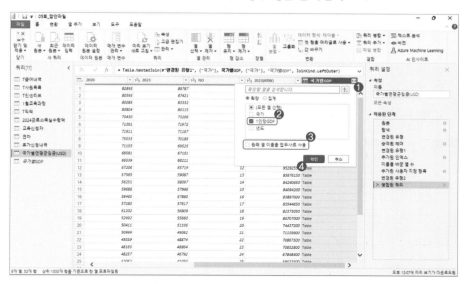

④ 병합된 결과를 확인한다.

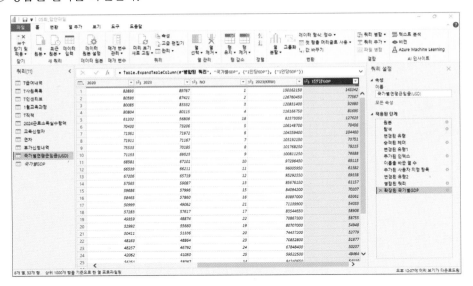

## 2. 데이터 편집, 데이터 모델링

### 문제2-❶

① [Power Query 편집기] 창에서 〈2024근로소득실수령액〉 테이블에서 Ctrl 와 함께 [국민연금], [건강보험], [장기요양], [고용보험], [소득세], [지방소득세] 필드를 순서대로 선택한다. [열 추가]-[숫자에서]그룹에서 [통계]-[합계]를 클릭한다.

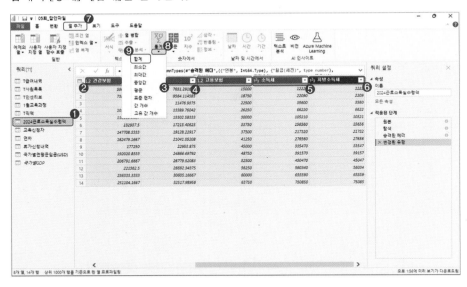

② 추가된 [덧셈] 필드의 이름을 '공제합계'로 변경한다.

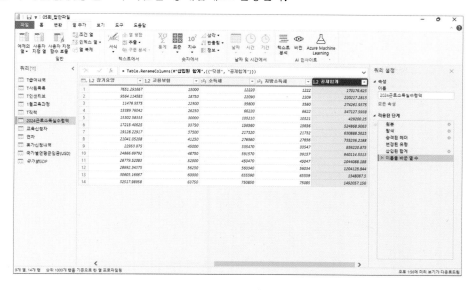

③ 〈2024근로소득실수령액〉 테이블에서 Ctrl와 함께 [월급(세전)]과 [공제합계] 필드를 순서대로 선택한다. [열 추가]-[숫자에서]그룹에서 [표준]-[빼기]를 클릭한다.

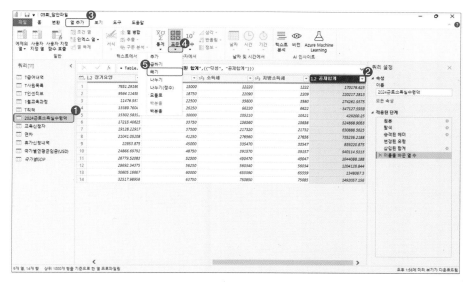

④ 추가된 [뺄셈] 필드의 이름을 '실수령액'으로 변경한다.

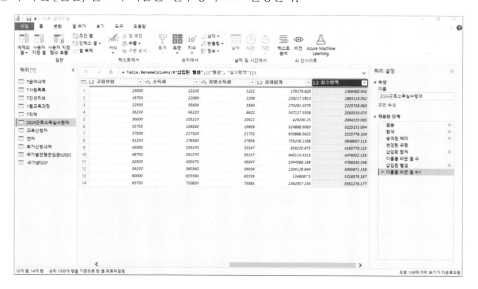

## 문제2-❷

① 〈1월교육과정〉 테이블에서 [과정코드], [시작일] 필드를 [Ctrl]와 함께 선택하고 [홈]-[행 감소]그룹에서 [행 제거]-[중복된 항목 제거]를 클릭한다.

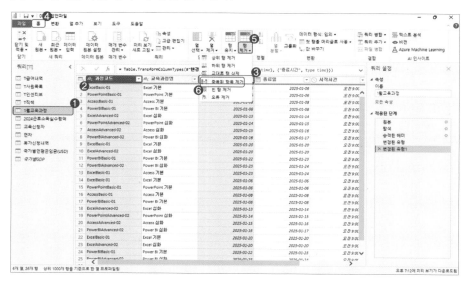

② [과정코드] 필드를 선택하고 [변환]–[텍스트]그룹에서 [서식]–[대문자]를 클릭한다.

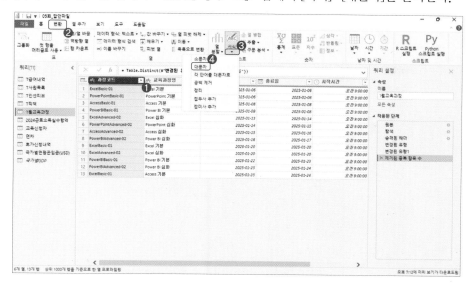

③ [Ctrl]와 함께 [종료일], [시작일] 필드를 순서대로 선택하고 [열 추가]–[날짜 및 시간에서]그룹에서 [날짜]–[일 수 빼기]를 클릭한다.

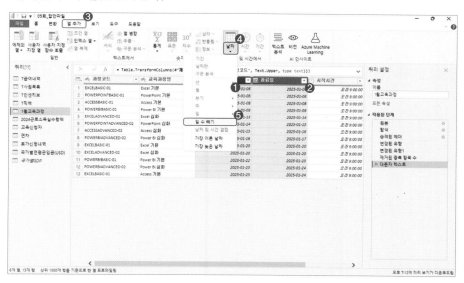

④ 수식 입력줄의 'Duration.Days([종료일] − [시작일])'에 1을 더하여 '= Table.AddColumn(#"대문자 텍스트", "뺄셈", each Duration.Days([종료일] − [시작일])+1, Int64.Type)'로 변경한다.

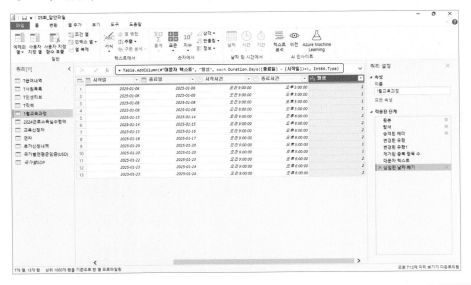

'일 수 계산'은 종료일−시작일로 계산 결과가 반환되므로 1을 더해야 한다. 수식입력줄에서 'Duration.Days([종료일] − [시작일])+1'로 수식을 수정한다.

⑤ 추가된 [뺄셈] 필드의 열 머리글을 '교육일수'로 변경한다.

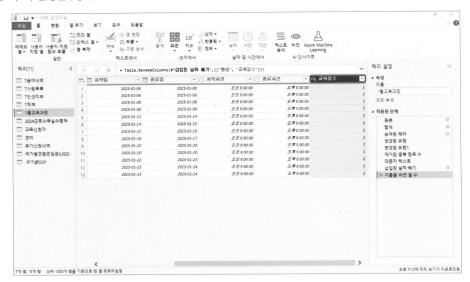

⑥ Ctrl와 함께 [종료시간], [시작시간] 필드를 순서대로 선택하고 [열 추가]-[날짜 및 시간에서]그룹에서
[시간]-[빼기]를 클릭한다.

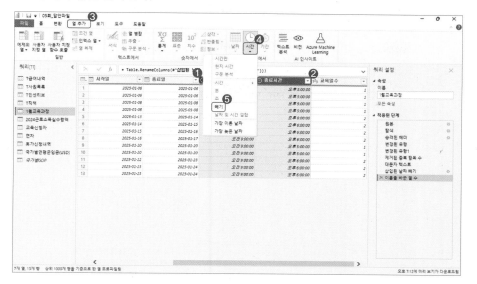

⑦ 추가된 [뺄셈] 필드에서 [변환]-[날짜 및 시간에서]그룹에서 [기간]-[총 시간]을 클릭한다.

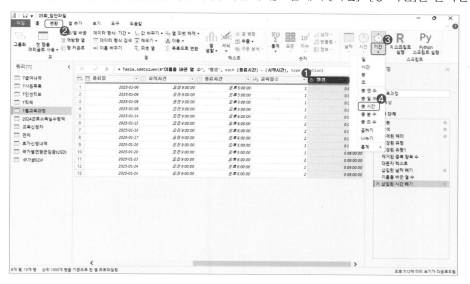

⑧ [뺄셈] 필드의 열 머리글을 '교육시간'으로 변경한다.

⑨ 교육시간에서 1시간의 점심 시간을 빼기 위해 [교육시간] 필드에서 [변환]-[숫자]그룹에서 [표준]-[빼기]를 클릭한다.

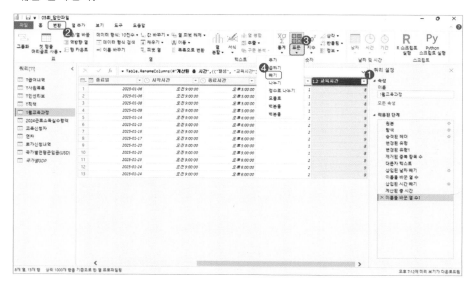

⑩ [빼기] 대화 상자에서 [값]에 '1'을 입력하고 [확인]을 클릭한다.

⑪ [교육시간] 필드의 결과를 확인한다.

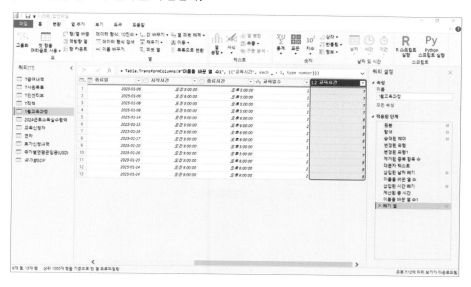

⑫ [교육시간] 필드에서 [열 추가]-[일반]그룹에서 [사용자 지정 열]을 클릭한다.

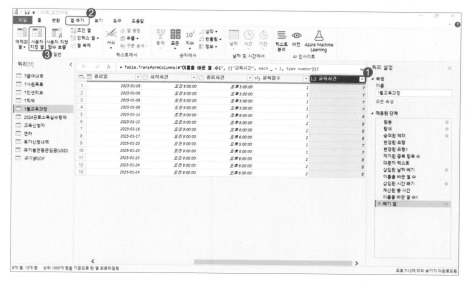

⑬ [사용자 지정 열] 대화 상자에서 [새 열 이름]에 '총교육시간'을 입력한다. [사용자 지정 열 수식]에 '=[교육일수]*[교육시간]'을 입력하고 [확인]을 클릭한다.

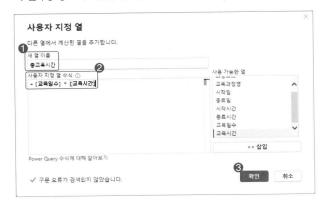

⑭ [총교육시간] 필드의 결과를 확인하고 데이터 형식을 '정수'로 변경한다.

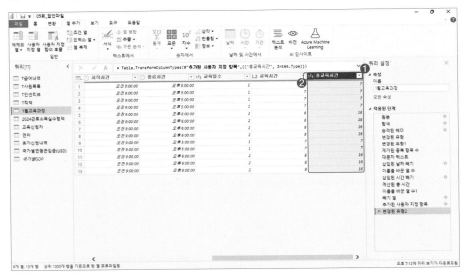

⑮ [홈]−[닫기]그룹에서 [닫기 및 적용]을 클릭한다.

## 문제2- ❸

① 테이블 보기(▦)에서 [테이블 도구]-[계산]그룹에서 [새 열]을 클릭한다.

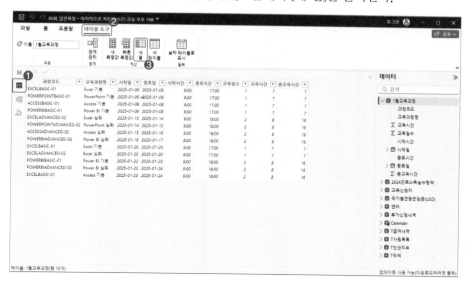

② 수식 입력줄에 'KEY = FORMAT([시작일],"yyyymmdd")&":"&[교육과정명]'을 입력한다.

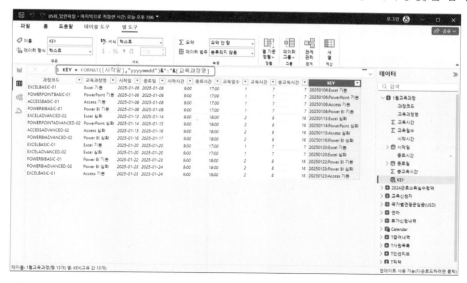

🅑 기적의 TIP

1월교육과정 테이블에 동일한 날짜의 교육과정 신청자 정보를 확인하기 위해 시작일과 교육과정명을 결합한 고유 KEY를 추가한다.

③ 〈교육신청자〉 테이블에서 [열 도구]-[계산]그룹에서 [새 열]을 클릭한다. 수식입력줄에 'KEY = FORMAT([신청일],"yyyymmdd")&":"&[과정명]'을 입력한다.

④ 모델 보기(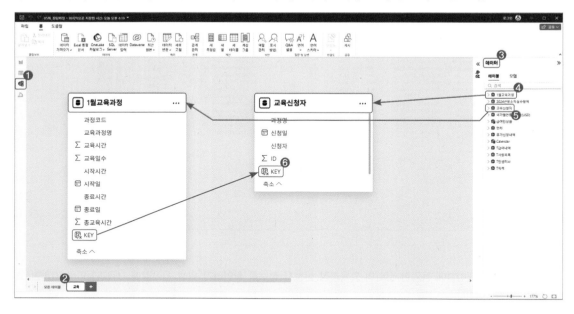)에서 '교육' 레이아웃을 선택한다.

⑤ [데이터] 창에서 〈1월교육과정〉 테이블과 〈교육신청자〉 테이블을 드래그하여 레이아웃 창에 추가한다. 〈1월교육과정〉 테이블의 [KEY] 필드를 〈교육신청자〉 테이블의 [KEY] 필드에 연결한다.

⑥ [새 관계] 대화상자에서 관계 설정된 필드(KEY, KEY)와 카디널리티(일대다), 교차 필터 방향(Single), 관계 활성화의 체크 표시를 확인하고 [저장]을 클릭한다.

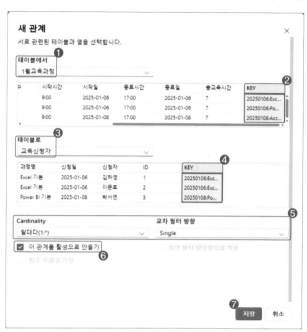

⑦ 두 테이블 사이에 관계선이 나타나고 카디널리티는 '일대다(1:*)', 교차 필터 방향은 'Single'로 관계 설정된다.

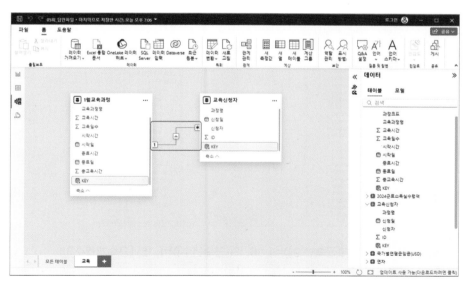

## 3. 테이블 관계 설정 · 제거 및 측정값 작성

### 문제3-❶

① 테이블 보기(▦)에서 〈연차〉 테이블을 선택한다. [테이블 도구]-[계산]그룹에서 [새 열]을 클릭한다.

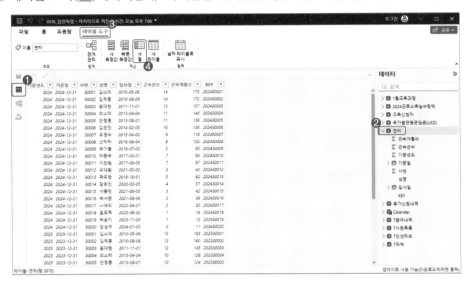

② 수식 입력줄에 다음 수식을 입력한다.

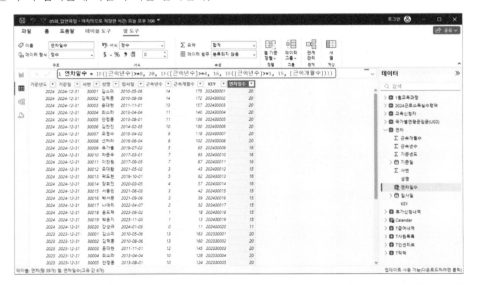

**연차일수 = IF([근속년수]>=8, 20, IF([근속년수]>=4, 16, IF([근속년수]>=1, 15, [근속개월수])))**

💬 **수식 설명**

근속년수가 8년 이상이면 20일, 근속년수가 4년 이상이면 16일, 근속년수가 1년 이상이면 15일을 반환하고, 근속년수가 1년 미만이면 근속개월수를 반환한다.

## 문제3- ❷

① 〈휴가신청내역〉 테이블에서 [열 도구]–[계산]그룹의 [새 열]을 클릭한다. 수식 입력줄에 다음 수식을 입력한다.

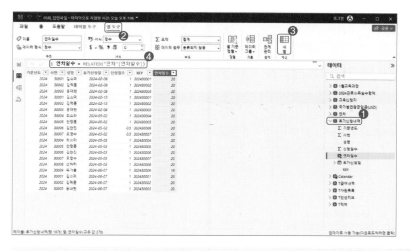

> **연차일수 = RELATED('연차'[연차일수])**

💬 **수식 설명**

관계 설정된 〈연차〉 테이블에서 [KEY] 필드 값이 동일한 [연차일수] 필드의 값을 반환한다.

---

## 문제3- ❸

① 〈휴가신청내역〉 테이블에서 [테이블 도구]–[계산]그룹의 [새 측정값]을 클릭한다. 수식 입력줄에 다음 수식을 입력한다.

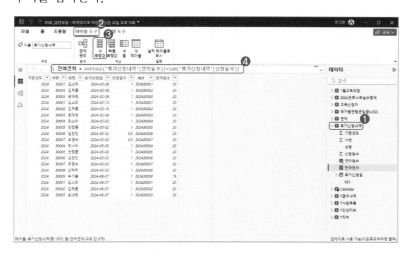

> **잔여연차 = AVERAGE('휴가신청내역'[연차일수])–SUM('휴가신청내역'[신청일수])**

💬 **수식 설명**

- AVERAGE('휴가신청내역'[연차일수]) : 〈휴가신청내역〉 테이블의 [연차일수] 평균을 반환
- SUM('휴가신청내역'[신청일수]) : 〈휴가신청내역〉 테이블의 [신청일수] 합계를 반환

## 1. 보고서 레이아웃 설정

**문제1- ❶**

① 보고서 보기(📊)에서 '문제2' 페이지를 클릭한다.

② [보기]-[테마]그룹의 [테마]에서 '접근성 높은 난초'를 적용한다.

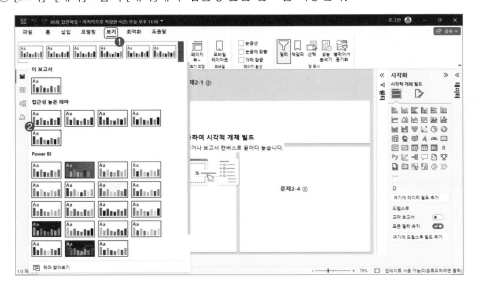

**문제1- ❷**

① [삽입]-[요소]그룹에서 [셰이프]-[사각형]의 [모서리가 둥근 직사각형]을 클릭한다.

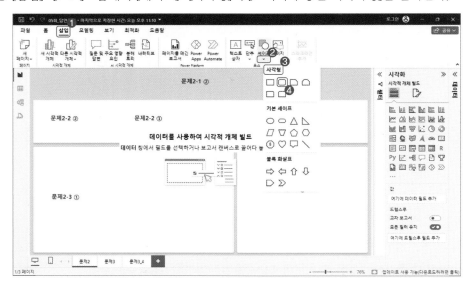

② [도형 서식] 창에서 [도형]-[도형]에서 도형은 '모서리가 둥근 직사각형', 둥근 모서리에 '10'을 입력한다. [텍스트]를 설정하고 텍스트에 '급여지급현황'을 입력하고 글꼴 종류 'Segoe UI', 크기 '20', '굵게', 글꼴 색은 '흰색(#FFFFFF)', 가로 맞춤은 '가운데'로 설정한다.

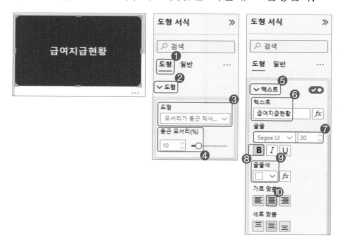

③ 텍스트 상자의 크기와 위치를 조정하여 '문제2-1 ②' 위치에 배치한다.

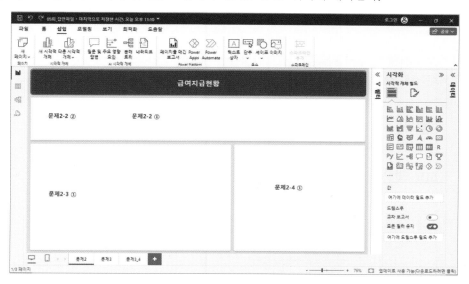

## 2. 카드, 슬라이서 시각화

### 문제2- ❶

① [시각화] 창에서 '카드(신규)(📇)'를 클릭하고 [필드]에 〈T급여내역〉 테이블의 [총급여], [총기타수당], [총공제금액], [총수령액] 측정값을 추가한다.

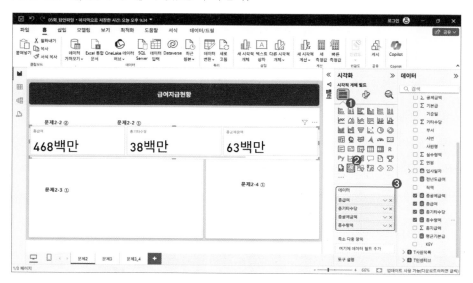

② [시각화] 창에서 [시각적 개체 서식 지정]을 클릭한다. [시각적 개체]–[레이아웃]–[레이아웃]에서 스타일은 '카드', 표시된 최대 카드 수는 '4'로 설정한다.

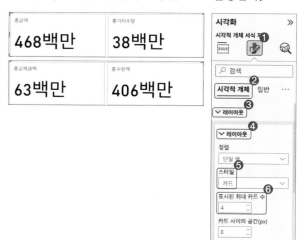

③ [설명 값]−[설정 적용 대상]의 계열이 '모두'인 상태에서 [값]의 글꼴 크기는 '18', 가로 맞춤은 '가운데'로 설정한다. [레이블]의 글꼴 크기는 '14', 위치는 '아래 값'으로 설정한다.

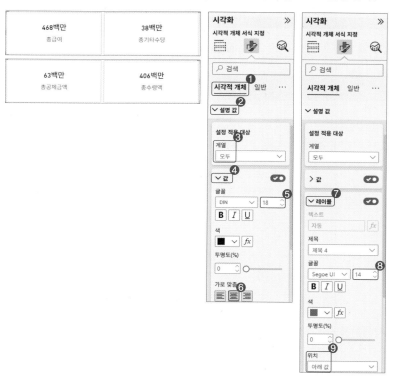

④ [설명 값]−[설정 적용 대상]의 계열을 '총급여'로 변경하고 표시 단위를 '없음'으로 설정한다. 동일한 방법으로 총기타수당, 총공제금액, 총수령액의 표시 단위를 '없음'으로 설정한다.

⑤ [카드]-[테두리]는 설정을 해제한다.

⑥ 카드(신규)의 크기와 위치를 조정하여 '문제2-2 ①' 위치에 배치한다.

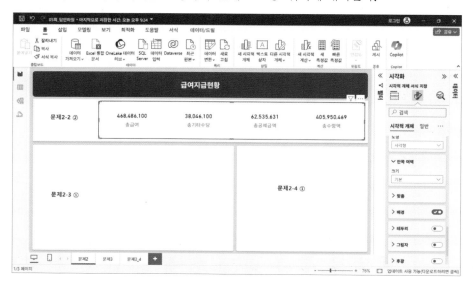

## 문제2- ❷

① [시각화] 창에서 타일 슬라이서(▦)를 클릭하고 [필드]에 〈Calendar〉 테이블의 [월(영문)] 필드를 추가한다.

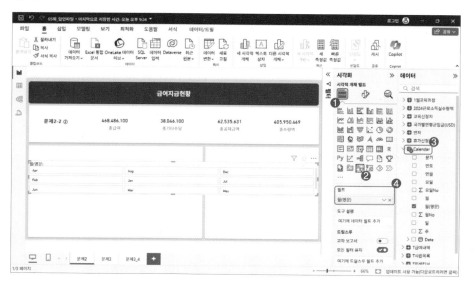

② [시각화] 창에서 [시각적 개체 서식 지정]을 클릭한다. [시각적 개체]–[도형]에서 도형을 '모서리가 둥근 직사각형', 둥근 모서리를 '10'으로 설정한다. [레이아웃]–[레이아웃]에서 표시된 최대 행 수는 '3', 표시된 최대 열 수는 '1'로 설정한다. [설명값]–[값]에서 글꼴은 'Segoe UI SemiBold', 크기는 '14', 가로 맞춤은 '가운데'로 설정한다.

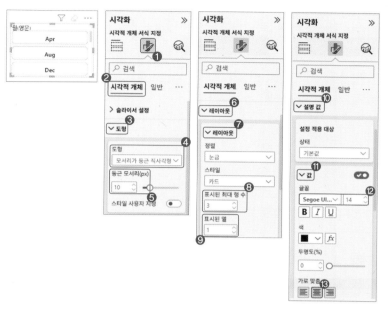

③ [시각적 개체]–[단추]에서 [설정 적용 대상]의 상태를 '선택한 상태'로 변경하고 [채우기]에서 색을 '#B6B0FF'로 설정한다. [일반]–[제목]을 해제한다.

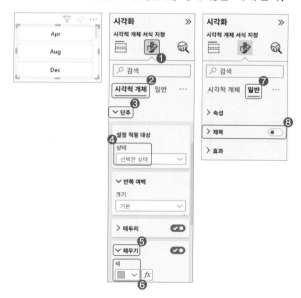

④ 월 이름을 영문이름 순서로 정렬하기 위해 [데이터] 창에서 〈Calendar〉 테이블의 [월(영문)] 필드를 선택하고 [열 도구]–[정렬]그룹에서 [열 기준 정렬]–[월NO]를 클릭한다.

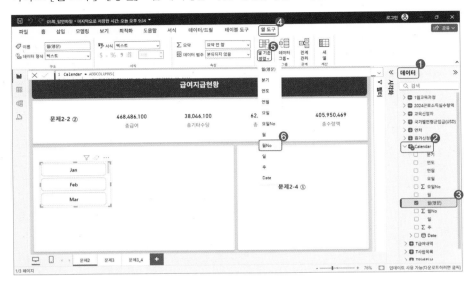

⑤ 슬라이서의 크기를 조정하고 '문제2-2 ②' 위치에 배치한다.

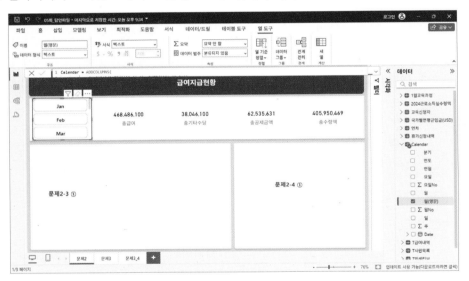

## 3. 리본 차트

### 문제3- ❶

① '문제2' 페이지에서 [시각화] 창의 '리본 차트(📊)'를 클릭한다. [X축]에 〈Calendar〉 테이블의 [연월] 필드, [Y축]에 〈T급여내역〉 테이블의 [총급여] 측정값, [범례]에 〈T급여내역〉 테이블의 [부서] 필드를 추가한다.

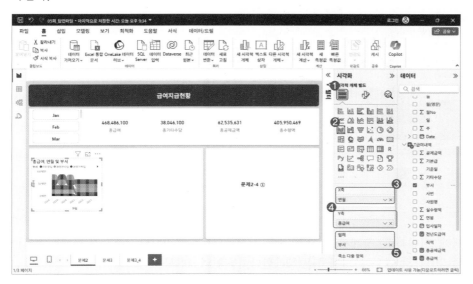

② 차트의 추가 옵션(⋯)에서 [축 정렬]의 '연월'을 클릭하고 다시 '오름차순 정렬'을 클릭하여 정렬 기준을 변경한다.

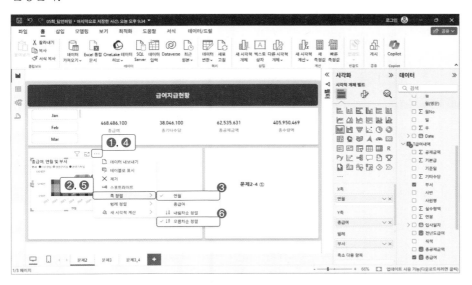

③ 차트의 크기와 위치를 조정하여 '문제2-3 ①' 위치에 배치한다.

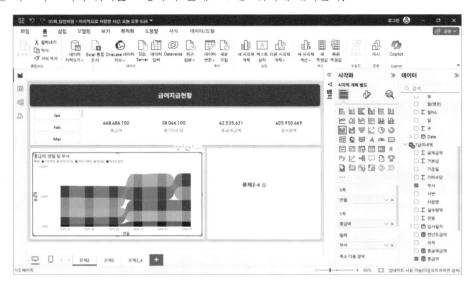

## 문제3-❷

① 리본 차트를 선택하고 [시각화] 창에서 [시각적 개체 서식 지정]을 클릭한다. [시각적 개체]-[X축]에서 [값]의 글꼴 크기는 '10'으로 설정하고 [제목]은 해제한다. [Y축]의 [제목]을 해제한다.

② [시각적 개체]-[범례]에서 위치는 '왼쪽 상단에 누적됨'으로 설정한다. [눈금선]-[가로]의 선 스타일은 '점선', 너비는 '2'로 설정한다.

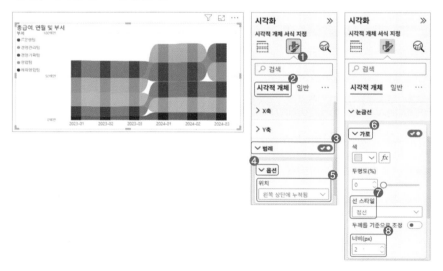

③ [시각적 개체]−[리본]에서 [색]의 투명도를 '50', [레이아웃]에서 리본과 열 사이의 간격은 '2'로 설정한다.

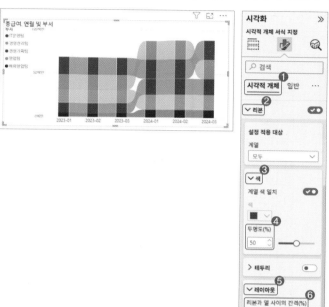

④ [데이터 레이블]을 설정하고 [옵션]에서 [위치]를 '축에 가깝게'로 설정한다. [합계 레이블]을 설정하고 [값]의 글꼴 크기는 '10', [배경]의 색은 '흰색, 10% 더 어둡게', 투명도는 '0'으로 설정한다.

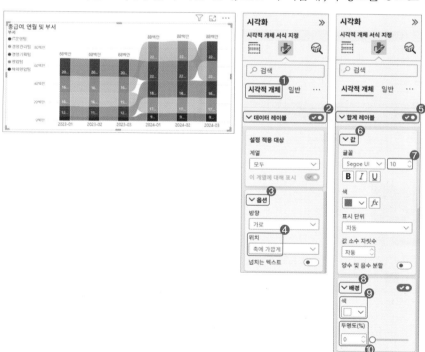

⑤ [일반]–[제목]에서 텍스트는 '부서별' 입력, 글꼴 'Segoe UI Bold', 크기는 '14', 텍스트 색상은 '#808080', 가로 맞춤은 '가운데'를 설정한다.

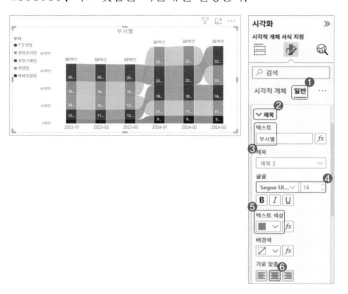

## 문제3-❸

① 보고서의 빈 영역을 클릭하고 [필터] 창을 확장한다. [이 페이지의 필터]의 '여기에 데이터 필드 추가'에 〈Calendar〉 테이블의 [연도] 필드를 추가한다. [연도] 필드의 필터 카드를 확장하고 필터 형식이 '기본 필터링' 상태에서 '2024'에 체크해서 필터를 적용한다.

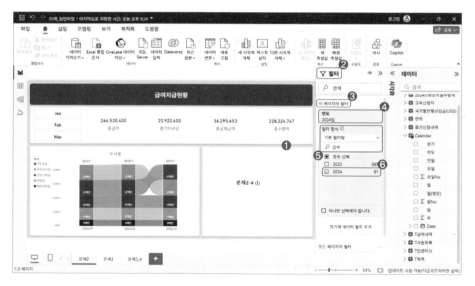

## 4. 원형 차트

### 문제4- ❶

① '문제2' 페이지에서 [시각화] 창의 원형 차트(⊙)'를 클릭한다. [범례]에 〈T급여내역〉 테이블의 [부서], [직책] 필드, [값]에 〈T급여내역〉 테이블의 [총급여] 측정값을 추가한다.

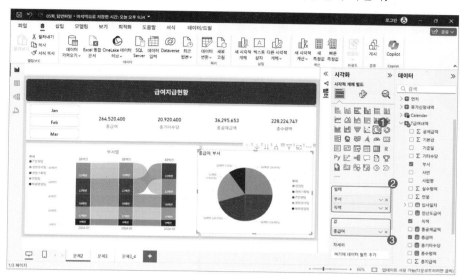

② 차트의 크기와 위치를 조정하여 '문제2-4 ①' 위치에 배치한다.

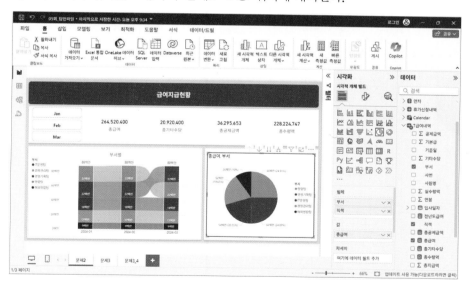

**문제4- ❷**

① [시각화] 창에서 [시각적 개체 서식 지정]을 클릭한다. [시각적 개체]−[범례]에서 [옵션]의 위치는 '위쪽 가운데'로 설정한다. [세부 정보 레이블]−[옵션]에서 위치는 '바깥쪽 우선'으로 설정하고 레이블 내용은 '범주, 총퍼센트', [값]의 글꼴 크기는 '10'으로 설정한다.

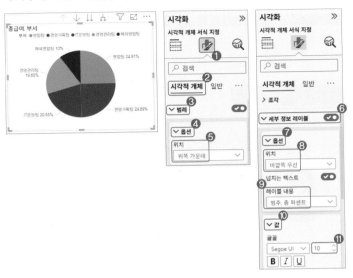

② [일반]−[제목]에서 [제목]의 텍스트에 '부서>직책'을 입력한다. 글꼴 'Segoe UI Bold', 크기는 '14', 텍스트 색상은 '#808080', 가로 맞춤은 '가운데'로 설정한다.

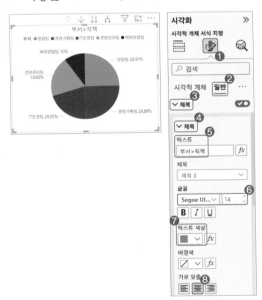

## 문제4-❸

① '문제2' 페이지의 원형 차트에서 (▥)를 클릭하여 직책 단위로 표시한다.

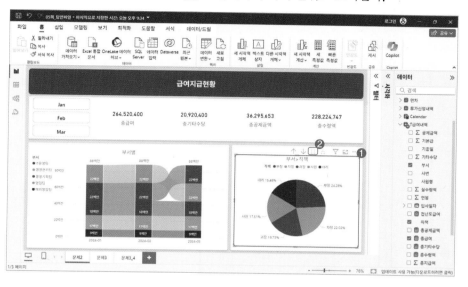

---

## 1. 매개 변수 활용

### 문제1-❶

① 보고서 보기(▥)에서 '문제3' 페이지를 클릭한다.

② [모델링]-[매개변수]그룹에서 [새 매개변수]-[숫자 범위]를 클릭한다.

③ [매개 변수] 창에서 이름에 '급여인상률'을 입력한다. 데이터 형식은 '10진수', 최소값은 '0', 최대값은 '0.5', 증가는 '0.1'을 입력한다. '이 페이지에 슬라이서 추가' 옵션이 선택된 상태에서 [만들기]를 클릭한다.

④ 급여인상률 슬라이서와 테이블이 추가된다. 급여인상률 슬라이서를 선택하고 [시각화] 창의 [시각적 개체 서식 지정]을 클릭한다. [시각적 개체]−[슬라이서 설정]에서 [옵션]의 스타일을 '세로 목록'으로 설정하고 [선택]에서 '단일 선택'을 설정한다.

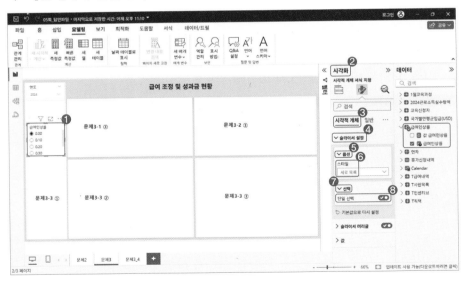

⑤ 〈급여인상률〉 테이블에서 [급여인상률] 필드를 선택하고 [열 도구]-[서식]그룹에서 백분율(%) 클릭, 소수 자릿수는 '0'으로 설정한다. 슬라이서에 '20%' 값으로 필터를 적용하고 슬라이서 크기를 조정하여 '문제3-1 ①' 위치에 배치한다.

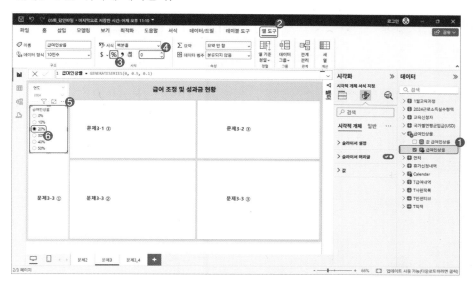

## 문제1-❷

① 〈T급여내역〉 테이블을 선택하고 [테이블 도구]-[계산]그룹에서 [새 측정값]을 클릭한다. 수식 입력줄에 다음 수식을 입력하고 [측정 도구]에서 [서식]그룹의 천 단위 구분기호(🔩) 클릭, 소수 자릿수는 '0'으로 설정한다.

**조정급여 = [평균기본급] * (1+[값 급여인상률])**

② 〈T급여내역〉 테이블을 선택하고 [테이블 도구]-[계산]그룹에서 [새 측정값]을 클릭한다. 수식 입력줄에 다음 수식을 입력하고 [측정 도구]에서 [서식]그룹의 천 단위 구분기호(🔩) 클릭, 소수 자릿수는 '0'으로 설정한다.

**급여인상액 = [조정급여] - [평균기본급]**

**문제1-❸**

① '문제3' 페이지에서 [시각화] 창의 '테이블(▦)'를 클릭한다. [열]에 〈T사원목록〉 테이블의 [사번] 필드, 〈T급여내역〉 테이블의 [평균기본급], [조정금액], [급여인상액] 측정값을 추가한다.

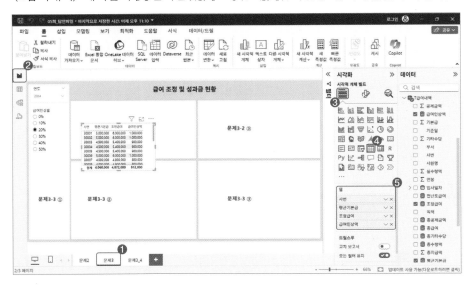

② 테이블을 선택하고 [시각화] 창의 [시각적 개체 서식 지정]을 클릭한다. [시각적 개체]-[눈금]-[옵션]에서 전역 글꼴 크기를 '12'로 설정한다.

③ 테이블의 크기와 위치를 조정하여 '문제3-1 ③' 위치에 배치한다.

## 2. 계산 열, 누적 가로 막대형 차트 시각화

### 문제2-❶

① 테이블 보기(▦)에서 〈T급여내역〉 테이블을 선택하고 [테이블 도구]-[계산]그룹에서 [새 열]을 클릭한다.

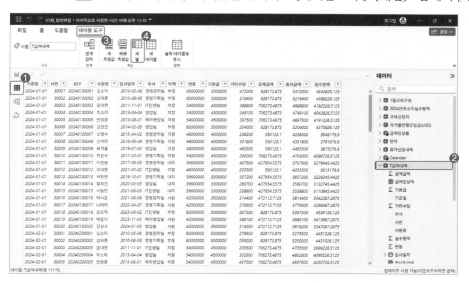

② 수식 입력줄에 다음 수식을 입력한다.

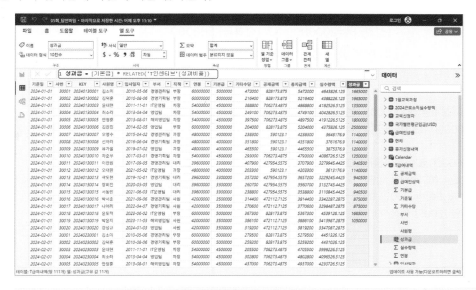

성과금 = [기본급] * RELATED('T인센티브'[성과비율])

💬 수식 설명

(1) RELATED('T인센티브'[성과비율]) : 〈T인센티브〉 테이블에서 [KEY] 값에 따른 [성과비율]을 반환

(2) [기본급] * (1) : 기본급에 성과비율을 곱한 결과를 반환

**문제2- ❷**

① 〈T인센티브〉 테이블에서 [열 도구]-[계산]그룹에서 [새 열]을 클릭하고 수식 입력줄에 다음 수식을 입력한다.

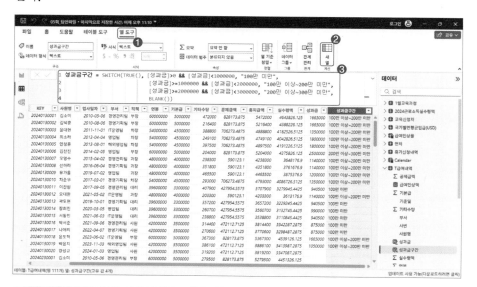

성과금구간 = SWITCH(TRUE( ), [성과금]〉0 && [성과금]〈1000000, "100만 미만",

[성과금]〉=1000000 && [성과금]〈2000000, "100만 이상~200만 미만",

[성과금]〉=2000000 && [성과금]〈3000000, "200만 이상~300만 미만",

BLANK( ))

💬 **수식 설명**

(1) [성과금]〉0 && [성과금]〈1000000 : [성과금]이 0보다 크고 1000000보다 작은지 비교

(2) [성과금]〉=1000000 && [성과금]〈2000000 : [성과금]이 1000000보다 크거나 같고 2000000보다 작거나 같은지 비교

(3) [성과금]〉=2000000 && [성과금]〈3000000 : [성과금]이 2000000보다 크고 3000000보다 작은지 비교

(4) SWITCH(TRUE( ), (1), "100만 미만", (2), "100만 이상~200만 미만", (3), "200만 이상~300만 미만", BLANK( )) : (1)의 조건이 TRUE이면 "100만 미만" 반환, (2)의 조건이 TRUE이면 "100만 이상~200만 미만"을 반환, (3)의 조건이 TRUE이면 "200만 이상~300만 미만"을 반환하고 그 외는 공백으로 반환

**문제2- ❸**

① 보고서 보기(🔲)의 '문제3' 페이지에서 [시각화] 창의 '누적 가로 막대형 차트(📊)'를 클릭한다. [Y축]에 ⟨T급여내역⟩ 테이블의 [성과금구간] 필드, [X축]에 [사번]을 추가한다. X축의 이름은 '사원수'로 변경한다.

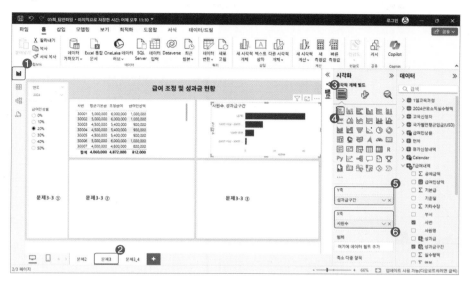

② [시각화] 창의 [시각적 개체 서식 지정]을 클릭하고 [시각적 개체]-[막대]에서 [색]-[색]에서 조건부 서식 (fx)을 클릭한다. [색 - 범주] 대화상자에서 [서식 스타일]을 '그라데이션'으로 변경하고 [확인]을 클릭한다.

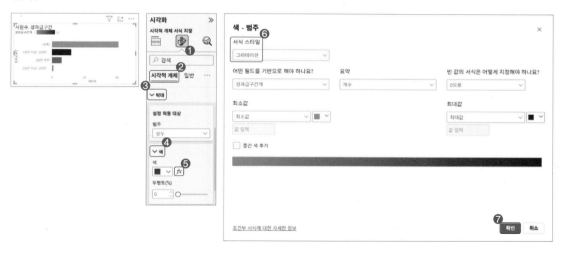

③ 차트에 포함된 공백을 제거하기 위해 누적 가로 막대형 차트를 선택하고 [필터] 창을 확장한다. [이 시각적 개체의 필터]에서 [성과금구간]의 필터 카드를 확장한다. 필터 형식을 '고급 필터링'으로 변경하고, 다음 값일 경우 항목 표시를 '공백이 아님'으로 설정하고 [필터 적용]을 클릭한다.

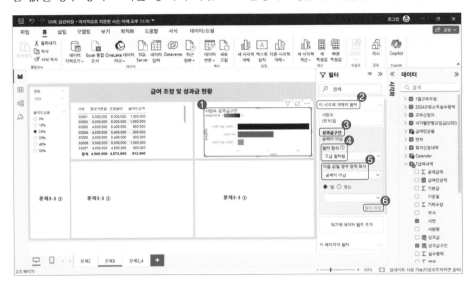

④ 차트의 크기와 위치를 조정하여 '문제3-2 ③' 위치에 배치한다.

## 3. 측정값, 카드, 묶은 세로 막대형, 분해 트리 시각화

**문제3-❶**

① 〈T급여내역〉을 선택하고 [테이블 도구]−[계산 그룹]에서 [새 측정값]을 클릭한다. 수식 입력줄에 다음 수식을 입력하고 [측정 도구]−[서식]그룹에서 천 단위 구분 기호(🔢)를 클릭한다.

> **소수 성과금_표준편차 = STDEV.S('T급여내역'[성과금])**

💬 **수식 설명**

STDEV.S('T급여내역'[성과금]) : 〈T급여내역〉 테이블의 [성과금] 필드 값의 표준 편차를 반환

② '문제3' 페이지에서 [시각화] 창의 '카드(📇)'를 클릭한다. 〈T급여내역〉 테이블의 [성과금_표준편차] 측정값을 추가하고 크기와 위치를 조정하여 '문제3-3 ①' 위치에 배치한다.

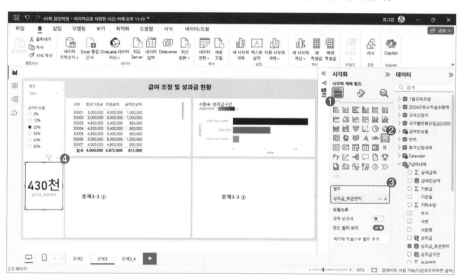

③ 카드를 선택하고 [시각화] 창에서 [시각적 개체 서식 지정]을 클릭한다. [시각적 개체]-[설명 값]에서 글꼴의 크기는 '20', 표시 단위는 '없음'으로 설정한다.

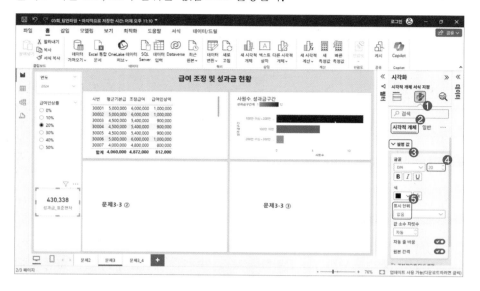

## 문제3-❷

① '문제3' 페이지에서 [시각화] 창의 '묶은 세로 막대형 차트(📊)'를 클릭한다. [X축]에 〈T사원목록〉 테이블의 [사원명] 필드, [Y축]에 〈T급여내역〉 테이블의 [성과금] 필드를 추가한다. Y축의 값에서 마우스 오른쪽 단추를 클릭하여 평균으로 적용하고 이름을 '성과금'으로 변경한다.

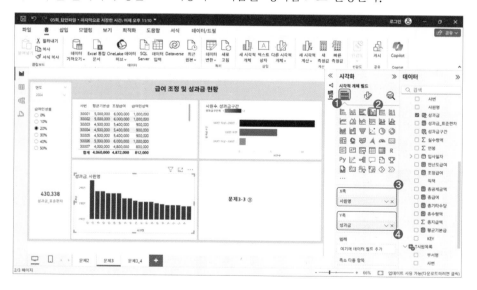

② 차트를 선택하고 [시각화] 창에서 [시각적 개체 서식 지정]을 클릭한다. [시각적 개체]-[열]에서 [색]-[색]의 조건부 서식(*fx*)을 클릭한다. [색 – 범주] 대화상자에서 [서식 스타일]은 '그라데이션'으로 변경하고 [어떤 필드를 기반으로 해야 하나요?]는 〈T급여내역〉 테이블의 [성과금] 필드를 선택하고 [확인]을 클릭한다.

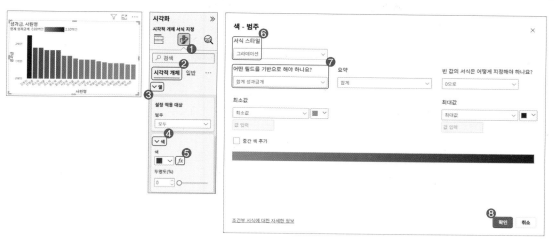

③ [시각화] 창에서 [시각적 개체에 추가 분석 추가]를 클릭한다. [평균 선]에서 '선 추가'를 클릭하고 이름은 '평균성과금'으로 변경한다. [데이터 레이블]을 설정하고 가로 위치는 '오른쪽', 세로 위치는 '위', 스타일은 '모두', 색은 '#EC64A9', 값 소수 자릿수는 '0'으로 설정한다.

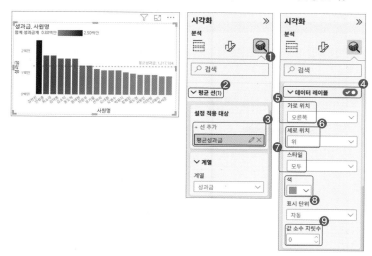

④ 차트의 크기와 위치를 조정하여 '문제3-3 ①' 위치에 배치한다.

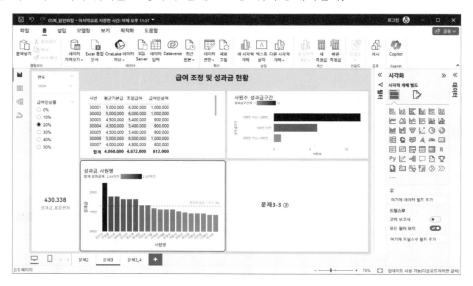

## 문제3- ❸

① '문제3' 페이지에서 [시각화] 창의 '분해 트리(▦)'를 클릭한다. [분석]에 〈T급여내역〉 테이블의 [성과금] 필드, [설명 기준]에 〈T급여내역〉 테이블의 [부서], [직책] 필드를 추가한다. [분석]의 이름은 '성과금'으로 변경한다.

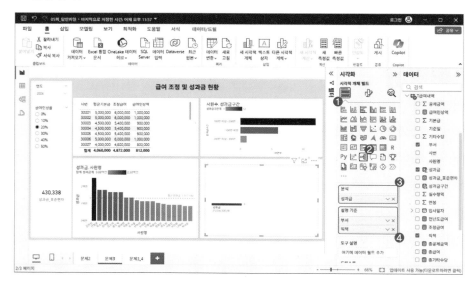

② 분해 트리에서 '성과금'의 데이터 분할(⊞)을 클릭하여 '부서'를 클릭한다.

③ 분해 트리에서 '영업팀'의 데이터 분할(⊞)을 클릭하여 '직책'을 클릭한다.

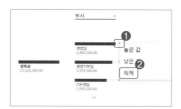

④ 분해 트리의 크기와 위치를 조정하여 '문제3-3 ③' 위치에 배치한다.

## 4. 상호 작용 편집

**문제4- ❶**

① '문제3_4' 페이지에서 슬라이서(직책)를 선택하고 [서식]-[상호 작용]그룹에서 [상호 작용 편집]을 클릭한다. '묶은 세로 막대형 차트(부서별)'의 상호 작용을 없음(⊘)으로 적용한다.

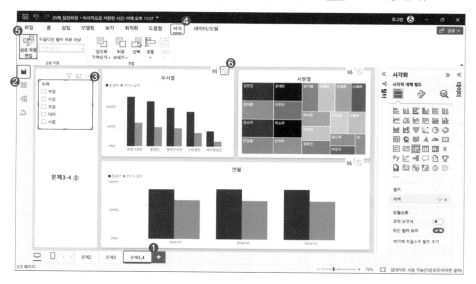

② 묶은 세로 막대형 차트(부서별)를 선택하고 '트리맵(사원별)'의 상호 작용은 필터()로 적용한다. [서식]-[정렬]그룹에서 [상호 작용 편집]을 클릭하여 상호 작용 편집을 완료한다.

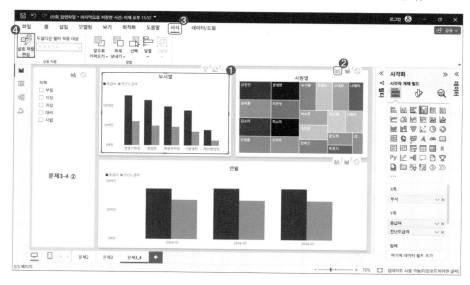

**문제4- ❷**

① [보기]-[창 표시]그룹에서 [책갈피], [선택]을 클릭한다.

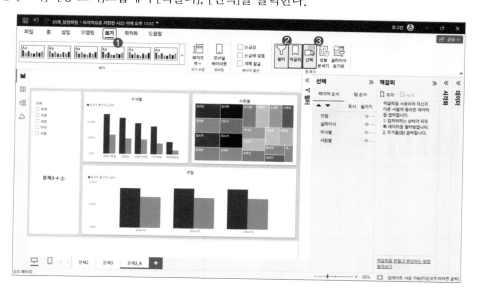

② [책갈피] 창에서 [추가] 단추를 클릭하고 '책갈피 1'을 더블클릭하여 이름을 '급여정보표시'로 변경한다.

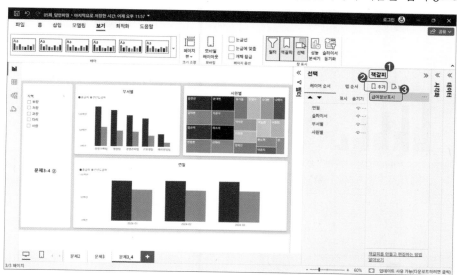

③ [선택] 창에서 '연월'의 [이 시각적 개체 숨기기(👁)]를 클릭하여 숨기기한다. [책갈피] 창에서 [추가] 단
추를 클릭하고 '책갈피 2'를 더블클릭하여 이름을 '급여정보숨기기'로 변경한다.

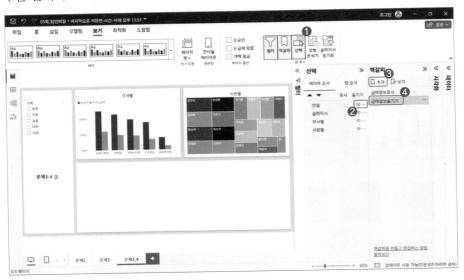

④ '문제3_4' 페이지에서 [삽입]-[요소]그룹에서 [단추]-[탐색기]-[책갈피 탐색기]를 클릭한다.

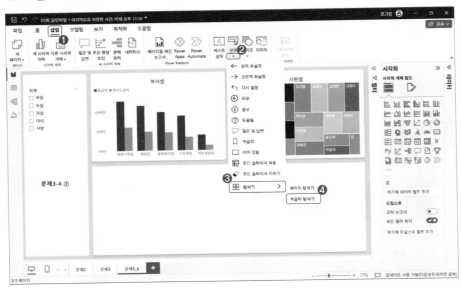

⑤ [서식 탐색기] 창에서 [시각적 개체]-[도형]에서 도형은 '펼침 단추 화살표'로 변경하고 [그리드 레이아웃]의 방향을 '세로'로 변경한다.

⑥ 책갈피의 크기와 위치를 변경하여 '문제3-4 ②' 위치에 배치한다. Ctrl와 함께 '급여정보표시' 단추를 클릭한다.

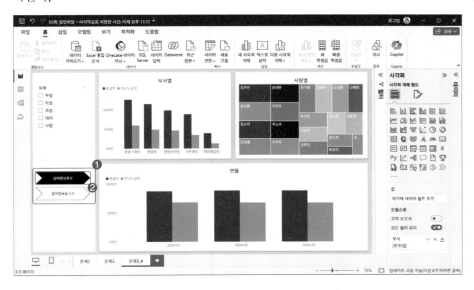

## 문제4-❸

① 드릴스루 필터를 적용하기 위해 [시각화] 창의 드릴스루의 '여기에 드릴스루 필드 추가'에 〈T급여내역〉 테이블의 [부서]를 추가한다.

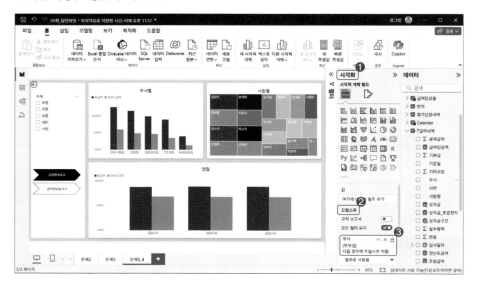